21世纪交通版高等学校试用教材

Chengshi Guidao Jiaotong Xitong

城市轨道交通系统

彭　辉　　　　主编

陈宽民　林柏良　主审

人民交通出版社

内 容 提 要

本书主要从城市轨道交通系统构成角度，论述了城市轨道交通的演变以及城市轨道交通系统的构成及特点，介绍了城市轨道交通系统的线路工程、轨道交通车站、车辆、信号及列车控制系统、牵引供电系统、环控及灾害防护系统、运营组织及管理以及轨道交通换乘枢纽等内容，并介绍了城市轨道交通工程相关规范及技术标准。

本书可作为交通运输规划及管理、交通工程、土木工程、市政工程等相关专业本科生教材，也可作为城市轨道交通建设管理人员以及城市交通工程管理人员培训教材和参考资料。

图书在版编目(CIP)数据

城市轨道交通系统/彭辉主编. —北京：人民交通出版社，2008.3

21世纪交通版高等学校试用教材

ISBN 978-7-114-06994-9

Ⅰ. 城… Ⅱ. 彭… Ⅲ. 城市铁路—高等学校—教材 Ⅳ. U239.5

中国版本图书馆CIP数据核字(2008)第016030号

21世纪交通版高等学校试用教材

书　　名：城市轨道交通系统
著 作 者：彭　辉
责任编辑：曲　乐
出版发行：人民交通出版社
地　　址：(100011) 北京市朝阳区安定门外外馆斜街3号
网　　址：http://www.ccpress.com.cn
销售电话：(010) 59757973
总 经 销：人民交通出版社发行部
经　　销：各地新华书店
印　　刷：北京鑫正大印刷有限公司
开　　本：787×1092　1/16
印　　张：18.25
字　　数：458千
版　　次：2008年4月　第1版
印　　次：2017年8月　第4次印刷
书　　号：ISBN 978-7-114-06994-9
定　　价：32.00元

21世纪交通版
高等学校教材(公路与交通工程)编审委员会

总　　序

当今世界,科学技术突飞猛进,全球经济一体化趋势进一步加强,科技对于经济增长的作用日益显著,教育在国家经济与社会发展中所处的地位日益重要。进入新世纪,面对国际国内经济与社会发展所出现的新特点,我国的高等教育迎来了良好的发展机遇,同时也面临着巨大的挑战,高等教育的发展处在一个前所未有的重要时期。其一,加入WTO,中国经济已融入到世界经济发展的进程之中,国家间的竞争更趋激烈,竞争的焦点已更多地体现在高素质人才的竞争上,因此,高等教育所面临的是全球化条件下的综合竞争。其二,我国正处在由计划经济向社会主义市场经济过渡的重要历史时期,这一时期,我国经济结构调整将进一步深化,对外开放将进一步扩大,改革与实践必将提出许多过去不曾遇到的新问题,高等教育面临加速改革以适应国民经济进一步发展的需要。面对这样的形势与要求,党中央国务院提出扩大高等教育规模,着力提高高等教育的水平与质量。这是为中华民族自立于世界民族之林而采取的极其重大的战略步骤,同时,也是为国家未来的发展提供基础性的保证。

为适应高等教育改革与发展的需要,早在1998年7月,教育部就对高等学校本科专业目录进行了第四次全面修订。在新的专业目录中,土木工程专业扩大了涵盖面,原先的公路与城市道路工程,桥梁工程,隧道与地下工程等专业均纳入土木工程专业。本科专业目录的调整是为满足培养"宽口径"复合型人才的要求,对原有相关专业本科教学产生了积极的影响。这一调整是着眼于培养21世纪社会主义现代化建设人才的需要而进行的,面对新的变化,要求我们对人才的培养规格、培养模式、课程体系和内容都应作出适时调整,以适应要求。

根据形势的变化与高等教育所提出的新的要求,同时,也考虑到近些年来公路交通大发展所引发的需求,人民交通出版社通过对"八五"、"九五"期间的路桥及交通工程专业高校教材体系的分析,提出了组织编写一套21世纪的具有鲜明交通特色的高等学校教材的设想。这一设想,得到了原路桥教学指导委员会几乎所有成员学校的广泛响应与支持。2000年6月,由人民交通出版社发起组织全国面向交通办学的12所高校的专家学者组成21世纪交通版高等学校教材(公路类)编审委员会,并召开第一次会议,会议决定着手组织编写土木工程专业具有交通特色的**道路专业方向、桥梁专业方向以及交通工程专业**教材。会议经过充分研讨,确定了包括**基本知识技能培养层次、知识技能拓宽与提高层次**以及**教学辅助层次**在内的约130种教材,范围涵盖**本科与研究生用**教材。会后,人民交通出版社开始了细致的教材编写组织工作,经过自由申报及专家推荐的方式,近20所高校的百余名教授承担约130种教材的主编工作。2001年6月,教材编委会召开第二次会议,全面审定了各门教材主编院校提交的教学大纲,之后,编写工作全面展开。

21世纪交通版高等学校教材编写工作是在本科专业目录调整及交通大发展的背景下展开的。教材编写的基本思路是:(1)顺应高等教育改革的形势,专业基础课教学内容实现与土木工程专业打通,同时保留原专业的主干课程,既顺应向土木工程专业过渡的需要,又保持服务公路交通的特色,适应宽口径复合型人才培养的需要。(2)注重学生基本素质、基本能力的培养,为学生知识、能力、素质的综合协调发展创造条件。基于这样的考虑,将教材区分为二个主层次与一个辅助层次,即基本知识技能培养层次与知识技能拓宽与提高层次,辅助层次为教学参考用书。工作的着力点放在基本知识技能培养层次教材的编写上。(3)目前,中国的经济发展存在地区间的不平衡,各高校之间的发展也不平衡,因此,教材的编写要充分考虑各校人才培养规格及教学需求多样性的要求,尽可能为各校教学的开展提供一个多层次、系统而全面的教材供给平台。(4)教材的编写在总结"八五"、"九五"工作经验的基础上,注意体现原创性内容,把握好技术发展与教学需要的关系,努力体现教育面向现代化、面向世界、面向未来的要求,着力提高学生的创新思维能力,使所编教材达到先进性与实用性兼备。(5)配合现代化教学手段的发展,积极配套相应的教学辅件,便利教学。

教材建设是教学改革的重要环节之一,全面做好教材建设工作,是提高教学质量的重要保证。本套教材是由人民交通出版社组织,由原全国高等学校路桥与交通工程教学指导委员会成员学校相互协作编写的一套具有交通出版社品牌的教材,教材力求反映交通科技发展的先进水平,力求符合高等教育的基本规律。各门教材的主编均通过自由申报与专家推荐相结合的方式确定,他们都是各校相关学科的骨干,在长期的教学与科研实践中积累了丰富的经验。由他们担纲主编,能够充分体现教材的先进性与实用性。本套教材预计在二年内完全出齐,随后,将根据情况的变化而适时更新。相信这批教材的出版,对于土木工程框架下道路工程、桥梁工程专业方向与交通工程专业教材的建设将起到有力的促进作用,同时,也使各校在教材选用方面具有更大的空间。需要指出的是,该批教材中研究生教材占有较大比例,研究生教材多具有较高的理论水平,因此,该套教材不仅对在校学生,同时对于在职学习人员及工程技术人员也具有很好的参考价值。

21世纪初叶,是我国社会经济发展的重要时期,同时也是我国公路交通从紧张和制约状况实现全面改善的关键时期,公路基础设施的建设仍是今后一项重要而艰巨的任务,希望通过各相关院校及所有参编人员的共同努力,尽快使全套21世纪交通版高等学校教材(公路类)尽早面世,为我国交通事业的发展做出贡献。

21世纪交通版
高等学校教材(公路类)编审委员会
人民交通出版社
2001年12月

前　言

随着城市交通需求量的急剧增加，城市交通问题日趋严重，对城市发展及环境造成了直接影响。为了解决城市交通问题，必须优先发展城市公共交通。公共交通被认为是未来城市交通的主要形式，其中，城市轨道交通又是城市公共交通系统的骨架，发展城市轨道交通已成为大城市交通发展的趋势，即建立一个以轨道交通系统为骨干、以公共交通为主体、多种交通方式相互协调的综合交通系统。

城市轨道交通是城市建设史上最大的公益性基础设施，对城市的发展将产生深远的影响，其建设是一个涉及面广、技术复杂、投资巨大、综合性很强的系统工程。城市轨道交通系统是轨道交通方式、轨道交通技术及轨道交通运营管理的集成，是城市客运综合交通系统的骨干。建设城市轨道交通，需要筹措可观的资金和具备适应的客流，这些都需要以城市的发展程度和经济实力作为基础。另一方面，要使城市轨道交通真正成为一个现代化城市交通的支撑，还必须尽快形成城市轨道交通网络，建设包括行车安全保障系统、设备检修维护系统、牵引供电系统、客运服务系统、运营指挥管理系统、换乘系统等在内的支持体系，形成安全、快速、可靠、便捷、环保的城市轨道交通系统。

自 1965 年北京第一条地铁开始建设以来，我国城市轨道交通发展已有 40 多年的历史，目前，我国已有 10 个城市的轨道交通系统建成并运营，另外还有 7 个城市已获得城市轨道交通建设立项，而更多的城市正在紧张地筹备申报中。2010～2015 年间，我国规划建设的城市轨道交通项目总里程达 1 700km，总投资在 5 000 亿元以上。可以预见，在未来的 30 年中，我国的城市轨道交通系统将会得到持续、快速的发展。

为了适应我国城市轨道交通发展的需要，满足城市轨道交通建设和运营管理的要求，促进交通运输规划和管理学科建设，满足教学及科研需求，作者在积累大量本学科资料和长期从事城市轨道交通教学及科研工作的基础上，借助长安大学交通运输工程一级学科及交通工程国家重点学科的教学研究优势，在人民交通出版社的支持下，完成了本书的编写工作。

本书第一章论述了城市交通发展的基本特征和城市轨道交通的演变，并对我国城市轨道交通发展建设情况进行了介绍；第二章主要论述了城市轨道交通系统的构成及特点；第三章介绍了城市轨道交通线路及轨道结构工程的基本内容及设计方法；第四章介绍了城市轨道交通车站的技术内容及设计施工方法；第五章介绍了城市地铁、轻轨车辆的结构、技术参数及主要设备的技术内容；第六章重点介绍了牵引供电系统的原理和相关设施；第七章主要介绍了城市轨道交通信号及列车运行控制系统的构成，以及 ATS、ATO、ATP 等系统的基本功能及特点；第八章介绍了城市轨道交通运营组织和管理的基本内容和方法；第九章介绍了城市轨道交通环控系统和灾害防护系统的构成及功能；第十章论述了城市轨道交通换乘枢纽的规划、功能设计及换乘系统组织方法。各章节中插入了一定数量的图片及工程案例，以便读者阅读和理解。每章后附有思考问题，供学习者复习参阅。

本书在编写过程中参考了国内外大量文献以及部分国内城市轨道交通系统建设和运营的相关资料。全书不仅基本反映了国内外城市轨道交通最新研究成果，同时也针对我国城市轨道交通发展存在的问题进行了分析。本书既可作为高等院校交通运输工程、市政工程类专业的教材，也可作为相关工程技术人员的技术参考书和培训教材。

本书共分十章，各章执笔人分别是：长安大学彭辉（第二章、第三章、第五章、第六章、第七章），铁道第一勘察设计院胡小勇（第八章、第九章、第十章），西安地铁建设有限公司王安理（第一章、第四章）。全书由彭辉统稿定稿，长安大学陈宽民教授、北京交通大学林柏良教授审稿。

在本书稿编写过程中，田园、李明捷、张红英、周旭、付玲玲、王燕、徐以刚、温子兴、刘俊妮、程琳等协助收集资料和进行了大量图表制作工作，付出了辛勤的劳动。

本教材在编写过程中还得到了长安大学严宝杰教授、马荣国教授、陈红教授，兰州交通大学广晓平教授，西南交通大学刘澜教授，西安建筑科技大学王秋平教授，铁道第一勘察设计院彭文盛教授级高工、何永占高工等专家的指导和帮助，在此表示衷心感谢。

本书稿的出版得到了长安大学教务处及相关部门的大力支持，人民交通出版社为本书的出版给予了极大的关心和帮助，谨向他们表示敬意。

限于编写人员的水平，书中难免有不妥之处，恳请同仁和各位读者批评、指正。

作　者

2007 年 9 月于西安

目　　录

第一章 导 论

随着城市化的不断发展，机动化给城市带来了空前的交通问题，人类正在花费巨大的代价寻求解决城市交通问题的出路。比较一致的看法是发展公共交通是最基本策略，发展大容量快速城市轨道交通已经成为解决特大城市、大城市交通问题的技术政策。

第一节 城 市 交 通

一、城市与城市交通的发展

城市是人类居住、工作、教育和娱乐的集聚地，同时也是各种政治、经济、社会和文化活动的中心。城市的出现是人类文明进步、经济发展、社会结构日趋复杂化的表征。

城市交通是城市内部及城市与外部之间的人员和物资实现空间位移的载体，它包括城市内部交通和对外交通，涉及地面、地下、水路、空中等各种交通运输方式。城市交通是随着城市的出现和扩张而发展起来的。

城市的形成和发展直接与城市交通工具的演变发展有关，城市在各个阶段的发展特点是由城市发展与交通方式技术进步所决定的。新技术在城市交通中的应用首先表现在交通工具的发展，而新型交通工具如果能符合城市发展要求、满足居民出行的需求，这样的交通工具就可能成为城市发展中的主导交通工具。

1.早期城市阶段

工业革命以前的城市发展可称为早期城市阶段，其社会经济基础是自然经济和小农经济。这一时期的城市多为政治中心或军事要地，工商业不占主导地位。城市建立在政治、军事及手工业和商业的基础上，因而城市数目少，规模小，发展缓慢。这一时期，城市交通主要为城市间交通和城乡交通，城市内部交通尚未形成规模。交通工具主要由人力、畜力和自然力来驱动，如人肩挑手提、牛车、马车及帆船等。在工业革命以前的欧洲城市，马车曾作为重要的交通工具盛行一时。1600 年公共四轮马车在伦敦出现，业主们可往来于街道之间招揽顾客。1662 年巴黎出现了固定线路上运行的公共马车，也叫有轨马车。1789 年能运送 20 人的长途公共马车产生，由于它轻快、安全、费用合理，因而得到迅速发展。

2.近代城市阶段

近代城市发展阶段是从工业革命时期到 20 世纪初期。18 世纪中叶的工业革命，带来了生产方式和产业结构的深刻变革，也促使城市发展进入了新的阶段。主要表现在：城市性质转变为工业性、生产性，工商业开始成为城市的主导部门，商品经济高速发展，工商业迅速向城市地区集中并形成了巨大的集聚规模效益，城市职能演化为经济和行政中心，城市发展速度加快。到 1900 年，英国城市人口占其总人口的 75%，成为世界上第一个实现城市化的国家。19 世纪以后，法、德、美等国也相继完成工业革命，与此相应，城市化步伐也在这些西方国家迅速推进。

这一时期，亚非拉地区的发展中国家也兴起了一些近代城市，这些城市多与西欧殖民主义掠夺有关。殖民主义势力入侵后，要建立行政中心和军事基地，建立掠夺资源和倾销商品的港口和转运中心。殖民地国家的传统民族产业受到冲击而纷纷倒闭，大量破产者涌向城市，致使城市经济基础难以负荷，城市问题十分突出。因此，这一时期发展中国家的城市化是畸形的。

工业化和城市化极大地推动了世界城市的发展，城市规模和城市结构都发生了空前变化，相应地，对城市交通提出了新的要求，促使城市交通进入一个新的阶段。

(1)城市对外交通迅速发展

城市化意味着非农经济活动向城市的大量集中，由此导致城市与乡村间产生大量的人口流动和物资流动，促进了城市外部交通的迅速发展。事实上，火车及动力船的发明与使用，使城市对外交通水平达到了新高度，城市与郊区及城市之间的交通运输网络进一步得到完善。

(2)城市内部交通逐渐显现

工业化与城市化不仅使城市人口和经济规模空前扩大，而且给城市带来了大量新产业、新机构，城市中的行政区、商业区、娱乐区、工业区等相继出现，这些都对城市内部交通提出新的要求，促使城市内部交通迅速发展。工业革命以后，城市内部交通成为维持城市社会经济活动运转的必要前提，城市内部交通问题才开始为人们所关注。

(3)城市交通工具开始采用现代技术，现代化的城市交通系统逐步形成

在这个时期中，城市交通发展取得的最大成就要数交通方式与交通工具的巨大变革和发展，新的交通方式与交通工具的出现进一步促进了城市化的发展。

在城市对外交通中，交通工具已由帆船、马车进化到轮船、火车、汽车、飞机。1825 年，蒸汽机车出现，铁路运输开始发展，这给城市对外交通带来一场革命。此后，相当长的一段时期内，铁路运输成为城市对外交通的主导方式。在城市内部交通中，1885 年，德国人奔驰发明了第一辆内燃机汽车。以后不久，有轨电车、无轨电车、公共汽车及城市快速轨道运输方式相继投入使用，逐步取代了马车。1881 年，有轨电车在柏林出现。1899 年，世界上最早的公共汽车在伦敦开始运营。1901 年，第一条无轨电车线路在法国投入使用。1838 年和 1863 年，郊区铁路和地下铁路分别在伦敦建成使用。从 19 世纪中期开始，机动车逐渐成为城市内部交通的主导方式。

(4)城市交通问题初显端倪

在城市化进程中，资本主义的大工业生产方式对城市功能结构产生了巨大冲击，同时，前所未有的铁路运输枢纽、火车站、港口码头等繁忙的作业区，打乱了原来封建城市的结构布局。由于城市的工业生产处于一种无政府状态，使得在城市规模不断扩张的过程中，城市布局日渐趋于混乱。人口的增长和经济的发展，产生了大量的人流、货流和车流，新的机动化交通系统也冲击着原有的封建城市结构，使得原有的只适用于步行和马车交通的道路远远不能适应交通的需要，城市交通出现了城市化时期的混杂、紊乱、拥挤甚至阻塞的状况。

3. 现代城市阶段

工业革命后期至今是现代城市发展阶段。进入 20 世纪以后，西方发达国家纷纷进入工业化后期并开始了现代化的历程，而许多发展中国家则相继进入工业化阶段，世界城市和城市化发展又呈现出新的特点。城市向高质量、多功能、综合性方向发展，城市产业结构进一步高级化，发达国家城市中的金融、保险和服务等第三产业比重迅速上升，许多国际大都市中第三产业的就业和产值比重已占绝对优势。在经历了由小汽车交通过度发展所带来的土地资源紧

缺、交通拥堵、运输效率低下、环境污染、能源消耗、事故增加等一系列社会问题以后，人们逐渐认识到必须依靠以轨道交通为骨干的公共交通系统为主，其他方式为辅的综合性的、立体型的城市交通系统才能够解决大型城市的交通问题，同时，轨道交通在城市结构变迁中充分发挥其诱导作用。在解决现有人口流动的基础上，城市轨道交通进一步推动了人口、就业的转移。根据对德国贝尔地区快速列车运输以及华盛顿地铁交通的研究，现代轨道交通系统已经成为城市人口与就业离心化的强大动力。在北美许多轨道交通城市，如多伦多、旧金山等，围绕轨道交通车站已形成了大量具有相当规模的城市次中心或边缘城市，土地利用模式从单中心转向了多中心。在多中心模式中，各中心之间构成了网络关系，促成了多层次群体组合城市，避免了"摊大饼"式的无序发展。巴黎在对小汽车交通重新认识以后，迅速开发以城市快速路和地铁为主的快速轨道交通系统，将城市中心、近郊就业生活区以及远郊五个卫星城直接联系起来，极大地方便了中心城市与外围副中心的联系，中心区大量的人口流向了近、远郊区，形成了多中心的城市结构。城市轨道交通促成了城市中心、次中心土地利用空间结构的圈层模式，城市空间结构及其组织更加合理化。

随着城市化逐步走向成熟，发达国家城市交通系统日臻完善，城市交通日益高速化、舒适化。首先，由于城市郊区化和郊区城市化的发展，使城市在空间形态日益呈分散化倾向，人流和物流向城市集中的速度减缓，强度变弱，城市中心区的运输供给与运输需求矛盾开始缓解，城市内部交通问题趋于缓和，城市对外交通开始由大容量化向快速化和舒适化演变。其次，城市交通体系构成全方位、立体化的格局。交通运输工具和交通运输方式多元化，城市内部交通与城市对外交通的衔接逐渐由无序走向有序。人与物在城际间的空间位移可通过水上、空中、地面甚至地下的4～5种运输方式联合完成，而人员在市内的空间位移也可借用地面、高架、地下等10多种方式(地铁、轻轨、城市铁路、公共汽车、无轨电车、有轨电车、私人汽车、磁悬浮列车、轮渡、直升机等)得以实现。

4.未来信息社会的城市

以信息技术为突破口的新技术革命正以前所未有的气势，冲击着人类社会生产和生活的各个方面，信息化的浪潮将给人口和产业高密度的城市带来深远的影响。

(1)未来信息社会的城市的基本特征

①城市社会生活联系更多地借助通信手段，未来的城市将变成智能城市，即高度信息化和全面网络化。借助于联网的计算机多媒体系统，人们足不出户，就能进行工作、交友、购物、娱乐等活动。届时，以观光、旅游和享受大自然为目的的出行比例将会显著提高。

②城市产业结构进一步高级化，包括信息技术产业和信息服务产业的信息产业地位大幅度上升，它将从第三产业中独立出来成为第四产业。城市由传统的制造中心、贸易中心转变为信息流通中心、信息管理中心和信息服务中心。

③城市空间结构进一步演变。由于信息传递不再受地理和气候条件的限制，空间距离在约束城市发展的诸多"门槛"中降低为次要因素，使得生产要素的高度集聚效益弱化，超级城市因不必存在而走向裂解，小城镇及其组成的城市群显示出新的发展趋势。

(2)与信息社会的基本特征相适应，城市交通也将呈现出新的发展趋势

①城市交通与信息通信业将高度结合，通信将与交通运输一样成为城市社会经济、生活联系的主要手段。信息社会中，人们之间的一些交往已不再需要空间的位移，由于信息的充分性，产品的不合理运输也大为减少。

②城市交通强度有所降低。由于办公家庭化的实现，使得上下班出勤人数与次数大为减

少，目前困扰城市的工作出行量集中的难题将会明显缓解。产业结构高级化和空间结构合理化，又会降低城市货物的运输强度。不仅城市产品会更加轻、薄、短、小，而且产品运输量在空间上得到更加有效地分散。

③城市交通将实现智能化。计算机和自动控制技术将广泛应用于城市道路、车辆及其管理部门，使得城市交通技术水平、管理水平进一步提高，进而迈向智能化的新阶段。

由上述对城市及城市交通发展阶段的分析可以看出，城市交通是保持城市活力最主要的基础设施，是城市生活的动脉，制约着城市经济的发展。现代城市也需要有一个与其现代化生活相适应的现代化交通体系，形成一个与城市发展布局高度协调的综合交通格局。发展多层次、立体化、智能化的交通体系，将是城市建设发展中普遍追求的目标。而发展大、中、低客运量相互匹配的多种形式相结合的公共客运交通工具，将是实现上述目标的一项重大技术决策措施。重点发展以轨道交通为骨干的公共交通网络，积极引入具有大、中客运量的地铁和轻轨交通方式，这是必然的发展趋向。

二、城市居民出行结构及特点

由于城市中各类活动的性质和环境条件不同，往往分布在不同的地点，短距离的可以用步行方式来完成，在步行范围以外的，则必须借助于各种交通工具。按照交通工具的所属性质，城市客运交通系统大致可以分为“私人交通工具”(Private Transport)、“准公共交通工具”(Paratransit)和“公共交通工具”(Mass Transit)三大客运系统。

“私人交通工具”是指私人拥有并自行运用的交通手段，包括步行、自行车、摩托车及私人小汽车等；“准公共交通工具”是由交通工具所有者提供运输服务，但使用者在时间和线路选择上，具有相对程度的自主权，例如出租小汽车、小汽车共乘等；而“公共交通工具”一般是指城市地区内以集体方式，按照固定线路、固定班次运行、并按固定的票价收费，供公众共享的公共性客运服务的运输系统。

城市客运交通结构是指城市中所有城市居民及流动人口出行所采用的出行方式的比例结构。影响城市客运交通结构的因素很多，诸如城市经济发展水平、城市性质、地理特性、政策导向以及城市交通基础设施建设等。在城市交通系统中，各种交通工具作为完成交通需求的直接载体，其在运行方式、运行速度、运载能力、可达性等方面有显著的差别，对城市交通运行效率有着重要的影响。

对于城市客运交通可按出行方式进行分类，城市客运交通分类及各类别特性如图 1-1 和表 1-1 所示。

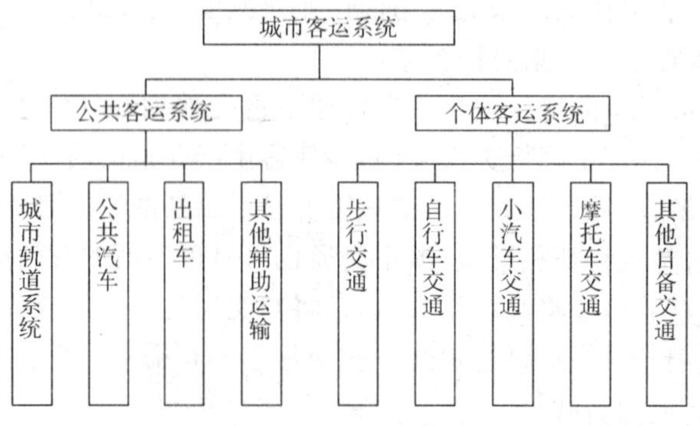

图 1-1　城市客运交通结构

表 1-1　城市客运交通结构表(按出行方式分)

出行方式	步行交通	自行车交通	公共交通			社会客运交通
			常规公共交通	轨道公共交通	出租汽车交通	
服务目的	生活与工作	生活与工作	生活与工作	生活与工作	生活与工作	工作
特点	出行半径小,常与其他交通方式配合进行	行动灵活多变,路线有很大选择性	线路固定,间断性运输	线路固定,间断性运输	线路不固定,连续性运输	线路不固定,连续性运输
主要出行范围	居住区和商业区内、游憩地段	居住区与各种其他用地	居住区与各种其他用地	居住区与各种其他用地	居住区与各种其他用地	居住区和办公、生活服务设施
常使用道路	居住区内道路及城市生活性道路	除机动车专用道、步行专用道以外的城市各级道路	城市各级干道	专用轨道用地	城市各级道路	城市各级道路
速度要求	无特殊要求	10～18km/h	16～20km/h	快而畅通	快而畅通	可达最大限制车速
与人和生活居住区的关系	密切	密切	要求有方便的联系	要求有方便的联系	要求有方便的联系	关系较小
停车和人流集散空间要求	生活服务、游憩设施和客运交通枢纽附近设置足够的人流集散场地	各出行端设置停车寄存场地和设施	根据终点站调度、站点停靠、换乘要求设置相应的停车、调车场地和换乘枢纽	设置调车、停车场地和换乘枢纽	主要生活服务、游憩设置、对外客运枢纽设置停车调度场地	设置出行端内部停车场地或城市公用停车场地
其他要求	要求有不受其他交通干扰的良好环境,同时与公共交通联系方便	路面平坦,线型好而通畅,不受机动车干扰	希望减少自行车交通的干扰,而又与各自行车、步行交通有良好的衔接	不受其他交通的干扰,与其他客运交通有良好的衔接		

目前我国城市客运交通方式所呈现的结构主要是:步行和自行车出行所占比例较高,特别是中小城市;高危险性的摩托车发展迅速,特别是经济发达的中小城市,严重影响了交通秩序,是交通安全的隐患;公共交通发展水平不高且结构单一,快速轨道交通系统发展滞后;出租汽车增长迅速,但是空驶率较高;私人小汽车处于快速发展阶段。

我国中小型城市交通中,徒步出行所占比例较高,有的城市甚至超过了40%。这主要是由于中小城市的出行距离相对较短,居住、休闲、娱乐、工作等基础设施一般都集中布置在一起。而大城市一次出行距离相对较长,多用代步工具出行,步行所占比例相对较低。自行车、摩托车成了许多城市居民出行首选。自行车相对经济、便捷,吸引了大量出行流,一些城市的自行车出行比例可达40%左右。另外还有数量可观的人力三轮车、助力车、电动车、摩托车等多元化交通工具,特别是我国一些经济比较发达的中小城市,摩托车拥有量非常大,有的城市已趋于饱和。这些多元化交通工具严重干扰了公交的正常运行,造成"机非混行"现象,交通拥挤加重,安全系数下降。

公交出行分担率较低，我国几乎所有的城市都存在这种情况，部分城市甚至未达到10%。这与公交服务水平不高、公交车运行速度慢、公交基础设施跟不上、技术和管理手段落后等问题有直接关系。近年来，大城市都进行了公交规划，公交出行分担率已经有了一定幅度的上升，公交情况也有了改善。但是一些中小城市以及城乡结合部分，公交做得还不够完善，没有真正体现城市公交一体化的要求，这些都阻碍了公交的发展。

我国的轨道交通发展起步较晚，只有北京、上海、天津、广州等十几个城市有少量的轨道交通运营，还有些城市目前正在建设之中。轨道交通建设正处于升温阶段，主要是因为国家政策的支持以及日益沉重的城市交通压力。

出租汽车发展迅速，近年来，我国城市出租汽车拥有量增长非常快，很多城市的出租汽车拥有率已经达到40辆/万人左右。出租汽车是公交的辅助交通工具，占中小城市的出行比例较低，甚至不足5%，且空驶率很高，占用了大量的城市道路资源，环境污染较大。

近年来，随着人们生活水平的提高，汽车价格下调，私人小汽车交通得到了很大发展，已经开始进入普通家庭，只要有可能，出行者就会选择方便、快捷、舒适的小汽车，这也同时带来了对城市道路资源的占用、加重污染和停车难等一系列问题。

影响城市客运交通结构的因素很多，社会、经济、政策、城市布局、交通基础设施水平、地理环境以及居民出行行为心理、生活水平等均从不同侧面影响城市交通结构，其演变规律很难用单一的数学模型或表达式来描述。尤其是在我国，由于目前经济水平、居民的物质生活水平还不高，居民的非弹性出行仍占绝大部分，居民出行方式的选择余地不大。而在未来20～30年中，随着我国国民经济稳步高速发展，这些因素将产生很大的变化，需综合考虑各方面的因素，对客运交通结构进行宏观的分析。其中，决定交通结构的最主要因素是交通方式的特性、交通利用者的特性和出行特性。

地铁、轻轨、公共电汽车、出租汽车、小汽车、摩托车、自行车以及步行等构成了现代城市的综合客运交通系统。每种交通方式各有其适用条件和相对的服务范围，既要充分发挥各种交通方式的优势特点，又要使其相互补充协调，分工合作，以发挥系统的整体效益，取得合理的社会、环境和经济效益。

因此，一个合理的城市交通结构，必须根据国民经济发展水平、城市结构形态、交通基础设施条件以及居民出行行为的需求特征，选择一个相对合理的交通方式分担比例，从而有效地利用交通资源，最大限度地缓解交通压力。

基于以上分析，优先发展公共交通是解决我国城市交通问题的出路，对私人交通应该持控制发展的态度。根据国外城市成功的经验，我国应该大力发展运量大、占地少、低能耗的公共交通。而大中城市的交通结构则应向快速、大容量、立体化的方向发展，以地铁和轻轨等快速轨道交通为主，公共汽车为辅，多种交通方式共同组成一个比较完整的城市公共交通体系。

三、城市轨道交通在城市客运交通系统中的作用与地位

作为城市最大规模的基础设施建设项目，城市轨道交通对城市发展有三大作用：一是大大提高城市交通运营水平，缓解大城市日益拥挤的道路交通；二是引导城市格局按照规划意图发展，支持大型新区的建设；三是通过对城市轨道交通的巨大投入，从源头为城市经济链注入活力，并通过巨大的社会效益提高整个城市的综合价值。

作为城市客运交通系统中的一个组成部分，城市轨道交通的特点也决定了这种交通方式具有明显的优势。与城市其他客运交通方式比较，城市轨道交通的优势有：

①采用列车编组化运行，运量大，单向最高断面客流量可达 3～5 万人次/小时；

②运行系统封闭独立，列车运行稳定、干扰小、速度高，旅行速度可达 35km/h 以上；

③可采用地下和高架敷设方式，占用地面空间小；

④采用电能，清洁环保；

⑤线路固定，容易设置明确标志，形成交通习惯；

⑥技术水平高，发展余地大。

需要指出的是，城市轨道交通的优势是相对的，其建设是有条件的。城市轨道交通的优势在于其高速度、大运量和良好的安全性，在道路交通难以满足交通需求的通道上作用显著，因此，城市轨道交通是整个城市交通系统的骨干。

城市轨道交通系统发展历史表明，城市轨道交通系统随着路网的发展可以逐步兼顾中短途客流，最后达到负担城市公共交通乘客量一半以上的水平。围绕城市轨道交通骨干网络，可以促使其他交通方式成为辅助方式，从而提高城市公共交通乘客的总量，使“公交优先”的政策得到充分的体现，缓解城市交通问题。

城市轨道交通还有一个活跃城市经济、拉动城市发展、提高城市形象的功能。一条城市轨道交通线路通车后，原来沿线不发达的地区，会由于交通的方便而逐步发展起来，随之带来土地的升值、房产的涨价、各种商业活动的逐渐活跃。另外，在城市总体规划的指导下，根据城市发展布局，在交通并不繁忙但距离较长的发展带上超前建设城市轨道交通，可拉动城市的发展。

如果说发达的高速铁路和航空网是一个国家现代化的标志的话，那么一个发达的城市轨道交通网络就是一个现代化城市不可缺少的标志。一方面，修建城市轨道交通，需要城市在经济发展的基础上筹措可观的资金和具备相应的客流，二者均需以雄厚的经济实力作为后盾；另一方面，要使城市轨道交通真正成为一个现代化城市交通畅通的支撑，还必须尽快形成城市轨道交通网络，包括配套建设换乘系统、行车保障系统、客运服务系统和运行指挥系统。城市轨道交通已经成为城市生活中不可缺少的一部分，也是城市进入现代化行列的鲜明标志。

第二节　城市轨道交通的演变

城市居民最早的出行，基本上是从出发点直接到达目的地，出行都具有独占的性质，交通工具基本上是为少数人服务。随着城市的发展，人们的各种活动日益增加，对出行的需求不断扩大，需要有固定路线、按一定时间行驶、为城市居民共享的大众交通工具，城市公共交通因此产生。城市公共交通的改进最初是通过马车来实现的，1829 年，巴黎引入较大的公共马车，纽约也于 1831 年引入这种车辆。后来这种马车增长迅速，但它行驶缓慢、颠簸、不舒适，并且容易造成街道拥挤及阻塞。

把马车放在钢轨上行驶，可以提高速度及平稳性，还可以利用由多匹马组成的马队来增大牵引力、扩大车辆规模、降低运输成本及票价。世界上第一条马拉的城市街道铁路于 1832 年在美国纽约的第四大街开始运营，但直到 1855 年随着轨道安装成本下降，这种有轨道的马车才开始大规模地替代公共马车，也解决了与街道上无轨车辆交通的相互干扰问题。从 1855 年起，有轨马车在美国及欧洲迅速扩展，至 1890 年总的轨道里程达到 9 900km。图 1-2 为欧洲城市有轨马车的历史照片。

虽然马车轨道比公共马车有了很大的改进，但随着城市人口及车辆的增加，在平交路口出现了交通拥挤和堵塞，尤其是在较大的城市中。1860 年，在纽约的曼哈顿(Manhattan)，从炮台公园(Battery)到中央公园(Central Park)仅 8km 的行程需花一个多小时的时间。因此，需要通过立交形式来改善铁道上或街道上的拥挤。同时，人们采用机车代替马车来牵引，进一步加快了车辆运行速度。

图 1-2　有轨马车

第一条城市轨道交通线路于 1863 年在伦敦开始运营，线路位于地下隧道内，用蒸汽机车牵引，称为地铁。从此，铁路运输技术开始被用来解决人们在城市内的出行问题。伦敦地铁通车后，1865 年纽约也制订了建设地铁的计划，但没有被批准，因为蒸汽机车在地下隧道内产生大量的蒸汽和烟雾且不易扩散，乘行环境不佳，因此，美国的轨道交通采用了地上高架的形式。在 1867 年经初步试验后，第一条高架轨道交通线在 1870 年开始运营，沿曼哈顿的格林威治(Greenwich)大街及第九大道运行。起初，其牵引系统是采用连续运动的钢索，但一年后即被蒸汽机车代替。1867～1902 年间，纽约建成了 302km 的高架轨道交通网。自 1892 年起，芝加哥也大力修建高架铁道，到 1902 年总里程达到了 174km。然而，由于其不雅观及噪声大，高架轨道交通结构对其周围的城市环境造成了较大的损害。因此，传统形式的高架结构在 20 世纪 20 年代初期基本停止了。

19 世纪电的发明使人类的生活发生了巨大的变化。电不仅解决了照明问题，而且很快地应用到交通运输领域。电力牵引的列车在成本、性能、舒适性方面都大大超过以前的轨道车辆，德国在这方面取得了实际的进展。柏林附近的 Lichterfelde 线于 1881 年投入运营，是世界上第一条电气化铁路。其后，北美城市建造了几条试验线，于 1888 年成功地应用了技术先进的电力机车技术。电气化铁路对城市轨道交通有决定性的影响。至 1890 年末，有轨电车迅速替换了马车铁道及缆车铁道，同时，也替代了城市轨道交通中的蒸汽机车。1897 年，6 节编组的多节电动列车开始在芝加哥的南侧高架线(South Side Elevated)上运营。1898～1903 年，在纽约高架线上实现电气化。此时，伦敦、布达佩斯、格拉斯哥、波士顿及巴黎的电气化轨道交通已经开始运营，一度搁浅的纽约地铁建设计划于 1900 年开始实施。由于电气化，到 1937 年美国的城市轨道交通线路里程增长到 1902 年的 4 倍，其中 90%以上是在纽约与芝加哥，其余的在费城及波士顿。

城市轨道交通的诞生和发展已有 100 多年历史。但重视和大规模修建城市轨道交通系统则是在二次世界大战结束以后。20 世纪下半叶以来，伴随着世界范围内的城市化进程，世界各国的城市区域逐渐扩大，城市经济日益发展，城市人口也逐渐上升。由于流动人口以及道路车辆的增加，城市交通量呈急剧增长的态势，机动车辆增长加快；城市道路的相对有限性带来了交通阻塞、车速下降、事故频繁等一系列问题，行车难、乘车难不仅成为市民工作和生活的一个突出问题，而且制约着城市经济的发展。另外，道路上汽车废气、噪声等环境污染问题也愈来愈引起人们的重视。在这样的背景下，世界各国纷纷开始采用立体化的快速轨道交通来解决日益恶化的城市交通问题。大城市逐步形成了目前以地下铁道为主体、多种轨道交通类型并存的现代城市轨道交通新格局。目前，地下铁道运营线路超过 100km 的城市已有 10 多个，其概况如表 1-2 所列。

表 1-2　国外运营线路超过 100km 的城市地下铁道概况

城　　市	城市人口（万人）	区域人口（万人）	线路（km）	地下线路（km）	高架线路（km）	地面线路（km）	车站（个）	供电（V）	受流方式
纽约	730	1 330	436	253	129	75	501	DC625	三轨
伦敦	670		398	16.3		235	273	DC600	三轨
巴黎	210	1 020	192	177	13.7	1.1	429	DC750	三轨
莫斯科	880		220	184	36		143	DC825	三轨
东京	840	1 190	218	174	24	20	206	DC1500	三轨/架空线
芝加哥	300	700	163	18	85	60	143	DC750	三轨
墨西哥	2 000		141	103	10	28	125	DC750	两导向杆
柏林	260	438	191	114	3	74	180	DC780/600	三轨
首尔	1 020	1 350	116	116			102	DC1500	三轨
马德里	320	400	113	105	3	5	137	DC600	架空线
华盛顿	60	300	112	62	10	40	64	DC750	三轨
斯德哥尔摩	66	160	105	62			99	DC650/750	三轨
大阪	260		104	93	11		98	DC750	三轨/架空线

世界上第一条地下铁道于 1863 年 1 月 10 日首先在伦敦建成，开始时采用蒸汽机车牵引，到 1890 年改为电力牵引。据有关资料统计，从 1863 年到 1899 年间，有 7 个城市修建了地下铁道，从 1900 年到 1949 年，世界上又有 13 个城市修建了地下铁道。二次世界大战后，伴随着各国城市的快速发展，地下铁道发展极为迅速。到 1999 年，全世界已有 115 个城市建成了地下铁道，线路总长度超过了 7 000km。其中英、美、法、德、日、西班牙以及俄罗斯等发达国家所属 20 个城市在二次大战前开始了地铁建设，到 1999 年末，总里程达 2 840km 左右，其中一半以上为战后修建的。全世界其余 95 个城市的地铁均为战后所建，总里程约为 4 200km。这就是说，全世界近 7 000km地下铁道中约有 5 600km 是战后建成的，占 80%。战后建成地下铁道的 95 个城市，按年代分见表 1-3（从建成第一条地下铁道起至 1999 年通车的总里程）。

表 1-3　世界地下铁道建设进程

年　　代	城市数目（个）	建成里程（km）	年　　代	城市数目（个）	建成里程（km）
1950～1960	10	455.65	1981～1990	29	978.2
1961～1970	10	799	1991～1999	16	415.3
1971～1980	29	1 634.8	总计	95	4 262.95

从图 1-3 中可以看出，战后经过短暂的经济恢复后，地下铁道建设随着全世界经济起飞而启动、加快。20 世纪 70 年代和 80 年代是各国地下铁道建设的高峰。发达国家的主要大城市如：纽约、华盛顿、芝加哥、伦敦、巴黎、柏林、东京、莫斯科等已基本完成了地铁网络的建设。但后起的中等发达国家和地区，特别是发展中国家地铁建设却方兴未艾。比如，亚洲共有 26 个城市有地下铁道，除了东京与大阪在二次大战前

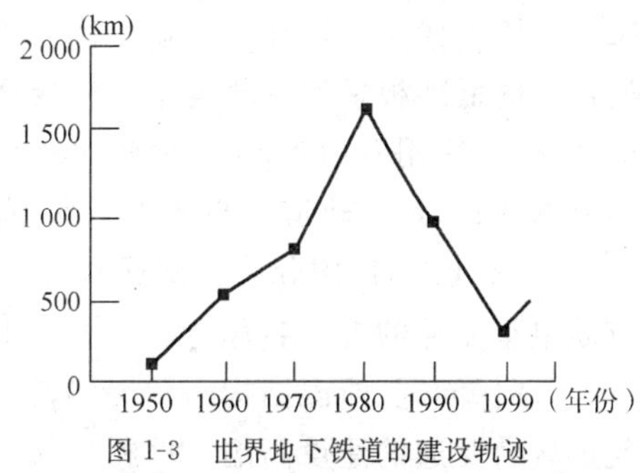

图 1-3　世界地下铁道的建设轨迹

就建有地下铁道外，其余24个城市的地下铁道均是在战后建成的(表1-4)。

表1-4 亚洲地下铁道建设进程

年　代	城市数目(个)	建成里程(km)	年　代	城市数目(个)	建成里程(km)
1950～1960	2	78.25	1981～1990	7	231.2
1961～1970	1	54	1991～1999	8	284.2
1971～1980	7	352.2			

事实上，东京和大阪的大部分地下铁道也是在20世纪60年代以后建成的(东京二战前建成16.5km，战后建成213.8km；大阪二战前仅建成8.8km，战后建成84.2km)。因此，亚洲国家地下铁道兴建高潮大体比欧美发达国家晚10年，香港地区也是如此。我国其余大城市大约晚20～30年，21世纪将是发展中国家修建地下铁道的高潮(图1-4)。

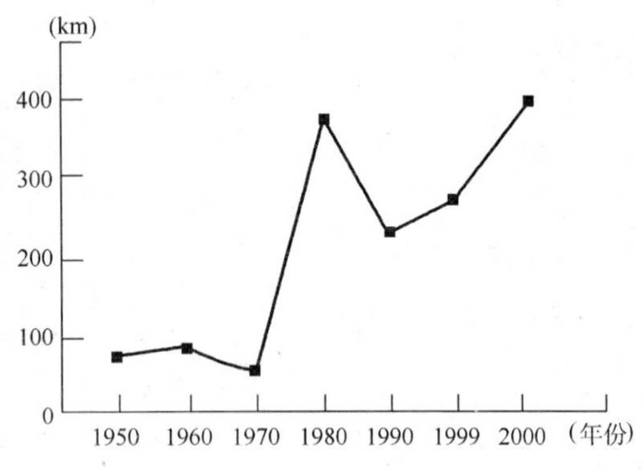

图1-4 亚洲地下铁道建设发展趋势

20世纪初是有轨电车的黄金时代。1881年德国柏林工业博览会期间，一辆只能乘坐6人的有轨电车在400m长的轨道上展示。世界上第一个将有轨电车系统投入商业运行的是在1888年美国弗吉尼亚州里士满市。

20世纪初，有轨电车系统发展很快，在20世纪20年代，美国的有轨电车线总长25 000km。到了30年代，欧洲、日本、印度和我国的有轨电车有了很大的发展。1908年中国第一条有轨电车在上海建成通车，1909年大连市也建设了有轨电车，在随后的年代里，北京、天津、沈阳、哈尔滨、长春等城市都相继修建了有轨电车，在城市公共交通中发挥了骨干作用。

旧式有轨电车行驶在道路中间，与其他车辆混合运行，又受路口红绿灯的控制，运行速度很慢，正点率低，而且噪声大，加减速性能较差。随着汽车工业的迅速发展，西方国家私人小汽车数量急剧增长，大量的汽车涌上街头，城市道路面积明显地不够用。20世纪50年代开始，世界各国大城市都纷纷拆除有轨电车线路，这阵风也波及到中国。到20世纪50年代末，我国各大城市也把有轨电车线基本拆完，仅剩下大连、长春个别线路一直保留至今，继续承担着正常公共客运任务。

20世纪60、70年代，在地下铁道建设高潮发展时期，由于地下铁道造价昂贵，建设进度受财政和其他因素制约，西方大城市在建设地下铁道的同时，又重新把注意力转移到地面轨道上来。利用现代高科技开发了新一代噪声低、速度高，转弯灵活，乘客上下方便，并照顾到老人和残疾人的低地板新型有轨电车。在线路结构上，也采取了降噪声技术措施。在速度要求较高的线路上，采用专用车道，在繁忙道路交叉处，采用进入半地下或高架交叉等形式；对速度要求不高的线路，地面轨道可与道路平齐，有轨电车与汽车混合运行。

1978年3月，国际公共交通联合会(EITP)在比利时首都布鲁塞尔召开会议，确定了新型有轨电车交通的统一名称，英文为Light Rail Transit，简称轻轨交通(LRT)。20世纪80、90年代，环保问题、能源结构问题突出，在经济可持续发展战略方针指导下，全世界又掀起了新一轮的轻轨交通的建设高潮。据粗略统计，目前已有50个国家建有360条轻轨线路(表1-5)。

我国长春、大连、天津、武汉、重庆等地也在近年建成了新型轻轨线路。长春轻轨所使用的车辆，可载员 300 人，低地板部分离地面只有 350mm，极大地方便了乘客上下车。

回顾 20 世纪城市交通的发展历程，不难看出有一个否定之否定的发展过程：有轨电车从大发展到大拆除，然后汽车登上历史舞台逐渐成了城市交通的主角；到 20 世纪末，以地铁和轻轨为代表的城市轨道交通又恢复了它的主导地位，这是个螺旋式的上升过程。

表 1-5 部分国家轻轨线路

国家名称	线路数量	国家名称	线路数量	国家名称	线路数量	国家名称	线路数量
加拿大	4	德国	62	拉托维亚	3	亚美尼亚	1
美国	25	荷兰	6	俄罗斯	71	埃及	2
墨西哥	3	英国	6	贝拉如斯	4	南非	1
巴拉圭	1	比利时	5	乌克兰	25	土耳其	3
阿根廷	1	法国	8	罗马尼亚	15	印度	1
巴西	4	奥地利	7	波斯尼亚	1	中国	3
瑞典	4	瑞士	9	克罗地亚	2	中国香港特区	2
挪威	2	意大利	6	塞尔维亚	1	朝鲜	1
斯洛伐克	3	西班牙	3	保加利亚	1	菲律宾	1
波兰	14	葡萄牙	3	匈牙利	4	日本	18
捷克	7	突尼斯	1	格鲁吉亚	1	澳大利亚	4
芬兰	1	阿塞拜疆	2	乌兹别克斯坦	1	马来西亚	1
爱沙尼亚	1	哈萨克斯坦	5				

在 20 世纪的 60 年代，美国提出了“未来城市交通的设想”议案。60 年代中期，微电子技术和计算机技术的进步为新交通系统的诞生奠定了技术基础。经过 30 年来不断创新，新型轨道交通系统的科技含量不断提高，种类不断增加，规模正在由中运量向小运量和个体化方向发展，逐渐体现出“以人为本”的原则。在城市轨道交通领域，新交通系统又称作“自动化轨道新交通系统”，如美国的 APMS 系统。APMS 意即自动化的人行系统，酷似小型列车或有轨电车，全自动控制，无人驾驶。这是第一个用作公共交通的新交通系统，于 1971 年在美国佛罗里达州的坦姆帕机场投入运营，它将飞机乘客从总候机楼运送到 5 个卫星候机楼。30 多年来，各国开发出了许多不同种类的 APMS，包括在钢轨上运行的或轮胎式的，有源的(车辆有电机驱动)或无源的(车辆无电机驱动)。目前 APMS 在机场得到很好发展，总计有 30 多个系统在机场处于应用或在建中。APMS 有若干分支形式，其中之一称作自动化导向客运系统(简称 AGT)，德国的法兰克福机场应用该系统，取得了较为满意的结果。它每辆车载客 58 人，2 节编组，每小时最大输送能力为 4 500 人，两列车发车间隔为

90s。美国的辛辛那提机场和日本的成田机场采用的是另一种形式的APMS新交通系统，该系统车辆移动不靠车轮而是用气垫系统托起，在专门的隧道内光滑的混凝土地面上靠隧道末端的绳索牵引。每节车可以运送71名乘客及他们的行李，2节车编组，每小时运输能力每方向最多可达5 600人。

日本的KRT系统于1975年在冲绳国际海洋博览会展示，意即神户新交通系统(图1-5)。该系统于1981年2月开始运营，把神户港人造岛和神户市连接起来，全长6.4km，列车6辆编组，列车运行间隔2min30s，1列车载客450人，高峰输送能力为每小时1万人。现已有多条线路建成运营。

法国的VAL系统意即轻型自动车辆。经过了10年的研究试验，该系统于1983年5月在法国里尔正式投入运营。它实际上是世界上第一条无人驾驶的全自动地下铁道，采用橡胶车轮，侧轨导向，直线电机驱动，最高速度达80km/h。为适应不同类型城镇的需要，根据客流量的大小，可有四种基本系统可供选择：即U-NIVAL，载客量为3 000～6 000人次/小时(1节车独立开行)；VAL256，载客量为5 000～30 000人次/小时；METROVA，载客量为11 000～40 000人次/小时；PANTOVA，载客量为3 000～12 000人次/小时(均为2节一列)。

德国的H-Bahn系统意即悬挂铁道，很像悬挂式的独轨铁路。它于1984年在多特蒙德大学校园内建成，长11km，凌空5～11m(图1-6)。车辆采用直线电机驱动，集中控制，无人操纵。每列车载客40人，车辆运行间隔40s，最大输送能力每小时2 100人。

图1-5　神户新交通

图1-6　多特蒙德的H-Bahn

2000年4月，日本山梨县大月市，又有一种新交通系统正式投入运营，它叫做BTM，意即磁石轻便轨道。它连接着开发中的住宅小区与最近的日本铁路中央本线的猿桥站。在BTM的车辆上装置着履带状的磁石块，每辆车上有8组(一侧4组)，每组106块，它吸引着由角型钢架构成的轨道的两个侧面。这种车辆利用电动机转动履带式磁石块而行走。它利用磁石的强大磁力，可以在大坡度与小半径弯曲线路上行驶，在大雨天气也不会发生滑行。BTM系统是一种小运量的运输系统，最大运输能力为每小时1 000～2 000人。

美国于1996年在马尔博罗建成一种完全新型的、全自动、无人驾驶的私人快运PRT2000系统。该系统是APMS系统的变种，是对中运量APMS系统的突破，它应用小型电动有轨车辆，最多可乘坐4人或一个坐轮椅的残疾人及其陪同人。单线线路每小时可运送3 000人。设10个停车位的车站最大发送能力为每小时3 000人。车辆最高速度约为50km/h，列车运行最小间隔只有2.5s。

在导轨(Guide-Way)网络中行驶的、自动控制的“个人出租车系统”，也叫做个人快速交通系统(PRT)。这种新交通系统能满足未来机动灵活的个人交通需要,并使城市环境得到重大改善。它是由英国布里斯托尔大学先进交通技术研究组研制,希望能作为21世纪的新型交通系统。

第三节　我国城市轨道交通发展及展望

一、我国城市轨道交通的发展历程

1960年以前。1908年我国第一条有轨电车在上海建成通车,在随后的年代里,我国北京、天津、沈阳、哈尔滨、长春、鞍山等城市都相继修建了有轨电车,在当时我国城市的公共交通中发挥了骨干作用。到20世纪50年代末,我国各大城市已把有轨电车线拆除得所剩无几,仅剩下长春、大连和鞍山等城市的有轨电车。

1960～1980年。1965年北京开始建造地铁,1969年10月建成通车,线路长度23.6km;1970年天津地铁开工,但由于唐山地震的影响,1984年底天津第一条地铁才正式运行;1975年香港第一条地铁动工兴建,并于1979年建成通车;1984年北京环线地铁建成通车,线路长度19.9km;1987年北京实现1号线地铁与环线地铁联合运营。

1990～2000年。20世纪90年代初,国内地铁建设急速升温,我国地铁建设进入初步发展阶段。上海、广州等地也先后投入地铁建设。1993年5月,上海轨道交通1号线南段建成通车,同年,广州地铁1号线破土动工。1995年国务院发布通知,宣布除京、沪、穗在建地铁项目继续施工外,其余城市一律暂停审批立项。但地铁建设的低谷并没有打消其他城市对地铁的热情,在随后的时间里,深圳、天津、武汉、重庆和南京的地铁相继获批,许多其他城市也在积极申办,全国有10多座城市要建设地铁或轻轨,掀起了国内地铁和轻轨建设高潮,我国地铁建设进入了复苏阶段。

2000年以后。2002年10月开始,我国主管部门决定对地铁建设立项进行整顿,地铁建设进入了一段调整期。

2005年6月6日,国家发改委印发了《关于审批杭州市城市快速轨道交通建设规划请示的通知》,国内城市轨道建设进入了高速发展阶段,杭州、沈阳、哈尔滨、成都、西安、苏州、青岛等城市地铁项目先后获批,更多的城市正在进行城市轨道项目的筹备和申报。

二、全国轨道交通建设情况

目前我国已有北京、上海、天津、广州、长春、大连、武汉、深圳、重庆、南京、成都十多个城市的轨道交通项目投入运营,总里程超过500km,年客运量达16.5亿人次。与此同时,北京、天津、上海等6个城市正在施工建设的轨道交通项目总长度达373km。

“十一五”期间,中国将把城市轨道交通的发展放在更加突出的地位。其发展重点是:加快轨道交通的规划建设,强化轨道交通在城市交通中的地位和作用,注重轨道交通新技术的应用,在大城市逐步实现以地面常规公交为主体向以轨道交通为骨干的城市交通体系的过渡。全国城市轨道交通建设情况见图1-7。2010～2015年间,我国规划建设的城市轨道交通项目总里程达1 700km,总投资在5 000亿元以上,超过了两个三峡工程的投入。其中,北京、广州的投资均在500亿元以上,上海更是超过1 400亿元。建设资金的主要来源将是政府投资和政府担保的银行贷款。

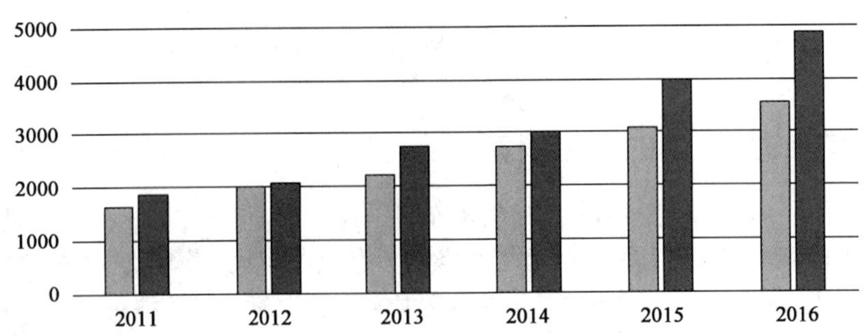

图 1-7　全国城市轨道建设情况

1. 北京市

北京在全国最早建成地铁，近年又建设了轻轨及城市铁路，但目前北京市在线运营的地铁线路只有 1 号线、2 号线、13 号线、八通线和 5 号线，仅有 142km，为此，北京市“十一五”期间基础设施发展规划提出，到 2010 年，北京市轨道交通线网运营总里程将达到 270km 以上，比现在增加一倍，初步搭建起中心城区轨道交通线网骨架。预计 2020 年，北京市将建成轨道交通线路 19 条，其中，中心城区线路 15 条，市郊线路 4 条，加上一些通往郊区的支线，总长约 660km。

2007 年底，北京市共 4 号线、10 号线、奥运支线、机场线 4 条轨道交通线路同期建设，建设规模前所未有。

2007～2015 年，北京市将陆续开工建设 11 条轨道交通线路，共计 332km，到 2015 年，全市轨道交通运行线路将达到 19 条，共计 561km(图 1-8)。2007～2015 年新线建设的时序和目标，大致按三个阶段安排：

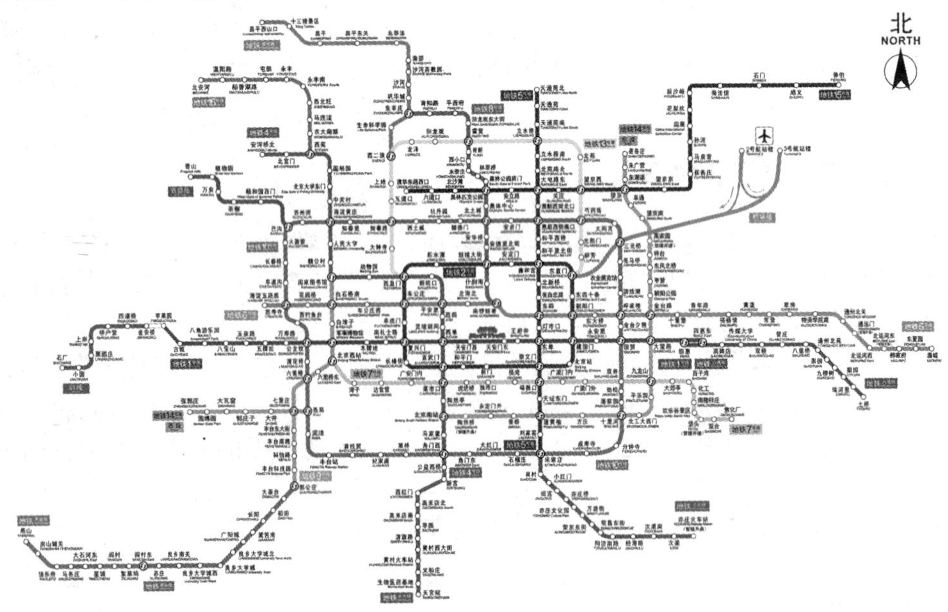

图 1-8　北京市城市轨道交通线路图

第一阶段，2008 年奥运会前，将建设完成地铁 5 号线、10 号线一期含奥运支线和轨道交通机场线，新增运营里程 84km，累计达到 198km。其中 5 号线已于 2007 年 10 月 7 日开通运营。

第二阶段，到 2012 年底，将建设完成地铁 4、6、7、8、9、10、14、15 号线一期和亦庄线，新增运营里程 221km，累计达到 419km，基本实现中心城区轨道交通线网规划。

第三阶段，到 2015 年底，将建设完成地铁 15 号线二期和大兴线、房山线、s1(门头沟)线、s2(昌平)线，完成全部 561km 轨道交通建设规划。

根据远景规划，2020 年北京地铁规划线网将由 19 条线路组成，总长度 561.5km，有望超过纽约成为世界上地铁线路总长最长的城市。其中，15 条是市区线路，总长 425.7km。而且，在现有的地铁 2 号环线之后，还将形成第二个地铁环线，它的使命是充分服务于中关村科技园区、中央商务区、奥林匹克公园等今后北京的多个中心城区。

2. 上海市

上海轨道交通建设始于 1990 年初。目前上海已建成轨道交通运营线路 5 条，共 80 个车站，运营里程 123km。去年上半年，轨道交通日均客流达 180 万人次，约占全市公共交通出行量的 13%。2006 年 12 月 18 日 3 号线北延伸段、12 月 30 日 2 号线西延伸段，合计 22km、14 座车站开通试运营。至此，上海轨道交通运营线路总长 145km，车站总计 95 座，居全国前列。

2007 年，轨道交通 6 号线、8 号线(一期)和 9 号线(一期)工程已全面进入施工，年底即实现结构贯通，并投入试运营。届时，上海城市轨道交通线路总长将达到 230km，车站数增至 156 座，线网规模位列全国之首，轨道交通基本网络初显雏形。

2010 年上海将建成 11 条线、运营里程超过 400km 的“四纵三横一环”的轨道交通基本网络(图 1-9)，其中，全长 34km 的轨道交通 10 号线尤为引人关注。该线从新江湾城至虹桥机

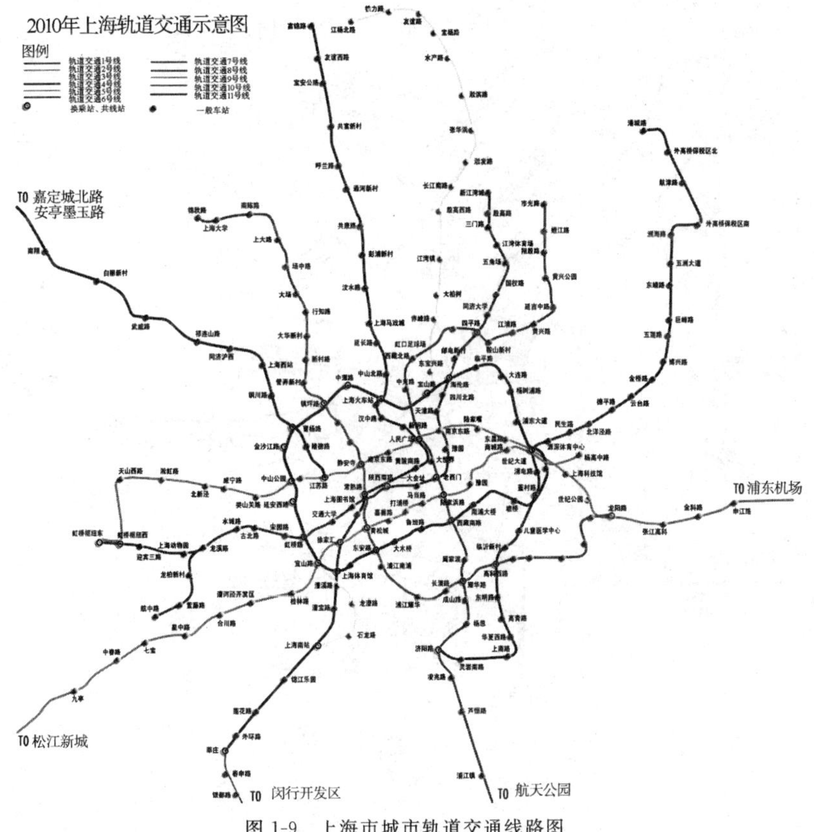

图 1-9　上海市城市轨道交通线路图

场，其线路经过中心城区的淮海路、复兴中路、金陵路、南京路、四川路以及老西门地区、豫园地区等人流量巨大的重要区域和路段，并能与其他轨道交通、地面公交、铁路等实现换乘，是轨道交通路网中市区级的重要线路。

届时，上海的轨道交通网络将形成人民广场、徐家汇、世纪大道、龙阳路、虹桥枢纽等多个大型换乘枢纽，满足每天 600 万人次的客流需求，承担全市公交客流的比例将从目前的 13% 提高到 35%左右，相当于中心城区的道路在现状基础上再增加一倍。

3. 天津市

天津曾经是我国除北京之外唯一拥有地铁的城市，地铁始建于 1970 年。1976 年，新华路至海光路 3.6km 段开通，由于唐山地震的影响，到 1984 年底，天津第一条地铁才正式运行，设 8 个站。但是，其地铁线路建成年代久、通车里程短，文革期间还曾一度中断运营。天津地铁在 20 世纪 80 年代经过扩建，仅达到 7.4km 的运营里程，现在已经根本无法适应天津市的发展需要，于 2001 年 10 月停运。

“十一五”期间，天津将陆续建成地铁 2、3、9 号线，加上已投入运营的地铁 1 号线，预计到 2010 年将累计实现轨道交通通车总里程 130km。4 条地铁线将串联起津门各大商圈，使津城发展更加均衡。

地铁 1 号线是津城东南至西北方向的主干线，2 号线贯通津城东西，3 号线是西南至东北方向的主干线，9 号线从天津站直达滨海新区。这 4 条线路形成了全方位的地铁交通网络。各条线路之间都设有快捷方便的换乘站：地铁 1 号线和 2 号线的换乘站设在西南角站；地铁 1 号线和 3 号线的换乘站设在营口道站；地铁 2 号线、3 号线与 9 号线可在天津站直接换乘。预计到 2008 年，当天津站交通枢纽工程完工后，市民可从天津站直接换乘京津城际高速铁路(图 1-10)。

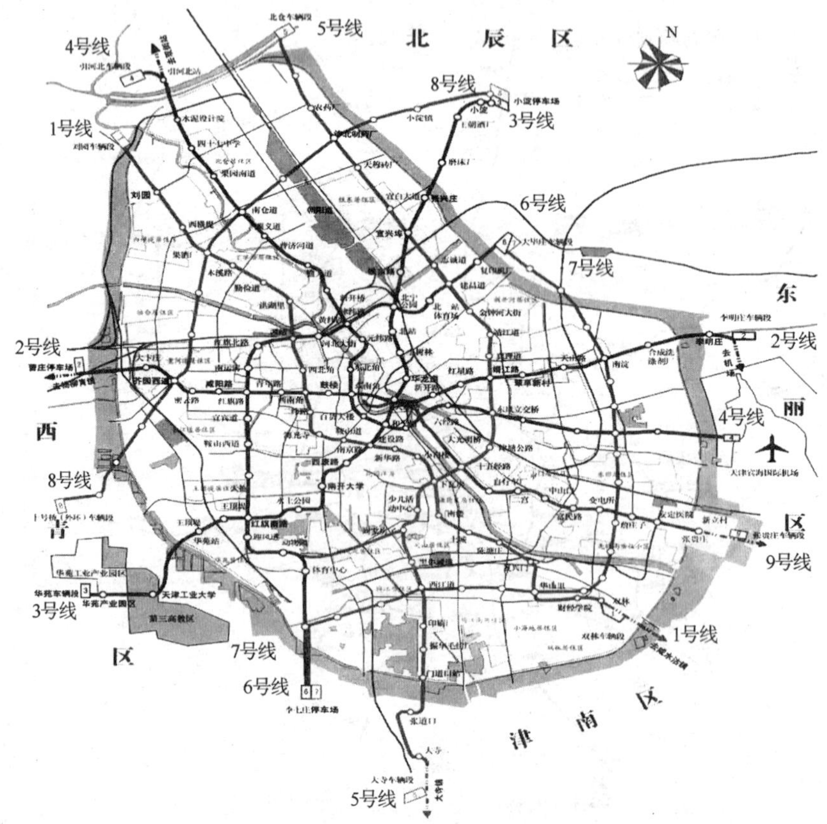

图 1-10　天津市城市轨道交通线路图

4. 广州市

按照1998年广州市政府批准的《广州市快速轨道交通路网规划》，全市共规划7条线，总长206.5km。其中地铁1号线是广州市地铁规划网的东西干线。地铁1号线总长18.47km，沿线共设16座车站、1个车辆段、1个控制中心和2座主变电站，已于1999年建成通车。地铁2号线为广州市快速轨道交通系统中客流量最大的基本骨干线，是新线路网中的南北轴线。全长23.265km，共设20座车站、1个车辆段。2004年琶洲至三元里全线开通。与广州地铁1号线相比，2号线设备国产化率将达到70%以上。

3号线是广州市轨道交通南北向主干线，是国内首条时速达120km的轨道交通快线，其"Y"字形运行模式在国内也是首次采用。3号线线路全长36.33km，全线共设车站18座，其中主线（广州东站～番禺广场）全长28.78km，设13座车站；支线全长7.55km，设5座车站。

4号线是全世界首个中大运量的直线电机运载系统，也是广州轨道交通首条有高架的线路。4号线二期段长27.16km，共设8座车站（含2座预留车站）。2006年12月30日开通，共有6个车站，分别是石碁站、海傍站、低涌站、东涌站、黄阁汽车城站、黄阁站。4号线与3号线同属"规划引导型"线路。

根据广州市"十一五"规划纲要显示，到2010年，广州要建设长度达255km的9条线路和164座车站，实现各区都有轨道交通覆盖（图1-11）。届时，广州市将跨入世界轨道交通发达城市的前列。此外，广州还要大力推进广佛、广珠等城际轨道交通建设，积极参与构建以广州为中心的珠江三角洲城际快速轨道交通网络。

5. 台北市

台湾省台北市都会区快速轨道系统（台湾习惯称捷运系统）初期路网一共有6条路线，全长86.8km，设有79个站（图1-12），服务于台北市12个行政区及台北县的16个市镇，服务范围以台北车站为中心，半径约15km，面积达837km^2。这6条路线中，依其完工时间排序分别是木栅、淡水、中和、新店、南港及板桥线。木栅线是中运量系统，除有一处穿越山区采用新奥法施工外，其余全线采用高架方式构筑，其他5条线路都是高运量系统。

6. 香港

香港地铁始建于1975年，3条线总长43.2km，车站38座，日输送旅客最高超过300万人次，年输送旅客6.3亿人次（图1-13）。

香港地铁的运营驰名于世，是全世界少有的盈利地铁，而且每年盈利最高可达40～45亿港币。香港地铁是全世界最繁忙的地铁之一，每天运营19h，从早6点到次日凌晨1点。高峰时列车间隔为105～150s。香港地铁建设的原则是满足居民对公共交通的需求，哪里人口稠密就往那里修地铁，有一半以上的居民（300万人）距地铁车站不超过500m。

目前，香港正在修建中的地铁线路有新线鱼涌和将军澳支线，规划中的地铁线路有北港岛线和东九龙线。

7. 其他城市

我国已经拥有地铁或正在建设地铁的城市分别有大连、深圳、武汉、南京、重庆、长春、成都、杭州、沈阳、西安、哈尔滨、青岛和苏州等。目前，提出或者正在筹备建设地下铁道交通的城市还有石家庄、太原、济南、郑州、兰州、乌鲁木齐、合肥、宁波、无锡、南昌、长沙、贵阳、昆明、桂林、南宁、福州、厦门、东莞、澳门、台中、台南、海口、温州、常州、包头、湛江、汕头、基隆、新竹、桃园等。

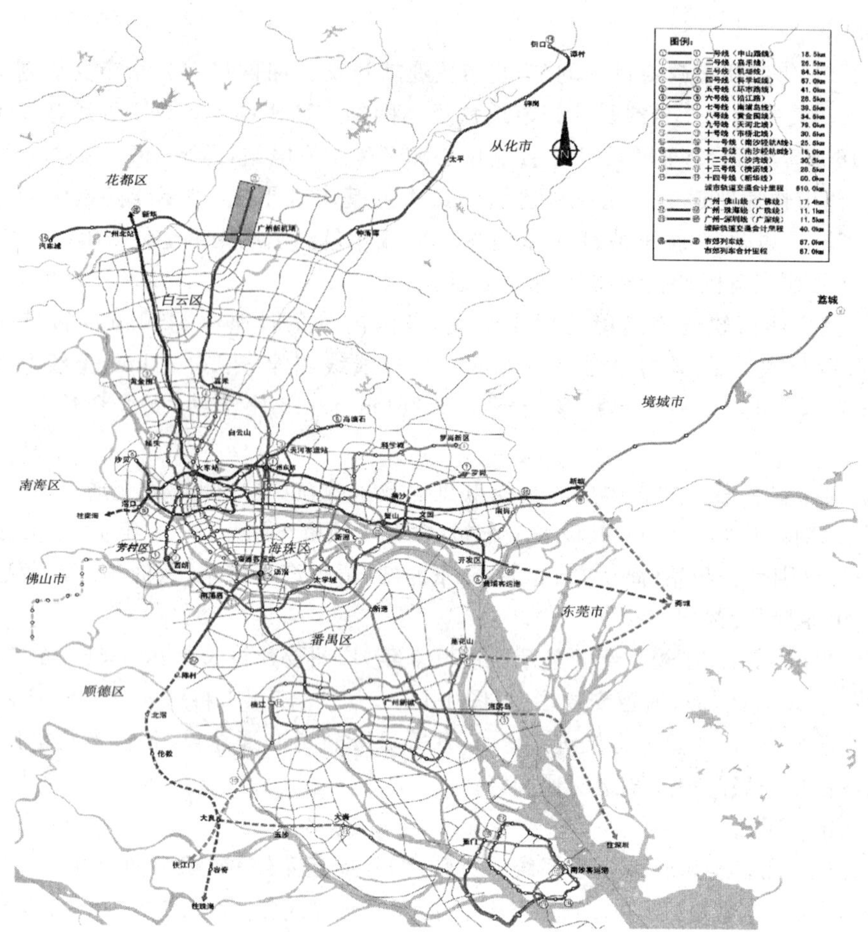

图 1-11　广州市城市轨道交通线路图

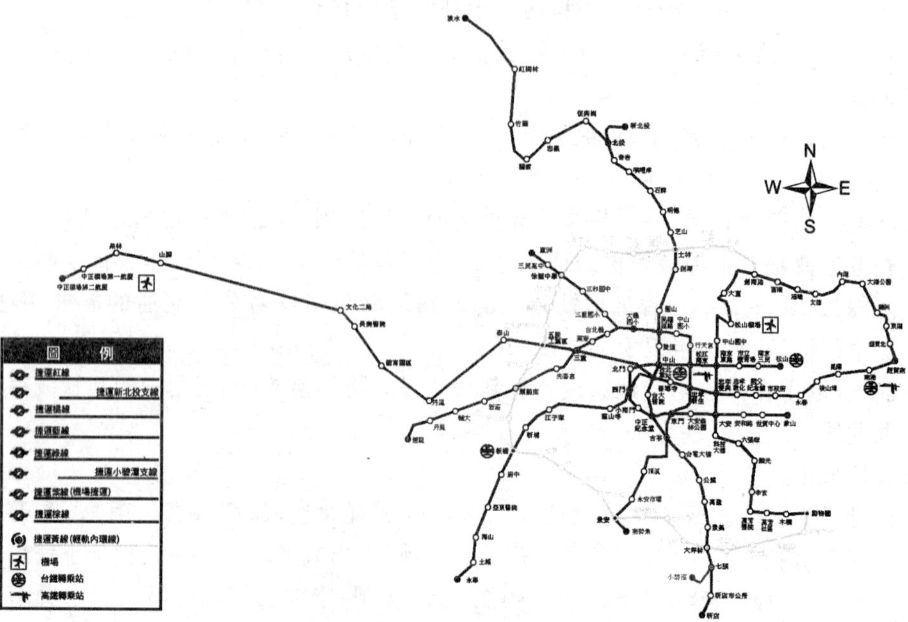

图 1-12　台北市城市轨道交通线路图

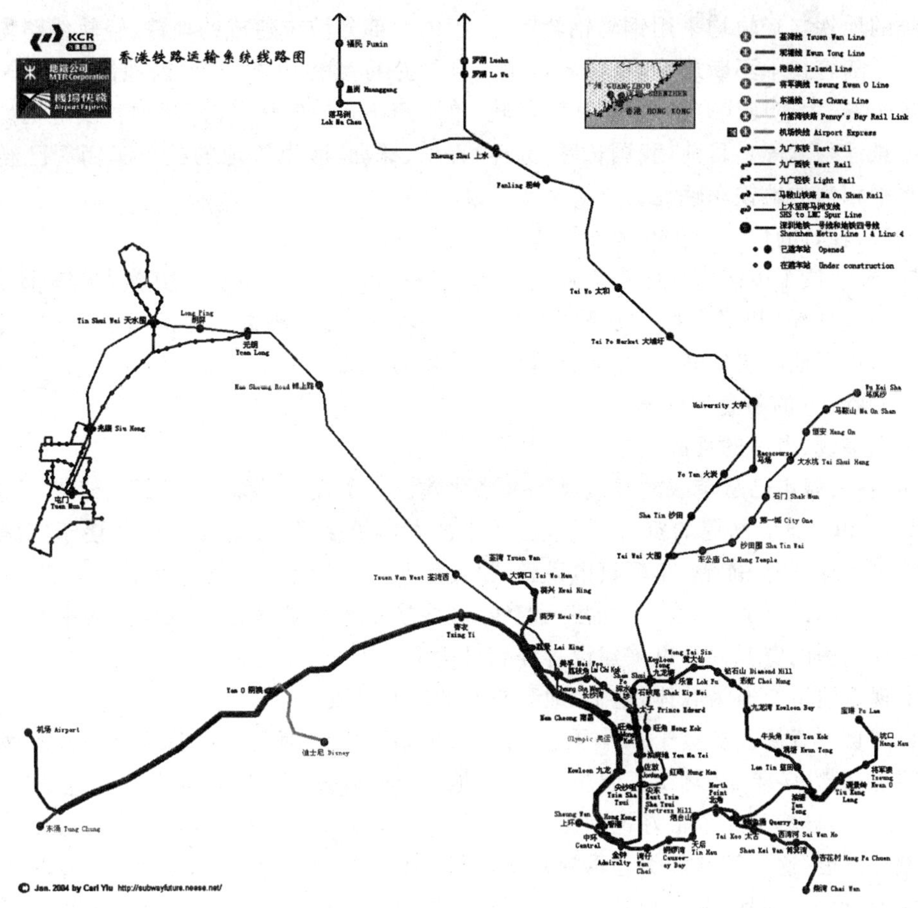

图 1-13 香港市城市轨道交通线路图

三、我国城市轨道交通的态势

1. 城市轨道交通呈迅速发展之势

城市轨道交通在中国将有巨大的市场和广阔的前景。从全国范围看，以北京为中心的城市轨道交通大网络、以上海为中心的长江三角洲轨道交通大网络，广州、天津、成都、西安、南京、武汉、重庆等大城市的轨道交通体系也呈星罗棋布之势。大陆 100 万以上人口的大城市有 43 个，目前国务院批准了 18 个城市的轨道交通建设规划。据初步预测，未来 15 年至少有近 20 个城市将建设轨道交通，中国城市轨道交通在经济发展大潮推动下必将灿烂辉煌。现在北京、上海、广州、重庆、武汉、沈阳、成都、杭州、西安、苏州等大中城市，规划建设轨道交通线路 50 多条，总长度约 1 697km，约需要各种轨道交通车辆 8 000～10 000 辆，估算总投资额 6 000 亿元，我国将成为世界上最大的轨道交通建设市场。如果按照“十一五”计划的轨道交通建设速度每年 200 多公里计，那再花上二三十年就有可能达到全国累计总里程 9 000km 的目标。

2. 城市轨道交通运输向高密度、快速发展

目前设计的最小行车间隔为 2min，随着信号系统和车辆构造的不断更新、发展，为适应运量的需求、提高服务水平，列车开行对数将从每小时 30 对提到每小时 34 对，甚至达到每小时 40 对，高密度、快速成为城市轨道交通的发展方向。

3. 轨道交通制式向多元化发展

传统的地铁与轻轨均采用钢轮钢轨线路，国内大部分城市建成的地铁、轻轨线路均采用了此种制式。随着技术不断进步，根据各城市结合线路特点和功能需求，因地制宜，在国内相继出现了像长春、大连现代有轨电车、武汉轻轨、重庆跨座式单轨线路、广州的直线电机列车和上海高速磁悬浮列车等。目前，我国长春、大连、青岛、株洲、浦镇等地的机车车辆厂已经能制造与国际水平相当的地铁车辆。

4. 地铁、轻轨的快速线正在悄然形成

地铁、轻轨位于市区内一般站间距为 1km 左右，市郊 2km 左右。随着大都市圈的形成，中心城与卫星城镇、机场的联系加强，通常采取加大站间距，提高列车运行速度的措施，如北京、上海、广州等地的机场线，列车运行速度从原来的 80km/h 发展到 120km/h，甚至出现了时速450～500km/h 的磁悬浮列车。

5. 实现多线、多站的资源共享

目前，各大城市已从单线建设过渡到网络化建设。实现多条线的车辆厂、架修、主变电所、控制中心、AFC、通信网等的资源共享，已开始被人们所接受，在各城市已付诸于实施。它的实施将带来土地资源、能源、车辆机电设备、投资以及运营管理的极大优化。

由于轨道网的形成，二线、三线甚至四线、五线换乘车站的建成，目前，把换乘车站内的设备乃至管理用房的资源共享也被建设者提到日程上来了。

6. 实现以轨道交通为载体，地上、地下空间的综合开发

联合国自然资源委员会于 1981 年 5 月正式把地下空间确定为重要的自然资源，随后，我国建设部也在 1997 年 12 月 1 日起施行“城市地下空间开发利用管理规定”。地铁作为城市交通被引入地下，显然是一个很好地利用地下空间之路，但如何以地铁为骨干项目，并带动地下空间建设的发展，这一问题已引起重视并正在积极推进当中。特别是，以地铁车站为载体与其相接的地下、地上空间的综合开发显得更为重要和迫切。在这当中，如何解决好大面积的地下空间的消防和人防是值得研究的新课题。

7. 加快提高车辆和机电设备国产化率

城市轨道交通工程是我国 20 世纪 80 年代发展起来的新兴行业，与其相匹配的车辆和机电设备的制造相对滞后，投资居高不下，在很大程度上影响了我国城市轨道交通的高速发展。如车辆生产经过多年的努力，B 型车每节已降到 600 万元左右，有较强的竞争力，但其生产能力仍未满足日趋发展的轨道交通的需求，国产化率上升速度较慢，至于信号等系统的国产化率更低，就施工机械盾构机而言，还脱离不了大量进口。所以，如何拉动城市轨道交通相关产业的快速发展是各行各业迫在眉睫的课题，它是保证城市轨道交通快速、健康发展，使得高额投资降下来的极为必要的先决条件。

8. 新技术应用、施工技术的进步、不断降低造价

全国 19 个城市准备在“十一五”计划内建成轨道交通线总里程 1 444km，总投资达 5 307 亿元，每年平均建 289km、投资近 1 000 亿元，是影响较大的市政工程。在国家制定的各项政策推动下，通过“引进、消化、吸收、创新”，我国城市轨道交通的车辆、设备制造、技术水平和国产化率踏上一个新的台阶，逐步迈入世界轨道交通先进行列。只有施工技术不断创新，才能高速建设轨道交通，才能减少在市区中心施工时对道路交通产生的负面影响，才能减少对地面建筑的拆迁，才能把古建筑、文物等保护好。虽然地铁区间施工采用了非开挖技术，但地铁车站如何采用非开挖技术仍是一个值得研究的课题。目前，地铁平均造价已由过去的 7 亿元(人民

币)/km,下降到 5 亿元/km,轻轨造价由 4 亿元/km 下降到 2 亿元/km。

9. 节能

"节能"作为国策,在地面建筑中均有强化节能的种种措施。城市轨道交通是一个用电大户,节能更显重要。国家发展委在对各城市轨道交通工程编制的可行性研究报告中,规定必须将节能列入章节。具体要求如下:节能设计规范与合理的用能标准;能耗种类与数量分析;能源供应状况分析;能耗指标;节能措施与节能效果分析等。由于我国城市轨道交通起始于 20 世纪 70 年代,起步较晚,节能方面顾及太少,涉及此内容的规范、规程基本空白。这是需要我们城市轨道交通工作者加快研究、决策的。例如每座城市、每条线的主变电所容量均按远期控制,应深入研究、实际选用近期容量的量级完全可以满足远期所需容量的需求;地下车站天然采光或光导纤维导光的采用;列车车厢内利用半导体光来替代等等均能达到节能的目的。城市轨道交通如何进一步达到节能是迫在眉睫的研究课题。

四、我国轨道交通建设的基本条件

根据轨道交通基础设施投资巨大的特点,2003 年国务院制定了城市轨道交通建设项目推荐指标。申报发展地铁的应达到下述基本条件:地方财政一般预算收入在 100 亿元以上,国内生产总值达到 1 000 亿元以上,城区人口在 300 万人以上,规划线路客流规模达到单向高峰小时 3 万人以上。申报建设轻轨的应达到下述基本条件:地方财政一般预算收入在 60 亿元以上,国内生产总值达到 600 亿元以上,城区人口在 150 万人以上,规划线路客流规模达到单向高峰小时 1 万人以上。对经济条件较好,交通拥堵问题严重的特大城市,对其轨道交通项目予以优先支持。申报城市须编制城市轨道交通建设规划和土地控制规划,所报项目的资本金须达到总投资的 40%以上,车辆、设备国产化率必须达到 70%。

本章小结

本章介绍了城市发展与交通方式的演变关系,城市客运交通系统的分类及其客运结构,以及轨道交通的演变历史,并对我国城市轨道交通的发展现状进行了总结。通过本章的学习,读者需掌握城市客运交通系统的定义、分类及客运交通结构。并对轨道交通的演变历史和我国城市轨道交通的发展现状有基本了解。

思考题

1. 分析城市发展与城市交通的关系。
2. 简述城市客运交通系统的特点。
3. 城市轨道交通发展经历了哪几个发展阶段?阐述其发生变化的原因?
4. 谈谈你对我国发展城市轨道交通的认识。
5. 论述发展我国城市轨道交通的政策与途径。
6. 通过网络、新闻等途径查阅我国各城市轨道交通建设的最新进展。

第二章　城市轨道交通系统

城市轨道交通系统是城市交通的子系统，是集多种设施、多专业、多工种于一体的复杂系统。随着交通技术的发展，城市轨道交通系统从单一的线路布置、单方式运行发展到采用先进技术建成的复杂而通畅的地下和高架网络，与城市地面交通和对外交通形成一体，为城市建设引入了立体化布局的概念。

第一节　城市轨道交通系统

一、城市轨道交通系统的概念

一般而言，广义的城市轨道交通是指以轨道承载列车运行和导向，以信号系统为控制手段，集中、快速输送旅客的轮轨交通系统（有别于道路交通），主要为城市内（有别于城际铁路，但可涵盖郊区以及大都市圈范围内）公共客运服务，是一种在城市公共客运交通中起骨干作用，具有中等以上运量的现代化立体交通系统。

城市轨道交通系统是技术复杂、涉及面广、投资巨大的系统工程，是轨道交通方式、轨道交通技术及轨道交通运营管理的集成，是城市客运综合交通系统的骨干。从其系统结构来看，主要包括硬件系统和软件系统两部分，其系统组成见图 2-1 所示。

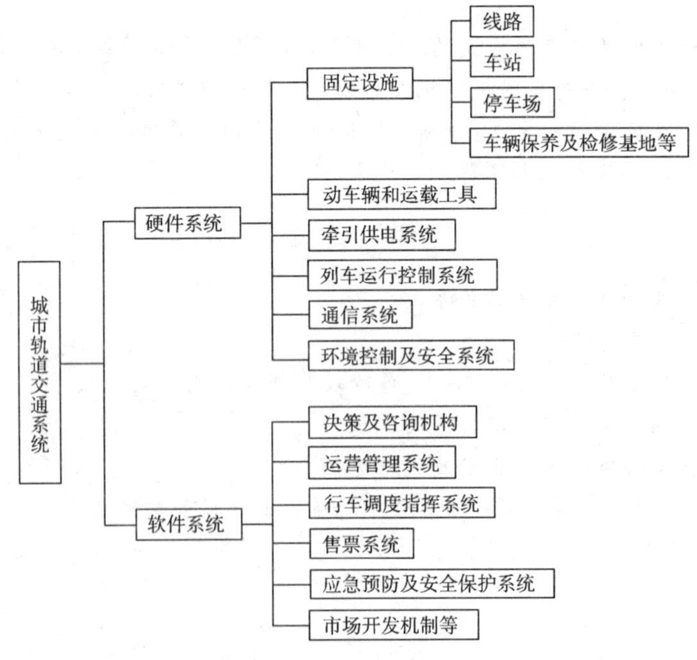

图 2-1　城市轨道交通系统

硬件系统包括：轨道交通线路、隧道、桥梁、车站、停车场和车辆检修基地等固定设施；动车辆和车辆运载工具；牵引供电系统；信号、列车运行控制系统及通信设施；环境控制及安全系统；与城市其他交通方式衔接换乘设施及相关公共设施等。

软件系统包括：决策及咨询机构；运营管理系统；行车调度指挥系统；售票系统；市场开发机制及一体化运输协调系统；应急预防和安全保护系统等。

城市轨道交通系统的目标是安全、快速、经济、大运量、准时输送旅客，满足城市居民不断增长的出行需求，形成安全、高效及可持续发展的城市绿色公共交通体系。

城市轨道交通系统的基本功能是实现旅客的位移，提供安全、快速、准时、经济和大容量的公共交通工具，完善城市公共交通结构。在城市交通问题日益严重的今天，地铁及其他轨道交通是很多城市市民出行最理想的交通工具，轨道交通在城市公交客运总量中所占比重不断提高，成为城市公共交通的主体。同时，由于轨道交通安全、舒适、快速、准点的乘车条件，也促使相当数量的城市居民放下其他交通工具而改乘轨道交通，极大缓解了道路交通紧张状况。此外，轨道交通在引导城市空间发展、土地开发等其他方面也起到了积极作用。

二、城市轨道交通系统构成

城市轨道交通系统是一个庞大复杂的技术系统，其专业涵盖了土建、机械、电气、电子信息环境控制、运输组织等各个门类。轨道交通系统由一系列相关设施组成，这些设施包括车辆、线路、车站、供电、通信信号以及环控系统等，它们的协同合作是为用户提供满意服务的保证。车辆、线路、限界、车站、轨道、供电系统、通信信号系统和环控系统等，是城市轨道交通系统的基本构成。

1. 车辆

城市轨道车辆主要是指地铁车辆和轻轨车辆，它们是城市轨道交通系统最重要的设备，也是技术含量最高的机电设备。车辆作为旅客运载工具，不仅要保证运行的安全、可靠、快速，而且应考虑乘客的舒适和方便以及公共交通所需的大容量。

地铁车辆有动车和拖车，带驾驶室和不带驾驶室等多种形式。无论是动车还是拖车，地铁车辆主要由车体、转向架、牵引缓冲装置、制动装置、受流装置、车辆内部设备、车辆电气系统几部分组成。

由于地铁车辆主要运行在地下隧道中，而且地铁线路曲线半径小、坡度大、站距短，与地面轨道车辆相比就需要具备更好的技术性能。地铁车辆不同于其他轨道车辆的主要特征有：地铁车辆具有较好的加减速性能，起动快，停车制动距离短，平均运行速度快；地铁车辆具有较大的载客容量，车门数多，便于乘客上下车，缩短停站时间；地铁车辆车型小，适合隧道内运行，而且车辆采用难燃或阻燃材料制成，不容易发生火灾；地铁车辆技术含量较高，一般都安装列车自动控制、自动停车、自动驾驶等装置。

2. 线路

地铁线路敷设方式，可分为地下、地面、高架三种。应根据城市总体规划和地理环境条件因地制宜选择，一般在城市中心地区宜采用地下线，其他地区在条件许可时可采用高架线或地面线。

轨道交通线路按其在运营中的作用，分为正线、辅助线和车场线。正线是车辆载客运营线路，行车速度高、密度大，要保证行车安全和乘坐舒适，线路标准要求高；辅助线是为了保证正线运营而配置的线路，速度要求低，标准也低；车场线是车辆检修作业用的线路，行车速度较低，线路标准只要满足场区作业即可。

3. 车站

车站是旅客乘降的场所，也是地铁面向公众开放的窗口，车站的规模大小、设施先进程度、服务水平，从某种程度上也反映了城市的综合实力、科技发展水平以及精神文明程度，因此，世界各国大都市都比较重视地铁车站的建设。莫斯科地铁车站富丽堂皇，艺术价值和观赏性都相当强；蒙特利尔地铁车站与周围环境有机地融为一体，环境优美，令人流连忘返；华盛顿地铁车站朴实大方，极具实用性；东京地铁车站则多设于都市繁华闹市区，既吸引客流，又进一步促进了商务中心的繁荣。

地铁车站按运营性质可分为中间站、尽头站、换乘站和折返站；按结构形式可分为地下车站、地面车站和高架车站；按功能可分为郊外站、市内站、联络站和待避站；按车站与轨道的相对位置又可分为岛式站台车站和侧式站台车站。

岛式站台设在上下行线路中间，可以供上下行两条线路合用，利用率较高。侧式站台是上下行线路两侧各设一站台，两侧客流不会混合，但不能起调节作用，站台的利用率低。在一条轻轨线路与另一条轻轨线路换乘的车站，可采用岛式与侧式混合站台。

4. 轨道

轨道是列车运行的基础，直接承受列车荷载，并引导列车运行。轨道结构是城市轨道交通系统的重要组成部分，一般由钢轨、扣件、轨枕、道床、道岔及其他附属设备组成。为保证列车的安全运行，轨道结构应具有足够的强度、稳定性、耐久性、绝缘性和适量弹性，且养护维修量小，以确保列车安全运行和乘坐舒适。

5. 供电系统

电能是城市轨道交通系统必需的能源，几乎所有的设备都离不开电力供应，一旦供电中断，整个轨道运输将陷入瘫痪状态，因此，安全、可靠的供电系统是城市轨道交通系统正常运营的重要条件和保证。

地铁供电系统一般包括牵引供电系统、动力照明供电系统和高压供电系统。牵引供电系统供给电动车辆运行的电能，它是由牵引变电所和牵引网组成的；动力照明供电系统提供车站和区间各类照明、扶梯、风机、水泵等动力机械设备电源和通信、信号、自动化等设备电源，它是由降压变电所和动力照明配电线路组成的；高压供电系统视各城市的具体情况而定，可以是市电直接供给地铁各变电所，也可由城市高压供电线路集中供给地铁线路，然后由电源变电器再分配给地铁沿线各变电所，还可以是这两种情况的综合。

6. 通信信号系统

通信信号系统在城市轨道交通系统中的作用相当重要，既要确保行车安全、指挥列车运行，又要提高运营效率、充分利用通过能力。因此，目前国内外有关科研机构都在进一步加紧研制更加先进的通信信号设备。

根据城市轨道交通高速度、高密度、短间隔的特点，城市轨道交通的信号系统从传统的以地面信号为主发展到自动监控列车速度和自动调整列车追踪间隔的方式。信号系统按其功能可分为以下几部分：自动闭塞、联锁、列车自动监视系统、列车自动监控系统、列车自动防护系统和列车自动运行系统。

为了迅速、准确、可靠地传递和交换语音、图像、数据信息，城市轨道交通的通信系统是个自成体系的独立完整的内部通信网。通信网由光纤数字传输系统、数字电话交换系统、闭路电视监视系统、无线调度系统以及车站广播系统等组成。

7. 环控系统

城市轨道交通环境控制系统是城市轨道交通系统的重要组成部分，关系到乘客旅行安全和舒适性，影响着地铁对广大市民的吸引力。早期地铁较少考虑环境问题，以致乘客乘坐地铁必须忍受高温、高湿及污浊的空气。随着经济和社会发展水平的提高，乘客对乘车环境有了更高的要求，不少城市开始在地铁系统中增设环境控制系统以满足乘客要求。环境控制系统主要包括地铁通风、空调和采暖等设备。

8. 运营组织管理系统

轨道交通运营组织管理系统是一个集中、高效、多工种联合作业实时动态的复杂系统，从运营功能上可分为：

运营指挥管理系统——包括调度指挥、设备管理、技术管理、安全管理、人员管理、经营管理、市场开发等；

列车运行系统——实现列车运行指挥及控制、列车运行安全保障的制度及工作；

客运服务系统——包括车站照明、售检票及计算中心、导向及预告措施、消防及环控、自动扶梯电梯、车站服务等；

检修保障系统——即为保障设备性能良好，能随时启动重新投入运行而具备的检修手段及检修能力；

安全救援系统——即事故救援和紧急应急方案及措施。

三、城市轨道交通的分类

近年来，随着轨道交通的发展，出现了许多新的城市轨道交通形式，一般可以分为市郊铁路、地下铁路、轻轨、独轨、新交通系统、有轨电车、磁悬浮等形式，如图 2-2 所示。

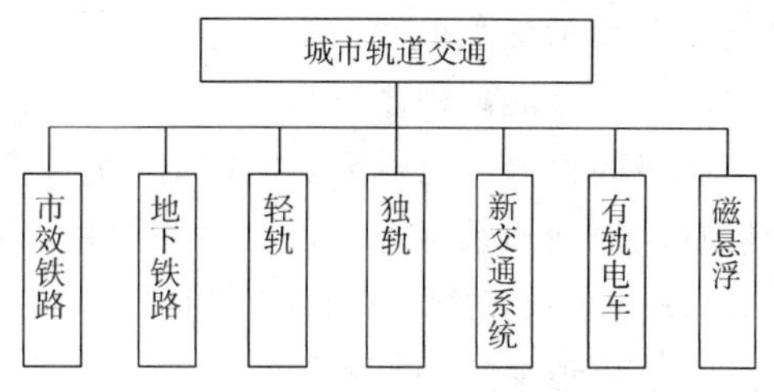

图 2-2　城市轨道交通的分类

通常也根据以下不同的标准对城市轨道交通基本类型进行分类。

1. 按交通容量分类

交通容量即运送能力，指单向每小时的断面乘客通过量。按照不同的交通容量，轨道交通可以分为特大、大、中、小容量四个系统，如表 2-1 所示。

表 2-1　按照交通容量划分的轨道交通类型

交通容量(万人/小时)	＞5	2～5	0.5～2	＜0.5
分类	特大	大	中	小

其中，特大容量轨道交通一般指市郊铁路，其单向小时断面流量可达到 5 万～8 万人次，大容量轨道交通一般指常规地下铁道；中容量轨道交通包括轻轨、独轨和新交通系统；1 万人次以下的小容量系统，一般指有轨电车和公共汽车系统。

2. 按敷设方式分类

根据不同的敷设方式，轨道交通系统可分为隧道(包括地下、水下)、高架和地面三种形式。特大、大容量轨道交通在交通较为繁忙的地区多采用隧道和高架形式，在市郊可采用全封闭的地面形式；中容量轨道交通可兼有三种敷设形式，且通常不与机动车混行；小容量轨道交通系统一般采用地面形式，可与机动车混行，运行效率较低。

3. 按路权分类

路权是指轨道交通系统运行线路与其他交通的隔离程度。以此为依据，轨道交通系统可分为A、B、C三种基本类型。C类即开放式系统，代表地面混合交通，不具有实体分割，轨道交通与其他交通混合出行，在路口按照规定驾停，也可享有一定的优先权，诸如用道路标线或特殊信号等保留车道，有轨电车通常采用这种形式；B类即半封闭系统，沿行车路线采用缘石、隔离栅、高差等措施与其他交通实体隔离，但在交叉路口仍与横向的人车平交混行，受信号系统控制，一般用于1.6万人次/小时以下的中等容量轨道交通系统；A类即全封闭系统，与其他交通完全隔离，不受平交道与人车的干扰，一般用于特大、大容量及1.6万人次/小时以上的中等容量轨道交通系统。

4. 按导向方式分类

根据不同的导向方式，轨道交通系统可分为轮轨导向及导向轮导向，钢轨钢轮系统(地铁、轻轨、有轨电车)属前一类型，启动较快；单轨及新交通系统等胶轮车辆属后一类型。

5. 按轮轨支撑形式分类

轮轨支撑形式，即车辆与转移车道表面之间的垂直接触方式与运行方式。从这一标准出发，轨道交通系统可分为钢轮钢轨系统、胶轮混凝土轨道系统以及特殊系统。钢轮钢轨系统包括市郊铁路、地铁、轻轨、有轨电车；胶轮混凝土轨道系统主要是指单轨及新交通系统；而特殊系统则包括支撑面置于车辆之上的悬挂式单轨系统、磁悬浮式轨道交通系统等。按轮轨数又可分为双轨系统和单轨系统。

6. 按线路隔离程度分类

线路间可分为全隔离、半隔离和不隔离三种系统。高、大容量和1.6万人次/小时以上的中容量轨道交通系统都必须全封闭隔离，不可与其他交通方式混流；中容量系统一般采用半隔离；有轨电车系统属于不隔离体系。

7. 按轨道交通的技术特征分类

轨道交通按其技术特征可分为市郊铁路、地下铁道、轻轨交通、独轨交通及新交通系统等类型。

城市轨道交通种类繁多，技术指标差异较大，各国评价标准不一，并无严格的分类标准。如德国、奥地利等欧洲国家将城市轨道交通简单分为两大类，U-bahn：城市内的轨道交通，如地下铁道、轻轨；S-bahn：如郊区通勤铁路、铁路在城市内的延伸线等。

四、城市轨道交通系统的主要技术指标

表2-2列举了不同类型轨道交通系统的基本特征。从表2-2中不难看出，不同轨道交通系统的技术经济特性尽管有差异，但从概念内涵上是基本一致的。

表2-2 城市轨道交通系统的基本特征

项目		有轨电车	轻轨	市郊铁路	地铁
城市规模	人口	20万～50万	10万～100万	50万以上	100万以上
	商业区雇员	2万以上	2万以上	4万以上	8万以上
线路特点	线路长度	10km以下	20km以下	40km以下	40km以下
	轨道	在街道	至少40%隔离	分离	隔离
	可达性	地面	地面或地下	地面到CBD边缘	地下

续上表

项　目		有轨电车	轻　轨	市郊铁路	地　铁
线路特点	郊区站距	350m	1km	1～3km	2km
	站距	250m	300m	—	0.5～1km
	最大坡度	10%	8%	3%	3%～4%
	最小半径	15～25m	25m	200m	300m
	工程量	最小	小	中等	大
运载车辆	车辆重量	16t	20t 以下	46t	33t
	车辆数	1 或 2	2 或 4	至多 12	至多 8
	车辆能力	50 座 75 站	40 座 60 站	60 座 120 站	50 座 150 站
	车辆可达性	步行	步行或站台	站台	站台
运行指标	供电电流	DC500～700V	DC600～750V	DC600～1500V 或 AC25kV	DC750V 或 DC1500V
	供电方式	顶上	顶上	顶上或三轨	三轨或顶上
	平均速度	10～20km	30～40km	45～60km	30～40km
	最大速度	50～70km	80km	120km	80km
	一般高峰间隔	2min	4min	3min	2～5min
	最大小时流量	15 000	20 000	30 000	60 000

表 2-3 是对几种城市轨道交通形式从运营特性、车辆特性、固定设备及系统总体指标等方面进行了简单的分类和比较。

表 2-3　城市轨道交通的技术特点

项　目	指　标	轻　轨	地　铁	市郊铁路
运营特性指标	最大速度(km/h)	70～80	80～100	80～130
	运营速度(km/h)	20～40	25～60	40～70
	最大密度(列/h)	40～90	20～40	10～30
	小时实际通行能力	20 000	30 000	60 000
	可靠性	高	很高	很高
列车及车辆特性	列车编组(节)	1～4	1～10	1～10
	车辆长度(m)	14～32	16～23	20～26
	每车载客数(个)	200	250	180
固定设备	线路隔离率(%)	40～90	100	90～100
	站台高度	低或高	高	低或高
	检票方式	车上或车下	车下	车上或车下
系统总体指标	市中心覆盖	好	一般	不太好
	站间距(m)	300～800	500～2 000	2 000 以上
	适宜的出行距离	中短	中长	长

在城市轨道交通方式选择上，国外大多是以高峰小时客流量的需求，并根据各种轨道交通工具的适应范围来确定。由于高峰小时客流量的大小与城市人口规模有直接关系，因此，有些国家是按城市人口规模直接选用城市轨道交通方式。如人口超过100万，单向高峰流量在2万人次/小时以上，就可以建设地下铁道。但大多数国家是根据客运需求对各种轨道交通类型性能指标优缺点进行对比，选择适合本城市的类型。欧洲大多数发达国家的城市轻轨运输系统，并不是因为道路交通拥堵而建，而是更侧重于环境保护的需要，鼓励市民少用私家小轿车，多乘城轨公共交通。还有一些是为了观光游览或特殊目的需要，建设一些颇具特点的新型城市轨道交通系统。

第二节　城市轨道交通方式及特点

一、地下铁道

1. 概述

地下铁道简称地铁，国际隧道协会将地铁定义为轴重较重、单向每小时输送能力在3万人次以上的城市轨道交通系统，它可以修建在地下或采用高架的方式。一般线路全封闭，在市中心区全部或大部分位于隧道内，因而可实现信号控制的自动化，具有容量大、速度快、安全、准时、舒适、运输成本低、不占城市用地等优点，但建设成本高，适用于出行距离较长、客运量需求大的城市中心区域。地铁多用于超大城市或特大城市市区内部高密度地区间的交通出行，运营速度一般为35～40km/h，而最大车速可达80km/h，典型的发车时间间隔为2min。就容量指标而言，地铁系统均可达到单向高峰小时断面流量4万人次以上，属于大容量快速轨道交通系统。图2-3所示为香港地铁车站站台层。

早期的地铁线路大部分都设在地下，自20世纪70年代以来，地铁吸收了轻轨的一些技术优点，为了减少造价，只在市区建筑物密集的地段设在地下。根据资料分析，地铁系统中地面和高架线路所占的比重越来越大。地铁线路沿主要交通干道布线，在商业、文化、政治中心和交通枢纽附近布置地下车站，在城乡结合部和郊区等建筑场地，当环境允许的情况下，线路和车站均建在地面和高架上。在世界范围内，地下铁道地下部分约占70%，地面和高架部分约占30%，甚至有的城市地铁系统全部采用高架形式，只有部分城市地下铁道系统是完全在地下的。如首尔在1978～1984年建造的地铁2、3、4号线，总长105.8km，其中地下线路83.5km，高架部分长22.3km，占全长的21%。地下铁道是历史遗留下来的一个专有名词。图2-4所示为北京地铁永安里站。

图2-3　香港地铁车站站台

图2-4　北京地铁永安里站

2. 地下铁道的特点

地下铁道之所以在世界范围内得到广泛的发展，一个很重要的原因就在于它具备城市道路交通不可比拟的优势。

(1)运量大。地铁是一种大容量的城市轨道交通系统，单向每小时运送能力可以达 3 万～7 万人次左右，而公共汽车单向每小时运送能力只在 8 000 人次左右，远远小于地铁，因而在客流密集的城市中心地带建设地铁可以明显疏散公交客流，分担绝大部分城市公共交通流量。

(2)速度快，可靠性强。地铁具有可信赖的准时性和速达性，地铁线路与道路交通隔绝，有自己的专用线路，不受气候、时间和其他交通工具的干扰，不会出现交通阻塞而延误时间，因而在保证准时到达目的地方面得到乘客的信赖，对居民出行具有很大的吸引力。

(3)安全性高。地铁具有专用车道，不论在地下、地面或高架，均与其他交通完全隔离。由于地铁大多在地下或高架，因而与其他交通方式无相互干扰，安全性高。在当今世界汽车泛滥，交通事故居高不下的情况下，地铁如果不发生意外或自然灾害，乘客安全总可以得到保障，这也是地铁吸引人的地方之一。

(4)污染少，噪声小。由于地铁的动力主要是电能，因而无废气排放，并可节约能源和降低噪声，对环境保护将起到良好的作用。

(5)占地面积少。在城市发展空间日益狭小的今天，地铁充分利用了地下空间，节约地面宝贵的土地资源为人类所用，这在一定程度上也刺激了地铁的发展。

(6)车站都是沿线设置，车站的站台高度与车厢地板相当，乘客可以直接跨入车厢。虽然地铁具有很多其他交通方式并不具备的优势，但其缺点也相当突出，制约着地铁的进一步发展。地铁的绝大部分线路和设备处于地下，而由于城市地下各种管线纵横交错，极大地增加了施工工程量，而且在建设中还涉及隧道开挖、线路施工、供电、通信信号、水质、通风照明、振动、噪声等一系列技术问题，以及考虑防灾、救灾系统的设置等，都需要大量的资金投入，因此，地铁的建设费用相当高。在日本，每公里地铁建设费要超过 200 亿日元，我国大城市中心区每公里地铁造价达 5 亿～8 亿元人民币。即使对于工业发达国家来说，大量建设地铁所需的建设费用也是难以承担的。地铁不仅建设费用高，而且建设周期长，见效慢。地铁还有一个致命的弱点在于，一旦发生火灾或其他自然灾害，乘客疏散比较困难，容易造成人员伤亡和财产损失，对社会造成不良影响。

乘客选择交通方式，主要考虑的是速达性、准时性、便利性、舒适性、安全性和经济性。国外专家的研究表明：人口超过 100 万的特大城市建设地铁是比较合适的，但如果在特定线路上，由于城市的特殊交通需求，人口在 50 万～100 万的城市也可考虑建设地铁；有关文献也指出，如果设计线路日客流量大于 15 万人次或单向高峰每小时客流量为 2 万～3 万人次，修建地铁也是比较合适的。当然随着科学技术的发展，地铁车辆日益小型化、轻型化，建设费用不断降低，地铁的适应范围会不断扩展，为更多的城市所接受。

二、市郊铁路

1. 概述

市郊铁路主要指把城市与郊区连接在一起的铁路，一般和干线铁路设有联络线，而且设备与干线铁路相同。线路大多建在地面上，其运行特点接近干线铁路，只是服务对象不同。其他交通工具要花费很长时间才能到达的地区，利用铁路可以形成快速、准时的运输网络，满足市民通勤或出行的需要。市郊铁路的运行速度远远大于其他交通工具，一般可达到 100km/h，法国市郊铁路的列车时速甚至可以高达 120km/h，乘客只用半个小时就可以从远郊到达市中心，如此快捷的运送速度吸引了大量的客流。

市郊铁路主要为通勤者提供运输服务，有时也称为通勤铁路(Commuter Rail)或地区铁路(Regional Rail)。伦敦、巴黎也都有较大规模的市郊铁路运输网络。在加拿大、亚洲一些国家、澳大利亚和其他一些欧洲国家也都有一些市郊运输铁路。市郊运输铁路的特点是装备重型化，速度较高，加、减速度较低，通常由机车牵引一列列车，当然也可以包括自带动力的车辆。机车可以由内燃或电力驱动，线路长度一般在 40～80km，虽然市郊铁路的终点站可引入市中心区，但大多数车站仍在郊区。

市郊铁路分为两种类型：一种是市中心区连接城市边缘和距离在 20km 左右的居民区(近郊区)，站间距离小(1 000～2 000m)；另一种是连接市中心与卫星城市，距离可达 40～50km，甚至更长，其站间距离 3 000～5 000m。

2. 市郊铁路的特点

(1)市郊铁路的一个显著特点是高质量的服务。由于列车能以高达 100km/h 以上的速度行驶，座位数也能保证每人都有，有些列车还采用双层客车来增加座位数量，这种能与高速公路比速度的出行方式，也就吸引许多乘客将汽车停在家里或车站转而来乘坐城铁。

(2)市郊铁路票价适中，长期乘客可以购买月票得到优惠，旅客的平均花费要比采用其他出行方式及小轿车低很多。

(3)市郊铁路编组灵活，可适应通勤出行的时间集中性和方向性，根据客流大小，调整编组数及发车间隔，有较高的加减性能和较好的运行秩序，能实现高效运输。在高峰期，市郊铁路可按 10～12 辆编组，单向每小时最大运送能力可达 6 万～8 万人次，属于城市轨道交通中的高容量系统。

(4)市郊铁路与地铁、轻轨等轨道交通形式相比，具有大站高速的特点，市区内站间距 1.5～3km，郊区 5～10km，运营速度可达到 80km/h 以上，因而可大大缩短中远途出行时间。

(5)市郊列车主要依靠电力牵引，具有起动快，噪声小等优点，对于环境不存在有毒废气的排放问题，属无(轻)污染绿色交通，有利于环保及城市的可持续发展。

(6)市郊铁路的建设对城市形态合理发展也具有良好的作用。一方面，市郊铁路运量大、运距长、准点率高，可有效缓解目前城区向外扩展过程中新开发区与市中心区的道路交通拥挤，解决卫星城居民的通勤通学问题，提高新开发居住区、工业区的吸引力，刺激市郊进一步开发，有利于卫星城的形成；另一方面，市郊铁路的建设加快了城市中心区向新建成区和郊区扩展，减少市中心区人口，为旧城改造减少拆迁工作量，有利于中心区改建。

研究市郊铁路服务于城市的重点在于建立一体化的快速旅客运输系统，保证市内出行旅客能迅速抵达目的地。在过去只能运行货运列车的既有旧线上开展新的服务已成为发展的需要。这样，由于主要的支出只是机车车辆，开展这类市郊运输业务所需的投资相当小，而大多数大城市都有足够大能力的货运线路，因此，将通勤旅客吸引到铁路的可行性就更大。日本研究资料表明，市郊铁路的运营效率、能源消耗、投资费用以及土地利用等指标均明显优于其他交通方式。市郊铁路的投资额大约是地铁的 1/10～1/5，每公里的能源消耗是汽车的 1/7 左右，而且单向每小时运送能力最高达 6 万～8 万人次，是一种经济可行的交通方式。

三、轻轨

1. 概述

轻轨是指利用轨道作为车辆导向由电力牵引、小编组、轻型化的城市轨道运输方式，包括准地铁(运量略小于地铁)和现代有轨电车(铰接式)两种形式,是一种中等运量的城市轨道交通系统,它的客运量在地铁和公共汽车之间。它是在传统的有轨电车基础上发展起来的新型快速轨道交通系统。一般地,轻轨要求至少有40%的轨道与道路完全隔离以避免拥挤,这也是它不同于有轨电车之处。电气化的轻轨系统有许多优于地铁和郊区铁路的地方,轻轨交通的工程造价比地铁减少1/2还多,线路工程量小,车辆轻,轻轨列车可以在更大的坡度上、更小的曲线上行驶。轻轨还可利用现有街道分期建设,在道路宽度允许的情况下不需要进入地下,乘车便捷。表2-4为轨道交通站间距参考表,轻轨系统站间距较短,对居民出行的吸引力较强。

表2-4 轨道交通站间距参考表(取城市轨道交通典型距离1.3km)

交通方式	公共汽车、电车	轻轨	地铁
站间距(km)	0.25~0.75	0.4~1.5	0.5~1.8

典型的轻轨系统一般可运行到离市中心20km处,每小时流量在2万人次,一般用于中等城市或交通状况较好的大城市内高密度地区的交通出行或特大城市市区外围卫星城、旅游景区、经济开发区等与市区联系的交通干线,采用电气牵引方式,填补了轨道交通单向每小时运送能力1万~3万人次的空缺,整体上完善了轨道交通系统。由于其造价低、无污染、乘坐舒适、建设周期短而被许多国家的大、中城市所接受,近年来不断得到发展和推广。

2.轻轨的特点

(1)轻轨是指以钢轮和钢轨为走行系统的交通方式,其车辆的牵引动力为电力,可以是直流电、交流电或线性电机传动等。

(2)轻轨是中运量的公共交通形式,客运能力为1万~3万人次/小时,它介于地铁(3万~6万人次/小时)和公共汽车(4 000~8 000人次/小时)之间,为城市公共交通系统的中运量客运技术填补了空白。

(3)轻轨的线路可以为地面、地下和高架,可以与地面道路部分混行,也可以完全隔离。铺设在地面上的轨道,根据街道条件,有三种情况:一是混合车道,多见于原有轨电车车道,与路面齐平,允许其他车辆混行;二是半封闭式的专用车道,其他车辆不得进入,仅在道路交叉处设置道口,并利用信号控制技术,保证轻轨车优先通行;三是全封闭专用车道,在通过交叉路口处,采用立体交叉形式,保证车辆以较高的速度运行。在新建轻轨工程中,主要是采用后两种形式。

(4)轻轨车辆较新颖。有单节四轴车、双节单铰接六轴车和三节双铰接八轴车。采用铰接使车辆节间贯通,既有利乘客均匀分布,又增加了载客量。每组车可以单行,也可联挂编列,并能通过小半径曲线(R=25m)和大坡度(6%~7%)地段,适应能力强。

(5)一般车站设施比较简单,在地面车站上主要建筑就是装有风雨棚的站台。站台高度与车厢地板相当,有利于乘客上下,减少停站时间。

(6)加强消音和减振措施。首先在车辆上采用了"弹性车轮",在吸收冲击方面起了主要作用。轮对上有"旋转圆盘",可以吸收车辆通过曲线的噪声。在轮对和转向架框架之间,有"橡胶弹簧"装置,吸收三个方向以上的自由振动。在轨道上,除了采用无缝线路外,还考虑弹性层,减少噪声和振动传递,同时,轨道两侧还设置了吸音挡板。国外对轻轨车的噪声测定是:车内噪声范围在67~70dB;在车速50km/h时,在外部7.5m距离外测得噪声在76~80dB范围之内,小于公共汽车的噪声。

(7)电压制式以直流750V的架空线供电为主,但旧式有轨电车常采用直流600V供电。

(8)大部分轻轨系统可以在没有信号装置的情况下安全行驶，但是在道口、曲线地段和隧道内或瞭望距离受到限制的地段，还是要设置信号，以保证行车安全。如果运行速度高、密度大，就应当设置自动闭塞信号系统。

目前蓬勃发展的轻轨交通集各种先进技术于一身，无论是轨道、车辆，还是通信信号、供电、环控系统，都采用了现代化程度较高的技术设备，因而，可以快速、安全、便捷的完成中等客运量的旅客运输任务。图 2-5 所示为武汉轻轨车站。

图 2-5 武汉轻轨车站

四、独轨铁路

1. 概述

与轻轨交通共同发展起来的另一种轨道交通方式是独轨交通，虽然它们的起步相同、发展史相同，但独轨铁路远远没有像轻轨交通那样受到人们的青睐，只是在日本的一部分城市进入了实用阶段。

就技术上的定义而言，独轨铁路是指以单一轨梁支承车厢并提供导引作用而运行的轨道交通。通常分为跨座式和悬挂式两种，跨座式是车辆跨坐在轨道梁上行驶，悬挂式是车辆悬挂在轨道梁下方行驶。独轨铁路一般使用道路上部空间，故土地占用较少。大多数独轨系统采用橡胶轮胎，可以适应急转弯及大坡度，对复杂地形有较好的适应性，从而可以减少拆迁量。同时，独轨系统建设工期较短，投资也小于地铁系统。

根据车型的不同，独轨铁路单向每小时运送能力可达 5 000～20 000 人次，因此，一般用于市区内的客流运送或作为市区通往机场、码头等大型对外交通枢纽以及用于娱乐场所的客运交通干线。用于公共交通的如：日本东京的羽田线（浜松町站—羽田空港），16.9km；大阪的大阪空港一门真市，21.2km；用于娱乐场所的如：美国佛罗里达迪斯尼（8.0km）、日本向丘乐园（1.1km）。

2. 独轨铁路的特点

独轨铁路与轻轨交通相比，有以下突出优点。

(1)占用土地少

独轨铁路一般利用城市道路中央隔离带设置结构墩柱，高架独轨不需要很大空间，由于采用单一轨梁，相对于城市轻轨轨道所占的空间更小。区间双线轨道结构宽，跨座式独轨约为 5m，悬挂式独轨约为 7m，而地铁和轻轨则分别为 8.5～9.0m 及 8.0～8.5m。

(2)运量较大

国外独轨列车一般由 4～6 辆组成，列车运输能力为 5 000～20 000 人次/小时，运送速度一般在 30～40km/h。

(3)能适应复杂地形要求

由于使用橡胶轮胎，可以适应复杂地形的要求，适宜在狭窄街道的上空穿行，可减少拆迁，降低造价。线路容许采用的弯道半径为 30～50m，属于小半径曲线，这是其他轨道交通所无法办到的。

(4)建设工期短，造价低

独轨系统作为由高架类型发展而来的快速轨道交通，土方工程量不大，建设成本较低。独轨交通的车辆和轨道容易检查和维修保养,轨道使用寿命长,运营管理费用相对也较低。另外,独轨交通轨道结构比较简单,标准轨道梁可在工厂预制,现场拼装,既保证了精度,又便于施工,从而可缩短建设工期。

(5)能确保运输安全

由于车辆与轨道的特殊结构,在轨道梁两侧均有起稳定作用的导向轮,不会发生行车颠覆,能确保运行安全。

(6)噪声与振动均低,且无排气污染等公害

由于独轨车辆采用了橡胶轮胎和空气弹簧转向架,在运行中振动小、噪音低,而电气牵引方式则保证了没有污染空气的废气排出,因此,有利于保持安静清洁的城市环境。

(7)对日照及城市景观影响小

由于高架独轨占用空间小,沿线不会投下很大的遮光阴影,并且对城市景观还能起到一定的点缀作用。澳大利亚悉尼市修建的市中心到达令港娱乐区的独轨交通线,如图 2-6 所示。

图 2-6　悉尼独轨交通

独轨车辆的不足有两个方面:一是它的运量在实践中还没有达到过计算运量,所以,对独轨车辆的最大运量问题尚待进一步论证;二是这种类型车辆我国还没有研制的经验,而引进的价格每辆高达 160 万美元,因此,目前我国还不适宜使用这种轨道交通的方式。

国外研究表明:在人口不少于 100 万的城市建设独轨交通是比较合理的,但城市人口不足 100 万的,由于城市的特殊需求,也可考虑建设独轨交通,如德国伍珀塔尔也有独轨交通线路,而且运营良好。因此,各城市应结合自己的实际,对地铁、轻轨交通、独轨交通进行充分细致的技术和经济比较,最终选择经济、合理、高效的轨道交通方式。

五、新交通系统

1.概述

新交通系统一般是指自动化导向交通(AGT),即以完全自动操作的车厢,沿着具有专用路权的固定轨道载运人员的快速轨道交通系统。固定轨道可采用地下或高架方式,也可以敷设于地面,但必须与街道中的车辆及行人完全隔离。自动化导向交通系统从列车发出开车信号到列车启动、加速运行,以及到站前的减速停车等,这一切均由计算机进行控制,一般情况下不要驾驶人员介入。因此,车辆可以实现无人驾驶和较小的运行间隔。

虽然 AGT 系统比其他城市轨道交通系统的输送能力小,但建设费用较低,并且由于使用了橡胶轮胎,噪声小,因此,在日本 AGT 系统已成为深受欢迎的新型交通系统,它填补了铁路与公共交通之间的运量空隙。新交通系统的运输能力为 5 000～20 000 人次/小时,车速最高可达 50～60km/h,额定速度在 30～40km/h 左右,每辆车厢定员在 60～70 人,以 4～6 辆为一编组运行,运行间隔可通过计算机控制,根据需求的变动进行调整。此外,建于道路上空的 AGT,其道路路幅在一般线路需有 2.5～3.0m 的宽度,车站部分需有 3.0～3.5m 的宽度。

对于新交通系统的适应范围,目前日本较统一的看法是,如果城市人口超过 100 万以上,采用地铁或轻轨交通系统比较适宜,而对于城市人口在 20 万～100 万的中等城市,新交通系统则更容易发挥它运量大、速度快、安全、准时的优点,是取代公共汽电车的主要交通方式。

2. 新交通系统的特点

新交通系统在许多城市能够得到较快发展，是基于它明显的比较优势。

(1)使用橡胶轮胎，噪声小，有利于环境保护。

(2)为了沿导轨运行，前后车轮的运行轨迹必须完全一致，由于是双向运行，所以前后轴都能转向。

(3)与汽车一样，可以通过小半径曲线。

(4)橡胶车轮黏着系数高，爬坡能力强，但运行阻力比钢车轮大，不利于节能。

(5)橡胶轮胎的寿命，汽车一般约为 3 万 km，新交通系统最大可延长到 10 万 km 左右。

(6)混凝土轨道有时会发生波浪磨耗，使舒适度恶化，修补困难，因此，有时会铺上钢板；又因为混凝土轨道不能用于信号回路和回流回路，所以必须另外设置。

(7)最高运行时速 60km 左右，加速度和减速度高，所以需要考虑站立乘客的舒适度。

(8)有荷载限制，发生异常时输送力应变灵活性小。

(9)属于无人驾驶服务类型，发生异常时，相应会引起疑问。

此外，平均站间距离为 800～1 200m，平均速度为 30～40km/h，列车间隔为 150s。新交通系统可以有不同的规模和不同的用途，以适应各种特定的客运需求。它可以作为城市中一种高质量的中容量客运交通系统，也可以作为大型机场的穿梭交通，用以连接候机楼、泊车区、租车点、交通枢纽换乘点等，既可以供旅客使用，也可以解决机场职工的工作需要；对于居住分散的低密度地区，可根据居民的出行要求，建成网络，采用更小的车辆，也可以根据乘客的预约，按需供车。

本章小结

本章主要讨论了城市轨道交通系统的概念，介绍了城市轨道交通的分类及主要技术指标，对各方式的特点和系统构成进行了论述。通过本章的学习，读者应掌握城市轨道系统的系统构成、分类及各类轨道交通方式的特点等基础知识，城市轨道交通的技术指标可通过后续章节的学习加深理解。

思考题

1. 简述城市轨道交通系统含义及特点。

2. 简述城市轨道交通系统构成及组成要素。

3. 论述城市轨道交通系统在城市客运交通系统中起到的作用。

4. 城市轨道交通有几种分类形式？

5 城市轨道交通的技术特征主要有哪些？

6. 请分别论述地铁与轻轨的特点，分析其建设条件。

7. 简述新交通系统的基本特点。

第三章　城市轨道交通线路及轨道结构

线路是城市轨道交通系统的基本组成部分。轨道线路工程包括线路选线、平纵断面设计、路基、道床、道岔、连接扣件、轨道结构和其他工程内容。线路设计是对拟建的城市轨道交通线路，按照其走向及其平面和纵断面位置，按不同的设计阶段，逐步由浅入深，进行研究与设计，最后确定最佳城市轨道交通线路在城市三维空间的准确位置。线路设计的基本要求是保证行车安全、平顺，并且使整个工程在技术上可行，经济上合理。

第一节　线 路 工 程

一、选线

选线就是选择城市轨道交通的行走路线。首先是经济选线，然后是技术选线。

经济选线就是选择行车路线的起讫点和控制点。线路起讫点常选择在火车站、码头、机场、城郊结合部等客流量大的地方，并适当考虑机车车辆的停车场及维修基地。由于轨道交通的开通，将改善相应地段的交通条件，形成新的投资热点，进而引起客流的新变化。经济选线应当与城市的总体规划相结合，并在充分考虑城市发展的基础上做出轨道交通路线的规划。规划的红线宽度以不小于 60m 为好，以避免轻轨或高架的噪声污染。

技术选线就是按照行车路线，结合有关的设计技术规范，落实线路的位置。其要点是先定点，后定线，点线结合。定点就是选定车站，车站应设在客流量较大的集散处，如道路的交叉口、商业区的中间或两端、公园、体育场等，要方便乘客乘车，这样才能吸引客流。站间距离要考虑客流量的大小，客流量大的地段应短些，客流量小的地段应长些，城市内一般不短于 600m，不长于 1 200m。车站选定后，再确定线路的连接和线路在道路横断面上的位置。有时线路为了迁就站位，可适当降低标准；有时将站位稍加调整，线路状况就有较好的改善，这就是点线结合。

线路选线包括线路走向、线路路由、车站分布、辅助线分布、线路交叉形式、线路敷设方式等的选择，既是路网规划及预可行性研究阶段的内容，也是可行性研究阶段的内容。

1. 线路方向及路由选择要考虑的主要因素

(1)线路的作用

①线路是为城市居民的生产、生活提供交通服务，是修建城市轨道交通系统的主要目的。在为城市交通服务中，还应包括为城市哪一地区或哪一个方向的客流服务，该项工作由路网规划报告或项目建议书所确定，起讫点和必经点即线路走向体现这一服务目的。例如，上海地铁 1 号线一期工程是为解决上海市漕河泾、徐家汇、人民广场及上海火车站地区之间的南北客流交通，因此，新龙华、徐家汇、人民广场、上海火车站是必经的控制点。

②其他作用，包括为战备、物资运输、安装电缆等服务。地下铁道多数建于地下，由于它的隐蔽性，在战争状态下，它可以用来隐蔽人员、物资，调动兵员和开办地下军工厂等。例如，“二

战”期间的伦敦、莫斯科地铁都发挥了很好的战备作用。

(2)客流分布与客流方向

无论从城市轨道交通系统的内部效益，还是从方便市民出行的社会效益考虑，都要求城市轨道交通系统能最大限度地吸引客流，满足客流分布和主客流方向的运输需要，其线路应尽量多地经过一些大客流集散点，一般要放弃控制点间的最短路由方向。

2.路由方案比选

路由是指线路在网络中的连接关系，对线路工程建设和城市发展影响重大，应多做路由方案比较。吸引客流条件、线路条件、施工条件、施工干扰、对城市的影响、工程造价、运营效益等问题，是路由方案比选的主要内容。

(1)吸引客流条件包括客流量大小、吸引范围内居住及工作人口多少、客流集散点的多少、乘客便利条件及与其他交通工具换乘条件等；

(2)线路条件包括线路长度、曲线半径大小及曲线总转角大小、车站数目、车站设置条件等；

(3)施工条件包括施工方法、施工场地安排、施工运输道路以及施工难易条件等；

(4)施工干扰包括房屋、地下地上管线等拆迁量大小，对道路交通的影响、对商业经营的影响等；

(5)对城市的影响，主要是评价线路路由与城市改造发展规划的一致性及结合程度，包括施工期对城市道路、商业以及居民的影响和运营后线路的景观、噪声的影响等；

(6)费用和工期主要包括施工造价、运营费和施工工期等。

3.影响线路的走向与路由的因素

(1)线路的性质、作用及地位

主要包括线路在城市轨道交通线网中的作用及地位、所承担的客流性质以及工程建设规模和线路等级等。

(2)客流集散点和主客流方向

主要包括设计年限内，线路所经过的大型集散点的建设状况、可能形成的客流走廊状况以及主客流方向等。

(3)城市道路网及建设状况

城市轨道交通线路必须与城市的规划道路网建设密切配合，在未建成规划道路的地段建设城市轨道交通时，要注意轨道交通线路与规划道路的关系，在能力运用上要配套、合理。

(4)线路的敷设方式和技术条件

线路的敷设方式以及采用的技术条件对线路的走向及路由也会产生很大影响，在不满足线路技术要求的地段，需采用绕行或另选路由。

(5)与城市发展的近远期结合

选择线路走向和路由时一个重要的方面就是要考虑城市建设的近远期发展条件，要与城市建设发展时序相协调，发挥城市轨道交通建设对城市建设的拉动作用。

此外，某些场合下，还有一些其他因素如某一时期的战备要求、与一些重要设施的衔接要求等，有时也会对线路路由产生决定性影响。

线路路由方案的研究要在分析上述因素的基础上进行。线路走向和路由方案的研究一般在1/50 000～1/10 000地形图上进行，特殊地段可采用1/2 000地形图。一般来说，根据线路技术条件和地形地貌，可提出2～3个方案作为比选和论证的基础。

二、线路

城市轨道交通的线路包括正线、场线、联络线及道岔。

正线指列车运行的线路，一般为双线。线路两端车站应设计折返线设施。当线路两端客流不平衡，需中间折返时，在折返站应设置道岔渡线，渡线道岔中心距站台端不小于 $a+l$，其中，a 为道岔尖端基本轨接头至岔心距离，l 为前转向架中心销至车体后端距离，四轴车 $l=15.2\text{m}$。

场线是指位于车场的线路，包括牵出线，车底（空车）停留线，检修线及综合基地内各种作业线和试车线。试车线是为了检修车辆作运行试验而设置的，所以其技术标准应满足最大运行速度的要求。

联络线是指两条线路间或停车场检修库与正线间的连接线，其技术标准介于正线与场线之间。

车场线路长度 L 由停留车数和车辆长度计算确定，可用下式表示：

$$L = ml + \Delta l \tag{3-1}$$

式中：m ——计划停车辆数；

l——车辆长度；

Δl ——停车安全距离，一般取 3.0m。

正线上铺设的道岔不低于 6 号，多为折返使用，由于其线间距只有 3.2m，故渡线需要个别设计；场线上铺设道岔不低于 4 号。当适用内燃机车时，应在其运行通道上，按内燃机车调车要求铺设道岔。

道岔与半径小于 80m 的曲线连接时，由于曲线轨距加宽需安设过渡段。

道岔与道岔连接方面，正线上两顺向道岔间应插入不小于 4.5m 直线段，两道岔对向连接时应插入不小于 6.25m 直线段。场线上的道岔连接可以不插入直线段。

标准轨距线路道岔连接时的直线段有 4.5m、6.25m、8.0m 三种，铺短轨宜按标准轨距选用。

三、线路敷设方式

城市轨道交通线路敷设方式可分为地下、地面（含路堑、路堤）和高架三种方式。

1. 地下线

城市轨道交通地下线的建设一般选择在城市中心繁华地区，它是对城市环境影响最小的一种线路敷设方式。

地下线埋置深度的选择应根据地质情况和地下构筑物情况而定。在城市中，一般以浅埋为好。在工程方案制定时，要由浅入深进行选择比较，以确定最佳方案。

城市规划道路范围内，是城市轨道交通常用的线路平面位置，对道路红线范围以外的城市建筑物干扰较少。在有利的条件下，地下线置于道路范围之外，可以达到缩短线路长度、减少拆迁、降低工程造价之目的。这些条件是：

①地质条件好，基岩埋深很浅，隧道可以用矿山法在建筑物下方施工；

②城市非建成区或广场、公园、绿地（耕地）；

③老的街坊改造区，可以同步规划设计，并能按合理施工顺序施工。

除上述条件外，由于施工难度大和造价高的原因，选线时要尽量避免从多层、高层房屋建筑下面通过。

2. 地面线

城市轨道交通地面线是造价最低的一种敷设方式，一般敷设在有条件的城市道路或郊区。为保证城市轨道车辆的快速运行，一般采用专用道形式，与城市道路相交时，一般应设置成立交。

由于市区一般用地较为紧张，道路交叉口较多，干扰较大，穿越市中心的城市轨道交通线路一般很少设置为地面线。在连接中心城与卫星城之间或城市边缘地带，应尽可能创造条件，设置地面线，以降低工程造价。

当城市快速路或主干道的中间有分隔带时，带宽一般为 20m 左右，地面线设于该分隔带上，不阻隔两侧建筑物内的车辆出入，不需设置辅路，有利于城市景观及减少交通噪声的干扰。其不足之处是乘客均需通过地道或天桥进入。

当城市道路无中间分隔带时，地面线设于快车道一侧，该位置可以减少道路改移量，其缺点是需要在快车道另一侧建辅路，增加道路交通管理的复杂性。

当道路范围之外为江、河、湖、海岸滩地及不能用于居住建筑的山坡地时，可考虑设地铁，但要充分考虑路基的稳固与安全。地面线一般应设计成封闭线路，防止行人与车辆进入，与城市道路相交时一般应采用立交的形式。

3. 高架线

高架线是城市轨道交通中一种重要的线路敷设方式，既保持了专用道的形式，又占地较少，对城市交通干扰也较小。高架区段中的高架桥是永久性的城市建筑，结构寿命要求在 50 年(或 100 年)以上。

目前，国内外对穿越城区的城市轨道交通及道路设置高架线存在一些争议，问题的焦点在于三个方面：一是高架线路对市区景观有些影响，可能破坏市容；二是高架系统产生的噪声等污染对线路周围环境有不良影响；三是高架对沿线居民的隐私权有所侵犯，易引起某些纠纷。

我国是一个发展中国家，一般认为城市道路红线宽度在 40m 以上时，可以考虑设置高架线，如果工程处理得当，一般能够满足城市环境的要求。

高架线路平面位置选择较地下线严格，自由度更少，一般要顺城市主路平行设置，道路红线宽度宜大于 40m。在道路横断面上，线路高架桥墩柱位置要与道路车行道分幅配合，一般宜将桥柱置于分隔带上。

高架线路设于道路中心线上对道路景观较有利，噪声对周围环境的影响相对较小，路口交叉处，对转弯机动车影响小。但是，在无中间分隔带的道路上敷设时，改建道路工程量大。

高架线路设于快慢车分隔带上，可充分利用道路隔离带，减少高架桥柱对道路宽度的占用和改建。线路一般偏向房屋的非主要朝向面，即东西街道的南侧和南北街道的东侧，但缺点是噪声对一侧市民的影响较大。

除上述两种位置外，还可以将高架地铁线路置于慢车道、人行道上方及建筑区内，它仅适用于广场、公园、绿地及江、河、湖、海岸线等空旷地段，以及地铁高架线与旧房改造同步规划建设。

总之，上述三种敷设方式的选择应结合城市的总体规划、线路所穿越的地区环境、工程具体技术要求及造价综合比选后确定，其中与城市规划相结合是最重要的方面。由于我国城市道路交通环境复杂，新建轻轨交通线路如果不能做到全封闭，一般封闭率也应达到 65%以上才能符合快速的要求。一般在城市中心地区宜采用地下线，其他地区条件许可时宜采用高架线或地面线。

四、线路平面设计

城市轨道交通系统线路平面设计一般是在确定线路路由的情况下，对线路的平面位置、车站的站位以及全线的辅助线进行详细分析和计算，以最终确定线路的准确位置。它包括以下几方面具体内容：

1. 线路的平面位置

根据线路敷设方式的不同，线路平面位置可以有以下几种选择。

(1)地下线

根据与城市道路的关系，线路一般可分为三种位置，如图 3-1 所示。

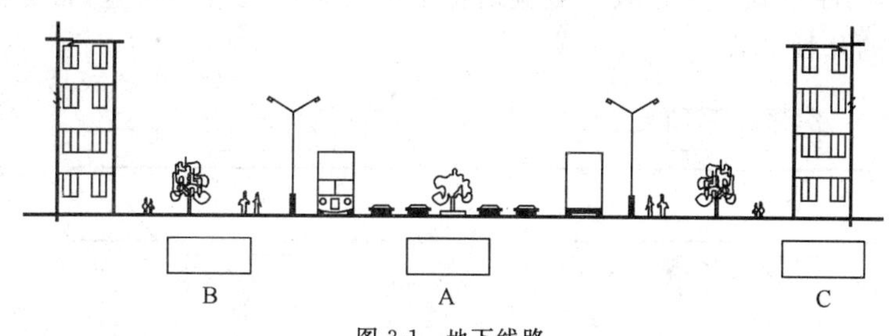

图 3-1　地下线路

A 位：线路位于道路中心，对周围建筑物干扰较小，施工相对容易，是较为普遍采用的一种线路位置，但若采用明挖法施工，对道路交通干扰较大，不如 B 位。

B 位：线路位于规划的慢车道和人行道下方，施工时能减少对城市交通的干扰和对机动车道路面的破坏，但由于它靠建筑物较近，市政管线较多且线路不易顺直，需结合站位的设置统一考虑。

C 位：线路位于道路规划红线以外，是在特殊情况下采用的一种线路位置，如果线路上方建筑物较多，施工时需采用特殊的处理方法且带来较大的拆迁量。

(2)高架线

高架线在城市中穿越时一般沿道路设置，一般应结合规划道路的横断面考虑，设于道路中心或快慢车行道分隔带上，如图 3-2 所示。

图 3-2　高架线路

(3)地面线

在城市道路上设地面线，一般有两种位置：位于道路中心带上(图 3-3a)，位于快车道一侧(图 3-3b)。

2. 辅助线类型及其设计

根据线路使用功能的不同，辅助线大致可分为以下三种类型：

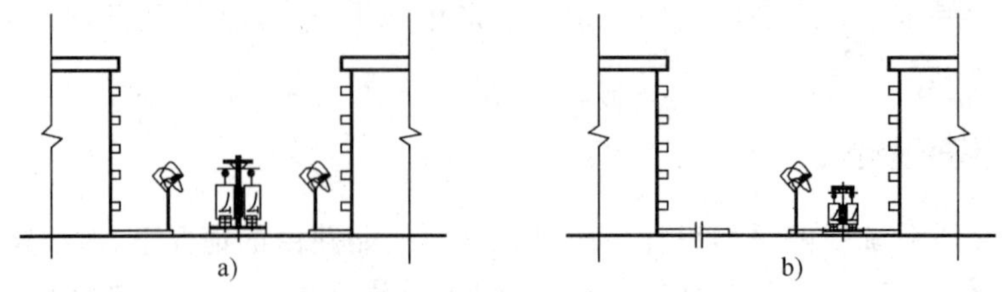

图 3-3 城市道路地面线设置方式

(1)折返线和临时折返线

折返线是为列车正常运行中折返调头时使用的，基本要求是要满足列车折返运行能力的需要。地铁规范规定："线路的每个终点站和区段运行的折返站，应设置折返线或渡线，其折返能力应与该区段的通过能力相匹配。当两折返站相距过长时，宜在沿线每隔 3～5 个车站的站端加设渡线或车辆停放线。"折返线一般应结合车站线路形式统一布置，常见的布置一般有图 3-4、图 3-5 所示的几种形式。

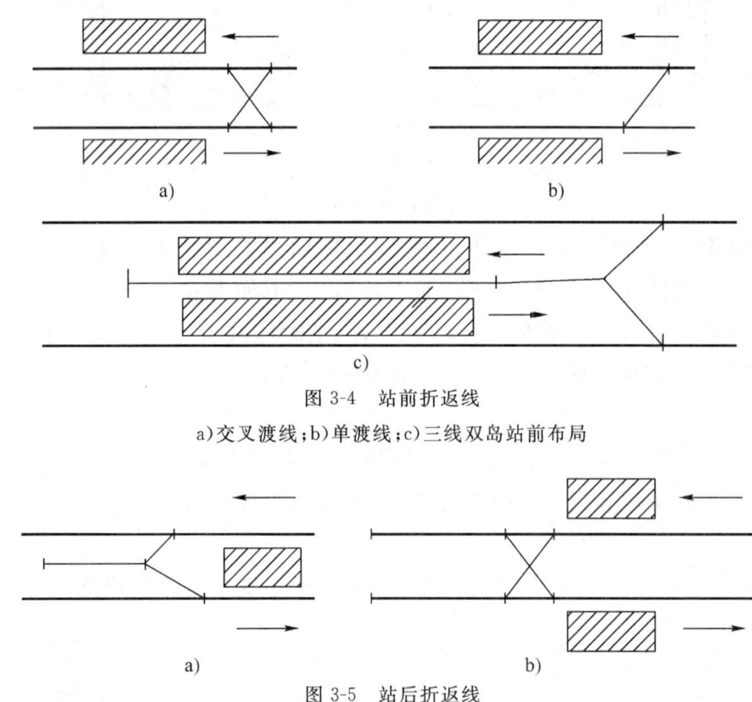

图 3-4 站前折返线

a)交叉渡线；b)单渡线；c)三线双岛站前布局

图 3-5 站后折返线

a)岛式车站站后折返；b)侧式车站站后折返

在选用上述折返线形式时，一般要结合工程具体条件进行能力验算，以确保线路条件满足运营需要。

临时折返线一般用于故障车掉头或调整列车运行，由于对其使用频率及能力一般不作要求，通常条件下，可选用上述交叉渡线、单渡线等形式。折返线的有效长度，宜为远期列车长度加 40m(不含车挡长)。

(2)存车线

城市轨道交通线路配线除考虑折返和临时折返线外，在正线一般要考虑设置一处或几处存车线，以创造方便灵活的运营组织条件。典型的存车线一般有如图 3-6、图 3-7 所示两种方案。

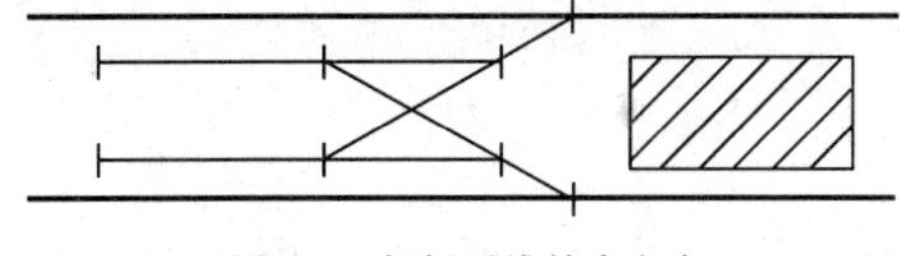

图 3-6 与折返线结合方案

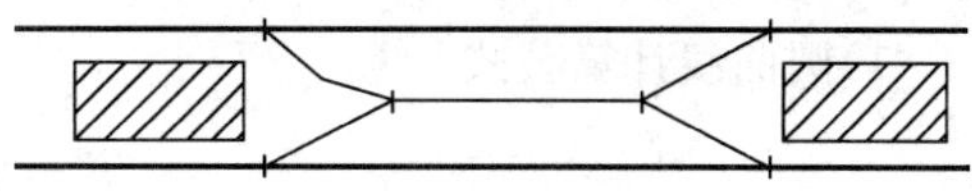

图 3-7 单独布置方案

图 3-7 这种两头通的形式可以为运营创造更好的条件，越来越被普遍采用。

(3)车场出入线

车场出入线是为列车进出车场而设置的线路，一般应尽可能靠近车站出岔，以减少对正线运营的干扰。典型的车场出入线布置有图 3-8 中的几种形式。其中，图 3-8c)形式比较灵活，对正线干扰小，应尽量采用。

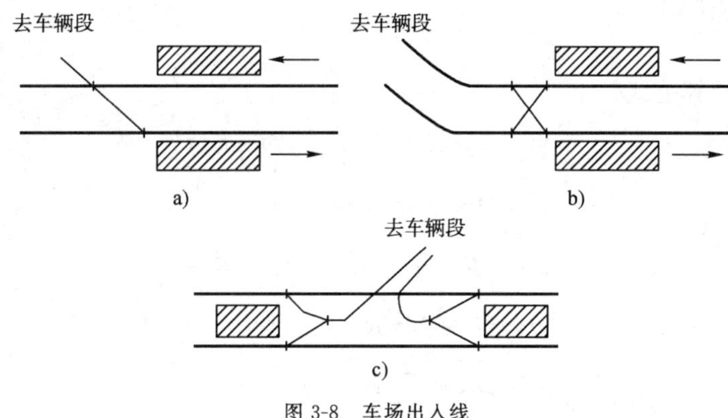

图 3-8 车场出入线

车辆段出入线应连通上下行正线，当出入线与正线发生交叉时，宜采用立体交叉方式。车辆段和停车场设置双线或单线出入线，应根据线路的远期通过能力和运营要求计算确定。尽端式车辆段出入线宜采用双线，贯通式车辆段两端各设一条单线。停车场规模较小时，出入线可采用单线。

除以上三种基本配线形式外，在一些特殊情况下，如岔线运营、两条线路之间设置联络线、与铁路接轨等，需结合功能要求，合理选择配线形式。

3. 平面曲线设计

平面连接是线路平面设计的主要内容。轨道线路平面一般应于规划道路平面保持一致。线路平面曲线半径应根据车辆类型、列车设计运行参数和工程难易程度比选确定，在不受限制的区段，曲线半径的选择宁大勿小，以减少磨耗，降低噪声。线路平面的最小半径不得小于表 3-1规定的数值。

表 3-1 最小曲线半径

线路		一般情况(m)		困难情况(m)	
		A 型车	B 型车	A 型车	B 型车
正线	$v\leqslant 80$km/h	350	300	300	250
	80km/h$<v\leqslant$100km/h	550	500	450	400
联络线、出入线		250	200	150	
车场线		150	110	110	

注：除同心圆外，曲线半径应以 10m 的倍数取值。

计算方法如下：

(1)圆曲线计算公式

$$T = R \times \tan\alpha/2 \tag{3-2}$$

$$L = R \times \pi \times \alpha/180 \tag{3-3}$$

$$E_0 = R \times \sec \alpha/2 - R \tag{3-4}$$

式中：T——切线；

L——曲线；

E_0——外矢距；

R——圆曲线半径；

α——偏角。

(2)缓和曲线计算公式

$$T = (R + p) \times \tan \alpha/2 + m \tag{3-5}$$

$$L = R \times \pi \times \alpha/180 + l \tag{3-6}$$

$$E_0 = (R + p) \times \sec \alpha/2 - R \tag{3-7}$$

$$\beta = 90 \times l/\pi R \tag{3-8}$$

$$m = l/2 - l^3/240R^2 \tag{3-9}$$

$$p = l^2/24R - l^4/2\,688R^3 \tag{3-10}$$

式中：l——缓和曲线长度；

β——缓和曲线角度；

m——切垂距；

p——圆曲线移动量。

各曲线要素如图 3-9 所示。

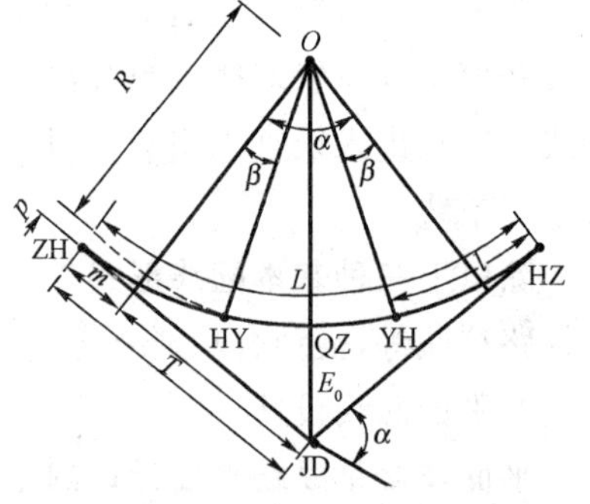

图 3-9 曲线要素计算示意图

线路平面圆曲线与直线之间根据曲线半径、超高设置及设计速度等因素设置缓和曲线。表 3-2 列出了地铁工程中缓和曲线长度设置的具体要求。

表 3-2 地铁曲线设计中的缓和曲线

R \ l \ v	100	95	90	85	80	75	70	65	60	55	50	45	40	35	30
3 000	30	25	20	—	—	—	—	—	—	—	—	—	—	—	—
2 500	35	30	25	20	20	—	—	—	—	—	—	—	—	—	—
2 000	40	35	30	25	20	20	—	—	—	—	—	—	—	—	—
1 500	55	50	45	35	30	25	20	—	—	—	—	—	—	—	—
1 200	70	60	50	40	35	30	25	20	20	—	—	—	—	—	—
1 000	85	70	60	50	45	35	30	25	25	20	—	—	—	—	—
800	85	80	75	60	55	45	40	35	30	25	20	—	—	—	—

续上表

v / l / R	100	95	90	85	80	75	70	65	60	55	50	45	40	35	30
700	85	80	75	70	60	50	45	35	30	25	20	20	—	—	—
650	85	80	75	70	60	55	45	40	35	30	20	20	—	—	—
600	—	80	75	70	70	60	50	45	35	30	20	20	20	—	—
550	—	—	75	70	70	65	55	45	40	35	20	20	20	—	—
500	—	—	—	70	70	65	60	50	45	35	20	20	20	20	—
450	—	—	—	—	70	65	60	55	50	40	25	20	20	20	—
400	—	—	—	—	—	65	60	60	55	45	25	20	20	20	—
350	—	—	—	—	—	—	60	60	60	50	30	25	20	20	20
300	—	—	—	—	—	—	—	60	60	60	35	30	25	20	20
250	—	—	—	—	—	—	—	—	60	60	40	35	30	20	20
200	—	—	—	—	—	—	—	—	—	60	40	40	35	25	20
150	—	—	—	—	—	—	—	—	—	—	—	40	40	35	25

注：R——曲线半径(m)；v——设计速度(km/h)；l——缓和曲线长度(m)。

正线及辅助线的圆曲线最小长度，A型车不宜小于25m，B型车不小于20m，在困难情况下不得小于一个车辆的全轴距。正线及辅助线上两相邻曲线间的夹直线长度(不含超高顺坡及轨距递减段的长度)，A型车不宜小于25m，B型车不宜小于20m，在困难情况下不得小于一个车辆的全轴距；车场线上的夹直线长度不得小于3m。

4.平面设计计算

在确定出线路平面方案的基础上，要进行线路平面设计的详细计算。线路平面设计计算一般按以下步骤进行：

①以城市道路红线或建筑物坐标为控制点，首先确定线路任意点的坐标和沿线路走向的直线方位角，以此作为计算的基础。

②交点坐标的计算。该步骤是从起点开始，先用已知直线相交公式及点间距公式求出起始边长，然后用坐标公式计算交点坐标。用交点坐标及第二直线方位角作为新起始边直线，继续采用上述方法计算第二个交点坐标。这样交替计算边长和坐标，直至全线交点坐标计算完成。

③曲线要素计算。根据线路的设计标准，选用合理的曲线半径和缓和曲线长度，计算各曲线要素。

以上三个步骤在设计过程中一般需要反复调整计算，尤其在一些条件复杂、曲线连接困难的地段，有时需多次试算才能完成。我国早已研制出相应的计算软件，简化了这步工作。

④里程计算。里程计算一般从起点开始，以公里标K0+000表示，依此推算各点里程。

里程计算一般包括起终点、直缓、缓圆、圆缓、缓直、车站中心、道岔中心以及特殊点的里程等。左右线的里程分别进行计算，先右线后左线，一般在车站中心里程相同。当左右线线路长度不同时，左线设断链进行调整。

⑤关键点坐标及距离计算。这一步主要是采用点线间垂距计算方法，对一些工程控制点距线路的距离以及线路左右线的线间距进行计算，以验算和确定工程设计的条件。

以上简要介绍了平面计算的一般做法，不同的设计阶段，计算要求的内容和深度也不一样，应在实践中加以运用和总结。

五、线路纵断面设计

线路纵断面设计在平面设计的基础上进行，同时又可对平面设计进行检验和调整，最终确定线路在城市三维空间的位置。

地下铁道车站设在线路纵剖面的最高处，车站两端为下坡，称为节能纵坡。列车从车站启动后，借助下坡势能增加列车的加速度，缩短列车牵引时间，从而达到节能目的。在列车进站时，可借助上坡阻力，降低列车的速度，缩短制动时间，减少制动发热，节约环控能量的消耗。车站主体结构采用明挖法施工，区间隧道采用盾构法或者其他暗挖法施工，方便设计成节能纵坡。

线路纵断面设计应根据地形、地质情况及工程量和施工条件综合考虑，可采用以下步骤进行：

1.确定敷设方式和过渡段

线路敷设方式是指线路在地面垂直方向的位置及连接关系。在纵断面设计中，主要是确定洞口以及过渡段的位置和形式。轨道交通线路由地下过渡到地上，一般有以下几种方式：

(1)在道路中间开口

这种方式在道路中间设置过渡段，可分为双线同时出洞和单线先后出洞两种形式。

双线出洞形式占用道路宽度较大，但影响道路长度较短，适宜路幅较宽的地段，是经常采用的一种出洞方式。

单线出洞是为了解决路幅较窄的一种过渡方式，但它占用道路纵向距离长，有时需跨路口，工程也较为复杂，是在特殊情况下采用的一种出洞方式。

上述两种方式对道路交通均有一定影响，施工时一般需加宽路面，会带来一定程度的拆迁。

(2)在道路红线以外开口

这种方式一般是结合城市规划，与街区改造同步实施，以避免大量的拆迁，但它建成运营后对周围环境影响较大，需采取减振降噪措施，一般在环境要求不高的地段采用。

(3)结合地形等环境条件开口

在工程实践中，应优先考虑采用这种方式。与地形结合的办法多种多样，一般利用山地高差出口、利用绿地带出口等。

2.分析控制点

在确定了各种敷设方式的分界点以后，要针对不同的敷设方式地段，进行控制高程点的分析。控制点一般有以下几种：

(1)地下线结构顶板覆土厚度

当地下线位于道路下方时，要考虑路面铺装和管线要求。

①一般在城市道路中，隧道结构顶板距地面为 2～3m；

②当地下线位于城市公园或绿地时，要考虑植被的最小厚度，一般草坪为 0.2～0.5m，灌木为 0.5～1.0m，乔木为 1.5～2.5m；

③当地下线位于经常水面下方时，要考虑隔水层厚度要求，一般为 1m 左右；

④当地下线作为人防工程时，应考虑防空工程的最小覆土要求；

⑤在寒冷地带应考虑保温层最小厚度要求。

(2)地下管线及构筑物

在明挖车站遇地下管线时，应尽可能考虑改移，以减少覆土厚度，方便乘客出入。

地下隧道结构以明挖法通过地下管线或地下构筑物时，隧道与管道(构筑物)可不留土层，甚至两者共用结构。地下隧道以暗挖法通过地下构筑物、楼房基础时，两结构之间应保持必要的土层厚度，最小厚度应根据结构要求而定。

(3)地质条件

当地下线路遇到不良地质条件时，主要是淤泥质黏土及流沙地层，应尽量考虑躲避，若躲避有困难时，应采取工程措施。

(4)施工方法

地下线采用明挖法施工时，为减少土方开挖量，线路埋深应尽可能浅；当采用暗挖法时，应选择较好地层，一般埋设深度较深。

(5)排水站位置

地下线排水站一般设于线路纵断面的最低点，因此纵断面设计要考虑排水站的位置。

(6)桥下净高

线路为高架线时，桥下净高最小值受通行的车船高度控制，应按相关铁路、道路、航运等有关规范执行。

(7)防洪水位

在有洪水威胁的城市中建设城市轨道交通线路时，纵断面设计要满足防洪要求。地面线路路基、地下线的各种出口位置，应按 100 年一遇的洪水位设计。

3.方案设计

完成以上工作后，可以进一步根据线路设计标准和有关规范进行纵断面方案设计。在进行方案设计时应注意以下几点：

①坡段应尽可能长，以保证列车安全平稳地运行，提高乘客的舒适度。

②尽量设计成节能坡道，即车站位于纵断面高处，区间位于低处，车站之间形成凹形坡，以便于列车运行时节省能源。

③坡道的设计应根据区间结构形式确定。当两线位于同一隧道时，左右线坡度应一致，在曲线地段，左线坡度进行调整，使曲线范围内同一法线断面上的左右线高程相同；当左右线分设单线隧道内时，应使车站范围内左右线坡度及高程一致。

④车站站台和道岔范围内不应设置竖曲线，竖曲线也不应与平面缓和曲线重叠。

⑤邻坡段坡度代数差不受限制。

⑥满足上述要求情况下，纵断面设计应结合平面设计进行综合方案比选，以确定最佳设计方案。

4.坡度计算及制图

坡度计算主要包括竖曲线要素计算和轨顶高程计算。

《地铁设计规范》(GB 50157—2003)规定，当两相邻坡道坡度代数差大于或等于2‰时，应采用竖曲线连接，竖曲线采用圆曲线形式，其半径应根据线路技术标准选定。竖曲线要素计算应包括切线长度计算和竖曲线高程改正值计算。

线路轨顶高程的计算包括百米及公里标、控制加标、车站中心、道岔中心、线路最低点以及结构变形缝等处的高程计算。

纵断面设计制图根据不同的设计阶段，一般采用 5 000/500 或 2 000/200 比例进行，纵断面图上应标注以下内容：

①基础资料部分，包括：地面线及其跨越道路立交、河床底、航行水位、洪水位、铁路、高压线等的高程，地下管线及建筑物基础高程，规划的道路、铁路、地下管道高程，地质纵断面及地下水位等；

②轨顶设计线以及相应的结构示意线；

③地面高程及设计线路变坡点、站中心高程；

④各坡段的坡度、坡长；

⑤竖曲线要素及改正值；

⑥平曲线示意及要素；

⑦公里标、百米标及重要点里程等。

具体设计如下：

(1)坡度选择

①最大纵坡

区间正线的最大坡度即限坡，是根据列车在上坡道上以规定的速度作等速运行时的坡度。显然，限坡与列车的动力(牵引力)和列车编组有关。由于高密度行车和大运量，为了保证行车安全和正点，设计原则要求列车失去部分(最大可达到一半)牵引力条件下，仍能用另一部分牵引力将列车从最大坡度上启动，因此，最大坡度阻力及各种附加阻力之和不宜大于列车牵引力的一半。

我国《地铁设计规范》(GB 50157—2003)规定，正线的最大坡度不宜大于 30‰，困难地段可采用 35‰，但均不包括各种坡度的折减值。

高架轻轨线按我国轻轨样车技术条件规定，正线的限制坡度为 60‰。

②车站纵坡

车站纵坡即站坪坡度，地下铁道车站站台计算长度线路应在一个坡道上，最好为平坡，有条件时车站宜布置在纵断面的凸形部位上，并设置合理的进、出站坡度。考虑到纵向排水沟的坡度，最大坡度一般为 2‰，困难条件下为 3‰。车站线路应尽量接近地面，这样不仅可以减少工程量，节约工程造价，也可以方便乘客进出车站。车站在有条件时，应尽量布置在纵剖面的凸形部位上，即车辆出站下坡，进站上坡，有利于列车的启动和制动。

地面和高架桥的车站站台线路应设置在平道上，困难地段可设在坡度不大于 3‰的坡道上。

③辅助线路最大坡度

联络线、出入线的最大坡度不宜大于 40‰(不包括各种坡度的折减值)。

车场线宜设在平道上，条件困难时，库外线可设在不大于 1.5‰的坡道上。较大的坡度停车不稳，易发生溜车的危险事故。

折返线和停车线应布置在面向车挡或区间的下坡道上，隧道内其坡度宜为 2‰，地面和高架桥上的折返线、停车线，其坡度不宜大于 1.5‰。

道岔宜设置在不大于 5‰的坡道上，在困难地段可设在不大于 10‰的坡道上。

④最小纵坡

隧道内的最小坡度主要为了满足纵向排水需要，一般情况下线路的坡度与排水沟坡度取值相同，隧道内线路坡度一般不小于 3‰。

为了便于道岔的养护与维修，道岔应铺在较缓的坡道上，一般规定设在不大于 5‰的坡度上，在困难的条件下可设在不大于 10‰的坡度上。

隧道内的折返线和存车线，既要保持隧道内的最小排水坡度，又需满足停放车辆和检修作业的要求，一般取 20‰。

地面和高架桥上正线最小坡度在采取了排水措施后不受限制。

(2)竖曲线

为了缓和变坡度的急剧变化，使列车通过变坡点时产生的附加加速度不超过允许值，相邻坡度差大于或等于 2‰时，应设竖曲线。竖曲线有圆曲线(图 3-10)和抛物线两种。抛物线曲率是渐变的，更适宜于列车运行，但由于铺设和养护工作较复杂，当要求速度不高时，基本上不采用。另一方面，圆曲线在曲率半径较大时，其坐标接近于抛物线，因而我国城市轨道交通线路路基基本上采用圆曲线。地下铁道为钢筋混凝土的整体道床，其弹性变形量比地面铁路碎石道床小得多，所以地下铁道设置竖曲线的要求较高。

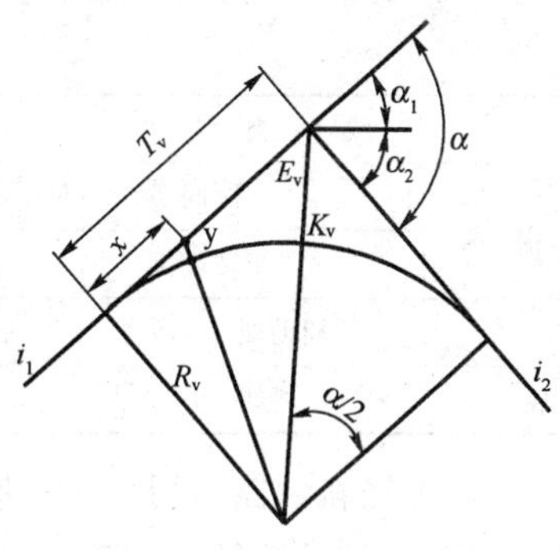

图 3-10 圆形竖曲线示意图

列车通过变坡点时要产生附加加速度 a_v(m/s²)，其与竖曲线半径 R_v(m)和行车速度 v(km/h)之间关系为：

$$R_v = \frac{v^2}{3.6^2 a_v} \tag{3-11}$$

竖曲线的切线长度 T_v 为：

$$\begin{aligned} T_v &= R_v \tan\frac{\alpha}{2} \approx \frac{R_v}{2}\tan\alpha \\ &= \frac{R_v}{2}\tan|\alpha_1 - \alpha_2| \\ &= \frac{R_v}{2}\left|\frac{\tan\alpha_1 - \tan\alpha_2}{1 - \tan\alpha_1\tan\alpha_2}\right| \approx \frac{R_v}{2}|\tan\alpha_1 - \tan\alpha_2| \\ &= \frac{R_v}{2}\left|\frac{i_1}{1\,000} - \frac{i_2}{1\,000}\right| = \frac{R_v \Delta i}{2\,000} \end{aligned} \tag{3-12}$$

式中：α ——竖曲线的转角；

α_1、α_2——前、后坡段与水平线的夹角，上坡为正值，下坡为负值；

i_1、i_2 ——前、后坡段的坡度，上坡为正值，下坡为负值。

竖曲线长度为：

$$K_v \approx 2T_v \tag{3-13}$$

竖曲线纵距为：

$$y = \frac{x^2}{2R_v} \tag{3-14}$$

式中：x——切线上计算点至竖曲线起点的距离。

变坡点处的纵距称为竖曲线的外矢距，其计算公式为：

$$E_v = \frac{T_v^{\ 2}}{2R} \tag{3-15}$$

我国地铁规范中正线一般取 $a_v=0.1\text{m/s}^2$，困难条件下取 $a_v=0.17\text{m/s}^2$。区间正线的运行速度一般为 80km/h。将上述数据代入式(3-11)，区间线路竖曲线半径采用 5 000m，困难地段为 3 000m；在车站端部为 3 000m，困难地段为 2 000m；辅助线和车场线采用 2 000m，如下表 3-3 所示。

表 3-3　地铁线路竖曲线半径

线路类别		一般情况(m)	困难情况(m)
正线	区间	5 000	3 000
	车站端部	3 000	2 000
辅助线		2 000	
车场线		2 000	

对于轻轨线路，设计行车速度 $v=30\sim60\text{km/h}$，竖向离心加速度 $a_v=0.3\sim0.6\text{m/s}^2$，以此代入公式，其计算结果列于表 3-4 中，其结果均在 500m 以下。为便于线路铺设养护，建议统一标准，安全系数取 4，调整后 $R_v=2\ 000\text{m}$。困难条件下当 $v\leqslant30\text{km/h}$ 时，R_v 最小限值为 1 000m。

表 3-4　轻轨线路竖曲线 R_v 计算表

序　号	v(km/h)	a_v(m/s²)	计算值 R_v(m)	取值 R_v(m)	最小限值 R_v(m)
1	30	0.3	232	2 000	1 000
2	40	0.3	412		
3	50	0.45	430		
4	60	0.6	463		

车站站台计算长度内和道岔范围内不得设置竖曲线，竖曲线离开道岔端部的距离不应小于 5m。碎石道床线路竖曲线不得与平面缓和曲线重叠；当不设平面曲线时，竖曲线不得与超高顺坡段重叠。

(3)坡段长度

因为列车通过变坡点时要产生附加离心力和附加加速度，为考虑行车平稳，宜设计较长的坡段，但为了适应线路高程的变化，坡段也不能太长，否则将引起较大的工程量，给施工带来困难，因此，应综合考虑两者的影响来确定最短坡段长度。

①一般情况下线路纵向最小坡段小于列车长度时，可以使列车长范围内只有一个变坡点，以避免变坡点附加力叠加影响和附加力的频繁变化，保证行车的平稳。

②坡段长度还应满足竖曲线既不相互重叠，又能相隔一定距离，两竖曲线夹直线长度不宜小于 50m，以利于列车运行和线路的维修。

竖曲线不得侵入车站站台范围，以保证站台的平稳和乘客的安全，并有利于车站设计和施工。为了节能和降低造价，竖曲线紧邻站台端最为有利，更易找到变坡点最佳位置，不至于失去节能坡段的设计条件。

对于轻轨高架线，坡段最小长度不短于远期列车长度，同时保证两竖曲线间夹直线不小于 25m。对于大坡道，由于牵引功率的限制，要求：60‰坡度限长 500m，50‰坡道限长 1 000m，小于 50‰坡道不限。

六、线路设计实例分析

下面以某市城市轨道交通 1 号线为例，对线路设计方法进行介绍。

1. 设计原则

(1)线路选线应符合路网规划和城市发展总体规划要求，与城市发展方向一致，与城市改造规划相结合，同时应沿着城市主客流方向连接大客流集散点。

(2)线路选线应充分考虑现状和规划的地面建筑物及地下管线和构筑物，尽量选择施工条件好的城市主干道敷设，合理选择线路基本走向。对全线的规划方案进行深化研究、综合分析、调整优化。

(3)高架桥下净空，首先应满足各种车辆通行高度要求，同时应考虑沿线城市景观及环境的需要。

(4)应充分考虑与规划的其他线路的换乘衔接，同时根据需要和具体条件细致地考虑联络线和共用设备的设置。

(5)车站应设在客流量大的集散点和各类交通枢纽点上，坚持“以人为本”的原则，同时与城市综合交通规划网协调，有利于最大限度地吸引客流，方便乘客，使城市轨道交通成为城市公共交通骨干。城市轨道交通车站应成为城市交通换乘中心并尽量与地面建筑物综合开发利用。

(6)列车折返线及车站配线的形式要满足列车安全、合理运行及折返需要。

2. 技术标准

(1)正线数目：正线为双线。

(2)线路平面最小曲线半径

线路平面曲线半径对列车的平稳、快速运行及乘客的舒适度产生直接影响，因此尽可能采用较大的曲线半径是本设计的宗旨。但是曲线半径的选用往往受地形、地物、工程地质和水文地质等诸多因素的限制，为尽可能减少线路的土建工程量和拆迁工程量，降低工程造价，并能满足列车运行速度和旅客舒适度的要求，本设计确定最小曲线半径为：区间正线 300m；车站 800m；辅助线 200m；车场线 110m，困难情况下 80m。

(3)最小缓和曲线长度

在平面曲线和直线之间用缓和曲线进行连接，以便进行曲率过渡、设置超高。最小缓和曲线长度不应小于 20m(半径 $R \geqslant 2\,000$m 时，可不设缓和曲线)。

(4)最小圆曲线长度

为了便于线路养护维修，以及机车车辆的平稳通过，不使同一车辆同时跨在两缓和曲线上,最小圆曲线长度为20m。

(5)夹直线最小长度

为使列车平稳运行,平面曲线和直线之间需用缓和曲线进行连接,两曲线间的夹直线也要留有一定的长度,以保证列车的平稳过渡,本设计中夹直线最小长度是20m。

(6)线路最大纵坡

线路最大纵坡是线路设计的主要技术标准之一,它直接影响工程造价、结构形式的选择及运营成本。本设计采用的最大纵坡为:区间正线最大坡度30‰(困难地段35‰);高架车站宜为平坡,困难地段不大于3‰;辅助线最大坡度40‰;折返线最大坡度2‰。

(7)竖曲线最小半径

区间竖曲线半径5 000m(困难地段3 000m);车站端部竖曲线半径3 000m(困难地段2 000m);辅助线竖曲线半径2 000m。

(8)坡段长度

最小坡段长度不小于远期列车长80m,并满足两竖曲线之间夹直线长度不小于50m。

(9)桥下净空要求

城市轨道交通桥下净空不但要满足桥下车辆通行的要求,而且应考虑城市景观。城市轨道交通高架桥对城市景观的影响主要表现为遮挡阳光和视线以及从空间上给人造成压抑的感觉。综合上述因素,结合该市具体情况,跨越主干道时桥下净空控制在5m以上,跨越铁路时桥下净空控制在6.8m以上,跨越电气化铁路时桥下净空控制在8m以上,城市轨道交通车站桥下净空5m以上,区间桥下净空与桥面宽之比按1∶1考虑。

3.线路走向及线路平面方案

(1)线路基本情况

城市轨道交通1号线二期工程以一期工程正线向两端延伸,分为两个部分:西段线路和东段线路。下面以西段线路为例进行介绍。

线路从一期工程A站西端正线顺延,沿解放大道中间布设,沿线经过B站、C站、D站、E站、F站至G站,沿解放大道北侧跨越铁路和三环线后,沿国道北侧前行至五环路转向北,再沿五环路跨过J站,最后到达终点K站。线路全长11.63km,均为高架线路,设有10个车站,均为三层站。

(2)线路平面方案

①A~F段

城市轨道交通1号线二期工程西段线路沿解放大道中间布设,沿线经过B站、C站、D站、E站至F站,设有5个车站,均为三层高架站。该段解放大道除A~B段红线宽65m外,其余段规划红线宽度为60m。A~C段,解放大道局部地段设有中间绿化带,线路中心与解放大道绿化带中心线重合;C~F段,解放大道绿化带设在机动车道两侧,需调整道路横断面布置。

②F~K段

本段线路沿解放大道前行,经G站后转向解放大道的北侧红线外,然后上跨三环线匝道,再转向国道北侧绿化带前行,在I站前设反弯,使线路与国道高架桥的间距加大,同时需调整道路断面,以便于站房的布置。线路行至五环路口转向北,再沿五环路跨过J站,线路出J站后转向已建成的五环路中央绿化带,最后到达K站。

③三环线地段线路局部方案

三环线与解放大道在该地区设互通式立体交叉，线路在该地区必须穿过铁路和三环线，同时，城市电力高压线走廊也在此穿过。结合该地区现状及车辆出入段线路布置，对 G～H 段线路采用如下方案：线路出 G 站后，转向解放大道的北侧，在解放大道北侧红线外 10m 处与解放大道并排向西北方向前行，跨过三环线匝道及主桥，沿解放大道北侧到达 H 站。

④J～K 段

J～K 站间线路主要控制点为五环路中央绿化带正中心下的市政给排水管道，经分析研究确定沿道路中央绿化带和沿道路红线西侧两种线位方案。沿中央绿化带方案征地少，没有拆迁，K 车站设计为三层侧式高架，与五环路东西两侧均有过街通道连接，有利于与规划客运中心的换乘，也便于将来线路向北延伸，为避免拆迁市政给排水管道，桥墩由单柱改为双柱门式结构；线路沿道路红线西侧采用单柱桥墩，K 车站设计为二层侧式车站，车站工程较省，但需多拆迁五栋居民楼房，且 K 车站的布设不利于与规划客运中心的换乘。本次设计推荐采用沿道路中央绿化带线路方案。

4. 车站分布和站位设置

(1)车站分布

车站分布是保证城市轨道交通吸引客流，提高通过能力的一条重要的技术措施。车站分布主要考虑客流集散、城市规划、地区发展、与其他交通衔接等。另处，还要考虑城市轨道交通本身的许多技术条件。所以，为了满足该市城市轨道交通 1 号线运量要求，从“以人为本”的原则出发，车站分布尽量做到经济、合理，方便乘客。

根据沿线客流分布、城市现状及综合规划，以及结合本工程线路平面布置，线路从一期工程 A 车站后设置有 B 站、C 站、D 站、E 站、F 站、G 站、H 站、I 站、J 站、K 站共 10 座车站，并且在 G 站前后设“八”字形车辆段出入线。其中，与横向主要道路相交的车站有：B 站、C 站、D 站、E 站、F 站、I 站、J 站、K 站共 8 座车站。本段线路车站分布合理，站位与公共交通衔接好，和城市规划相协调，能满足沿线乘客的需要，能吸引沿线主要居民聚集区、商业网点、公共交通换乘点的客流，有利于城市的开发、利用，综合效益好。G 站设置在城市规划公交枢纽附近，有利于吸引客流，方便该地区居民出行。K 站与规划的客运中心相衔接，有利于吸引进城客流，方便外地旅客乘车。

(2)站位设置

①B 站

该站位于 B 路口西侧，站中心里程 WK0＋550，沿解放大道中间布设。车站设计为三层高架侧式站台。解放大道南侧红线外可用于布置车站建筑。车站周围为老城区，南侧主要是该市职工宿舍及居民聚集区，北侧主要是电源厂、学校及新村居民区。B 站南北均毗邻大的居民区，位于主要道路，规划路幅宽度 30m。本站的设置对公交客流的吸引、换乘、聚散极为有利，将大大减轻地面交通的压力，方便当地群众的出行。

②C 站

该站位于 C 路口西侧，站中心里程 WK1＋415，沿解放大道中间布设。车站设计为三层高架侧式站台。解放大道的北侧与 C 路口的转角处可布置站务用房。车站周围均为老城区，工厂较多，客流集散较大，车站服务范围比较广泛。车站的设置有利于周围城区改造。

③D 站

该站位于 D 路口西侧，站中心里程 WK2＋390，沿解放大道中间布设。车站设计为三层高架侧式站台。路口的西北、西南转角处可布置车站建筑。车站北侧主要是人民广播电台大楼和居民区，南侧主要是该市内燃机厂和大型居民生活区。车站的设置有利于周围地区的开发和城区的改造，方便居民的出行。

④E 站

该站位于 E 路口西侧，站中心里程 WK3＋360，沿解放大道中间布设。车站设计为三层高架侧式站台。车站建筑用地无特殊要求。车站周围是老工业区，工厂多，居民生活区稠密。该路段为主干道，规划路幅宽度为 50m，交通繁忙。该站的设置有利于居民的出行和与公交车辆的换乘，能缓解地面交通压力。

⑤F 站

该站中心里程 WK4＋680，车站设计为三层高架岛式站台。该站为 1 号线运营小交路的折返线，站后设有折返线及故障车停留线。该站为西段线路唯一的岛式车站，岛式站台在满足配线使用功能、增加作业灵活性等方面具有明显优势。车站周围是老工业区，工厂多，居民稠密。车站的设置有利于居民的出入和带动老城区的改造，是一个大的客流集散点。

⑥G 站

该站中心里程 WK6＋100，沿解放大道中间布设。车站设计为三层高架侧式站台，站前设有单渡线和车辆段的出入段线接口，设有待避线和车辆段出段线接口，车辆段出入线布置成“八”字形。G 站周边是老工业区和大片的待开发地块，商业比较发达，居民较多，人口较集中，设置车站后，将为这里的发展起到促进作用。北侧的大道正在规划改造中，交通比较繁忙，南侧紧靠公汽一场，为规划的公交枢纽。该站的设置有利于居民出入和与地面交通的换乘，缓解地面交通的压力，促进城乡居民的联系交往，带动周边地区的开发。

⑦H 站

该站中心里程 WK8＋000，沿国道北侧布设。车站设计为三层高架侧式站台。车站北侧为公路检查点，即将搬迁，该处可用于布置车站站房。车站南侧是大市场，是一个大的客流集散点。

⑧I 站

该站位于五环路的东侧，站中心里程 WK9＋168，沿国道北侧边缘布设。车站设计为三层高架侧式站台。线路在站前设反弯，加大与高架桥的间距，以便于布置车站建筑。该站位于开发区内两主要交通干道的交叉处，国道的南侧是规划的汇通物流园区。车站的设置有利于乘客与地面交通的换乘，是一个比较大的客流集散点。

⑨J 站

该站中心里程 WK10＋200，沿规划五环路中间布设。车站设计为三层高架侧式站台。车站周围是老城区的商业、文化娱乐中心，是一个大的客流集散点。这里是东西走向的主要交通干道之一，红线宽度为 37m。车站的设置，有利于居民的出行及公交客流的换乘，有利于加强城郊之间的交往，带动城区经济的发展。

⑩K 站

该站中心里程 WK11＋355，是终点站，也是 1 号线西端的起点站，车站设计为三层高架侧式站台。这里附近为规划用地，无任何控制因素。这里也是主要交通干道之一，规划路幅宽 100m。根据开发区规划，车站周围将是该地区的发展重心。

5. 线路纵断面

(1)线路纵断面概述

高架城市轨道交通给城市交通注入新的活力，体现现代化城市的新气象，同时，也不可避免地对城市景观带来了影响。随着经济的发展，人们对生活环境的质量要求也越来越高，因此，城市轨道交通在城市中的景观也日益引起人们的重视。

本工程沿线城市道路坡面平缓，道路地面高程在 20.6～25.4m 之间，除局部地段纵坡较大外，其余地段线路均比较平缓，而且车站均有条件设计为平坡，纵断面采用出站下坡、进站上坡的动力节能坡型，并考虑区间排水的需要，坡度一般采用 3‰～5‰。为满足城市景观和地面交通，以及城市轨道交通本身的要求，三层高架车站轨面与地面高程差为 13.5m 左右，两层高架车站为 9m 左右，区间为 9～12m。

(2)线路纵断面方案研究

本阶段线路纵断面设计的重点是工程的可实施性，根据沿线的地形，合理确定线路高程。高架线要满足桥下的道路净空要求，线路坡度尽量随地形而平缓变化，避免大起大落，应保持线形舒展、景观良好，并为安全行车创造有利条件。

方案：线路出 G 站后，跨越铁路和城市三环路立交。在与 1 号线相交处轨面高程为 29.75m，三环线路面标高为 30.95m。为保证铁路将来电气化的要求，跨越铁路的城市轨道交通桥下净空要求为 8m 以上。跨越铁路时，1 号线的轨面高程须达到 40m 以上，所以线路出 G 站后需上坡。在跨三环路线立交处，线路高程受三环线桥面高程和两条高压走廊(110kV 和 220kV)的限制，轨面高程需控制在一个合理的位置上，既要满足三环线通车净高的需要，又不能对高压走廊影响太大。

6. 线路横断面

(1)线路起点至 B 段

该段道路规划红线宽度为 65m，中央机动车道宽 18m，机动车道两侧各设 4m 绿化隔离带。线路布置在道路中间。一期工程 A 站为岛式站，站后设双折返线，高架桥墩形式为门式墩。二期工程线路从一期工程正线延伸，需调整道路横断面。

(2)B～F 段

该段道路规划红线宽度为 60m，中央机动车道宽 20～24m，机动车道两侧各设 4m 绿化隔离带。线路设在解放大道中央，占用 4m 机动车道。

(3)F～G 段

该段道路规划红线宽度为 60m，中央机动车道宽 20m，机动车道两侧各设 4m 绿化隔离带。由于 F 道口东西两端道路中心错位 6m，线路过 F 道口后桥墩采用门式墩，设在解放大道北侧人行道和中央绿化带上。

第二节 轨道结构

轨道是由钢轨、轨枕、连接零件、道床、道岔和其他附属设备等不同力学性质的材料组成的构筑物。现代轨道通常用两根专门轧制的工字形截面的钢轨固定在轨枕上而形成，轨枕一般横向铺设，用木材、钢筋混凝土或钢材制成，通过道床将荷载传递到路基上去。

一、钢轨

1. 基本要求

钢轨是轨道结构的重要组成部分，是轨道的基本承重结构，它用来引导轻轨车辆的行驶，并将所承受的荷载传到轨枕、道床及路基上去，也为车轮滚动提供最小阻力的接触面。

钢轨要求有足够的承载能力、抗弯强度、断裂韧性、稳定性及耐腐蚀性，其断面形状多为工字形。钢轨的类型是按每延米大致重量来区分的，如 43kg/m、50kg/m、60kg/m、70kg/m 等，60kg/m 以上为重型钢轨。

2. 选型

目前在国内尚无城市轨道交通的钢轨选型标准，现行城市轨道交通系统的设计一般可参考国家铁路的钢轨选型标准，即"年通过总重量在 15～30Mt 时，采用 50kg/m 钢轨；在 30～60Mt 时，采用 60kg/m 钢轨"。

国内外城市轨道交通有选用重型钢轨的趋势。从技术性能上分析，60kg/m 钢轨重量只比 50kg/m 钢轨增加 17.7%，而允许通过的总重量可增加 50%。重型钢轨不仅能增加轨道的稳定性，减少养护维修工作量，而且还能增加回流断面，减少杂散电流。

表 3-5 是根据有关资料整理的 60kg/m 钢轨与 50kg/m 钢轨的性能比较。

表 3-5　60kg/m 钢轨的性能

性能指标	比 50kg/m 钢轨
钢轨抗弯强度	+34%
弯曲应力	−28%
使用年限	+50%～200%
疲劳破坏造成的更换率	−83.3%
列车冲击振动	−10%

综上所述，城市轨道交通在经济条件允许时，无论地面线、地下线或高架线，运营正线都宜选用重型钢轨。对车场线来说，由于主要是供空车运行且速度又低，考虑到经济性，选用 50kg/m 或 43kg/m钢轨均是可行的。

不同类型钢轨的衔接宜采用异型钢轨，也可采用异型鱼尾板连接。

3. 钢轨断面

钢轨断面的形状应符合力学的要求，并适应车轮踏面形状以改善轮轨的接触条件，还要考虑因安装接头夹板和减少断面形状而发生突变的局部应力等要求。

通常可以把钢轨视为弹性地基上的连续梁，作用于其上的力主要为垂直力，其结果是使钢轨挠曲，而抵抗挠曲的最佳截面为工字形，由轨头、轨腰和轨底三部分组成。我国的钢轨标准断面如图 3-11 所示，其余部分的尺寸及特征见表 3-6。

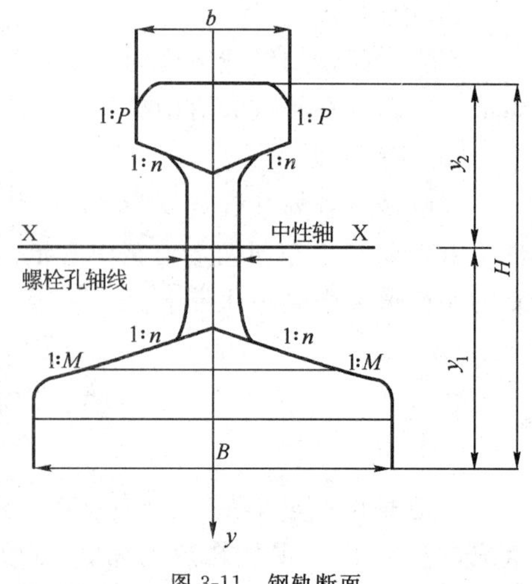

图 3-11　钢轨断面

表 3-6　钢轨断面尺寸及特征

项　目	类型(kg/m)		
	60	50	43
每米重量(kg/m)	60.64	51.514	44.653
断面面积 $F(cm)^2$	77.45	65.8	57
重心距轨底面的距离 y_1(mm)	81	71	69
对水平轴的惯性距 $J_x(cm^4)$	3 217	2 037	1 489
对竖直轴的惯性矩 $J_y(cm^4)$	524	377	260
底部断面系数 $W_1(cm^3)$	396	287	217
头部断面系数 $W_2(cm^3)$	339	251	208
轨底横向挠曲断面系数 $W_y(cm^3)$	70	57	46
轨头所占面积 A_h(%)	37.47	38.68	42.83
轨腰所占面积 A_W(%)	25.29	23.77	21.31
轨底所占面积 A_b(%)	37.24	37.55	35.86
钢轨高度 H(mm)	176	152	140
轨底宽度 B(mm)	150	132	111
轨头高度 h(mm)	48.5	42	42
轨头宽度 b(mm)	73	70	70
轨要厚度 t(mm)	16.5	15.5	14.5

4.钢轨铺设

正线地段和半径为 250m 及以上的曲线地段,应铺设长轨节,即无缝线路。高架线上的无缝线路需作特殊设计。在曲线半径 R 小于 300m 地段,要铺设耐磨长钢轨,以减少磨耗和接头振动。由于车轮踏面与钢轨顶面主要接触部分是 1/20 斜坡,为了使钢轨轴心受力,钢轨亦要设置向内倾斜的轨底坡。规范规定地下铁道轨底坡度为 1/40。

轨道焊接方法有三种:

(1)接触焊又称电阻焊。该法焊接质量稳定,材质均匀,其强度可达到母材的 95%以上。

(2)气压焊。一种是在工厂进行的大型气压焊,另一种是在工地进行的移动式小型气压焊。气压焊接质量与接触焊相近,其强度为母材的 90%～95%。

(3)铝热焊。铝热法是焊接中铁的氧化物被铝还原成铁水,同时产生巨大的热量,把高温铁水浇入预热的轨端缝隙而将两轨焊接在一起。铝热法焊接设备简单、轻便、成本低,但焊接质量容易受人为因素影响,质量不稳定,焊接强度一般为母材的 70%～90%。

北京地铁一期工程钢轨焊接,是先在工厂采用气压焊法,将标准钢轨焊接成长钢轨,再将长钢轨运到现场,采用铝热焊法将长钢轨焊接成轨节。地铁经过 20 多年的运行,铝热焊接头还相当好。上海地铁 1 号线钢轨焊接也是先在工厂采用接触焊法,将标准钢轨焊成长钢轨,再在现场采用移动式气压焊机将长钢轨焊接成长轨节。

二、轨枕

轨枕是轨下基础的部件之一。它的功能是支承钢轨，保持轨距和方向，并将钢轨对它的各向压力传递到道床上。因此，轨枕必须具有坚固性、弹性和耐久性。

轨枕依其构造及铺设方法分为：横向轨枕、纵向轨枕、短轨枕和宽轨枕。横向轨枕与钢轨垂直间隔铺设；纵向轨枕沿钢轨方向铺设；短轨枕是在左右两股钢轨下分开铺设的轨枕，常用于混凝土整体道床上；宽轨枕底面积比横向轨枕大，减少了对道床的压力和道床的永久变形。

轨枕按其使用部位可分为：用于区间线路的普通轨枕、用于道岔上的岔枕及用于无碴桥上的桥枕。

轨枕按材料可分为：木枕、混凝土轨枕及钢枕等。

轨枕类型随轨距、道床种类、使用处不同而异。地下铁道正线隧道内线路一般采用短轨枕或无轨枕的整体钢筋混凝土道床；车场线采用普通钢筋预应力轨枕，在道岔范围内少数区段采用木枕；高架轻轨线适合采用新型轨下基础，这种新型的轨枕结构不同于传统的道砟道床上铺设木枕或混凝土的轨下基础，而是以混凝土道床为主的构造形式。如上海明珠轻轨高架线，其采用的是承轨台、支撑块整体式道床。

三、道岔

车辆从一股轨道转向或越过另一股轨道的设备称为道岔。道岔有线路连接、线路交叉及线路连接与交叉三种形式。常见的线路连接有普通的单开道岔、单式对称道岔及三开道岔。线路交叉有直角交叉及菱形交叉。线路连接与交叉设备有交分道岔及各种交叉渡线等形式。应用这些道岔，可以把不同位置和方向的轨道相互连接起来。

城市轨道交通是布设在城市内的，基本采用双线线路。线路中间站通常不设配线，两个方向线路之间，在线路中区段内也很少有交叉、连接存在。城市轨道交通线路的道岔设备主要作用：设有渡线和折返线的车站，通过设置道岔来实现车辆的转线；在车场、车辆段内，股道通过道岔逐级与走行线连接。

1. 道岔的构造

单开普通道岔结构简单且具有一定的代表性，占全部道岔总数的95%以上，了解和掌握这种道岔的基本特征，对道岔的铺设、养护等方面，具有十分重要的指导意义。

单开普通道岔由引导列车的轮对沿原线行进或转入另外一条线路运行的转辙部分，为使轮对能顺利地通过两线钢轨的连接点而形成的辙叉部分，使转辙部分和辙叉部分连接的连接部分以及道枕和连接零件等组成，如图 3-12 所示。

单开道岔的转辙器由两根基本轨、两根尖轨、各种联结零件和道岔转辙机构组成。基本轨用 12.5m 或 25m 标准断面的普通钢轨制成，主股为直线，侧股按转辙器各部分的轨距在工厂事先弯折成规定的折线。基本轨除承受车轮的垂直压力外，还与尖轨共同承受车轮的横向水平力。尖轨是转辙器的主要部分，车辆进出道岔由它引导。尖轨在平面上可分为直线型和曲线型。

辙叉是使车轮从一股钢轨越过另一股钢轨的设备，它设置于道岔侧线钢轨与道岔主线钢轨相交处。辙叉又由心轨、翼轨、护轨及联结零件组成。按平面形式分，辙叉有直线辙叉和曲线辙叉两类；按构造分，又有固定式辙叉和可动式辙叉两类。在单开道岔上以直线式固定辙叉最为常用。

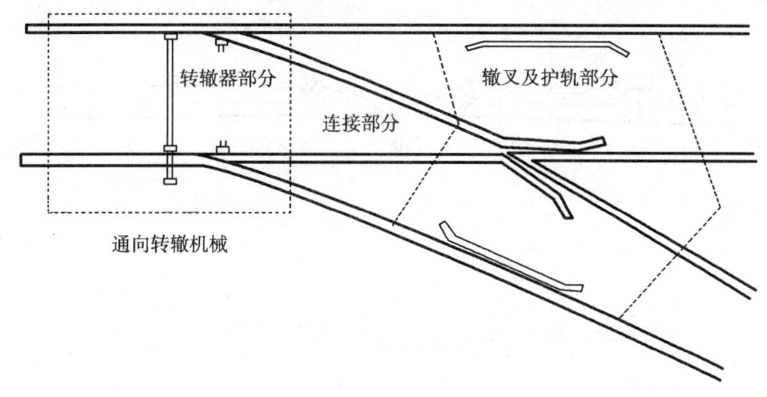

图 3-12 单开道岔的组成

连接转辙器和辙叉的轨道称为道岔的连接部分，它包括直股连接线和曲股连接线。直股连接线与区间直线线路的构造基本相同，曲股连接线又称为导曲线，目前线路上铺设的道岔导曲线均为圆曲线，当尖轨为曲线型时，尖轨本身就是导曲线的一部分。导曲线由于长度及界限的限制，一般不设超高和轨底坡。为防止导曲线钢轨在动荷载作用下的外倾和轨距扩张，可设置一定数量的轨撑或轨距拉杆，也可以在导曲线范围内设置一定数量的防爬木撑，以减小钢轨的爬行。

在我国铁路上，岔枕以使用木枕为主，近年来已涉及和铺设了混凝土岔枕。随着运量和列车速度的提高，正线上道岔宜采用混凝土岔枕。木岔枕断面和普通木枕基本相同，长度分为12 级，其中最短的 2.60m，最长的 4.80m，级差为 0.20m。而钢筋混凝土岔枕最长 4.90m，级差为 0.10m。

2. 道岔的几何形位

道岔各部位的几何尺寸是依据车辆轮对尺寸和道岔轨距按最不利的组合确定的。道岔各部分几何尺寸正确与否，是保证机车车辆安全、平稳通过的必要条件。在道岔的养护维修时，对道岔的轨距、某些特定的尺寸一定要严格检查，确保正确无误。

四、道床

土路基上道床厚度为 250mm，在铺设无缝线路地段，为了增大轨道横向稳定性，道床肩宽应不小于 300mm，在 R 小于 600m 的曲线地段，曲线外侧道床肩宽加宽 100mm，在曲线地段还要计入线路间距的加宽 W。轨枕中部道床不掏空，直线和曲线地段道床分别如图 3-13 所示。

隧道内的轨道结构分有碴（有碎石道床）和无碴（无碎石道床）两种。有碴道床同土路基上道床一样，施工简单，防噪声性能好，但需要增加隧道的开挖量，而且维修工作量大，一般城市轨道交通中不采用。无碴道床最为普遍的是混凝土整体式道床，这种结构利用扣件把钢轨和混凝土基础直接连接在一起。

整体式道床采用就地连续灌注混凝土基床或纵向承轨台，建成 PACT 型轨道。这种形式结构简单，减振性能好，但施工较为复杂。此外，也可以把预制好的混凝土枕与混凝土道床浇筑成一个整体，或者采用预制的钢筋混凝土支撑块与混凝土道床浇筑成一体，这被我国铁路隧道广为采用，北京和天津地铁也采用这种结构。如图 3-14 所示。

高架桥上的道床与隧道内的相似，也分为碎石道床和混凝土整体道床。碎石道床与前述土路基上道床基本相同。桥上整体道床结构也称无碴无枕梁结构，是通过扣件直接把钢轨和混凝土基础连接起来。应用较广泛的是在混凝土梁上二次浇筑混凝土纵向承轨台。图 3-15

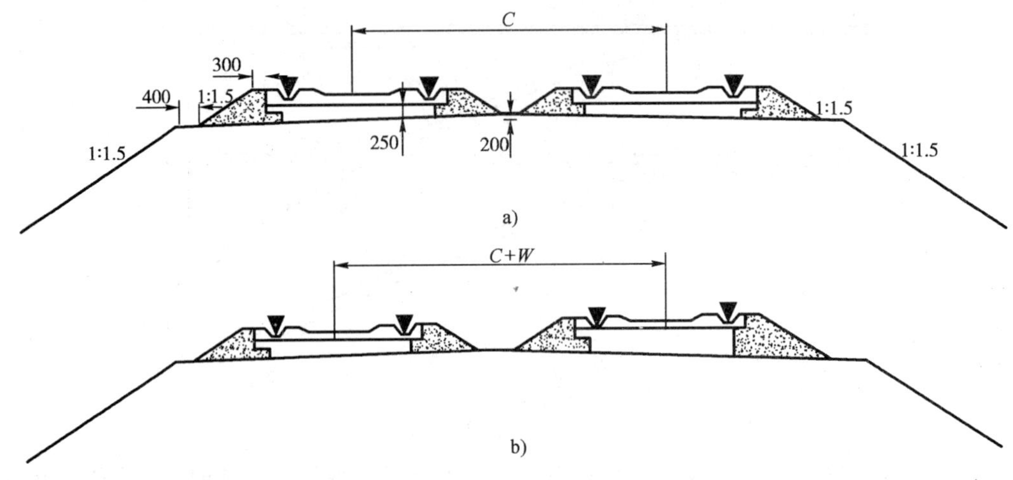

图 3-13　直线和曲线地段道床(尺寸单位:mm)

a)直线段道床断面;b)曲线段道床断面

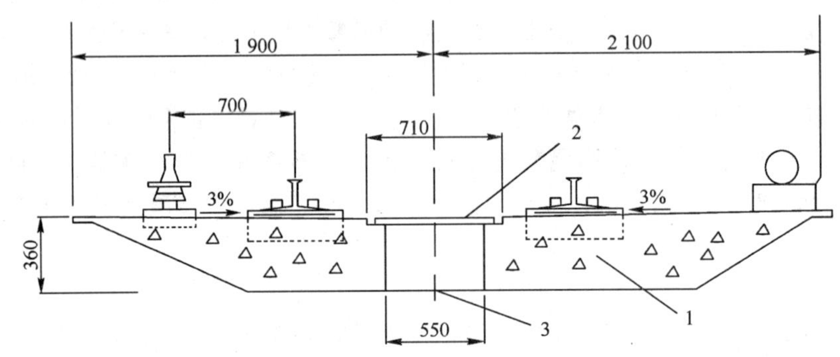

图 3-14　区间整体道床断面(尺寸单位:mm)

1-C28 混凝土;2-水沟盖板;3-基标

所示是高架混凝土桥无碴轨道结构。纵向承轨台高 150mm,分段隔开,以利排水。两纵向支撑台间设置防脱轨矮墙以代替通常使用的护轨。

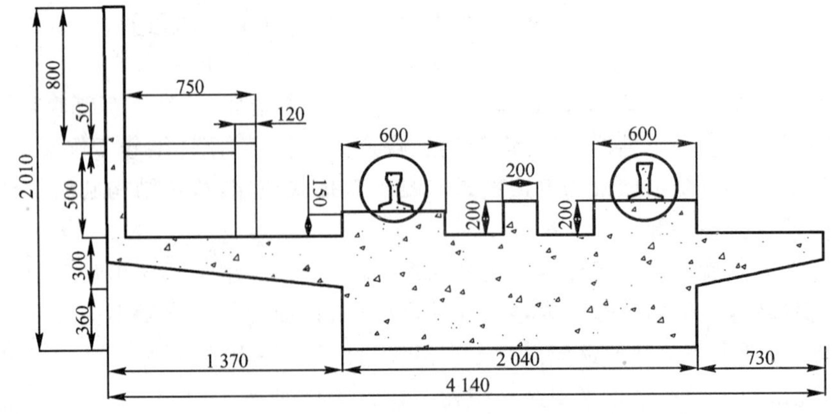

图 3-15　高架混凝土桥无碴轨道结构示意图(尺寸单位:mm)

五、扣件及减振垫层

扣件是钢轨与轨枕或其他轨下基础连接的重要联结件，它的作用是固定钢轨，阻止钢轨纵向和横向位移，防止钢轨倾斜，并能提供适当的弹性，将钢轨承受的力传给轨枕或道床承轨台。

1. 木枕扣件

木枕扣件按其扣紧的方式来分有混合式和分开式两种。

(1)混合式扣件

混合式扣紧方式是我国铁路木枕轨道上使用最广泛的一种扣紧方式。它除了用道钉将钢轨及垫板与木枕一起扣紧外，另用道钉将垫板与木枕单独扣紧。

垫板为钢轨与木枕间插入的钢板，它可将钢轨传来的压力传递给较大的木枕支撑面，减少对木枕的压强，从而有效地防止轨底切入木枕的支撑面而引起的机械磨损，延长木枕的使用寿命。同时，还可以使钢轨两侧道钉共同起抵抗横向力的作用，确保轨距稳定和防止钢轨向外侧倾斜。道钉扣件的缺点是扣压力不足，也易于松动，故必要时需要采用下面的分开式扣件。

(2)分开式扣件

分开式扣件用 4 枚螺纹道钉联结木枕与垫板，两枚底脚螺栓通过轨卡将钢轨扣紧在垫板上。因轨卡、道钉和底脚螺栓在平面构成“K”型，故又称 K 型扣件。

K 型扣件常用于受力比较复杂的地段，如道岔、无缝线路伸缩区，尤其适用在桥上的无缝线路。它可用各种松紧搭配的方案，提供不同的扣件阻力，既能保证桥上的无缝线路有足够的防止钢轨爬行的纵向阻力，又能最大限度地减少梁轨之间的相互作用力。

2. 预应力混凝土枕(简称 PC 轨枕)与无碴轨道道床扣件

PC 轨枕和无碴轨道道床使用的扣件较木枕的扣件复杂。由于 PC 轨枕和无碴轨道道床的弹性小于木枕，所以扣件还必须提供足够的弹性。为此，它除了具有一定的扣压力外，还应提供必需的弹性和轨面标高及轨距的调整量。

(1)扣件类型

目前用于我国 PC 轨枕上的扣件有 70 型扣板式扣件、67 型拱形弹片式扣件和弹条 I 型扣件。另外，我国目前正在研制和试铺弹条 II 型扣件、潘特罗扣件及带铁垫的分开式弹性扣件。

在无碴轨道道床的地段，需要用调高垫片来调整轨面标高并具有较大调高量。这种扣件有弹条 I 型调高扣件、弹片 I 型调高扣件及 T-Y 型弹条扣件。

①弹条 I 型扣件

弹条 I 型扣件由弹条、螺纹道钉、轨距挡板、挡板座及弹性橡胶垫板等组成。弹条是用来弹性地扣压钢轨，应具有足够的扣压力。轨距挡板用来调整轨距和传递钢轨承受的横向水平力。

挡板座用来支撑轨距挡板，保持和调整轨距并将轨距挡板承受的横向水平力传递至轨枕的挡肩上。它应具有足够的强度，此外，还应具有一定的绝缘性能以防止漏电。

橡胶垫板是缓冲轮轨间的振动冲击作用和提供垂直弹性的主要零件。垫板的弹性靠压缩变形而获得。为了增加压缩变形量，通常在垫板的正反面开设凹槽。橡胶的材质可分为丁苯、顺丁和天然橡胶。

螺纹道钉用硫磺水泥浆锚固在 PC 轨枕预留的孔中，这是我国独创的一种工艺流程，螺纹道钉的抗拔力可达 588kN 以上，耐久性也很好。

②扣板式扣件

扣板式扣件由螺纹道钉、螺母、平垫圈、弹簧垫圈、扣板、铁座、橡胶垫板(绝缘缓冲垫板)、垫片及衬垫等零件组成。

扣板式扣件与弹条Ⅰ型扣件的不同之处在于扣板是刚性的,所以又称为刚性扣件。这种扣件因弹性较差,故只适用于50kg/m及以下的钢轨。

③潘特罗(Pandrol)扣件

这种扣件是无螺栓无挡肩的弹性扣件。它用预埋在PC轨枕中的铸铁挡肩承受横向水平力,保持轨距,用弹条作扣压件扣压钢轨,并用尼龙块作绝缘件。1963年这种扣件在英国铁路上使用,效果良好,现已有许多国家推广使用。我国与TKIII型轨枕结合,用在超长无缝线路和无缝道岔上,效果也比较好。

④弹条Ⅰ型调高扣件

这种扣件由螺纹道钉、螺母、弹条、轨距垫板、挡板座、平垫圈、橡胶垫板、调高垫板等零件组成。其结构与普通弹条Ⅰ型扣件一样,其调高量为20mm。弹条Ⅰ型调高扣件用于60kg/m钢轨的混凝土轨枕上,也可用于整体道床上。

(2)扣件特性

PC轨枕扣件的工作特性可用扣压力、扣件的竖向弹性和横向弹性来表示(目前我国设计的扣件中主要考虑竖向弹性)。

扣件的扣压力是由扣件的弹性扣压件提供。扣压力的大小必须满足使钢轨经常处于被压紧在轨枕上的状态,使钢轨不会在轨枕上产生纵向爬行,而且要求扣件所提供的爬行阻力必须大于轨枕底面与道床之间的道床阻力。

扣件的竖向弹性是由扣压件和弹性垫层(橡胶垫板)共同提供的。扣件在车轮作用下的受力状态如图3-16所示。

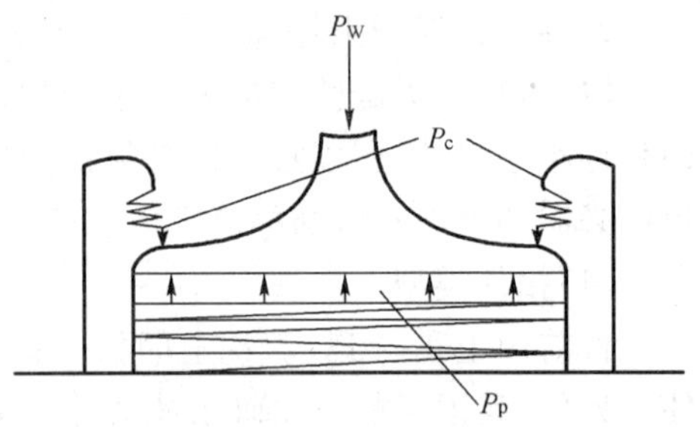

图3-16 扣件在车轮作用下的受力状态

图中,P_c为一组扣压件作用在钢轨上的扣压力;P_w为车轮下作用在每组扣件上的钢轨压力;P_p为弹性垫层对轨底的反力。

由于扣压件和弹性垫层在荷载作用下的变形量相等,因而可以把两者视为连个并联弹簧,由此得扣件的总刚度K等于:

$$K = K_c + K_p \tag{3-16}$$

式中,K_c为一组扣压件的垂直刚度;K_p为弹性垫层的垂直刚度。

扣件的总刚度除必须满足垂直弹性的要求外,还必须考虑K_c与K_p的对应关系,即两者的比值。一般来说,扣压件的刚度小,弹性垫层刚度大。两者的比值应有一个合理的范围,以免出现荷载作用下钢轨、扣件与垫层不密贴的现象,或扣压力变化太大,影响扣件工作可靠性,从而加快各部分的损坏。研究结构表明,K_p/K_c的比值应不小于2~2.75,相应的初始扣压力的损失值ΔP_c为4.9~7.35kN。

3.减振垫层

减振垫层为压缩型橡胶垫板,放在钢轨和承轨台之间。减振垫层力求结构简单,加工容易,原材料节省,便于推广,具有15年以上寿命,能显著减少车辆振动,降低噪声。

减振垫层最重要的设计参数是减振垫层的静刚度(或称静弹簧系数),这一参数设计决定于减振要求，用于无碴轨道减振垫层的基本要求是，使用该减振垫层的无碴轨道，减振性能相当于或优于有碴轨道，减振垫层的静刚度应为 13～50kN/mm。

六、轨道结构

在直线段，轨道上两股钢轨的位置有严格要求，平面上左右两股钢轨要保持与轨道中心线相等的距离和一致的方向，立面上除了随线路纵断面的变化保持一致高度外，还应使每个横断面上左右两股钢轨顶面保持同一高度。

我国规定直线地段轨道的标准轨距为 1 435mm，允许误差 2～6mm，轨距变化率不得大于 3‰。轮对宽度要略小于轨距，使轮缘与钢轨内侧保持必要的间隙，以利于在轨道上行驶的车辆轮对能顺利通过。轮对左右两车轮内侧面之间的距离加上两个轮缘厚度为轮对宽度。

直线地段两股钢轨顶面应保持同一高度，使两根钢轨负荷均匀。也允许有一定误差，可根据线路等级不同，分别不大于 4～6mm。轨道在一段不太长的距离内不允许左右两轨高差交替变化，形成三角坑，以致引起列车剧烈摇晃，甚至引起脱轨事故。

轨道纵向的平顺情况称为高低，若高低不平，将增大列车通过时的冲击力，对轨道的破坏力增大。根据铁路规定，经过维修或大修的正线或到发线轨道，前后高低差 10m 弦量不得超过 4mm。

轨道方向应远视顺直，若直线不直、方向不良，会造成列车蛇行运动，在无缝线路地段，还会诱发胀轨跑道。

车辆轮箍和钢轨的接触面为 1/20 斜率的圆锥面。为了使车轮压力的合力线更接近于钢轨中轴线以减少轮轨的偏磨，钢轨不是竖直铺设而是略向轨道中心倾斜，这种倾斜度称为轨底坡，我国铁路规定轨底坡为 1/40，原因是车轮踏面经过一段时间的磨耗后，斜度已接近于 1/40。

曲线地段轨道的内、外股钢轨的顶面应保持一定高差，两轨间的距离要比直线路段加宽，同时在曲线两端与直线连接处应设置缓和曲线。

车辆进入曲线轨道时，因惯性作用，仍然要保持原来的行驶方向，当前轴外轮碰到外轨，受到外轨引导时，才沿着曲线轨道行驶。这时车辆的转向架与曲线在平面上保持一定的位置和角度。车辆运行在曲线上，可能会出现三种情况，第一种情况是：当轨距足够宽时，只有前轴外轮的轮缘受到外轨的挤压力或称导向力，后轴则居于曲线半径方向，两侧轮缘与钢轨间有一定的间隙，行车阻力最小；第二种情况是：当轨距不够宽时，后轴的内轮轮缘也将受到内轨的挤压，产生第二导向力，行车阻力较前者大为增加；第三种情况是：轨距更小时，前后轴均同时受内外轨挤压，车轮被楔在两轨之间，不仅行车阻力大，甚至可能把轨道挤开。

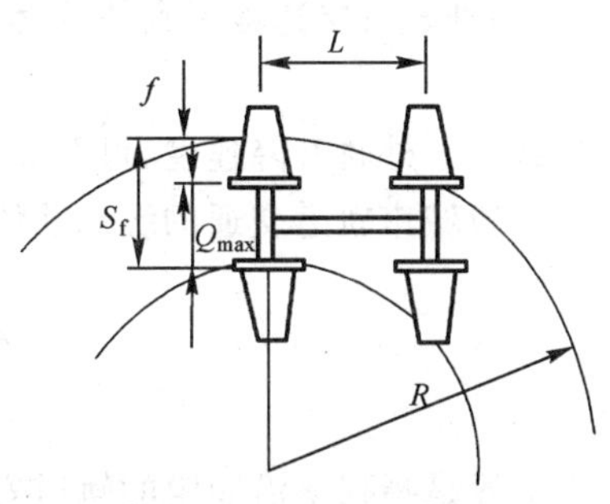

图 3-17　自由内接轨距计算图

鉴于此，在小半径曲线上的轨距必须加宽，确定轨距加宽的原则是保证最常用的车辆转向架能以第一种情况自由通过曲线，并保证轴距较长的多轴列车能以第二种情况通过，而不至于出现第三种情况。

轨道交通车辆的走行部分是两轴转向架，当后轴与曲线半径方向重合时，后轴轮轨间作用力最小，这种转向架与曲线的相对位置称为自由内接，计算图如图 3-17 所示，所需的轨距S_f为：

$$S_f = Q_{max} + f \tag{3-17}$$

其中：Q_{max}——最大轮对宽度(mm)；

f——外矢矩(mm)。

$$f = L^2/(2R) \tag{3-18}$$

其中：L——转向架固定轴距(mm)；

R——曲线半径(mm)。

若以 S_0 表示直线轨距，则曲线轨距加宽 e 为：

$$e = S_f - S_0 \tag{3-19}$$

根据国产轻轨车的资料，当曲线半径小于 650 m 时，应考虑轨距加宽，但是轨距加宽有个限度，不能掉轨。国产车最大轨距加宽为 10mm。

列车在曲线上行驶将产生惯性离心力，为了保持平衡和减轻钢轨的侧面磨耗，须将外轨抬高，利用车体内倾产生的重力水平分力平衡离心力。外轨抬高的量称为超高，用下式估算：

$$H = 7.6{v_{max}}^2/R \tag{3-20}$$

式中：v_{max}——列车设计最高运行速度(km/h)；

R——曲线半径(mm)。

外轨的最大超高值为 120～150mm。

当列车运行速度大于平均时速，由于超高不足(欠超高)而产生未被平衡的离心加速度，为满足旅客的舒适度，这一值不得超过 0.4～0.5m/s^2，对应的欠超高一般不超过 60～75mm，在特殊困难情况可达 90mm。

直线与圆曲线间要设置曲率渐变的缓和曲线，使圆曲线的轨距加宽及外轨超高在缓和曲线范围内逐渐完成，缓和曲线的曲率从零变至与圆曲线曲率相等时，是一个渐变的过程，相应的超高也是渐变的，车体在缓和曲线内所受的离心力和向心力也是渐变的。合理的缓和曲线线型应当是空间高次方程式，我国常用三次抛物线来表示：

$$y = x^3/(6c) \tag{3-21}$$

式中：c——缓和曲线半径变化率。

缓和曲线的长度 l_0 根据以下两点来确定：

(1)外轨超高顺坡坡度不致使车轮爬越内轨，则：

$$l_0 \geqslant h/i \tag{3-22}$$

式中：h——圆曲线外轨超高度(mm)；

i——外轨超高顺坡坡度，根据我国经验，i 不宜大于 2‰。

(2)外轨升降速度不致使旅客感到不适，则：

$$l_0 \geqslant hv_{max}/(3.6v) \tag{3-23}$$

式中：v——外轨升降速度，可取 28～40mm/s。

一般城市轨道交通的缓和曲线长 l_0 介于 20～60m 之间。

第三节　限　　界

限界是指列车沿固定的轨道安全运行所需要的空间尺寸。为保证列车运行安全，各种建筑物及设备均不得侵入限界范围。城市轨道交通工程地下隧道的断面尺寸及高架桥梁的宽度都是根据限界确定的。限界越大，安全度越高，但工程量及工程投资也随之增加。因此，合理限界的确定既要考虑保证列车运行安全，又要考虑系统建设成本。

限界一般是按平直线路的条件进行制定。对曲线和道岔区的限界，一般应在直线地段限界的基础上根据车辆的有关尺寸以及曲线半径、超高、道岔类型，再分别考虑适当的加宽和加高。

一、限界的种类

根据城市轨道交通系统的构成和设备运营要求，限界分为车辆限界、设备限界、建筑限界和接触轨或接触网限界。受电弓限界或受流器限界是车辆限界的组成部分，接触轨限界属于设备限界的辅助限界。它们是根据车辆外轮廓尺寸及技术参数、轨道特性、各种误差及变形，并考虑列车在运动中的状态等因素，经过科学的分析计算后确定。

1. 车辆限界

车辆限界是车辆在正常运行状态下形成的最大动态包络线。直线地段车辆限界分为隧道内车辆限界和高架或地面线车辆限界，高架或地面线车辆限界应在隧道内车辆限界基础上，另外再加上当地最大风荷载引起的横向和竖向偏移量。

(1)限界的坐标系

限界坐标系是二维直角坐标，车辆横断面的垂直中心线与平直轨道横断面的垂直中心线相重合为纵坐标轴 Y，平直轨道轨顶连线为横坐标轴 X，两轴相垂的交点作为坐标的原点 O_{XY}。

(2)车辆轮廓限界

应根据车辆横断面车体和下部设备外轮廓各点，经研究分析确定各点的 X、Y 值。

(3)车辆限界的确定

车辆限界应根据车辆的轮廓尺寸和技术参数，并考虑其静态和动态情况下所能达到的横向和竖向偏移，按可能产生的最不利情况进行组合计算确定。

2. 设备限界

设备限界是为保证城市轨道交通系统的列车等移动设备在运营过程中的安全所需要的限界。一般说来，设备限界要在车辆限界的基础上，考虑轨道出现不良状态而引起的车辆偏移和倾斜，此外，还要考虑适当的安全预留量。设备限界是一条轮廓线，所有固定设备以及土木工程的任何部分都不得侵入此轮廓线内。

3. 建筑限界

建筑限界是指在行车隧道和高架桥等结构物的最小横断面所形成的有效内轮廓线基础上，再考虑其施工误差、测量误差、结构变形等因素，为满足固定设备和管线安装的需要而必需的限界。换言之，建筑限界以内、设备限界以外的空间主要是各类误差、设备变形和其他管线所需要的空间。

二、区间直线地段的限界

1. 隧道限界

隧道限界是在既定的车辆类型、受电方式、施工方法及结构形式等基础上确定的隧道的限界，可以分为矩形隧道限界、圆形隧道限界、马蹄形隧道限界三种类型。

(1)矩形隧道限界。一般地下铁道明挖施工方法下形成矩形隧道，其单洞单线隧道建筑限界宽度为 4 000mm，高度为 4 300mm。

(2)圆形隧道限界。盾构施工的圆形隧道，不论在直线还是曲线地段，只能采用同一直径的盾构，所以只有按最小曲线半径选用盾构进行施工，才能满足圆形隧道的建筑限界要求。如线路最小平面曲线半径为 $R=300\text{m}$，则圆形隧道建筑限界的直径宜为 5 200m。图 3-18 所示为区间直线地段圆形隧道限界。

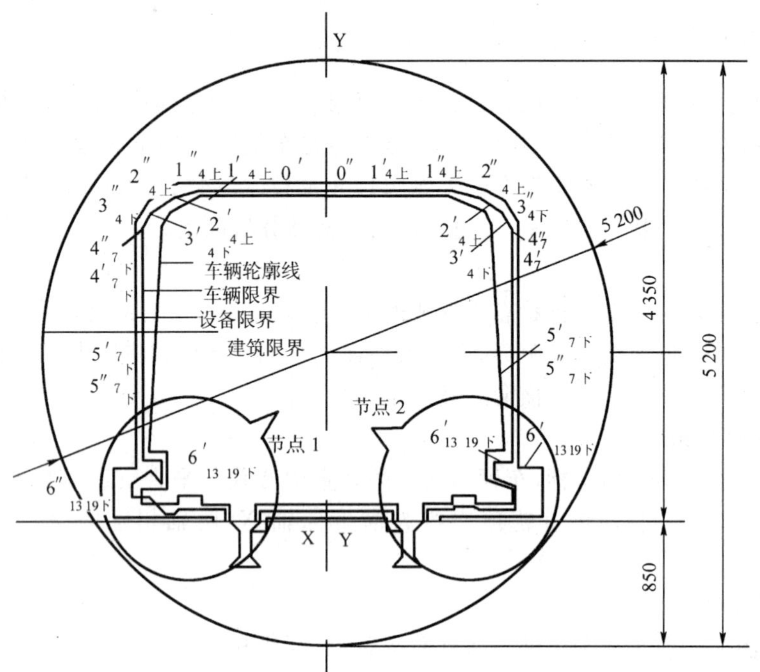

图 3-18　区间直线地段圆形隧道限界(尺寸单位：mm)

(3)马蹄形隧道限界。矿山法施工的浅埋暗挖隧道，多采用马蹄形断面，其建筑限界最大宽度为 5 000mm，最大高度为 4 800mm。

2. 高架桥建筑限界

在城市地区，有时会在城市轨道交通线路上设计高架的人行通道。为保证安全，这种高架的人行桥需要给城市轨道交通列车及设备留有适当的空间，这就是高架桥建筑限界。

高架桥面建筑限界宽度一般为 8 600mm。线路中心至防护栏内距离为 2 400mm，侧向人行道宽度为 750mm。如两线之间设接触轨受电，线路间距宜为 3 800mm。侧式车站桥面建筑限界的总宽度与选用的车辆宽度和侧站台的宽度有关，如选用车辆宽 2 800mm，侧站台的宽度为 4 000mm，其建筑限界的总宽度宜为 14 600mm。

三、曲线地段及道岔区建筑限界

车辆在曲线上运行时，由于车辆纵向中心线是直线，而轨道中心线是曲线，故车辆产生平面偏移。此外，在曲线地段，轨道一般都需要设计一定的超高，它也将引起车辆的竖向中心线发生偏移。因此，对曲线或道岔地段而言，运行中的车辆在平面和立面上都产生一定的偏移量，故其建筑限界应进行加宽和加高。曲线加宽应分内侧加宽和外侧加宽，加宽量可根据科学计算来确定。

在道岔区范围内，由于列车需通过道岔侧面的导曲线，所以建筑限界应进行平面加宽。道岔导曲线范围内的加宽量应按下列模型确定。

1. 内侧加宽：

$$e_{内} = \frac{l_1^2 + a^2}{8R_0} \tag{3-24}$$

2. 外侧加宽：

$$e_{外} = \frac{l_0^2 - (l_1^2 + a^2)}{8R_0} \tag{3-25}$$

式中：R_0——道岔导曲线半径(mm)；

l_1——车辆定距(mm)；

a——车辆固定轴距(mm)；

l_0——车体长度(mm)。

在曲线地段，矩形和马蹄形建筑限界应按直线地段的建筑限界加宽和加高，其计算模型如下。

(1)曲线内侧加宽：

$$E_{内} = \frac{l_1^2 + a^2}{8R} + X_4\cos\alpha + Y_4\sin\alpha - X_4 \tag{3-26}$$

(2)曲线外侧加宽：

$$E_{外} = \frac{l_0^2 - (l_1^2 + a^2)}{8R} + X_8\cos\alpha - Y_8\sin\alpha - X_8 \tag{3-27}$$

(3)顶部加高：

$$E_{高} = Y_1\cos\alpha + X_1\sin\alpha - Y_1 \tag{3-28}$$

$$\alpha = \sin^{-1}\frac{h}{S} \tag{3-29}$$

式中：R——圆曲线半径(mm)；

h——超高值(mm)；

S——内轨中心距离(mm)；

(X_1, Y_1)、(X_4, Y_4)与(X_8, Y_8)——计算加宽和加高的控制点坐标。

四、车站建筑限界

车站建筑限界的确定：

(1)直线站台有效长度范围内，其边缘至线路中心线的距离，应根据车厢宽度进行确定，一般站台边缘与车厢外侧之间的空隙设置以不大于100mm为宜。

(2)直线地段站台面的建筑高度，应受车厢地板面至轨顶的垂直距离所控制，一般站台面低于车厢地板面50～100mm较为合适。

(3)站内线路中心线至隧道边墙内侧面的距离，如无特殊要求，一般都与区间相一致。

(4)车站建筑限界的高度，一般与区间相同就能满足设备限界的要求。但由于建筑装修和有些设备及管线安装的需要，车站建筑限界的高度都比区间大。

(5)站台有效长度两端以外的所有用房的外墙面距线路中心线的距离宜不小于1 800mm，且外墙面不允许安装任何设备和管线。

本章小结

本章主要介绍了城市轨道交通线路选线的概念及因素、线路的分类及功能、线路平纵面设计原理及方法；轨道结构原理及钢轨、轨枕、道岔、道床、连接扣件等内容及技术要求；最后简要介绍了地铁的建筑限界。并结合具体实例对城市轨道线路工程设计方法进行了介绍。

思考题

1. 试述如何选择城市轨道交通线路的走向与路由?

2. 轨道结构的含义及基本要求。

3. 简述城市轨道线路设计的原则和基本技术标准。

4. 城市轨道线路平面设计的步骤。

5. 适合地铁轨道的道床形式有哪几种?各有哪些优缺点?

6. 何谓限界?轨道交通限界有几种?限界确定的原则有哪些?

7. 减振垫层和扣件的作用及要求。

8. 单开道岔的组成及动作原理。

9. 轨道线路纵断面设计的内容及要求。

10. 解释名词:最小曲线半径、限坡、线路敷设方式、轨距、钢轨重量、联络线、场线。

第四章　城市轨道交通车站

城市轨道交通车站是供列车停靠、旅客乘降、客流集散的重要设施，车站的选址、布置、规模等对轨道交通运营效果具有决定性意义。优良的车站建筑为乘客提供安全、便捷、舒适的乘车条件，吸引更多的客流，获得更好的运营效益，同时可以美化城市环境，取得经济、社会和环境的综合效益。

第一节　城市轨道交通车站概述

一、车站的分类

城市轨道交通车站按其所处位置、埋深、运营性质、结构横断面形式、站台型式和换乘方式的不同可进行不同分类。

1. 按车站与地面的相对位置可以分为地面车站、高架车站和地下车站，如图4-1所示。

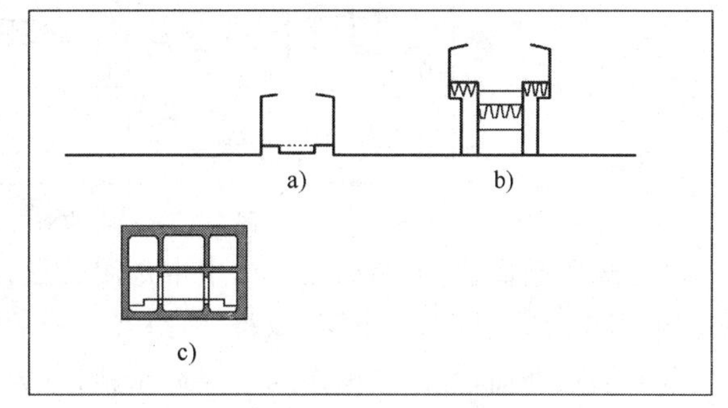

图 4-1　车站类型示意图

a)地面车站；b)高架车站；c)地下车站

2. 按车站埋深可分为以下三种：

(1)浅埋车站——轨顶至地表距离小于15m；

(2)中埋车站——轨顶至地表距离为15～25m；

(3)深埋车站——轨顶至地表距离大于25m。

3. 按车站的运营性质，可分为以下几种：

(1)中间站(即一般站)——中间站仅供列车停靠和乘客上、下车之用，功能单一，是城市轨道路网中数量最多的车站；

(2)区域站(即折返站)——区域站是设在两种不同行车密度交界处的车站，设有折返线和折返设备，区域站兼有中间站的功能；

(3)换乘站——换乘站是位于两条及两条以上线路交叉点上的车站，它除了具有中间站的功能外，更主要的是它还可以从一条线上的车站通过换乘设施转换到另一条线路上；

(4)枢纽站——枢纽站是由此站分出另一条线路的车站，该站可接、送两条线路上的乘客；

(5)联运站——联运站是指车站内两种不同性质的列车线路可以进行联运及客流换乘，联运站具有中间站及换乘站的双重功能；

(6)终点站——终点站是设在线路两端的车站，就列车上、下行而言，终点站也是起点站

(或称始发站)，终点站设有可供列车全部折返的折返线和设备，也可供列车临时停留检修。当线路远期延长后，则此终点站即变为中间站。车站分类如图 4-2 所示。

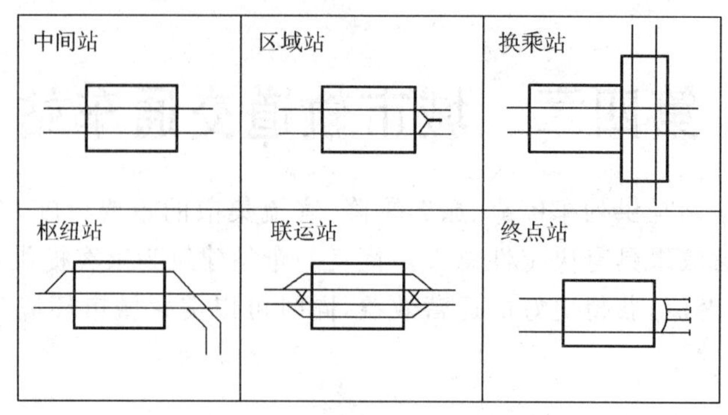

图 4-2　车站分类示意图

4. 按地下车站结构横断面形式分类。地下车站结构横断面形式主要根据车站埋深、工程水文地质条件、施工方法、建筑艺术效果等因素确定。在选定结构横断面形式时，应考虑到结构的合理性、经济性、施工技术和设备条件。主要有以下三种，如图 4-3 所示。

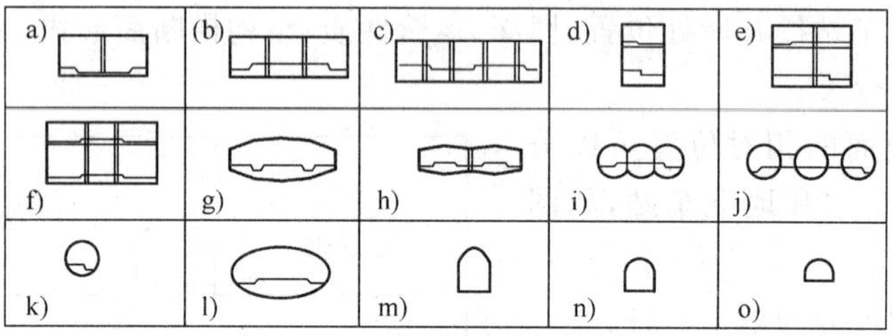

图 4-3　车站结构横断面形式示意图

(1)矩形断面：矩形断面是车站中常选用的形式，一般用于浅埋车站。车站可设计成单层、双层或多层，跨度可选用单跨、双跨、三跨及多跨的形式，如图 4-3a)～f)；

(2)拱形断面：拱形断面多用于深埋车站，有单拱和多跨连拱等形式。单拱断面由于中部起拱、高度较高，两侧拱脚处相对较低，中间无柱，因此建筑空间显得高大宽阔，如建筑处理得当，常会得到理想的建筑艺术效果，如图 4-3g)～h)，图 4-3l)～o)；

(3)圆形断面：圆形断面用于深埋或盾构法施工的车站，如图 4-3i)～k)。

5. 按车站站台形式，可将车站分为岛式车站、侧式车站和岛、侧混合式车站，如图 4-4 所示。

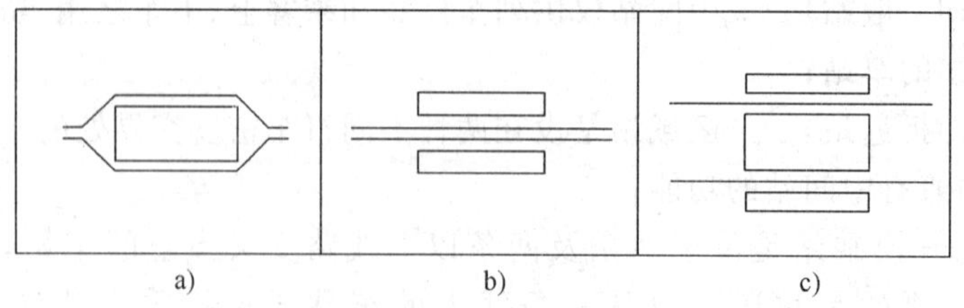

图 4-4　车站站台形式分类示意图

a)岛式车站；b)侧式车站；c)岛、侧混合式车站

(1)岛式车站：站台位于上、下行行车线路之间，这种站台布置形式称为岛式站台，具有岛式站台的车站称为岛式站台车站(简称岛式车站)。岛式车站是常用的一种车站形式，具有站台面积利用率高、能调剂客流、乘客中途改变乘车方向方便、车站管理集中、站台空间宽阔等优

点，因此，一般常用于客流量较大的车站。

(2)侧式车站：站台位于上、下行行车线路的两侧，这种站台布置形式称为侧式站台，具有侧式站台的车站称为侧式站台车站(简称侧式车站)。侧式车站站台上、下行乘客可避免相互干扰，正线和站线间不设喇叭口，造价低，改建容易，但是，站台面积利用率低，不可调剂客流，中途改变方向须经过地道或天桥，车站管理分散，站台空间不及岛式宽阔。因此，侧式站台多用于两个方向客流量较均匀(或流量不大)的车站及高架车站。

(3)岛、侧混合式车站：将岛式站台及侧式站台同设在一个车站内，具有这种站台形式的车站称为岛、侧混合式站台车站(简称岛、侧混合式车站)。岛、侧混合式车站主要用于两侧站台换乘或列车折返。岛、侧混合式站台可布置成一岛一侧式或一岛两侧式。

6. 按乘客换乘方式，可分为站台直接换乘，站厅换乘和通道换乘。

(1)站台直接换乘：乘客在站台通过楼梯、自动扶梯等换乘到另一车站的站台。这种换乘方式线路短，换乘高度小，换乘时间短，换乘方便。根据站台的布置形式又可分为以下几种，如图 4-5 所示。

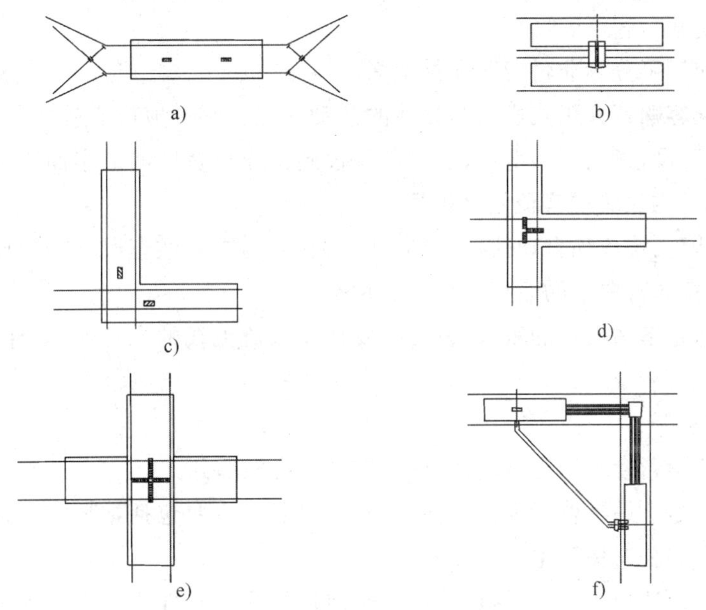

图 4-5　换乘形式分类示意图

①平行换乘：车站站台可平面平行或上下重叠。平面平行设置，两站台间一般通过天桥或通道连接，如图 4-5b)所示；上下重叠设置一般构成“一”字形组合，站台上下对应，便于布置楼梯、自动扶梯、换乘方便，如图 4-5a)所示。

②“T”形站台换乘：两个车站上下立交，其中一个车站的端部与另一个车站的中部相连接，在平面上构成“T”组合，可采用站台换乘；两个车站也可相互拉开一段距离，以减少下层车站的埋深。如图 4-5d)所示。

③“十”字形站台换乘：两个车站中部相互立交，在平面上构成“十”字形组合。“十”字形组合换乘车站采用站台直接换乘的方式。如图 4-5e)所示。

(2)站厅换乘：乘客由某车站站台经楼梯、自动扶梯到达另一车站站厅付费区，再经楼梯、自动扶梯到达站台。这种换乘方式线路较长，换乘高度较大，换乘时间较长。站厅换乘一般采用“L”形布置，在车站端部连接处一般设站厅或换乘厅；有时也可将两个车站相互拉开一段距离，使其在区间立交，这样可以减少两站间的高差，减少下层车站的埋深。如图 4-5c)所示。

(3)通道换乘：两个车站不直接相交，相互之间可采用单独设置的换乘通道进行换乘。这种换乘方式线路较长，又费时，对老弱孕残幼多有不便，且通道长，投资大。通道换乘一般呈“工”字形或“L”形布置，即两个车站在同一水平面平行设置，通过天桥或地道换乘，在平面上构成“工”字形或“L”形组合。如图 4-5f)所示。

二、车站的组成

对城市轨道交通系统来说，车站一般由车站主体、出入口及通道、通风道及风亭（地下）和其他附属建筑物组成。

车站主体是列车的停车点，它除了要供乘客上下车、集散、候车外，一般也是办理运营业务和设置运营设备的地方。

车站主体根据功能的不同，可分为以下两大部分：

1. 乘客使用空间

乘客使用空间又可分为非付费区和付费区。

非付费区是乘客购票并正式进入车站前的活动区域。它一般应有较宽敞的空间、售检票位置，根据需要还可设银行、公用电话、小卖部等设施。非付费区的最小面积一般可以参照能容纳高峰小时 5min 内聚集的客流量来推算。

付费区包括站台、楼梯和自动扶梯、导向牌等，它是为乘客候车服务的设施。对于一般的城市车站来说，通常非付费区的面积应略大于付费区。

乘客使用空间是车站设计的重点，设计时要注意人流流线的合理性，以保证乘客方便、快捷地出入车站。

2. 车站用房

车站用房包括运营管理用房、设备用房和辅助用房三部分。

运营管理用房是车站运营管理人员使用的办公用房，主要包括站长室、行车值班室、业务室、广播室、会议室和公安保卫室等。

设备用房是为保证列车正常运行、保证车站内良好环境条件和在灾害情况下保障乘客安全所需要的设备用房，主要包括通风与空调用房、变电所、综合控制室、防灾中心、通信机械室、信号机械室、自动售检票室、冷冻站、配电室、公区用房等。

辅助用房是为保证车站内部工作人员正常工作生活所设置的用房，主要包括卫生间、更衣室、休息室、茶水间等。

车站用房应根据运营管理需要设置，在不同车站只配置必要房间，尽可能减少用房面积，以降低车站投资。图 4-6 所示为一般车站设施组成示意图。

三、车站规模

在进行车站总体布局以前，要确定车站的规模。城市轨道交通系统车站的规模主要是根据车站设计客流量（容量）确定的，一般可以参照日均客流乘降量和高峰小时客流乘降量来综

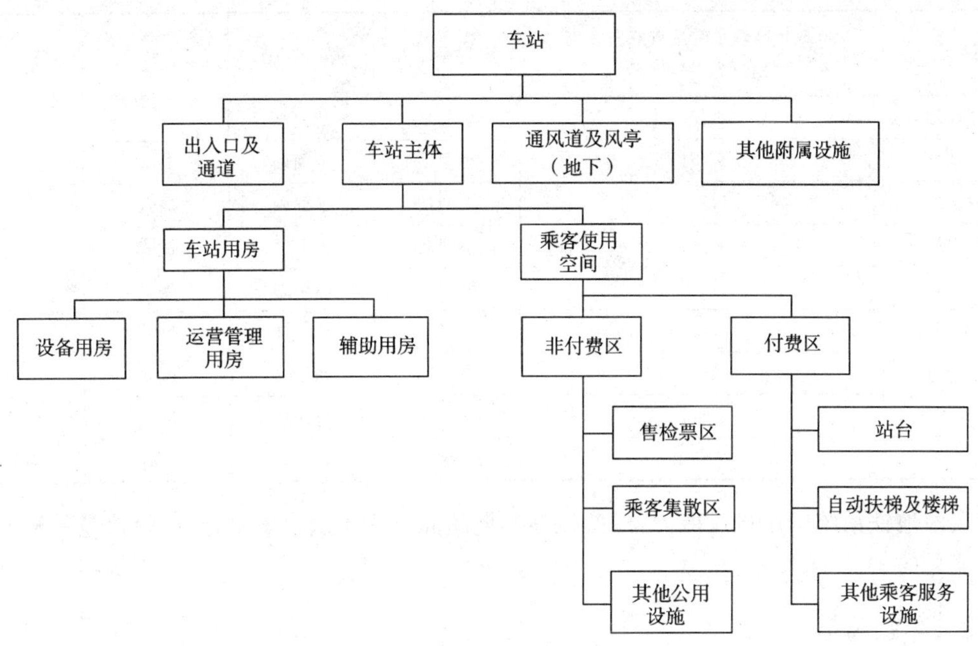

图 4-6　车站构成

合确定。表 4-1 是我国轻轨车站规模分级。

表 4-1　轻轨车站规模分级

车 站 规 模	日均乘降量	高峰小时乘降量
小型站	5 万人次/日以下	0.5 万人次/小时以下
中型站	5 万～20 万人次/日	0.5 万～2.0 万人次/小时
大型站	20 万～100 万人次/日	2.0 万～10.0 万人次/小时
特大型站	100 万人次/日以上	10.0 万人次/小时以上

注：特大型站的日均客流乘降量为多条线路合计量。

地铁车站规模主要根据车站远期预测客流及所处位置确定，一般可分为三级：

A 级：适用于客流量大、地处大型客流集散点以及地理位置十分重要的车站；

B 级：适用于客流量较大、地处市中心或较大的居住区的车站；

C 级：适用于客流量较小、地处郊区的各站。

车站规模直接决定着车站的外形尺寸及整个车站的建筑面积等。车站规模的分类标准一般为：12 000 人次/高峰小时以下为小型站，12 000～25 000 人次/高峰小时为中型站，25 000 人次/高峰小时以上为大型站。表 4-2 为深圳市轨道交通 11 号线部分车站设计规模表。

表 4-2　车站设计规模表

车 站 名 称	2035 年高峰小时站点双向客流乘降量(人/高峰小时)	车 站 规 模	站　　型	形　　式	备　　注
深圳西站	28 970	大型站	地面站	岛式	换乘站
建工村站	6 122	小型站	地面站	侧式	预留站
内丽站	4 797	小型站	地面站	侧式	

续上表

车站名称	2035 年高峰小时站点双向客流乘降量(人/高峰小时)	车站规模	站型	形式	备注
龙珠站	8 792	小型站	地面站	侧式	
塘朗站	9 251	小型站	地面站	岛式	
龙华站	49 009	大型站	地面站	岛式	换乘站
坂田站	1 375	小型站	地面站	侧式	
雪岗站	14 831	中型站	高架站	侧式	
上李朗站	5 887	小型站	地面站	侧式	
平湖站	14 698	中型站	高架站	侧式	
北通道站	9 645	小型站	地面站	侧式	预留站
塘坑站	33 761	大型站	高架站	岛式	换乘站

我国地铁系统车站通过能力，应按该站远期超高峰客流量来确定，超高峰流量一般取高峰小时流量的 1.2～1.4 倍。

四、车站风格

车站是空间、光和结构三者协调的一门艺术，同其他建筑物一样，车站由物质实体(如墙、门窗、柱、梁板和屋顶等)及其所包围的空间组成。现代建筑理论认为：空间是建筑的目的，实体是建筑的手段，空间和实体之间是一种对立统一的关系，不同的实体采用方案对空间的处理与感受有很大的影响。一般地，车站按不同实体形式可以分为以下几种风格。

1. 古典风格

古典风格一般采用木材、石料、砖等传统建筑材料，其特点是内外墙面、柱及屋顶等各部分都有复杂的装饰、彩画、雕刻。古典风格可以创造一种富丽堂皇的宫廷建筑形式，适合在穿越具有历史保护价值的古建筑群内或附近建设的车站，显示车站建筑对历史的尊重，如图 4-7 所示。

2. 现代风格

与古典风格对应，现代风格一般采用钢、玻璃、有机材料等建筑材料，其特点是墙面、柱、顶等部分的装饰简洁明快。现代风格忽视传统，追求技术运用的效果，如玻璃的透彻、钢的清秀，强调材料的质感、色彩、纹理，时代感强，适合现代快节奏社会中人们的审美情趣，且可采用现代技术施工，速度快、经济性好，是多数车站采用的风格，如图 4-8 所示。

图 4-7　俄罗斯莫斯科地铁的一处车站

图 4-8　法国巴黎地铁站

3.民族风格

由于每个民族都有不同的文化特点和审美情趣，建筑领域内民族风格特色往往体现在形象方面。例如，中国建筑的色彩较为热烈，西洋建筑则较注重本色；中国民族建筑以木质居多，形象轻盈剔透，西洋建筑以石料居多，常显得比较厚重；中国建筑风格多体现神话与传说，西洋建筑更多体现宗教等。当然，民族风格也在不断地发展变化。车站建筑要尊重使用者的民族审美特点，尽量做到既能为乘客乘车提供良好的文化环境，又能为车站建筑本身增添特色。

4.地方风格

地方风格主要考虑的是地理因素的变化。例如我国内陆地区多为少雨干旱地区，北方地区还有较多的风沙，这些也会导致建筑风格的变化。就我国而言，寒冷地区的建筑要厚重一些、封闭些，热带地区的建筑要轻巧、通透些；西北干旱地区可设计平顶建筑，而多雨地区则一般设计陡急的坡屋顶。

一般说来，地方风格是人们多年来适应当地自然条件的结果，这种结果在建筑方面的聚积成为建筑文化的一部分，即地方风格的建筑。

5.个人风格

在建筑设计活动中，设计者或称建筑师发挥着重要作用。实际上，建筑师本人就具有特定民族、地域、时代和文化背景，其作品不仅反映这些民族、时代的特点，还要反映由其本人的特定经历所决定的个性，这种个性就是建筑师的个人风格。无论什么风格的车站建筑，均需符合形式美的规律，这种形式美就是多样统一。这种多样统一包括以下内涵：①主从与重点；②均衡与稳定；③对比与和谐；④韵律与节奏；⑤比例与尺度。

一条城市轨道交通线路上的车站，其风格可以一致，也可以有差异。整个线路的车站建筑群可以像一首乐曲一样，不同车站是其不同的乐章，有序曲、高潮、尾声；也可像一部史书，记下城市的过去、现在和未来。设计者在构思整个城市轨道交通系统车站建筑形式的时候所要确定的正是这种总体风格。

第二节　车站平面设计

一、地下车站平面布局

1.站位和总平面布置的影响因素

影响车站站位和总平面布局的因素比较多，设计过程中遇到的问题也比较复杂，设计前须详细调查、收集以下四个方面资料：

(1)周围环境。主要包括：现有道路及交通条件，公交及其他交通方式站点设置，周围建筑物功能性质，车站周围现有建筑物和地下管线的布置情况和拆迁改移条件，规划建筑物、管线方案和可能的实施时间等。

(2)客流来源及方向。车站要能最大限度地吸引客流，要根据主要客流的来源和方向考虑站位和出入口通道的设置。

(3)车站功能要求。不同功能性质的车站，其总平面布局是不一样的。对于换乘站，应考虑乘客的换乘条件，尽可能减少换乘距离，并应有足够的换乘能力；对于接驳大型客流集散点的车站，要考虑突发性客流特点，留有足够的乘客集散空间，并创造快捷的进出站条件；对于有列车折返运行需要的车站，应考虑车站配线的设置以及由此带来的车站站位及平面布局的变化等。

(4)施工方法。结合工程地质、水文地质条件和周围状况，提出可实施的施工方法，结合总平面方案一同考虑。

2.出入口和地面风亭

总体方案构思完成、站位初步确定后，接着要考虑车站出入口和地面风亭的数量和位置。车站出入口的主要作用在于吸引和疏散客流，因此，车站出入口位置最好选择在沿线主要街道的交叉路口或广场附近，尽量扩大服务半径，方便乘客。

车站出入口数量可根据进出站客流的数量以及方向确定。首先，要满足进出站客流的通过能力；其次，应尽可能照顾各个方向的客流，以方便乘客进出站。一般车站出入口的数量，应根据客运需要与疏散要求设置，浅埋车站不宜小于4个出入口。当分期修建时，初期不得少于2个。小站的出入口数量可酌减，但不得少于2个。地面风亭的位置、数量与采取的通风和空调方式有关，一般按周围地区环境及环控要求确定。

车站出入口和地面风亭位置的选择，还须考虑下列几点原则：

(1)车站出入口布置，应与车站主要客流的方向一致，一般选在城市道路两侧、交叉口及有大量人流的广场附近，出入口宜分散均匀布置，以便最大限度地吸引乘客。建筑形式，应考虑当地气候条件和具体位置，可有独建式(敞口、带顶盖、全封闭及下沉式)或合建式(与地面建筑物并建)，且车站出入口位置应设置有特征的地铁统一标志，以引导乘客。

(2)车站出入口应尽可能与城市过街地道、地下街、天桥、下沉式广场等公共建筑相结合，以方便乘客，减少用地和拆迁，节约投资。

(3)单独修建的地面出入口和地面通风亭，其位置应符合当地城市规划部门的规划要求，一般设在建筑红线以内，如有困难不能设在建筑红线以内时，应经过当地城市规划部门的同意，再选定其位置。地面出入口的位置不应妨碍行人通行。

(4)车站出入口和地面通风亭不应设在易燃、易爆、有污染源及会挥发有害物质的建筑物附近，与上述建筑物之间的防火安全距离应符合有关规范的规定。

3.总平面图的绘制

在上述工作基础上，根据设计方案进行车站总平面布置图的绘制。设计阶段不同，图纸内容、深度也不同，一般按1∶500比例进行绘制，主要包含以下内容：

(1)站中心的详细位置，包括线路里程、坐标；

(2)车站主体的外轮廓尺寸，包括端点的线路里程、关键点的位置坐标；

(3)车站出入口、地面风亭、通道的位置、尺寸、坐标；

(4)车站线路与区间线路的连接关系；

(5)车站周围地面建(构)筑物情况、地下管线、道路及道路规划红线等。

二、地下车站设计

1.车站设计原则

地下车站建筑设计，应根据车站规模、类型及总平面布置，合理组织人流路线，划分功能分区。在组织人流路线时，应考虑下列各要点：

(1)进、出站客流线路和换乘客流要分开，尽量避免交叉和相互干扰。

(2)乘客购票、问讯及使用公用设施时，均不应妨碍客流通行。

(3)当地铁与城市建筑物合建时，地铁客流应自成体系。

(4)车站公用区应划分为付费区与非付费区，由进、出站检票口将之分隔，换乘一般应设在付费区内。

(5)车站的站厅、站台、出入口楼梯和通道、升降设备、售票口、检票口等部位的通过能力应相互适应，其通过能力宜按远期超高峰客流量确定。

(6)有噪声源的房间应远离有隔声要求的房间及乘客使用区，有高音质要求的房间，应有隔声和吸声措施。

(7)车站应考虑防灾设计和无障碍设计。

车站的建筑布置应能满足乘客在乘车过程中对其活动区域内各部位使用上的需要。乘客流线是地铁车站的主要流线，也是决定车站建筑布置的主要依据，站内除乘客流线外，还有站内工作人员流线、设备工艺流线等，这些流线具体地、集中地反映出乘客乘车与站内房间布设之间的功能关系。为了能够合理地进行车站平面布置，设计人员必须了解和掌握这些功能关系，并对地铁车站各部位的使用要求进行功能分析。

2.站厅设计

站厅的作用是将从车站出入口进入的乘客迅速、安全、方便地引导到站台上乘车，或将下车的乘客引导至车站出入口，离开车站。对乘客来说，站厅是上、下车的过渡空间，乘客一般要在站厅内办理上、下车手续，因此，站厅内需要设置售票、检票、问询等为乘客服务的各种设施。同时，站厅层内设有地铁运营设备、管理用房和升降设备，起到组织和分配人流的作用。

站厅的位置与车站埋深、人流集散情况、所处环境条件等因素有关，站厅设计的合理与否，将会直接影响到车站使用效果及站内的管理和秩序。站厅的布置与车站类型、站台的形式及布置密切相关，站厅的布置有以下四种形式，如图 4-9 所示。

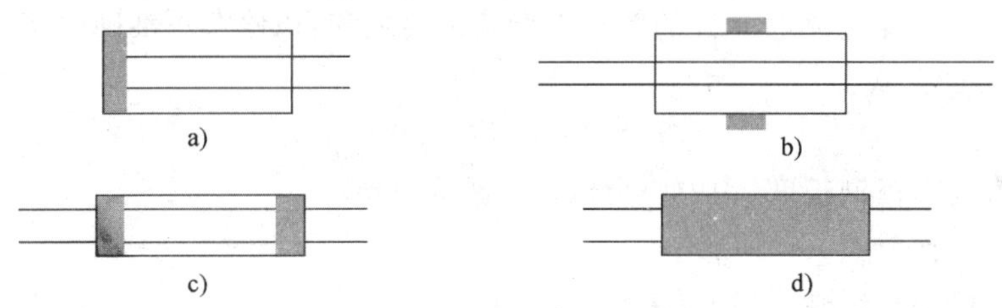

图 4-9　车站站厅布置示意图

(1)站厅位于车站一端。这种布置方式常用于终点站，且车站一端靠近城市主要道路的地面车站，如图 4-9a)所示。

(2)站厅位于车站两侧。这种布置方式常用于侧式车站，一般用于客流量不大的车站，如图 4-9b)所示。

(3)站厅位于车站两端的上层或下层。这种布置方式常用于地下岛式车站及侧式车站站台的上层或高架车站站台的下层，客流量较大者多采用此种布置方式，如图 4-9c)所示。

(4)站厅位于车站上层。这种布置方式常用于地下岛式车站及侧式车站，常用于客流量大的车站，如图 4-9d)所示。

站厅设计时，按照车站运营和合理组织客流的需要，一般将站厅划分为付费区和非付费区两大区域。其中，付费区是指乘客需经购票、检票后方可进入的区域；非付费区也称免费区或公用区，乘客可以在本区内自由通行。

付费区内设有通往站台层的楼梯、自动扶梯、补票处等，在换乘车站，尚需设有通向另一车站的换乘通道。非付费区内设有售票、问询、公用电话等，必要时，可增设金融、邮电、服务业等机构。其中，售票口和自动售票机设置的位置与站内客流路线组织、出入口位置、楼梯及自动扶梯的布置有密切关系，一般应沿客流进站方向纵向设置，布设在便于购票、比较宽敞的地方，尽量减少与客流路线的交叉和干扰。

进、出站检票口(机)，应分设在付费区与非付费区之间的分界线上，且应垂直于客流方向。为了分散进、出站客流，避免相互干扰拥挤，通常进站检票口(机)布置在通往站台层下行客流方向的一侧，出站检票口(机)布置在站台层上行客流方向的一侧，宜靠近出入口。检票口(机)处宜设监票亭，便于对乘客进行监督和检查。需要补票的乘客，可到设在付费区内的补票处办理补票手续。如站厅位于整个车站上层时，应沿站厅一侧留一条通道，使站厅两端非付费区之间便于联系。

站厅面积一般除应考虑正常所需购票、检票及通行面积外，还须考虑乘客作短暂停留及特殊情况下紧急疏散等，并留有适当余地。

站厅内车站用房宜集中设置，便于联系与管理，与乘客有联系的房间，如售票、问询、站长室、公安室等应面向或临近非付费区。

3.站台设计

站台是供乘客上、下车及候车的场所，站台层布设有楼梯、自动扶梯及站内用房。

目前，国内外地铁车站所采用的站台形式绝大多数为岛式站台与侧式站台两种，站台主要尺寸按下列方法确定。

1)站台长度

站台长度分为站台总长度及站台计算长度两种。站台总长度是根据站台层房间布置的位置以及需要，由站台进入房门的位置而定，是指每侧站台的总长度。站台计算长度，是指远期列车编组总长度与列车停站时允许的停车不准确距离之和，该停车不准确距离一般为1～2m。站台计算长度L的公式为：

$$L = ln + l' \tag{4-1}$$

式中：l——地铁列车车辆长度(钩中心至钩中心距离)(m)；

n——车辆联挂节数；

l'——列车停站不准确距离，通常取1～2m。

2)站台宽度

站台宽度主要根据车站远期预测高峰小时客流量大小、列车对数、结构横断面形式、站台形式、站房布置、楼梯及自动扶梯位置等因素综合考虑确定。

岛式站台，楼梯及自动扶梯沿站台中间纵向布置，两侧布设侧站台。侧站台是乘客上、下车及候车的场所，在站台计算长度范围内，其面积应不小于远期预测上行及下行高峰小时客流人数所需的面积。

侧式站台，楼梯及自动扶梯、车站用房均可布置在站台计算长度范围以外，在此情况下，站台宽度应满足乘客上、下车，候车及进、出站通路所需面积的要求。

单拱结构车站，由于站内不设立柱，站台宽度不考虑柱宽度。矩形断面车站，站台设有立柱，侧站台宽度应考虑立柱宽度。

我国目前现行的规范和标准对站台宽度尚无统一的计算方法，现介绍设计中常用的几种计算方法。

(1)方法一(经验法)

①侧式站台宽度

$$B_1 = \frac{MW}{L} + 0.48 \tag{4-2}$$

式中：B_1——侧站台宽度(m)；

M——超高峰小时每列车上车人数；

W——人流密度，按 0.4m^2/人计算；

L——站台有效长度(m)；

0.48 为站台安全防护宽度(m)。

②岛式站台宽度

$$B_2 = 2B_1 + C + D \tag{4-3}$$

式中：B_2——岛式站台宽度(m)；

B_1——侧站台宽度(m)；

C——柱宽(m)；

D——楼梯、自动扶梯宽(m)。

(2)方法二(按客流量计算)

①站台总面积

$$A = NWaP_{车}(P_{上} + P_{下}) \times \frac{1}{100} \tag{4-4}$$

式中：　A——站台总面积(m)；

N——列车车厢数；

W——人流密度，按 0.75m^2/人计算；

a——超高峰系数，一般取 1.2～1.4；

$P_{车}$——每节车厢人数；

$(P_{上}+P_{下})$——上、下乘客百分数，一般取 20%～50%。

②侧式站台宽度

$$B_1 = \frac{A}{L} + B' + 0.48 \tag{4-5}$$

③岛式站台宽度

$$B_2 = 2B_1 + C + D \tag{4-6}$$

式中：B_1——侧式站台宽度(m)；

B_2——岛式站台宽度(m)；

A——站台总面积(m)；

C——柱宽(m)；

D——楼梯、自动扶梯宽(m)；

L——站台计算长度(m)；

B'——乘客沿站台纵向流动宽度，一般取 2～3m。

表 4-3　车站站台和其他部位的最小宽度尺寸(单位：m)

车站站台形式	站台最小宽度
岛式站台	8.0
多跨岛式车站的侧站台	2.0
无柱侧式车站的侧站台	3.5

续上表

车站站台形式		站台最小宽度
有柱侧式车站的侧站台	柱外站台	2.0
	柱内站台	3.0
通道或天桥		2.5
出入口		2.5
楼梯		2.0

3)站台高度

站台高度是指线路走行轨顶面至站台地面的高度。站台实际高度是指线路走行轨下面底板面至站台地面的高度。站台高度的确定主要根据车厢地板面距轨顶面的高度而定。

站台按高度可分为低站台和高站台,其选择需要与车型匹配。若站台与车厢地板高度相同,称为高站台,适用于流量较大、车站停车时间较短的场合。考虑到车辆满载时弹簧的挠度,高站台的设计高度一般低于车厢地板面 50~100mm。站台比车厢地板低时,称为低站台,适用于流量不大的场合。

地下车站站台应考虑排水要求,横断面设 1%的坡度。

4)轨道中心与站台边缘距离

根据车辆类型确定的建筑限界给定了从轨道中心到站台边缘的距离,实际设计时还要考虑 10mm 左右的施工误差。若站台设在曲线上时,需考虑线路加宽、超高、车辆偏移、倾斜的影响,轨道中心至站台边缘距离 L 可按下式确定:

$$L = L_1 + E + 0.8C \tag{4-7}$$

式中:L_1——轨道中心到建筑限界边的距离加 10mm 的施工误差(mm);

E——曲线总加宽(mm);

C——线路超高值(mm)。

4. 主要用房面积和位置

车站内运营管理、技术设备用房的组成和面积受地铁系统的组织管理体制、技术水平、设备设施及车站规模等级影响,由各专业的技术标准和设备选型情况,结合车站功能需要进行确定。表 4-4 是根据我国目前地铁建设的实践,归纳总结后所提出的车站各类用房面积和位置,供规划阶段参考。

表 4-4 车站行车、管理、技术用房面积参考表

房 间 名 称	参考面积(m^2)	位 置
站长室	10~15	站厅层,靠近控制室
车站控制室	25~35	站厅层客流大的一端
站务室	10~15	站厅层
会计室	20~30	站厅层
会议室	15~30	站长室附近
行车主值班室	15~20	不设车站控制室时设在站厅层
行车副值班室	8~10	站台层
安全保卫室	10~20	站厅层客流量大的一端

续上表

房间名称	参考面积(m^2)	位置
工作人员休息室	2×15	无要求
更衣室	2×15	无要求
清扫员室	8	站厅层
清扫工具间	2×6	站厅、站台各一处
开水间	10～15	站台层
厕所	2×8	站台层
售票处	2×6	站厅层
问讯处	2×3	靠近售票处
补票处	2×3	站厅层付费区内
乘务员休息室	10～15	无要求
工区	10～15	按需要设置
牵引变电所	320～460	设在站台层
牵引变电所	130～210	一般在站台层
环控及通风机室	1 300～2 000	站厅层两端或站台层
通信机械室	30～35	靠近车站控制室
信号机械室	30～35	靠近车站控制室
防灾控制室	15～20	靠近车站控制室或与它合并
消防泵房	50	设在方便消防人员使用处
污水泵房	20	厕所附近
废水泵房	20	站台端部

5. 车站照明设施

照明在城市轨道交通系统车站室内环境中起相当重要的作用，它不仅保证城市轨道交通系统运行所需的照度要求，而且在光照艺术处理下，可增添人们对地下空间的亲和感。在城市轨道交通车站中，照明灯具按布置方式分主要有整体照明、局部照明和灯箱照明。

整体照明是城市轨道交通车站照明的主要形式，它要考虑布置方式及照明灯具的形式，一般以具有较好显色系数的长条形日光灯为主，也可与其他形式的荧光灯和一些筒灯组合布置。灯具尽量以直接照明的方式布置，这样有利于提高光照效率和便于维修更换灯具。灯具的布置形式要和顶面用材形式有机结合，这样才能取得较好的光照艺术效果。

灯箱照明在地铁中应用较多。广告灯箱的引进，增加了车站的光照度标准，同时增添了车站内部的色彩和人情气氛；指示标志灯箱则是城市轨道交通车站功能的重要信息亮点，人们通过它的指引，可以安全无误地完成旅程；标志灯箱的艺术造型也是体现现代化地铁车站室内环境的元素之一。

6. 无障碍设计

为了体现“以人为本”的设计理念，城市轨道交通车站内应实施无障碍设计。针对城市轨道交通车站设置的不同位置，采取两种不同的设计方法：一种是车站位于道路地面以下，出入口位于道路的两侧，残疾人乘坐的轮椅可挂在楼梯旁设置的轮椅升降台下至站厅层，然后再经设置于站厅的垂直升降梯下达到站台；另外也可以直接自地面设置垂直升降梯，经残疾人专用通道到达站厅，然后再经设置于站厅的垂直升降梯下达到站台。对于盲人，设置有盲道，盲道自电梯门口铺设通至车厢门口。另一种形式是车站建于街坊内的地下，车站的垂直升降梯可直接升至地面，因此，在地面直接设有残疾人出入口，以方便残疾人的使用。

7.风亭、风道及其他附建物

风亭、风道的面积取决于当地气候条件、环控通风方式和车站客流量等因素，由环控专业计算确定。风亭、风道的设置除要与周围环境相结合外，着重要考虑内部的工艺流程，将尽可能多的设备安置在风道内，缩短地下车站的长度。

有时车站根据全线功能需要，需考虑其他附建物，如盾构始发井等。这会对车站规模有很大的影响，此时，应尽可能考虑与车站其他设施共建或利用剩余空间，以减小车站规模。

8.车站防灾设计

车站防灾设计包括车站紧急疏散、车站消防和车站防洪(防涝)。

(1)车站紧急疏散

车站内所有人行楼梯、自动扶梯和出入口宽度总和应分别能满足远期高峰小时设计客流量，在紧急情况下，6min 内将一列车满载乘客和站台上候车乘客(上车设计客流)及工作人员疏散到安全地区。此时车站内所有自动扶梯、楼梯均作上行，其通过能力按正常情况下的90%计算，垂直电梯不计入疏散能力内。车站设备用房区内的步行楼梯在紧急情况下也应作为乘客紧急疏散通道，并纳入紧急疏散能力的验算。车站通道、出入口处及附近区域，不得堆放任何有碍客流疏散的设备及物品，以保证疏散的畅通性。

(2)车站消防

车站内划分防火分区，中间公共区(售检票区或站台)为一个防火分区，设备用房区各为一个防火分区。有物业开发区的车站，物业开发区为独立的防火分区。每个防火分区内设两个独立的、可直达地面的疏散通道。所有的装修材料均按一级防火要求控制。

(3)车站防洪(涝)

车站防洪(涝)设计按有关设防要求执行。地面站应考虑防洪要求。

三、高架车站平面设计

高架车站平面设计与地下车站相比有相似之处，但也有其不同的特点。相同之处在于站台候车方式、站台长度(根据车辆编组确定)、售票检票方式等；不同之处在于分别位于地上和地下，客流行进的方向和站厅站台的组织顺序正好相反。

高架车站的站台层在最上层，客流向上经站厅层检票后到达站台层候车。由于车站建于地面以上，具有空间开放的条件，不需设置庞大的空调机房而大大缩小了设备用房的面积。

车站位置因线路走向的不同，有设于城市交通干道中央的，也有设于城市交通干道一侧的。车站站台的候车形式同样有岛式和侧式两种，一般以侧式站台候车为主，以利于城市架空桥道铺设。

设于城市干道中央的车站，客流需经道路两侧的人行天桥或地道进入车站的站厅层，其人行天桥和地道可兼作过街的通道。车站的站台宽度、疏散楼梯、自动梯的计算方法与地下车站相同，车站长度取决于该线路的列车编组数量。

车站本体分为站厅层和站台层两层。在站厅层设置客流出入大厅及售检票厅，利用围栏分隔付费区及非付费区，其过街人行天桥及地道的出入口必须设于非付费区内，管理及设备用房尽量设置于一端。站台候车方式的不同带来站厅楼梯位置及组合方式的不同，同时也影响到管理用房的布置及检票口的位置设置。

四、地面车站

当城市轨道线路在市区边缘或郊区时，由于地面交通量不大，为降低成本，可以考虑将城市轨道交通车站设置在地面，尤其是轻轨系统。

地面形式的城市轨道交通主要是基于既有的街道，线路设计相对简单，重点是处理与道路交通的关系和先行权的问题。

地面轻轨车站设计的重点是要考虑乘客及行人穿越道路时的干扰以及安全问题。这方面已经有很多成功的例子，如新泽西的湖逊-伯根（Hudson-Bergen）轻轨系统、曼彻斯特的瑞木林科（Tramlink）等。

地面车站一般分为单层、双层或结合周围环境进行开发的多层车站。其形式主要是根据功能要求和环境特点确定。

地面车站主要是解决好乘客进出车站的流线，在此基础上，应尽可能简洁，缩小站房面积，降低车站造价。

第三节　车站结构设计

一、设计荷载及结构设计原则

1. 设计荷载

《地下铁道设计规范》（GB 50157—92）根据结构类型给出荷载分类表如下表4-5，但对于各项荷载标准值的取法没有明确规定，原则上要求根据相关规程或实际情况决定荷载大小，并考虑施工和使用过程中发生的变化。在设计中，以对结构整体或构件可能出现的最不利荷载组合进行计算。

表4-5　荷载分类表

荷载分类	荷载名称	结构类型	
		隧道结构	高架结构
永久荷载	结构自重	+	+
	地层压力	+	+
	隧道上部和破坏棱体范围的设施及建筑物压力	+	
	静水压力及浮力	+	+
	混凝土收缩及徐变影响力	+	+
	预加应力	+	+
	设备重力	+	+
	地基下沉影响力	+	+
	侧向地层抗力及地基反力	+	+

续上表

荷载分类		荷载名称	结构类型	
			隧道结构	高架结构
可变荷载	基本可变荷载	地面车辆荷载及其冲击力	+	
		地面车辆荷载引起的侧向土压力	+	+
		地下铁道车辆荷载及其冲击力	+	+
		地下铁道车辆荷载的离心力及摇摆力		+
		人群荷载	+	+
	其他可变荷载	温度影响力	+	+
		施工荷载	+	+
		风力		+
		车辆加速或减速产生的纵向力		+
偶然荷载		地震荷载	+	+

注：表中“+”表示荷载存在。

表中“地层压力”的确定，在地下工程中是十分困难的事。规范原则上要求应根据结构所处工程地质和水文地质条件、埋置深度、结构形式及其工作条件、施工方法及相邻隧道间距等因素，结合已有的试验、测试和研究资料，按有关公式计算或以工程类比确定。

表中“侧向地层抗力及地基反力”，应根据结构的形式、结构在荷载作用下的变形、结构与地层的刚度、施工方法、回填与压浆情况及地层的变形特征等因素确定。

表中地铁“车辆荷载”应按其实际轴重和排列计算，并考虑冲击力的影响，同时尚应采用线路通过的重型设备运输车辆的荷载进行验算。

表中“施工荷载”系指设备运输及吊装荷载、施工机具及人群荷载、相临隧道施工的影响、盾构法或顶进法施工的千斤顶顶力及压浆荷载等。

2. 结构设计原则

1)工程结构材料

地铁土建工程的结构材料一般采用钢筋混凝土或预应力混凝土，在必要时，也可采用钢结构或钢与混凝土组合结构。规范规定了混凝土材料的最低强度等级，见表4-6。此外，混凝土还需满足抗冻、抗渗和抗侵蚀等耐久性要求。

表4-6　混凝土的最低设计强度等级

地下结构	明挖法	整体式钢筋混凝土结构	C20
		装配式钢筋混凝土结构	C30
		地下连接墙	C25
	盾构法	装配式钢筋混凝土管片	C20
		整体式钢筋混凝土衬砌	C40
		挤压混凝土衬砌	C30
	矿山法	喷射混凝土衬砌	C20
		现浇混凝土或钢筋混凝土衬砌	C20
	顶进法	钢筋混凝土结构	C30
高架结构		整体式钢筋混凝土结构	C20
		装配式钢筋混凝土结构	C30
		预应力混凝土结构	C40

钢筋混凝土和锚喷支护中的非预应力钢筋可采用Ⅰ级或Ⅱ级钢筋，预应力钢筋应优先采用高强钢绞线。

2)明挖隧道结构

明挖隧道结构设计计算应符合下列规定：

(1)明挖隧道宜按底板支撑在弹性地基上的结构物计算。

(2)当车站结构简化为平面问题进行分析时，宜计入立柱和楼板压缩变形的影响。

(3)当对设有斜托的框架结构进行内力分析时，宜计入斜托的影响。

(4)当用逆筑法修建车站时，应计入立柱施工误差造成的偏心影响。

(5)必要时应根据明挖隧道的地质、埋深、施工方法等条件，进行抗浮、整体滑移及地基稳定性计算。

(6)现浇钢筋混凝土壁板式地下连续墙的设计应符合下列要求：

①单元槽段的长度和深度，应根据建筑物的使用要求和结构特点、工程地质和水文地质条件、施工条件和施工环境等因素参考类似工程的实践确定，必要时可进行现场成槽试验。

②当确定地下连续墙的入土深度时，必须满足墙体整体抗滑动和抗倾覆稳定、坑底抗隆起稳定及坑底抗渗流稳定的要求。

③地下连续墙的墙体结构，当支撑系统设置围囹或逆筑法中用楼板代替支撑时，可沿纵向取单位长度按弹性地基梁计算；当支撑系统不设围囹只设对撑或锚杆时，可取一幅墙宽按弹性地基板计算，墙体宜按施工顺序逐阶段计算。当计入支撑作用时，应考虑每层支撑设置时墙体已有的位移和支撑的弹性变形。

④地下连续墙体段之间可采用不传递应力的普通接头，当纵向必须形成整体时，应采用刚性接头。

⑤当地下连续墙作承重基础时，应进行承载能力、地基强度、变形和稳定性计算。

⑥当地下连续墙与隧道结构连接时，预埋在墙内的受力钢筋、连接螺栓或连接板锚筋等，均应满足受力要求，其锚固长度应符合构造规定。

⑦地下连续墙的墙面倾斜度和平整度，应根据建筑物的使用要求、地质条件及挖槽机械等因素确定。墙面倾斜度不宜大于1/150，局部突出不宜大于100mm且墙体不得侵入隧道净空。

3)锚喷暗挖隧道结构

矿山法施工的隧道结构设计计算应符合下列规定：

(1)当计算整体式衬砌时，应计入地层抗力对衬砌变形的约束作用。

(2)锚喷衬砌和复合式衬砌初期支护的设计参数，可采用工程类比法或通过理论计算确定。

(3)复合式衬砌的初期支护，应按主要承载结构设计；二次衬砌，应根据其施工时间、施工后外部荷载的变化情况和地质条件等因素按下列原则设计：

①地层和初期支护的变形基本稳定后施作的二次衬砌，在外部荷载不再增加的情况下可按构造要求设计。

②第四纪土层中的浅埋隧道及通过软弱或膨胀性围岩中的隧道，初期支护应具有较大的

刚度和强度，且宜提前施作二次衬砌，由二者共同承受外部荷载。当二次衬砌采用素混凝土衬砌时，应验算其抗裂度。

4)盾构隧道结构

盾构法施工的隧道结构设计计算应符合下列规定：

(1)装配式衬砌宜采用具有一定刚度的柔性结构，应限制荷载作用下的变形和接头张开量，满足其受力和防水要求。

(2)隧道结构的计算简图应根据地层情况、衬砌构造特点及施工工艺等确定，宜考虑衬砌与地层共同作用及装配式衬砌接头的影响。在软土地层中，可按自由变形的弹性匀质圆环计算结构内力。

(3)装配式衬砌的构造应符合下列要求：

①隧道衬砌宜采用块与块、环与环间用螺栓连接的管片。

②衬砌环宽可采用750～1 000mm，在与盾构千斤顶冲程相适应的情况下宜选用较大的宽度。曲线地段应采用适量的不等宽的楔形环，其环面锥度由隧道的直径、楔形块间距及隧道曲率半径确定，每环的楔形量可采用20～50mm。

③衬砌厚度应根据隧道直径、埋深、工程地质及水文地质条件、使用阶段及施工阶段的荷载情况等确定，宜为隧道外轮廓直径的0.05～0.06倍。

④衬砌环的分块，应根据管片制作、运输、安装和受力要求确定。单线区间隧道可采用6～8块，双线区间隧道为8～10块。

(4)衬砌制作和拼装必须达到下列精度：单块管片制作的允许误差，宽度为0.5mm，弧弦长为1.0mm；环向螺栓孔的孔径为1.0mm；厚度为1.0mm。整环拼装的允许误差，相临环的环面间隙为不大于1.0～1.5mm；纵缝相临块间隙为1.5～2.5mm；纵向螺栓孔中心形成的圆周直径为2～3mm；衬砌环外直径为3.5mm。

(5)作用在挤压混凝土衬砌上的水平荷载，根据地层条件应按下列规定采用：对于砂土为垂直荷载值的0.7倍；对于黏土为垂直荷载值的0.8倍；对岩石由专门试验结果确定。当采用上述水平荷载值设计衬砌时，不计地层抗力。

(6)盾构千斤顶作用在挤压混凝土衬砌上的纵向压力不得大于1.5kN。

二、地下车站结构形式

根据不同的施工方法，可对地下车站的结构形式进行分类，现简述如下。

1.明挖法施工的车站结构

明挖车站可采用矩形框架结构或拱形结构。车站结构形式的选择应在满足功能要求的前提下，兼顾经济和美观，力图创造出与交通建筑相协调的氛围。现已有整体现浇、全装配、与围护墙组合现浇以及部分装配等成型方法。

(1)矩形框架结构

矩形框架结构是明挖车站中采用最多的一种形式，根据功能要求，可以设计成单层、双层、单跨、双跨或多层多跨等形式。侧式车站一般采用双跨结构；岛式车站多采用三跨结构，站台宽度≤10m时站台区宜采用双跨结构，有时也采用单跨结构；在道路狭窄的地段修建地铁车站，也可采用上、下行线重叠的结构。典型断面结构如图4-10所示。

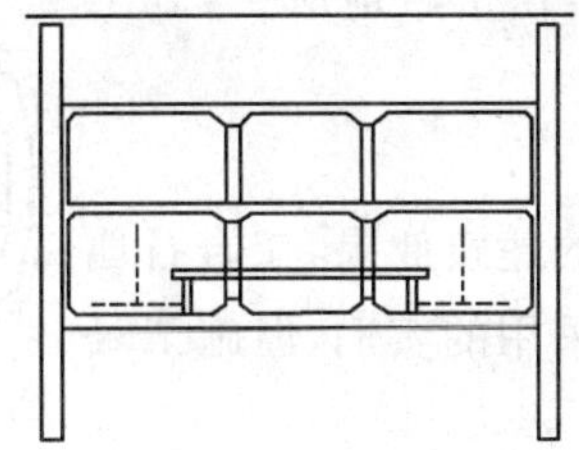
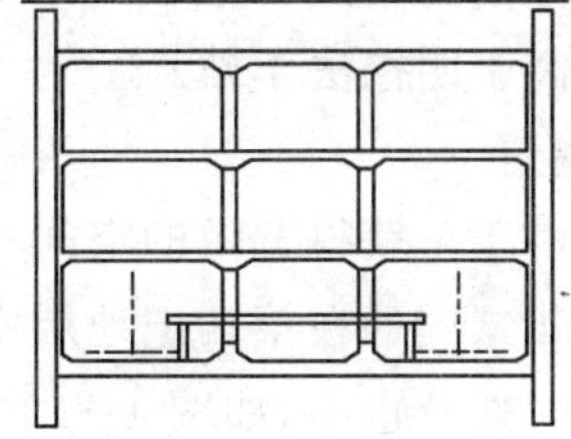

图 4-10　明挖法结构断面形式

(2)拱形结构

拱形结构一般用于站台宽度较窄的单跨单层或单跨双层车站,可以获得较好的建筑艺术效果。

(3)整体式结构与装配式结构

现浇钢筋混凝土结构具有防水性和抗震性能好、能适应结构体系的变化、不需大型起吊和运输设备等优点,在我国地铁工程中获得了广泛应用。装配式结构在前苏联采用较多。由于构件批量生产,质量较易控制,而且可提高施工进度,尤其适用于定型车站的修建。但接头是防水的薄弱部位,所以后来又发展了一种底板和边墙采用现浇构件,顶板和内部梁、板、柱等采用装配式构件的部分装配式结构。

明挖法施工的车站,施工方法简单、技术成熟、工期短、造价低、便于使用,但施工时对周围环境影响较大,适用于环境要求不太高的地段。

2.盖挖法施工的车站结构

盖挖法施工的车站结构,从结构形式上看,它是通过打桩或连续墙支护侧壁,加顶盖恢复交通后在顶盖下开挖,灌注混凝土进行施工。与明挖法比较,其特点是:在地面交通繁忙地区可以很快地恢复路面,尽可能小地影响交通,但其施工难度要大于明挖法。

盖挖车站也多采用矩形框架结构,与明挖车站矩形框架结构相同,其与明挖车站的主要区别在于施工方法和顺序不同。盖挖车站一般采用与围护墙结合现浇的成型方法,又分盖挖顺作法、半逆作法和逆作法。

软土地区地铁车站一般采用地下墙或钻孔灌注桩作为施工阶段的围护结构。地下墙可作为主体侧墙结构的一部分,内部现浇钢筋混凝土组成双层衬砌结构,也可将单层地下墙作为主体侧墙结构。单、双层墙应经工程造价、进度、结构整体性、防水墙渗漏、施工处理等综合比较后,根据不同地质、周围环境等选用。

单层侧墙即地下墙在施工阶段作为基坑围护结构,建成后在使用阶段又是主体结构的侧墙。在地下墙中可采用预埋“锥螺纹钢筋连接器”将板的钢筋与地下墙的钢筋相接,确保单层侧墙与板的连接强度及刚度。砂性地层中不宜采用单层侧墙。

双层侧墙即地下墙在施工阶段作为围护结构,回筑时在地上墙内侧现浇钢筋混凝土内衬侧墙,与先施工的地下墙组成叠合结构,共同承受使用阶段的水土侧压力,板与双层墙组成现浇钢筋混凝土框架结构。

3.矿山法施工的车站结构

矿山法施工的地铁车站,视地层条件、施工方法及其使用要求的不同,可采用单拱式车站、双拱式车站或三拱式车站,根据需要可做成单层或双层。

采用这种施工方法的车站一般位于岩石地层，在松软地层中，施工难度和土建造价要高于明挖法车站。

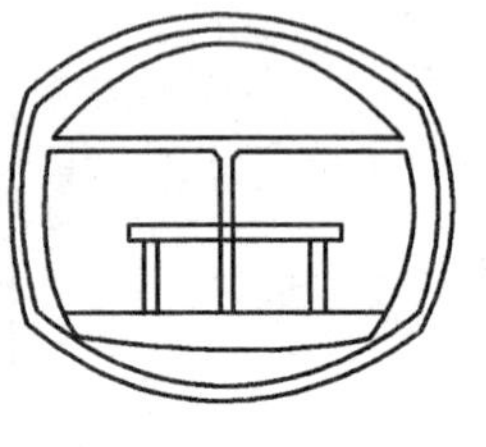
图 4-11 单拱车站

(1)单拱车站隧道

这种结构形式由于可获得宽敞的空间和宏伟的建筑效果，在岩石地层中采用较多。近年来国外在第四纪地层中也有采用的实例，但施工难度大、技术措施复杂，造价也高，如图 4-11 所示。

(2)双拱车站隧道

双拱车站有两种基本形式，即双拱塔柱式和双拱立柱式，如图 4-12 所示。

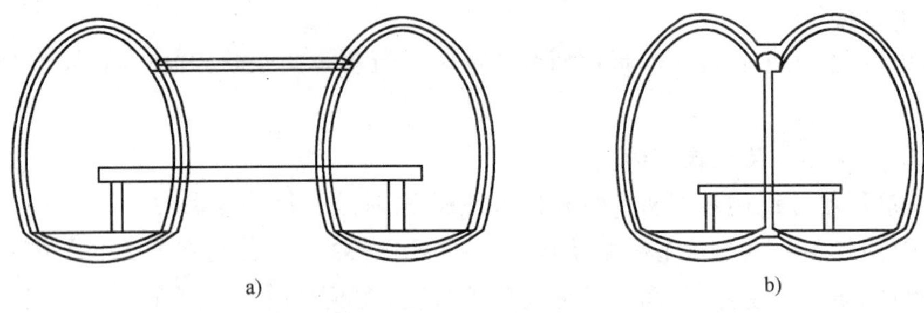

图 4-12 双拱车站

a)双拱塔柱式车站；b)双拱立柱式车站

双拱立柱式车站早期多在石质较好的地层中采用，随着新奥法的出现，近年来这种车站形式在岩石地层中已逐渐被单拱车站取代。

(3)三拱车站隧道

三拱车站亦有塔柱式和立柱式两种基本形式，但三拱塔柱式车站现已很少采用，土层中大多采用三拱立柱式车站，如图 4-13 所示。

4.盾构法施工的车站结构

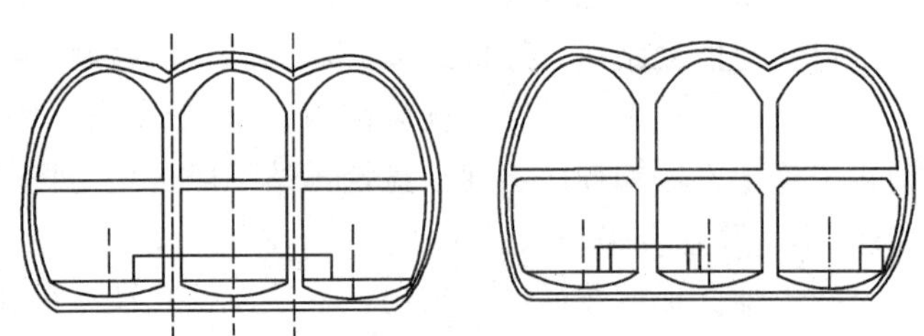
图 4-13 三拱立柱式车站

盾构车站的结构形式与所采用的盾构类型、施工方法和站台形式等密切相关。传统的盾构车站是采用单圆盾构或单圆盾构与半盾构结合或单圆盾构与矿山法结合修建的。近年来开发的“多圆盾构”等新型盾构，进一步丰富了盾构车站的形式。盾构车站的站台有侧式、岛式及侧式与岛式混用(称为复合型)等三种基本类型。盾构车站结构形式可分为以下几种：

(1)两圆形隧道组成的侧式站台车站

这是一种最简单的盾构车站，一般每个隧道都设有一组轨道和一个站台，两隧道的相对位置主要取决于场地条件和车站的使用要求，多设于同一水平面。在车站两端或车站中部两隧道之间设斜隧道以供乘客进出站台。在两个并列隧道之间可以用横向通道连通，两隧道之间的净距应保证并列隧道施工的安全并满足中间竖井(或斜隧道)的净空要求。其结构断面形式如图 4-14 所示。

这种形式的盾构车站与其他形式盾构车站相比，施工简单、工期短且造价低，适用于道路较窄和客流量较小的车站。

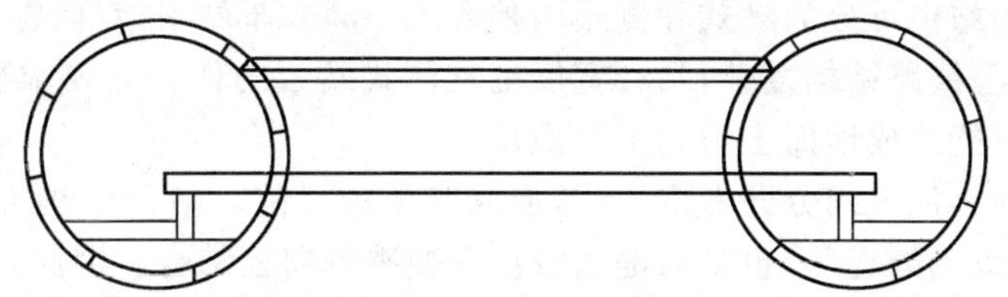

图 4-14　盾构法结构断面形式

(2)三拱塔柱式车站

三拱塔柱式车站由并列的三个圆形隧道组成，两侧为行车隧道并在其内设置站台，中间为集散厅，用横向通道将三个隧道连成一体。与两圆形隧道组成的车站一样，一般在车站两端或车站中部两隧道之间设斜隧道以供乘客进出站台。典型的三拱塔柱式车站结构断面形式如图4-15 所示。

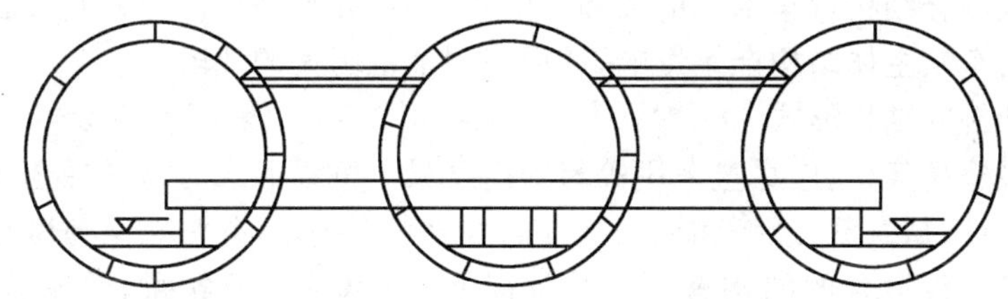

图 4-15　三拱塔柱式车站

这种形式的车站施工也较为简单，在工程地质和水文地质条件较差的地段也可采用，但总宽度较大，一般为 28～30m，需在较宽的路段内方可采用，适用于中等客流量的车站。

(3)立柱式车站

传统立柱式车站为三跨结构，先用单圆盾构开挖两旁隧道，然后施工站厅部分将它们联成一体，乘客从车站两端的斜隧道进入站台。站台宽度应满足客流集散要求，一般不小于 10m。站台边至立柱外侧的距离不小于 2m。其结构断面形式如图 4-16 所示。

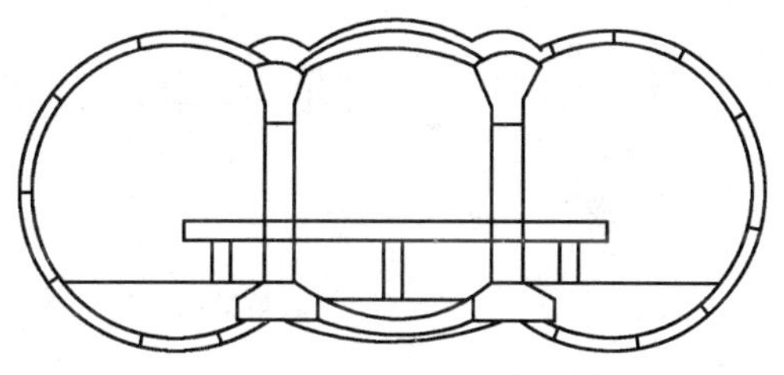

图 4-16　三跨立柱式车站

传统型的立柱车站施工工序多、工程难度大、造价也高，但和三拱塔柱式车站相比，它具有总宽度较窄、能满足大客流量的优点。总宽度一般可以控制在 20m 左右。

针对传统盾构车站存在的问题，日本开发了“多圆型盾构”。这种新型盾构经组装或拆卸后，既可用于地铁区间隧道施工，也可用于车站隧道的施工，车站断面一次开挖成型。

以上三种盾构车站，均需按要求设计和加工盾构，所需费用较大，一般在一条线多个车站使用盾构才合理。

三、高架车站结构形式

传统铁路在城市发展并具有先行权的形式是高架铁路。高架铁路与道路网络平置，站间距相对较短。早期的高架铁路建设在城市街道上，是将城区地面铁路重建为铁路，但并不能减少站间距离，它们只是道路交通的辅助部分，这类铁路有巴黎等城市的高架铁路。大多数高架铁路都应尽可能建得低一些，以降低造价。

高架车站主要是根据所在位置和设置的站房来确定车站形式，与采用的线路铺设方式有较大关系。高架车站也可分为岛式和侧式两种形式。岛式车站中，双向客流可以同站台乘降，站台利用率较高，但线路结构复杂，站台宽度也较侧式站台的任一侧要求要宽，从而需要较多的、集中的空间，可能造成地面土地利用的困难。

侧式站台双向客流流线分开考虑，不易造成客流的混乱。站台在建筑空间上可以适当分散处理，如横列或纵列处理等，也易与地面客流及换乘方向相结合。因此，实际工作中，高架车站较多地采用侧式站台形式，以尽可能减少车站宽度，降低车站造价。

1. 高架车站的结构形式

高架车站可采用钢筋混凝土框架结构、梁式结构或框架与梁式混合结构。

钢筋混凝土框架结构适用于用地范围大、车站体积大的地段，可做成双层甚至三层，以利于开发利用。

梁式结构适用于用地范围小、客流量小、车站体积小的地段。

框架与梁式混合结构行车部分的梁和区间梁相同，并与站台部分的梁板脱开，以防止列车行驶时的振动对车站主体结构产生影响，适用于用地范围大的地段。

2. 区间高架桥的结构形式

对地铁和轻轨高架桥，应尽量采用等跨等高度梁。桥梁形式与跨径的选择，应结合周围环境和工程地质条件，从景观、经济和施工等方面综合考虑确定，并注意梁与墩身的形体搭配，以满足美观的要求。较适合的结构有预应力混凝土箱梁(单室双箱梁、单室单箱梁、双室单箱梁)、预应力混凝土板梁(空心板梁、低高度板梁)、后张法预应力混凝土 T 形梁、下承式槽形梁、钢—混凝土叠合梁等形式，最近也有采用钢—混凝土预弯组合梁。国外有些城市为最大限度地降低梁高，采用脊梁式箱梁和槽形梁结构。常见截面见图 4-17。

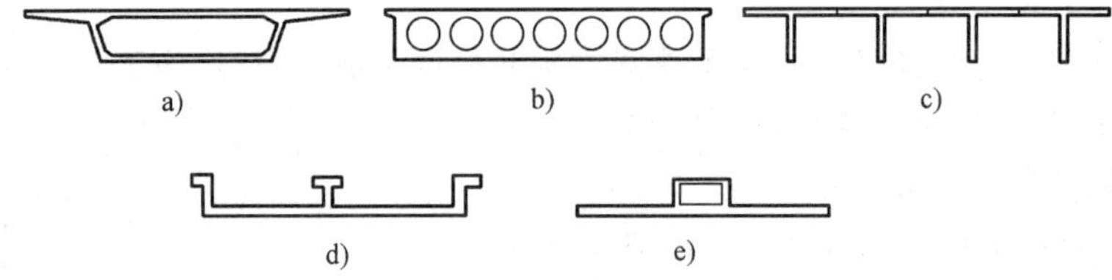

图 4-17 城市轨道高架桥常见截面

a)箱梁；b)空心板梁；c)T 形梁；d)槽形梁；e)脊梁式箱梁

(1)预应力混凝土箱梁

箱形截面是目前比较先进且已被广泛采用的梁截面形式。闭合薄壁截面抗扭刚度大，整体受力性能好，对于斜弯桥尤为有利。同时，因其顶板和底板都具有较大的面积，所以能有效抵抗正负弯矩，并满足配筋要求。箱形截面具有良好的动力特性，它的收缩变形数值小，材料用量小，截面外形简洁、箱底面平整、线条流畅，配以造型简洁的圆柱墩或 Y 形墩，非常适宜于现代化的城市桥梁。

箱形截面有各种形式：单室双箱梁桥适用于景观要求高、施工能力强的条件；单室单箱或单箱双室梁材料用量少，外形可做成流线型，造型美观，景观效果好。箱梁宜采用现浇法施工，可以在大跨度桥梁和曲线桥上使用。

(2)预应力混凝土板梁

板梁结构建筑高度小，外形简洁，便于吊装施工。预应力板梁的经济跨度为 16～20m，板梁截面主要有空心板、低高度板和异形板。空心板梁每跨可根据桥宽采用 4～8 片拼装而成，每片吊装质量约 40～50t，而低高度板梁采用 2 片拼装，相对吊梁质量大。异形板梁在美观上占有优势，它采用单片梁形式，一般采用现浇施工，工期长。从受力上讲，板梁的抗扭刚度小，对抵抗列车偏移不利。多片空心板梁也可用在道岔区及有配线的地段。

(3)预应力混凝土T形梁

T梁与箱梁同属肋梁式结构，它兼具箱梁刚度大、材料用料省的特点，同时，主梁采用工厂或现场预制，可提高质量，减薄主梁尺寸，从而减轻整个桥梁自重。每跨梁由多片预制主梁相互联结组成，吊装重量小，构件容易修复或更换，避免了箱梁内模的拆除困难。简支T梁经济跨度为20～25m。

(4)预应力混凝土组合箱梁

预应力混凝土组合箱梁，即在预制厂内用先张法制造槽形梁，架立后再在它上面现浇钢筋混凝土连续桥面板，将槽形梁连成整体，形成组合式箱梁。区间由四片简支梁组成，经济跨度为23m，吊装质量约25t。该方案兼具箱梁整体性好，抗扭刚度大的优点，同时现浇连续桥面结构克服了简支梁接缝多的缺点，使行车条件得到改善。从施工上讲，组合梁预制、运输、吊装方便，架桥速度快，对城市干扰少；缺点是桥面板需就地浇筑，增加现场混凝土施工量，且先张法只能直线预制，不适于弯桥梁，美观上也逊色于其他方案。

(5)钢—混凝土结合梁

钢板梁或钢桁梁通过剪力传递器与钢筋混凝土桥面板结合成主梁的一种桥梁，称为结合桥梁。这种构造形式的实质在于，剪力传递器使钢筋混凝土板与钢梁在竖向荷载作用下共同受弯，钢筋的上翼缘或上弦杆所需的承压面积可大大减小，这样充分发挥了混凝土和钢材的受力特性。

(6)其他形式的梁桥

随着都市范围的扩大和地理环境的多样性，任何形式的桥梁都有可能作为城市轨道交通高架桥，特别是从城市景观出发，各种形式的拱桥、拱梁组合桥、斜拉桥等都有可能成为城市轨道交通中的桥梁。

综合分析，从构件标准化、便于工厂制造和机械化施工的原则出发，同一条高架线路的结构类型不宜过多，应当优先推荐中小跨度预制梁桥方案；但在特殊地理环境下，考虑环境协调、美观等因素，特殊类型的桥梁也常常成为因地制宜的合理选择。

第四节　地铁车站施工

地铁在城市中修建，其施工方法受地面建筑物、道路、城市交通、环境保护、施工机具以及资金条件等因素的影响特别大，因此，施工方法的决定，不仅要从技术、经济、修建地区具体条件考虑，而且还要考虑施工方法对城市生活的影响。本小节主要介绍车站施工的明挖法、盖挖法和浅埋暗挖法。

1. 明挖法施工

明挖法是修建地铁车站的常用施工方法，具有施工作业面多、速度快、工期短、易保证工程质量、工程造价低等优点，因此，在地面交通和环境条件允许的地方，应尽可能采用。

根据土质情况，明挖法大体施工工序可分为四大部分，围护结构施工→内部土方开挖→工程结构施工→管线恢复及覆土。按地质条件的差异，围护结构可分为地下连续墙、钻孔桩(挖孔桩)加旋喷桩止水、SMW水泥土加型钢等等。围护结构形式的选用主要是根据土质的好坏、围护的刚度以及对基坑防水的要求等来确定。如条件允许，甚至可以采用放坡开挖而无需围护结构。当侧压力比较小、基坑较浅时可以不设支撑，设置支撑还是采用锚杆等措施，可根据当地已有的施工经验以及具体情况来定。内部土方开挖主要是根据土质情况采取分层、分块，同时考虑一定的空间及时间因素来进行。对地下水位较高的地区，土方开挖应注意因水土流失引起的支撑不平衡导致的基坑坍塌，或水土流失引起对周围环境的不利影响。内部结构的施工由下至上分步实施，最后施工防水层和上部覆土。

上海地铁 1 号线车站的深基坑开挖和车站结构施工主要采用明挖顺筑法施工，其施工顺序，如图 4-18 所示，简述如下：

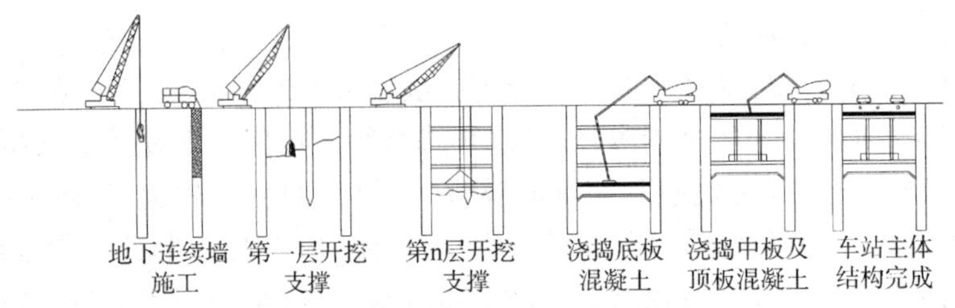

图 4-18　顺筑法车站施工顺序示意图

地下连续墙围护结构施工→内井点降水(或基坑底土体加固)→第一层开挖→设置第一层钢支撑→第 n 层开挖→设置第 n 层钢支撑→最后开挖→底板混凝土浇筑→最下层支撑拆除→混凝土内衬浇筑→拆钢支撑→顶板混凝土浇筑。

围护结构及其支撑体系关系到明挖法实施的成败，常见的内支撑结构形式有：现浇混凝土水平面格构(或框架)、圆形钢管、H 型钢等。支撑的总体结构形状取决于开挖工作面，根据支撑方向的不同，可将支撑分为对口撑、角撑、斜撑等，在特殊情况下，也有设置成环形梁的。当内支撑跨度较大时，还需在坑内设临时立柱，当临时立柱构造和位置恰当时，以后就将其变为结构的永久立柱。

2. 盖挖法施工

盖挖法施工即利用围护结构和支撑体系，在一些繁忙交通路段利用结构顶板或临时结构设施维持路面通行，在其下进行车站施工的方法。按其主体结构的施工顺序，盖挖法可分为盖挖顺作法、盖挖逆作法和盖挖半逆作法。

在路面交通不能长期中断的道路下修建地铁车站时，则可采用盖挖顺作法。盖挖顺作法一般是利用临时性设施(钢结构)作辅助措施维持道路通行，在夜间将道路封锁，掀开盖板进行基坑土方开挖或结构施工。

如果开挖面较大、覆土较浅、周围沿线建筑物过于靠近，为尽量防止因开挖基坑而引起邻近建筑物的沉陷，或需要及早恢复路面交通但又缺乏定型覆盖结构，可采用盖挖逆作法施工。此方法一般都是对交通作短暂封锁，一般在一年左右，将结构顶板施工结束，恢复道路交通，利用竖井做出入口进行内部暗挖逆筑。

盖挖半逆作法类似于逆作法。盖挖半逆作法与逆作法的区别仅在于顶板完成及恢复路面后，向下挖土至设计标高后先浇筑底板，再依次序向上逐层浇筑侧墙、楼板。在半逆作法施工中，一般都必须设置横撑并加预应力。

采用逆作或半逆作法施工时都要注意混凝土施工缝的处理问题，由于它是在上部混凝土达到设计强度后再接着往下浇筑的，而混凝土的收缩及析水，施工缝处不可避免地要出现 3～10mm 宽的缝隙，将对结构的强度、耐久性和防水性产生不良影响。

在逆作或半逆作法施工中，如主体结构的中间立柱为钢管混凝土柱，而柱下基础为钢筋混凝土灌注桩时,需要解决好两者之间的连接问题。一般是将钢管柱直接插入灌注桩的混凝土内 1.0m 左右,并在钢管柱底部均匀设置几个孔,以利混凝土流动,同时也可加强桩、柱间连接。有时也可在钢管柱和灌注桩之间插入 H 型钢以加强连接。

在上海地铁车站中采用的盖挖逆作法的基本施工顺序(图 4-19)为:车站内临时支撑柱→地下连续墙围护结构施工→地下连续墙墙趾注浆加固、地基与基坑底土体加固→第一层支撑抽槽设置→第一层开挖→第二层钢支撑安装→车站顶板立模、扎钢筋、浇筑混凝土→顶板覆土、埋管、路面浇筑→第二层开挖(暗挖)→第二层钢支撑下移至第三层安装、第四层钢支撑安装→中楼板立模、扎钢筋和混凝土浇筑→第三层分小段开挖(暗挖)→第四层钢支撑逐根移至第五层安装→底板混凝土浇筑。

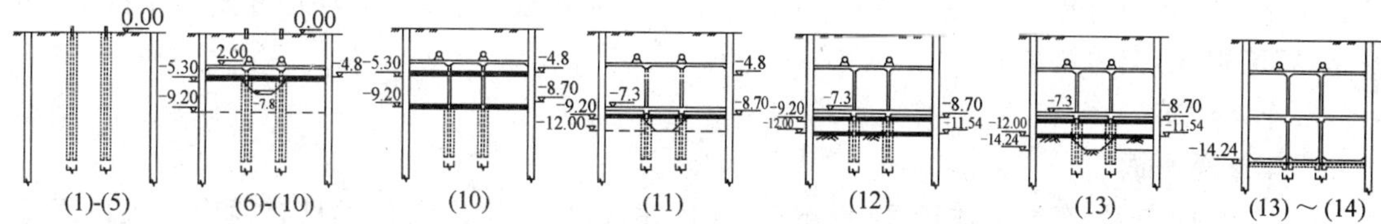

图 4-19 盖挖逆筑法车站施工顺序示意图

3. 浅埋暗挖法

采用浅埋暗挖法修建地铁车站,其基本作业程序包括地层预加固和预支护、土石开挖、初期支护及二次衬砌、监控量测指导设计与施工等,这些与区间隧道大体相仿。只是车站的结构断面形式比区间隧道复杂,断面尺寸比区间隧道大,地表沉降控制要求比区间隧道更严格。因此,地铁车站采用浅埋暗挖法施工的一个关键环节是选择什么样的开挖支护顺序,才能保证施工安全和减少地表沉降。

与明挖法相比,浅埋暗挖法的最大优点是避免了大量拆迁、改建工作,减少了对周围环境的粉尘污染和噪声影响,对城市交通的干扰少。盾构法虽然也具有上述同样优点,但盾构法不能适应隧道断面变化,而且当盾构法开挖的隧道不是足够长时,盾构法的经济性不明显。

尽管浅埋暗挖法对地层的适应性较广,但也并非适用于任何地层。在选用浅埋暗挖法时,对工程地质和水文地质条件、环境和经济方面进行充分论证和评估是十分必要的。选用浅埋暗挖法应考虑的基本适应条件有:第一,浅埋暗挖法不允许带水作业。如果含水地层达不到疏干,带水作业是非常危险的,开挖面的稳定性时刻受到威胁,甚至发生塌方。将地下水,尤其是上层滞水处理好是非常关键的环节,因为它直接影响浅埋暗挖法的成败。大范围的淤泥质软土、粉细砂地层,排水有困难或经济上选择此方法不合算的地层,不宜采用此法。第二,采用浅埋暗挖法要求开挖面具有一定的自立性和稳定性。对开挖面前方地层的预加固和预处理,视为浅埋暗挖法的必要前提,目的就在于加强开挖面的稳定性,增加施工的安全性。

由此可见,无法疏干的含水地层,或者即便进行预加固和预处理,其自立性和稳定性仍很差的地层,可视为不适合采用浅埋暗挖法开挖隧道的地层。

第五节　地铁车站平面设计实例

本实例以某市地铁 8 号线 A 站为背景。

1. 概述

1)设计依据

(1)国家标准《地下铁道设计规范》(GB 50157—92)和《城市快速轨道交通工程项目建设标准(试行本)》;

(2)《地铁 8 号线初步设计技术要求》;

(3)有关行业法规、标准、规范;

(4)稳定方案初步审查意见;

(5)地铁 8 号线初步设计中间成果审查意见;

(6)A 站既有结构初步测量结果。

2)站址环境

该站位于某环路交叉路口。该环路为快速路,交通量非常大,其周围有近 30 条公交线车站。本站与环线同时建成,呈上下"十"字形布置并有环状通道联系,站西北方向有城铁站、国铁站,客流很大,交通繁忙。

2. 车站建筑

1)车站总平面

(1)总平面布置:车站主体于 20 世纪 70 年代建成,但 4 个出入口中只有西南出入口原位不动,东南、东北出入口为另设,西北出入口在原位扩大。

(2)东南出入口占用城市绿地,东北出入口设在立交桥东北角空地上,斜隧道明挖,有平房拆迁问题。西北口除斜隧道外地下地上均在道路红线以内,该出入口北侧地上、地下均为交通枢纽工程用地。

(3)东南、东北出入口地下均预留外部出口一处。

2)车站规模

①车站等级——甲级;

②站台形式——岛式;

③站台宽度——12.9m。

乘降宽不满足要求。超高峰系数若采用 1.3,站台总宽为 12.71m,基本满足要求。

3)车站建筑设计

本站主体与 4 个出入口及 4 个方向通道工程已于 20 世纪 70 年代建成,故该站主要是按 8 号线的技术要求对车站进行改造,其改造与整修的范围为车站主体与出入口两部分。

(1)站台拆建:由于 8 号线采用 B 型车,对限界提出新的数据。改造的原则与措施:最大限度地满足限界要求,但对二级人防主体结构不改变,站台边距线路中心的限界(1 500mm)可满足,站台距轨顶高度(1 020mm)可满足,轨顶距隧洞顶的高度难以满足,即已建车站线路部分最低结构高度为 4 400mm,而建筑限界要求高度为 4 710mm,须最大限度地降低轨顶高度以调整高度方向的建筑、设备限界,站台高度也随之下降,与站台相联结的楼梯也必须改造。

(2)在已建成的车站管理与设备用房范围内,按使用的功能关系及使用面积重新布置各类用房。其布置原则为:人防用房既考虑平战结合,又保持二级抗爆等级,人防设备用房不占用;各专业设备用房预留有管线、洞孔,所以尽量保持原位不动。

4)车站的换乘关系

该站与环线均为岛式车站,环线在上(南北向)8 号线在下(东西向),两站呈"十"字形布置。除站台中部可换乘两个车站外,两个端厅均有联结通道,即两站换乘方式为中心换乘与通道换乘相配合的混合换乘方式,换乘便捷、通畅,换乘流线不交叉,但必须将两站站端的站厅(共 4 个)及通道(4 个)均作为付费区,将售检票部分(两站共用)设在 4 个方向的出入口部分,故4个出入口均须重新设计及改造。

5)车站附属设施—通道、出入口、风亭

(1)连接环线与8号线端部的4个通道连接4个方向的出入口,除西南通道外,其余3个方向的通道均须新开洞与新设及改建出入口相接。

(2)西南出入门:靠近地面处的"T"形出入口,已建出入口上部为二层框架建筑,售检票厅就设在首层,即出入口建筑不需扩建,只需改建。通往地下的斜隧道,净宽7.5m,深10.3m,按8号线技术标准可设上、下行扶梯各一部。现已有上行扶梯,拟在斜隧道内增设下行自动扶梯一部,但增设下行扶梯及拆建斜通道楼梯时须封闭此出口。

(3)东南出入口:原东南出入口按规划部门意见移设在立交桥匝道之外,故待新的东南出入口建成后将原出入口封闭,但需利用其位置作停放环控冷却塔用地。新设东南出入口位于绿地与人行道之间,入口处设斜隧道深13.38m,并设上、下行扶梯。售检票厅设在地下13.38m标高处,检票厅北端设通道与原有东南通道相接,可进入环线南厅与8号线东厅。

(4)东北出入口:原东北出入口移到匝道东侧空地上,新设出入口与原东北出入口呈隔道平行布置,售检票厅设在地下,并新设通道与原通道相接。该厅标高为-14.6m,设有上、下行扶梯,原出入口在新设出入口开通后即可停用,并且对与该出入口相连的风亭进行技术改造以达到或接近8号线风亭技术标准。

(5)西北出入口:该口地面环境复杂,西侧有地铁14号线起点站、国铁,北有交通枢纽。其红线距现西北出口外墙不足12.5m,南侧为不足4m宽的人行道,人行道外为立交桥西北匝道。

3.结构施工

1)工程概况

A站为已建成车站。此次设计主要是对已有车站进行改建、扩建,使其满足城市规划、行车运营等要求。车站主体结构:仅对站台及部分楼梯进行拆建、改造;对设备用房、管理用房进行调整;新建出入口与原有结构开洞后进行衔接;车站主体结构维持不变。4个出入口:除西南出入口结构保持不变外,东南、东北两个出入口移设在立交桥匝道外新建;西北出入口在原位进行扩建;同时增设通往各出入口的通道。车站结构设计根据结构类型、使用条件、荷载特征、施工工艺,并考虑地面交通及道路状况,对技术、经济、环保等作综合比较,主要道路以下部分采用暗挖,对有施工条件的口部采用明挖,出入口出地面部分采用现浇钢筋混凝土框架结构。

2)地质情况

拟建场地较为平坦,地质自上而下分布情况如下:

(1)人工填土为粉土类填土夹碎石;

(2)粉土:中密、稍湿软塑为主,局部硬塑;

(3)卵石圆砾、密实、湿、饱和,一般粒径10～30mm,粒径大于20mm的颗粒含量约为总量的55%;

(4)粉质黏土、粉土:局部软塑。

3)施工筹划

(1)工程特点

A站为2号线的始发站,客流量很大,施工中不能中断2号线的正常运营。本站附近设有多个公交总站,而且目前周围环境复杂,交通车流量大,施工条件较差,施工期间如何减少对现况交通的影响尤为重要。西北出入口是2号线与14号线换乘的主要通道，该出入口的扩建将对客流有较大影响。出入口采用明暗挖结合施工，地下管线处理较少。施工点位于立交桥附近，开挖面距桥墩基础最近处仅有2.66m。

(2)施工总体部署

①总体原则

合理安排工期计划，注意雨、冬季施工，以及和相邻工程衔接等要求；根据现场情况，合理制定交通组织方案，满足交通管理部门的要求；科学制定施工方案，确保安全施工，尽量减少临时工程；合理布置施工场地，尽量减少临时设施，节约施工场地。

各施工场地各自围挡，同期施工。1、2、4号出入口先施工明挖段，然后破桩进洞进行暗挖施工，残疾人通道暗挖施工利用电梯井作为施工竖井。

②出入口施工总体部署

施工场地拆迁围挡，管线改移或加固保护；明挖部分围护桩施工，降水井施工；明挖基坑开挖支护，明挖主体结构施工并预留暗挖施工的出土、进料通道；既有结构内部支顶，破除相应部位边墙；地面结构施工，楼梯及相关的梁板施工。

③车站主体内部结构施工部署

车站内部动迁；内隔墙、站台板及相应楼梯的拆除，必要的管线改移；车站内拆除垃圾的清理、搬运；布管线，重新施工站台板、内隔墙、楼梯等；附属房间、设备用房局部改造，楼板开洞；地面、墙面装修，吊顶。

(3)工程进度计划

车站主体改建总工期为7个月。1号出入口通道土建总工期为5个半月；2号出入口通道土建总工期为6个半月；3号出入口通道土建总工期为2个半月；4号出入口通道(含残疾人通道)土建总工期为11个月。

(4)施工场地布置

本着节约用地、减少对交通的影响、满足施工要求的原则，车站的施工场地布置尽量避免占用路面和减少拆迁量，以降低工程造价。

由于本站主体结构已建成，仅在内部进行局部改造，不存在占地问题。

本次4号出入口的施工是对原来2号线A站西北出入口的改扩建。图4-20为4号出入口施工场地布置示意图。

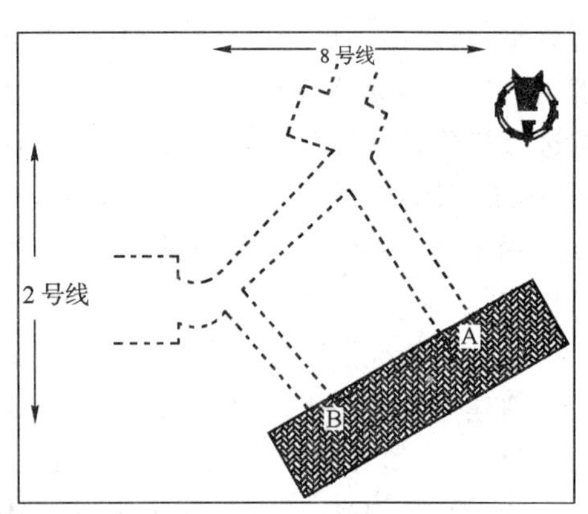

图4-20　4号出入口施工场地布置示意图

一期施工中，A场地先施工南侧8号线的暗挖通道及部分地面结构；在该通道的结构完成后，安装电梯，简单装修，修建临时的楼梯等；具备使用条件后，再封堵原2号线的出入口，把客流导行到该通道内；再围挡B场地，对原来的出入口拆除改建。这样就能保证该出入口的正常使用。

4号出入口的围挡总面积为2 340.22m^2。东北出入口场地围挡面积为2 061.98m^2，拆迁房屋1 505.6m^2；东南出入口施工需临时占用某大厦西部绿地，该场地围挡面积为2 120.42m^2，除去基坑面积，还有约1 800m^{2}用于临设、材料加工堆放等；西北出入口场地围挡面积为2 340.22m^2，拆迁房屋316.8m^2。

(5)施工期间交通疏解

由于本站未占用道路,所以不需要考虑交通疏解。

(6)地面、地下管线的处理意见及处理措施

东北、东南、西北出入口均为改造工程,其中东南出入口斜通道明挖段西侧有供电局路灯及路灯直埋电缆,埋深约1.0m,施工时不做长于20m的悬吊,必要时放倒一处灯杆,施工完成后恢复。

东南出入口斜通道明挖段西侧,立交桥东南匝道下距斜通道3m处,有埋深1.5m的污水管线一处。为确保此污水管的安全,在出入口斜通道施工前,对此管段(约10m)注浆加固。

西北出入口地面建筑南墙外埋深1.0m处的电力直埋电缆需做电缆悬吊工程,长约60m,待地下厅施工完毕后,原位恢复。

(7)邻近建(构)筑物保护

4号出入口暗挖检票厅及联络通道距立交桥匝道桥桥墩分别为7.5m和3.5m,相应采取以下保护措施:

①临近桥墩一侧边墙加设长锚杆,以限制向内位移量;

②加强对桥墩沉降和倾斜的监测,必要时向土体内进行补偿注浆。

(8)明挖施工注意事项

①打桩和土钉施工前必须对基坑周围管线情况进行彻查,组织专业队伍做好基坑附近管线的保护及监测工作;

②基坑开挖前需平整场地,基坑周边支护范围内的地表要加以修整,设置截水沟和水泥地面,防止地表水流入坑内和冲刷边坡;

③支撑架设置顺序为自上而下,当开挖基坑至支撑设置标高处时,应随即架设支撑。

图4-21为4号线A站西南出入口首层平面图。

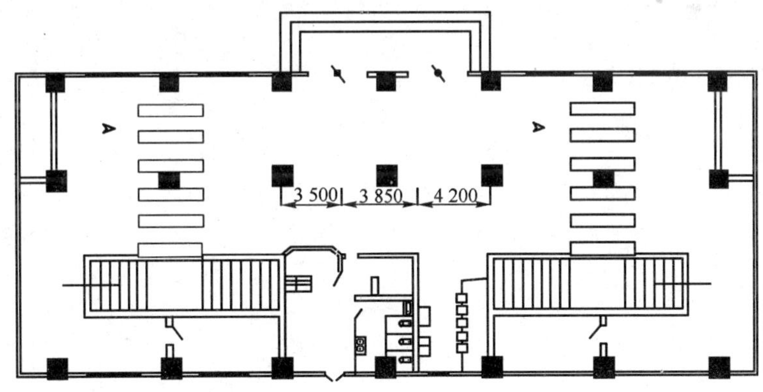

图4-21 A站西南出入口首层平面图

本章小结

本章对城市轨道交通车站的分类、组成、规模等基本概念进行了介绍,对地下车站、高架车站、地面车站分别从平面设计、建筑设计和结构设计等方面,结合具体实例进行了较为详细的讨论。同时,本章还从地铁车站结构的选型原则和特点入手,主要介绍了地铁车站与区间隧道的结构形式、设计荷载与结构设计原则以及车站与区间隧道的施工方法。

思 考 题

1. 城市轨道交通车站有哪些类型？简述车站布置方式及特点。

2. 简述地下、高架车站建筑设计的特征和原则。

3. 根据我国混合交通流的特点，结合你对城市道路交通实践的了解，分析城市轨道交通车站不同站位方案的实用性以及不同类型路口宜采用的站位方案。

4. 地铁车站有那些施工方法？选择施工方法的依据是什么？

5. 地铁区间隧道有那些施工方法？各有什么优缺点？

6. 简述高架车站、高架区间的结构形式。

7. 盖挖法、明挖法、逆作法、浅埋暗挖法、新奥法对环境地质条件要求有何不同？各有什么特点？

8. 盾构法隧道施工有什么优缺点？

第五章 城市轨道交通车辆

车辆作为轨道交通的旅客载运工具，不仅要保证列车运行的安全、准点、快速，而且要为旅客提供良好的服务条件，使乘客乘车舒适、方便，同时还要考虑对城市景观和环境的影响。为达到这些要求，不同城市结合实际需求，在设计、制造城市轨道车辆方面采用了大量的高新技术，形成了不同的技术规格。我国及亚洲城市在地铁建设时，考虑到运量的需要，采用大容量车型，车辆更宽、更长，有效地满足了客流高峰时旅客出行的需要。

第一节 城市轨道交通车辆的组成及主要参数

一、城市轨道车辆及车辆组成

城市轨道车辆主要是指地铁车辆和轻轨车辆，它是城市轨道交通系统最重要的设备，也是技术含量较高的机电设备。城市轨道车辆应具有先进性、可靠性和实用性，应满足容量大、安全、快速、舒适、美观和节能的要求。巴黎地铁车辆见图 5-1 所示，重庆轻轨车辆如图 5-2 所示。

图 5-1 巴黎地铁车辆

图 5-2 重庆轻轨车辆

不同的城市轨道交通模式，所采用的车辆类型之间有很大的差别。但无论地铁车辆、轻轨车辆还是独轨车辆，均为电动车辆编组成列运行，有动车和拖车、带驾驶室车和不带驾驶室车等多种形式，如上海地铁有带驾驶室拖车(A 型) 、无驾驶室带受电弓的动车(B 型)和无驾驶室不带受电弓的动车(C 型)共三种车型。我国推荐的轻轨电动车辆有三种形式：单节的四轴车、单铰接的六轴车和双铰接的八轴车。

1. 城市轨道车辆特点

(1)较强的载客能力：大型地铁车辆载客人数可达到 350 人/辆。

(2)良好的动力性能：速度快，加速能力强，制动效果佳。

(3)最优的安全可靠性:故障率低,设备先进,可靠性、稳定性强,突变情况下适应性强(防火、紧急出口等)。

(4)很好的环境条件:照明、空调、座椅、扶手等。

(5)适合的牵引特征:根据不同的线路特征,可以选择不同的牵引方式。

①动力集中牵引:车辆无动力,编组后由机车牵引,适于长大编组,站距较长,线路长的轨道交通系统(如城市铁路,郊区铁路等);

②动力分散牵引:部分车辆自身配置牵引动力装置,有利于列车启动加速及制动减速的快速有效,比较适合于地铁、轻轨、单轨等站距较短,机动性能要求较高的轨道交通方式。

城市轨道交通系统的牵引动力常用电力牵引,部分线路仍采用内燃机车等其他动力。

2. 城市轨道车辆的分类

(1)按牵引动力配置分

①动车(motor):车辆自身具有动力装置(装有牵引电机),具有牵引与载客双重功能,动车又可分为带有受电弓的动车和不带受电弓的动车;

②拖车(train):车辆不装备动力装置,需动车牵引拖带,仅有载客功能,可设置驾驶室(有首位车辆),也可带受电弓;

③动车组:动车与拖车的有机组合,根据牵引需要和编组情况决定,一般用符号表示,如$T_c+M'+M+M+M+M+M'+T_c$。式中,T_c为带有驾驶室的拖车,M为动车,M'为带受电弓的拖车,T为一般拖车。或用$A+B+C+C+B+A$表示,A为带驾驶室的拖车,B为动车,C为拖车。

(2)按车辆规格分

①重型车辆:轴重较大(轴重:车辆总重量与轴数之比,吨/轴),载客人数较多,车体尺寸较大(断面);

②轻型车辆:相对重型车辆各项指标值均较小。

(3)按车辆制造材料分

①钢骨车:车底架、车体骨架等受力部分采用钢材制作,其他用木材或合成材料制作;

②新材料车:采用轻质合金材料,如铝合金、钛合金等,降低车辆自重,提高承载能力和运输效率。

3. 城市轨道车辆的组成

车辆的基本组成主要有车体、转向架、牵引缓冲装置、制动装置、受流装置、车辆内部设备、车辆电气系统等。

(1)车体

车体是车辆中装载乘客的部分,由车底架、侧墙、端墙、顶棚、车门立柱、车门等组成,一般采用钢或铝合金骨架,不锈钢外壳,防阻燃材料内壁。它分为有驾驶室车体和无驾驶室车体两种,是容纳乘客和驾驶员(对于有驾驶室的车辆)的地方,又是安装与连接其他设备和部件的基础。

(2)动力转向架和非动力转向架

它装置于车体与轨道之间,用来牵引和引导车辆沿着轨道行驶和承受与传递来自车体及线路的各种载荷并缓和其动力作用,它是保证车辆运行品质的关键部件。转向架一般由构架、弹簧悬挂装置、轮对轴箱装置和制动装置等组成。动力转向架还设有牵引电机及传动装置。

(3)牵引缓冲连接装置

车辆编组成列运行必须借助于连接装置,即车钩。为了改善列车纵向平稳性,一般在车钩的后部装设缓冲装置，以缓和列车纵向冲动，同时还必须连接车辆之间的电气和空气管路。

(4)制动装置

动车和拖车都要设制动装置，使运行中的车辆按需要减速或在规定的距离内停车。城市轨道车辆制动装置除常规的空气制动装置外，还有再生制动、电阻制动和磁轨制动等。

(5)受流装置

从接触导线(接触网)或导电轨(第三轨)将电流引入动车的装置称为受流装置或受流器。

受流装置按其受流方式可分为以下五种形式：

①杆形受流器：外形为两根平形杆，上部有两个受电轨(导线)，广泛用于城市无轨电车。

②弓形受流器：形状如⏢，属上部受流，弓可升可降，其接触有一根导线，下面有导轨构成电路，用于城市有轨电车。

③侧面受流器：在车顶的侧面受流，又称为“旁弓”，多用于矿山装货物的电力机车上。

④轨道式受流器：从底部导电轨受流，又称第三轨受流，空间可得到充分利用，多用于速度较高的隧道列车运行。北京地铁和目前欧美大部分城市地铁均采用这种受流方式。

⑤受电弓受流器：形状如▽，属上部受流，弓可升可降，适用于列车速度较高的干线电力机车上。上海地铁亦采用这种方式。

在受流制式上，目前世界上地铁发展较早的城市大都采用直流750V，个别有采用直流600V，例如北京地铁为直流750V。上海地铁采用直流1500V，它与直流750V比较有以下优点：可提高牵引电网供电质量，降低迷流数值，增加牵引供电距离，从而可减少牵引变电所数量，便于地铁线路实现地下、地面和高架的联动。

(6)车辆内部设备

车辆内部设备包括服务于乘客的车体内固定附属装置和服务于车辆运行的设备装置。属于前者的有：车灯、通风、取暖、空调、座椅、拉手等；属于后者的有：蓄电池箱、继电器箱、主控制箱、电动空气压缩机组、总风缸、电源变压器、各种电器开关和接触器箱等。服务于车辆运行的设备装置大多吊挂于车底架。

(7)车辆电气系统

车辆电气系统包括车辆上的各种电器设备及其控制电路，按其作用和功能可分为主电路系统、辅助电路系统和电子与控制电路系统三个部分。

二、城市轨道车辆的主要技术参数

车辆技术参数是车辆技术规格的特征指标，是从总体上表征车辆性能及结构的一些参数，一般分为性能参数与主要尺寸两大类。

1.车辆性能参数

(1)自重、载重及容积：自重为车辆本身的全部质量；载重即车辆允许的正常最大装载质量，均以t为单位；容积以m^3为单位。

(2)构造速度：指车辆设计时，按安全及结构强度等条件所允许的车辆最高行驶速度。车辆实际运行速度一般不允许超过构造速度。

(3)轴重：是指按车轴形式及在某个运行速度范围内该轴允许负担的(包括轮对自身在内)最大总质量。轴重的选择与线路、桥梁及车辆走行部分的设计标准有关。

(4)每延米轨道载重：是车辆设计中与桥梁、线路强度密切相关的一个指标，同时又是能否充分利用站线长度、提高运输能力的一个指标，其数值是车辆总质量与车辆全长之比。城市轨道车辆该参数按设计要求规定。

(5)通过最小曲线半径:指配用某种形式转向架的车辆在站场或厂、段内调车时所能安全通过的最小曲线半径。当车辆在此曲线区段上行驶时不得出现脱轨、倾覆等危及行车安全的事故,也不允许转向架与车体底架或车下其他悬挂物相碰。

(6)轴配置或轴列数:例如四轴动车,设两台动力转向架,则轴配置记为 B-B。六轴单铰轻轨车,两端为动力转向架,中间为非动力转向架,其轴配置记为 B-2-B。

(7)最大起动加速度,平均起动加速度,最大制动减速度。

(8)每 t 自重功率指标:一般在 10～15 kW/t。

(9)供电电压,最大网电流,牵引电机功率。

(10)制动形式:有摩擦制动、再生制动、电阻制动以及磁轨制动等多种形式。

(11)定员:坐席数及每平方米地板面积站立人数。

2. 车辆的主要尺寸

车辆的主要尺寸除车辆全长、车辆定距及转向架固定轴距外尚有以下几项:

(1)车辆最大宽度、最大高度:车辆最大宽度是指车体最宽部分的尺寸;车辆最大高度是指车辆顶部最高点离钢轨水平面之间的距离。这两个尺寸均须符合车辆限界的要求。

(2)车体长、宽、高:又有车体外部与内部之别,但车体内部的长、宽、高均需满足货物装载或旅客乘坐等要求。

(3)车钩中心线距轨面高度:简称车钩高,它是指车钩钩舌外侧面的中心线至轨面的高度。列车中机车与各车辆的车钩高基本一致,是保证正常传递牵引力及列车运行时不会发生脱钩事故所必需的。我国铁路规定新造或修竣后的空车标准车钩高为 880mm;其他国家由各自的历史条件决定了其使用的车钩高,如前苏联及欧洲各国的车钩高(或盘形缓冲器的中心线高)定为 1 060mm。城市轨道车辆的车钩高无统一的标准,例如上海地铁车辆定为 720mm,北京地铁车辆定为 670mm。

(4)地板面高度:地板面距轨面的高度与车钩高一样,均指新造或修竣后空车的数值。它将受到两方面的制约,一方面受车辆本身某些结构高度的限制,如车钩高及转向架下心盘面的高度;另一方面又与站台高度的标准有关,例如上海地铁车辆地板高为 1.13m,北京地铁车辆为 1.053m。

(5)车辆定距:车辆两相邻转向架中心之间距离。

3. 城市轨道车辆的技术规格

(1)地铁车辆

地铁车辆的规格依据各城市的具体情况而不同。随着城市化进程的加快,城市人数急剧增加,尤其是在亚洲地区,城市在建造地铁时,考虑到客运量的需求,往往采用更宽、更长的车辆。地铁车辆主要技术规格见表 5-1。

表 5-1 地铁车辆主要技术参数

项 目 名 称	单 位	上海地铁车	北京地铁车
车体长度	m	有驾驶室 23.54 无驾驶室 22.1	19.0
车体宽度	m	3.0	2.8
车体高度	m	3.8	3.175

续上表

项目名称	单 位	上海地铁车	北京地铁车
车辆轴距	m	2.5	2.165
每侧车门数	个	5	4
定员	人	310(超 410)	251(超 350)
自重	t	动车 38,拖车 32	动车 30.94,拖车 24.5
最高运行速度	km/h	80	80
平均起动加速度	m/s^2	0～25km/h 时,$1m/s^2$	0～36km/h 时,$0.9m/s^2$ 0～80km/h 时,$0.5m/s^2$
平均制动减速度	m/s^2	常用 $1m/s^2$,紧急 $1.3m/s^2$	常用 $1m/s^2$,紧急 $1.2m/s^2$

地铁车辆组成列车运行,为了使各种设备均匀分布,往往按设备配置的不同分为几种车型,然后组合在一起,依靠本单元的控制系统和驱动装置,形成能独立运行的小车组。例如上海地铁车组由三种车组成,见图 5-3。

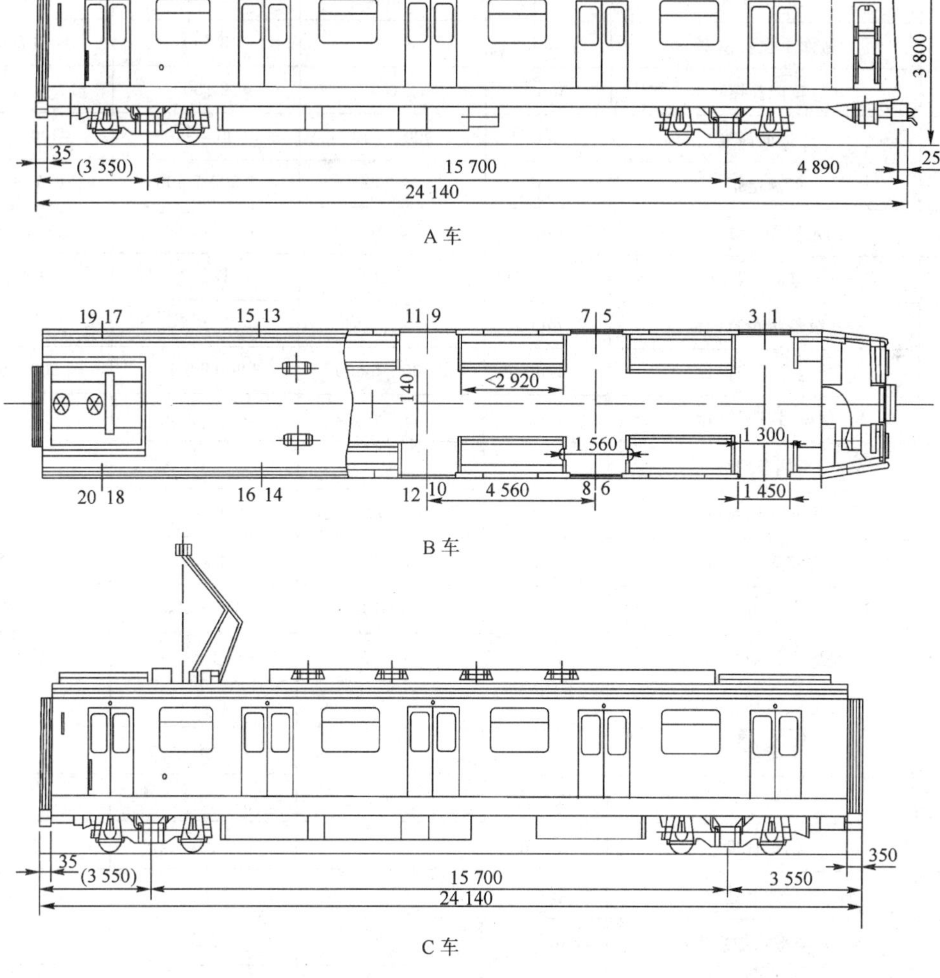

图 5-3　地铁列车的组成(尺寸单位:mm)

图 5-3 中，A 车是有驾驶室的拖车，设有列车自动控制装置、静止逆变器、空调装置、蓄电池箱。

B 车是不带受电弓的动车，设有牵引电动机、牵引斩波器、静止逆变器、空调装置。

C 车是带受电弓的动车，设有牵引电动机、牵引斩波器、静止逆变器、空调装置、空气压缩机。

(2)轻轨车辆

轻轨车辆有单节的四轴车、单铰接的六轴车和双铰接的八轴车，其主要技术规格见表 5-2 所示。

表 5-2 轻轨车辆主要技术规格

序列	项目名称	单位	四轴车	六轴车	八轴车
1	两车钩连接面长度	mm	19 800	23 800	29 700
2	车体长度	mm	18 900	22 900	28 800
3	车辆宽度	mm	2 600	2 600	2 600
4	车辆高度				
	轨面至顶部	mm	3 250	3 250	3 250
	轨面至设备顶部	mm	3 700	3 700	3 700
5	车内高度	mm	2 150	2 150	2 150
6	地板面高度	mm	900～950	900～950	900～950
7	车辆定距	mm	11 000	7 500-7 500	6 700-7 500-6 700
8	固定轴距（动/拖）	mm	1 900/-	1 900/1 800	1 900/1 800
9	轴列式		B-B	B-2-B	B-2-2-B
10	第一级踏步距轨面高度	mm			
11	受电弓工作高度	mm	3 900～5 600	3 900～5 600	3 900～5 600
12	受电弓落弓高度	mm	3 700	3 700	3 700
13	每侧车门数	个	4	4	5
14	客室车门宽度	mm	1 300	1 300	1 300
15	客室车门高度	mm	1 900	1 900	1 900
16	定员	人	190～210	235～255	300～320
17	坐席占用面积指标	m^2/人	约 0.3	约 0.3	约 0.3
18	站立人员面积指标				
	定员	人/m^2	6	6	6
	超员	人/m^2	9	9	9
19	构造速度	km/h	80	80	80
20	最高运行速度	km/h	70	70	70
21	起动平均加速度	m/s^2	1.2	1.1	0.9
22	常用制动平均减速度	m/s^2	1.2	1.2	1.2

续上表

序列	项 目 名 称	单 位	四 轴 车	六 轴 车	八 轴 车
23	紧急制动平均减速度	m/s^2	2	2	2
24	每延米车长自重指标	t	1.4～1.55	1.4～1.55	1.4～1.55
25	车辆每吨自重功率指标	kW/t	约 12	约 11	约 10
26	噪声指标				
	车内	dB(A)	65～70	65～70	65～70
	车外	dB(A)	75～82	75～82	75～82

四轴车如图 5-4 所示，其车辆长度一般不超过 20m。为方便乘客上下车，每侧至少设 3 个车门，车门开度一般为 1 300mm。四轴车有 2 个转向架，均装有电动机，称为动力转向架。每个动力转向架由单台或 2 台电动机驱动，电动机的总功率要求保证车辆每吨自重的功率指标达到 12kW 左右。因为整个车辆的重量分布在所有驱动轴上，所以，决定牵引力大小的黏着重量为车重的 100%，可以保证较好的动力性能和爬坡能力。

六轴铰接车如图 5-5 所示，其车辆长度一般不超过 25m，每侧至少有 4 个车门。六轴车有 3 个转向架，如图 5-6 所示，前后 2 个为动力转向架，中间铰接点的转向架不带动力，主要起承载的作用，因此，黏着重量约为车重的 80%。六轴车的动力性能为 11kW/t。

图 5-4 四轴轻轨车

图 5-5 六轴铰接车

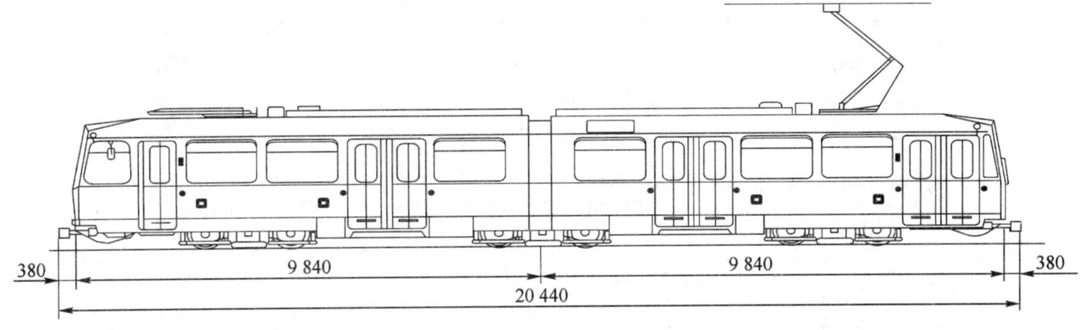

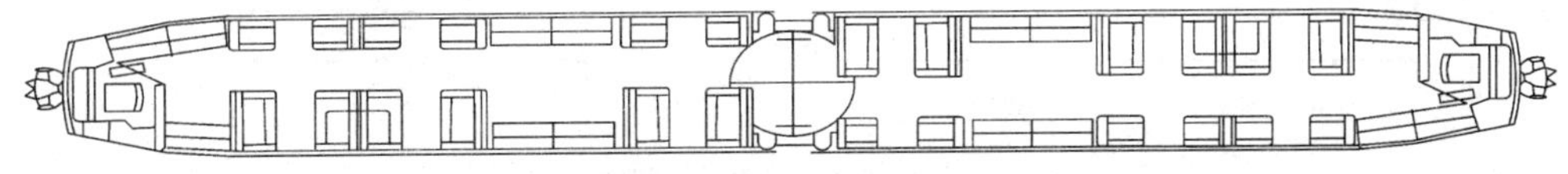

图 5-6 六轴铰接车的布置(尺寸单位:mm)

八轴铰接车如图5-7所示，其车辆长度一般不超过30m，每侧至少设5个车门。八轴车的4个转向架中，前后2个为动力转向架，中间铰接处的2个为非动力转向架，如图5-8所示，因此黏着重量约为车重的66%。八轴车的动力性能指标约为10kW/t。为了改善八轴车的动力性能和黏着条件，可以将中间2个转向架设置在中间一节车的下面，并带有动力。

图5-7　八轴铰接车

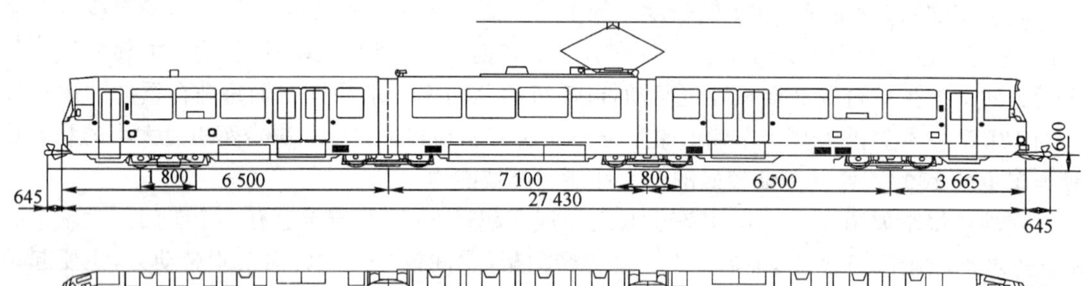

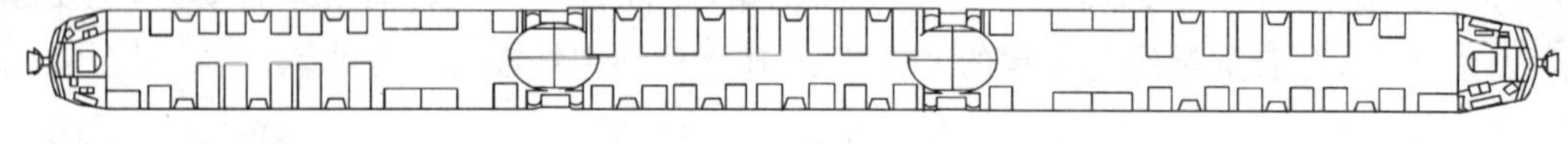

图5-8　八轴铰接车的布置(尺寸单位:mm)

(3)独轨车辆

独轨列车一般为4辆固定编组，最多不超过6辆。其驾驶室设在列车的两端，设侧开门，并与乘客车厢隔开；乘客车厢两侧各设2个侧门，门宽1 300mm；车厢间设全贯通式通道；车的头部设有紧急出口门。

日本跨坐式独轨车辆的基本车型见图5-9，其主要技术规格见表5-3所示。

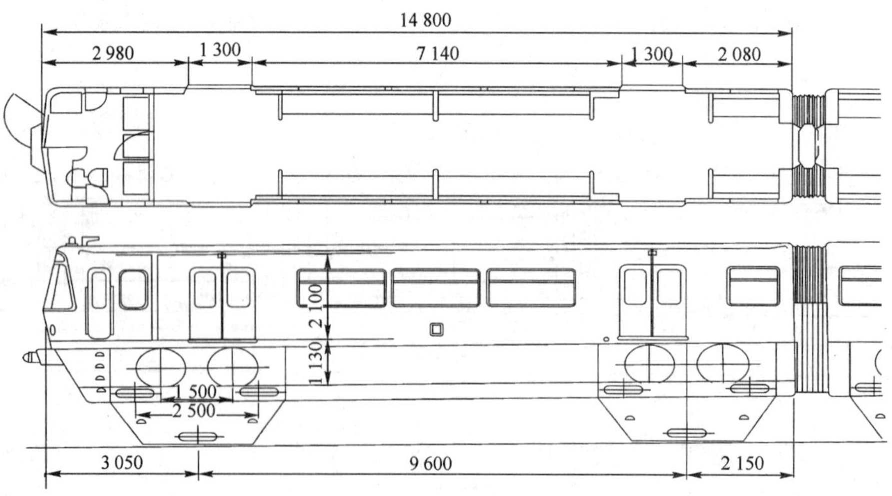

图5-9　跨坐式独轨车辆(尺寸单位:mm)

表 5-3　跨坐式独轨车辆的主要技术规格

序　　号	名　　称	单　　位	大　　型	标　准　型
1	两车钩连接面长度	mm	15 500/14 600	14 400/13 700
2	车体长度	mm	14 800/13 900	13 700/13 000
3	车体宽度	mm	2 980	2 980
4	车辆高度	mm	3 490	3 460
5	地板面高度	mm	1 130	1 082
6	车辆定距	mm	9 600	9 000
7	走行轮轴	mm	1 500	1 500
	导向轮轴	mm	2 500	2 500
8	走行轮直径	mm	1 006	982
9	每侧车门数	个	2	2
10	车门宽度	mm	1 300	1 300
11	座位数	人	35/39	32/37
12	额定载客量	人	167/180	145/160
13	最大载客量	人	233/251	202/222
14	车辆平均自重	t	27	26
15	轴重	t	11	10
16	最高运行速度	km/h	80	80
17	起动平均加速度	m/s^2	0.97	0.97
18	常用制动平均减速度	m/s^2	1.1	1.1
19	紧急制动平均减速度	m/s^2	1.25	1.25
20	最小曲线半径	m	30	30
21	最大爬坡能力	‰	100	100
22	牵引电动机功率	kW	4×75	4×75
23	额定电压	V	1 500 直流	1 500 直流

注：表中分子和分母的数字分别表示有驾驶室和无驾驶室的车辆。

悬挂式独轨车辆的结构和布置基本上与跨坐式独轨车辆类似，所不同的是走行部分装在车辆上方，车体从转向架悬挂向下，车辆的设备也不是布置在车辆底部，而是布置在顶部。

日本悬挂式独轨车辆的基本车型见图 5-10 所示，其主要技术规格见表 5-4 所示。

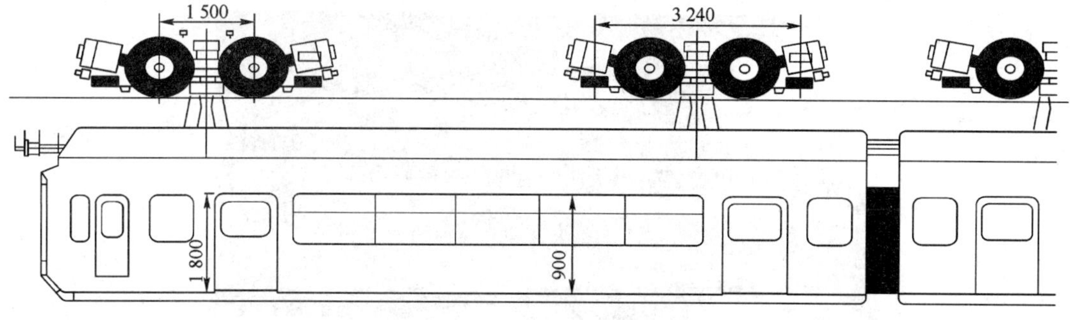

图 5-10　悬挂式独轨车辆(尺寸单位:mm)

表 5-4　悬挂式独轨车辆的主要技术规格

序　号	名　称	单　位	大　型	标　准　型
1	两车钩连接面长度	mm	17 300	13 800
2	车体长度	mm	16 800/16 500	13 300/13 000
3	车体宽度	mm	2 660	2 510
4	车辆高度	mm	2 950	2 950
5	轨面至车顶距离	mm	730	730
6	车辆定距	mm	11 700	8 400
7	固定轴距	mm	1 550	1 500
8	每侧车门数	个	2	2
9	车门宽度	mm	1 300	1 300
10	座位数	人	42/48	40/46
11	额定载客量	人	143/157	103/115
12	最大载客量	人	193/212	135/150
13	车辆自重	t	21.54/20.28	19.0/17.98
14	轴重	t	9.5	7.5
15	最高运行速度	km/h	80	80
16	起动平均加速度	m/s^2	0.97	0.97
17	常用制动平均减速度	m/s^2	0.97	0.97
18	紧急制动平均减速度	m/s^2	1.25	1.25
19	最小曲线半径	m	30	30
20	最大爬坡能力	‰	100	100
21	牵引电动机功率	kW	4×75	4×75
22	额定电压	V	1 500 直流	1 500 直流

注：表中分子和分母的数字分别表示有驾驶室和无驾驶室的车辆。

(4)自动化导向交通车辆

自动化导向交通是一种无人驾驶、全自动运行的轨道交通。具有代表性的自动化导向交通有法国的 VAL 系统，加拿大的空中列车，日本的新交通系统，以及许多大型机场的穿梭交通。

①法国的 VAL 系统

里尔是法国北部的一个集合城市，有三个城镇组合而成，为了将市中心区与附近的城镇和大学区连接起来，建造了一条自动化导向交通线。从 20 世纪 70 年代初开始研究试验，1984 年建成第一条线路，成为 VAL 系统(图 5-11)。该线路全长 13.7km，其中 2/3 在地下，1/3 在地面及高架，共设 18 座车站。

图 5-11　VAL 自动化导向交通

VAL 系统的列车以 2 节组成的配对车作为基本单元，其主要技术规格见表 5-5。

表 5-5 VAL 车组的主要技术规格

序号	名称	单位	VAL 车组
1	车组长度	mm	25 840
2	车辆宽度	mm	2 060
3	车辆高度	mm	3 250
4	地板面高度	mm	950
5	每侧车门数	个	6
6	座位数	人	68
7	额定载客量	人	124
8	最大载客量	人	208
9	车辆自重	t	29.6
10	最高运行速度	km/h	80
11	起动平均加速度	m/s^2	1.3
12	常用制动平均减速度	m/s^2	1.3
13	紧急制动平均减速度	m/s^2	1.8～2.4
14	牵引电动机功率	kW	2×120
15	电网电压	V	750 直流

VAL 系统车辆的走行轮为橡胶轮胎，并有水平导向轮，采用两侧导向的方式。车辆具有较高的加速性能和较大的爬坡能力，因此，尽管站距较短，仍能达到很高的运送速度，平均为 34km/h，从市郊到达市中心仅需 10min。

列车的最小行车间隔可以达到 60s，额定运送能力为单向每小时 7 500 人。必要时可以采取 2 个单元组成列车，最大运送能力将超过单向每小时 2 万人。

VAL 系统的灵活性和机动性充分表现在该市举办贸易博览会期间，曾 44h 连续不断的运送前来参观的乘客，其中连续 15h 以最小的行车间隔运行。对于大型运动会或庆祝典礼等的交通需求，VAL 系统完全可以应付。

鉴于 VAL 系统良好的服务效益和经济效益，里尔市又建造了第二条线路，全长 11.8km。法国其他一些城市、我国台北、美国芝加哥国际机场等都决定采用 VAL 系统。

②加拿大的空中列车

加拿大温哥华的空中列车（图 5-12）出现在 VAL 系统之后，建成于 1986 年，一期工程总长 21.4km，包括地面、地下和高架，其中高架 16.6km，地面 3.5km，地下 1.5km，利用了市中心已停止使用的铁路隧道，共设有 15 座车站。1995 年延伸后总长达 29km，增加到 20 座车站，成为自动化无人驾驶轨道交通的最长线路。

图 5-12 温哥华的空中列车

空中列车的车辆技术规格见表 5-6。

表 5-6 空中列车的车辆主要技术规格

序　号	名　称	单　位	空 中 列 车
1	车组长度	mm	12 700
2	车辆宽度	mm	2 400
3	车辆高度	mm	3 130
4	车辆自重	t	14.8
5	座位数	人	35
6	额定载客量	人	80
7	最大载客量	人	100
8	最高运行速度	km/h	80
9	构造速度	km/h	90
10	额定电压	V	650 直流
11	供电方式		接触轨

正常情况下，空中列车为 4 辆编组，最多可以 6 辆编组。空中列车的最大运送能力可以超过单向每小时 2 万人，相当于轻轨交通的水平，因此，它也被称为高级轻轨交通系统(ALRT)。

空中列车的特点，除了是全自动无人驾驶以外，其牵引动力采用直线电机，钢轮仅起承载的作用，列车的牵引力不受钢轮钢轨之间黏着条件的影响，所以能获得优良的动力性能和爬坡能力。其线路的最大坡度为 60‰，最小曲线半径为 70m。由于车辆的转向架不同于常规的转向架，而是可以自动调整的径向转向架，车辆的最小曲线半径仅为 35m，因此，在通过曲线半径仅为 70m 的弯道时可以不减速。空中列车的平均运送速度达到 43.5km/h。

③日本的新交通系统

日本将自动化导向交通列入新交通系统，用作特定地区的客运交通。神户是日本最大的港口城市，它有 2 个人工岛，其中港岛有 2 万人口，修建了一条高架的自动化导向交通线(图 5-13)，将港岛与市中心的铁路车站连接起来。线路长 6.4km，最大坡度为 50‰，最小曲线半径为 30m。双线区段的轨道梁宽度为 7.5m，单线区段为 4.25m。全线共设 9 座高架车站，都是封闭型的，站台上装置屏蔽门。

图 5-13 神户的自动化导向交通

列车为 6 辆固定编组，两端为没有动力的拖车，中间 4 辆为动车。车辆的主要技术规格见表 5-7。

表 5-7 神户自动化导向交通车辆的主要技术规格

序　号	名　称	单　位	自动化导向交通车辆
1	车组长度	mm	8 000
2	车辆宽度	mm	2 390
3	车辆高度	mm	3 190
4	车辆自重	t	10.5
5	载客量	人	75
6	最高运行速度	km/h	60
7	动车电动机功率	kW	2×90
8	额定电压	V	600，三相交流

列车的最小行车间隔为 2.5min，设计运送能力为单向每小时 1 万人，平均运送速度约 30km/h。

1983 年日本运输省和建设省联合制定了“有关新交通系统的基本规格”，统一了 AGT（意即自动化导向交通）的技术标准，见表 5-8。该标准应用于 1989 年开通的横滨新都市交通的金泽海岸线和 1990 年开通的神户新交通的六甲岛线。目前日本有 10 条 AGT 线路在运行。

表 5-8　日本标准型 AGT 的主要技术规格

序　号	名　称	单　位	标 准 型
1	车组长度	mm	8 400
2	车辆宽度	mm	2 360
3	车辆高度	mm	3 280
4	座位数	人	21/24
5	载客量	人	66/75
6	最高运行速度	km/h	60
7	最小曲线半径	m	50
8	最大坡度	‰	40
9	额定电压	V	750DC
10	轨道梁宽度	mm	7 450

注 1：分子和分母的数字分别代表头车和中间车。

列车为 5 节固定编组，行车间隔为 3min，运送能力为单向每小时 7 140 人。

④机场穿梭交通

大型国际机场占地非常大，而且有好几个候机楼，私人汽车的泊车区或租车点离候机楼很远。有的机场每年的航班有数十万次，每年的旅客超过 1 亿人次。有的乘客要在不同的候机楼转机，有的要泊车，有的要租车，有的要由大型交通枢纽站进入市区。机场职工也要在机场内来往。为了减少汽车在机场内行驶造成大气污染，无人驾驶的自动化交通愈来愈受到重视，它可以提供方便、舒适、高效的服务。这种穿梭交通可以 24h 运转，按照固定的路线连续不断地运送旅客，线路的长短根据机场的布置和需求确定。

芝加哥的奥汉尔机场于 1993 年建成一条 4.2km 的自动化导向交通线，采用 VAL256 车辆，每辆车的长度为 13 780mm（挂钩连接面之间的长度），宽度为 2 560mm，高度为 3 530mm。车厢内站立面积较大，而且有放行李的架子。每辆车由 2 台 150kW 的牵引电动机驱动，可以单节运行，也可以由 2 节到 4 节组成列车运行。每天 24h 服务，平均每小时运送 12 500 名旅客。

图 5-14　机场穿梭交通的小型车

其他如美国的匹茨堡国际机场，纽瓦克国际机场、亚特兰大国际机场、拉斯维加斯机场、奥兰多机场，新加坡的樟宜机场等，均修建了类似的穿梭交通。图 5-14 所示为一种小型车辆，长 10 000mm，宽 2 200mm，可载客 60 人，每小时运送约 3 500 人。

第二节　车 体 结 构

一、车体的类型及特征

城市轨道车辆的车体与一般铁路客车有许多相同之处，但由于其特殊的用途，又有其特有的特征：

(1)一般为电动车组，有单节、双节和3节式等，有头车(即带有驾驶室车辆)和中间车，以及动车与拖车之分。

(2)由于服务于市内公共交通，在车内的平面布置上有其特征，例如座位少，车门多且开度大，内部服务于乘客的设备较简单等。

(3)重量的限制较为严格，特别是高架轻轨车和独轨车，要求轴重小，以降低线路的工程投资。

(4)为使车体轻量化，对于车体承载结构一般采用大型中空截断面挤压铝形材，高强度复合材料或不锈钢，构成整体承载筒形结构，对车体其他辅助设施尽量采用轻型化材料。

(5)对车体的防火要求严格，特别是运行于地下隧道的地铁车辆，一旦发生火灾后果不堪设想。在车体的结构及选材上采用防火设计和阻燃处理。

(6)对车辆的隔音和减噪有严格的要求，以最大限度地降低噪声对乘客和沿线居民的影响。

(7)由于用于市内交通，对车辆的外观造型和色彩都有美化与城市景观相协调的要求。

二、车体轻量化结构

减轻车辆的自重一直是交通运输部门长期以来为之奋斗的目标，自重的减轻不仅可带来材料和牵引动力消耗的节约，而且可减轻车辆走行部分和线路的磨耗，延长使用寿命，带来巨大的经济效益。一般车体承载结构的重量约占车辆自重的20%～25%，因此研究车体承载结构的轻量化具有现实意义。

传统的铁路客车车体均采用由普通碳素钢制成的有众多纵、横型材构成的骨架和外包板结构，形成一个筒形薄壳整体承载结构，一般自重达20～23t。普通碳素钢车体使用中腐蚀十分严重，增加了维修的工作量和开支。为了提高车体的耐腐蚀性，延长车体的使用寿命，推广应用含铜或含镍铬等合金元素的耐腐蚀低合金钢材料，可使车体钢结构自重减轻10%～15%。

采用半不锈钢(包板为不锈钢，骨架为普通碳素钢)或全不锈钢车体，免除了车体内壁涂覆防腐涂料和表面油漆，在保证强度、刚度的前提下，板厚可减小，从而达到车体薄壁化、轻量化，简化了工艺，减轻了重量，同时也提高了使用寿命。一般不锈钢车体自重比普通碳素钢可减轻1～2t。

为了进一步实现车体轻量化，德、日、英等国在近代高速列车、地铁车、轻轨车和近郊客车上采用铝合金车体。由于铝合金的比重仅为钢的1/3，而弹性模量也为钢的1/3，为了充分发挥材料的承载能力，铝制和钢制车体在结构形式上有很大的差异。在铝制车体结构设计中，车体主要承载构件一般采用大型中空截面挤压铝型材，以提高构件的刚度，充分发挥材料的承载能力，达到最大限度地减轻车体自重。全车的底架、侧墙、车顶均采用大型中空截面的挤压铝型材拼焊而成，比之钢制车体焊接工作量减少 40%。制造工艺大为简化，重量可减轻 3～5t。可保证车体承载结构在使用期内(25～30 年)不维修或少维修。

据国外资料介绍，车体承载结构采用含铜耐腐蚀碳素钢，或采用不锈钢，或采用挤压铝型材，其重量、材料价格、制作费用及车体承载结构的总费用，三者对比可用表 5-9 所列数据说明。表中：钢结构材料价格等于钢结构材料重量乘以单位重量材料价格；车体钢结构费用等于材料费加制造费用。三者对比，挤压铝型材车体承载结构重量最轻，仅为钢制车体的 65%，制造费用也是三者中最低，虽然所用材料的费用较贵，但车体结构的总费用与钢制车体持平，略低于不锈钢车体所需的费用。如果再考虑到车体自重减轻所带来的运营费用的降低以及维修费用的节约，则采用铝合金车体的经济效益就更为显著。

表 5-9　车体重量、材料价格、制作费用及车体承载结构的总费用对比

项目 车体材质	单位重量材料价格(P)	车体承载结构重量(m)	车体结构材料价格($P \times m$)	制造费用(C)	车体结构总费用(G)
AC52 含铜钢	1	1	1	1	1
18.8 不锈钢＋AC52 含铜钢	4.8	0.85	2.76	0.88	1.05
AGS 铝合金 6005 挤压材	8.2	0.65	5.33	0.57	1

三、车门结构

城市轨道车辆的车门一般采用压缩空气为动力的风动门，也有采用电气驱动的车门。由于车辆运载客流量大，乘客上下车频繁，一般车体每侧车门开度较大，数量也较多，例如，上海地铁车每侧设有 5 扇内藏嵌入式对开拉门 1 900mm×1 300mm(高×宽)。在带驾驶室车(A车)的前端中央还设有应急安全疏散门，在紧急情况下，做成可伸缩的套接式踏级板可向前放下到路基上，列车内的乘客可通过此踏级板疏散到路基上。

电控风动门由压缩空气驱动传动风缸，再通过机械传动系统和电气控制系统完成车门的开关动作。机械传动系统的作用是将传动风缸活塞杆运动传递至车门，使门动作。电气控制系统包括风动门控制、再开门控制、车门动作监视和列车控制电路联锁等内容，其作用是为了保证车门动作可靠和行车安全。

电气驱动车门由电动机、传动装置(轴、磁性离合器、皮带轮和齿形皮带)、控制器、闭锁装置和紧急开门装置组成。齿形皮带与两个门翼相固定，闭锁和解锁所需的扭矩由电动机提供。另一种电驱动装置为电动机通过一根左右同步的螺杆和球面支承螺母驱动滚珠摆动导向件和与其固定的门翼。

车门的电气控制系统一般采用电子控制技术，可根据乘客和驾驶员的不同要求编制程序修改操作过程，自动监控装置具有全方位监控车门系统，具备自动故障报警和记录的功能。为了防止在开关门时夹伤乘客，现代自动车门还设有防夹装置，车门前段最大挤夹力根据欧洲标准规定为：在关门时最大挤夹力＜200N；在开门时＜250N。

地铁和轻轨车辆的车门，按其开启方式可分为以下四种形式：

(1)内藏嵌入式侧移门

开关车门时门翼在车辆侧墙的外墙与内护板之间的夹层内移动，传动机构设于车厢内侧车门的顶部，装有导轮的门翼可在导轨上移动并与传动装置的钢丝绳或皮带相连接，借助风缸或电动机驱动传动机构，从而使钢丝绳或皮带带动门翼动作。

(2)外侧移门

与上述内藏嵌入式侧移门区别在于开关车门时，门翼均处于侧墙的外侧，车门驱动结构工作原理与内藏嵌入式侧移门相同。

(3)拉塞门

借助于车门上端的传动机构和导轨，车门开启状态时门翼贴靠在侧墙的外侧，车门在关闭状态时，门翼外表面与车体外墙成一平面，这不仅使外观美观，而且也有利于在高速行驶时减少空气阻力，车门不会因空气涡流产生噪声，也便于自动洗车装置对车体的清洗。在车门上方设有门翼导轨，风缸带动连杆机构使门翼沿着导轨滑移。

(4)外摆式车门

开门时通过转轴和摆杆使车门向外摆出并贴靠在车体外墙板上，门关闭后门翼外表面与车体外墙成一平面。这种车门结构特点为开门时需要较大的门翼摆动空间。

第三节　车辆转向架

转向架是支承车体并负担车辆沿着轨道走行的支承走行装置(如图 5-15)。为了便于通过曲线，在车体和转向架之间设有心盘或回转轴，转向架可以绕一中心轴相对车体转动。为了改善车辆的运行品质和满足运行要求，在转向架上设有弹簧减振装置和制动装置。对于动车，转向架上还装有牵引电机和减速机构，以驱动车辆运行，这种转向架称为动力转向架。

图 5-15　车辆转向架

转向架是车辆最重要的组成部件之一，它的结构是否合理直接影响车辆的运行品质、动力性能和行车安全。

一、转向架的结构原理

1. 转向架的作用与组成

铁路运输发展的初期，世界各国大多采用将轮对直接安装于车体下面的二轴车结构。由于要通过小半径曲线，二轴车的轴距不能太大，另外，车辆载重、长度和容积均受到限制。如果把两个或多个轮对用专门的构架(或侧架)连接，组成一个小车，称为转向架，车体坐落在两转向架上。由于这种转向架结构有许多明显的优点，现代大多数轨道车辆的走行装置都采用转向架的结构形式。

转向架的作用及要求：

(1)采用转向架可增加车辆的载重、长度和容积。

(2)转向架相对于车体可自由回转，使较长的车辆能自由通过半径曲线，减少运行阻力与噪声，提高运行速度。

(3)便于安装弹簧减振装置，保证车辆在通过两轨头高低不平处时，车体支承点的垂直移动量仅为二轴车轮对支点的一半，从而提高了运行的平稳性。

(4)支承车体，承受并传递从车体至轮轨的各种载荷及作用力，使各轴重均匀分配。

(5)便于安装制动装置，传递制动力，满足运行要求。

(6)便于在转向架上安装牵引电机及减速装置，驱动轮对(或车轮)，使车辆沿着轨道运行。

(7)转向架为车辆的一个独立部件，便于互换、制造和维修。

由于车辆的用途、运用条件与要求的不同，所采用的转向架结构各异，类型很多，但它们的基本组成部分和主要功能是相同的。一般转向架可以分为以下几个部分：

(1)轮对轴箱装置

轴箱与轴承装置是联系构架和轮对的活动关节，使轮对的滚动转化为车体沿着轨道的平动。轮对沿钢轨的滚动，除传递车辆的重量外，还传递轮轨之间的各种作用力。

(2)弹性悬挂装置

为减少线路不平顺和轮对运动对车体的影响，转向架在轮对与构架或构架与车体(摇枕)之间，设有弹性悬挂装置。前者称为轴箱悬挂装置，后者称摇枕(或中央)悬挂装置，也可称一系悬挂装置和二系悬挂装置。弹性悬挂装置包括弹簧、减振、定位装置。

(3)构架

构架是转向架的基础，它把转向架的各个零、部件组成一个整体。故它不仅承受、传递各种载荷及作用力，而且它的结构、形状和尺寸都应该满足各零、部件组装的要求。

(4)制动装置

为使运行中的车辆在规定的距离范围内停车，必须安装制动装置，其作用是传递和放大制动缸的制动力，使闸瓦与轮对之间转向架的内摩擦力转换为轮轨之间的外摩擦力(即制动力)，产生制动效果。

(5)牵引电机与齿轮变速传动装置

使牵引电机的扭矩转化为轮对或车轮上的转矩，利用轮轨之间的黏着作用，驱动车辆沿着钢轨运行。

(6)转向架支承车体装置

车体与转向架联结部分的结构应能安全可靠地支承车体，并传递各种载荷和作用力，同时车体与转向架之间应能绕不变的旋转中心相对转动，以使车辆顺利通过曲线。一般转向架支承车体的方式有心盘集中承载、非心盘承载(或旁承承载)和心盘部分承载三种。

2.转向架结构的分类

由于转向架用途的不同，运行条件的差异，对转向架的性能结构、参数和采用的材料及工艺等提出了不同的要求，从而出现了多种形式的转向架。各种转向架主要的区别在于：所用车轴的类型和数目、轴箱定位的方式、弹簧装置的型式、载荷传递的方式等。

(1)按车轴的数目和类型

按转向架上轴数，可分为2轴、3轴和多轴转向架。转向架轴数的多少是由车辆总重和每根轴的允许轴重确定的。车辆的类型，在我国铁路车辆上按允许轴重分为B、C、D、E共四种，最大允许轴重受到线路和桥梁标准的限制。

(2)按轴箱定位方式

约束轮对与轴箱之间相对运动的机构称为轴箱定位装置，它对转向架的横向动力性能、抑制蛇行运行具有决定性作用。要求轴箱定位装置在纵向和横向具有适当的弹性定位刚度值，从而可避免车辆在运行速度范围内蛇行运动失稳，保证在曲线运行时具有良好的导向性能，减轻轮缘与钢轨的磨耗和噪声，确保运行安全和平稳性。

常见的定位装置的结构形式有:拉板式定位、拉杆式定位、转臂式定位、层叠式橡胶弹簧定位和干摩擦式导柱定位。

(3)按弹簧装置的型式

根据转向架所装设的弹簧系统的多少可分为:

①一系弹簧悬挂

在车体与轮对之间,只设有一系弹簧减振装置,如图(5-16a)所示。它可以设在车体与构架之间,也可设在构架与轮对之间。

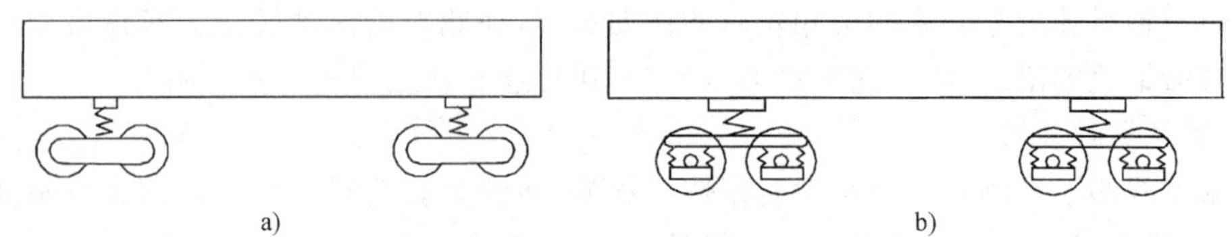

图 5-16 弹簧悬挂装置

a)一系弹簧悬挂;b)两系弹簧悬挂

②两系弹簧悬挂

在车体与轮对之间设有两系弹簧减振装置,即在车体与构架间设摇枕弹簧减振装置,在构架与轮对之间设轴箱弹簧减振装置,两者相互串联,使车体的振动经历两次弹簧减振的衰减。如图(5-16b)所示。

(4)按摇枕弹簧的横向跨距

转向架中,摇枕弹簧横向跨距的大小对车体的倾覆稳定性影响显著。增大跨距可增加车体抗倾覆的复原力矩,提高车体在弹簧上的稳定性。根据摇枕悬挂装置中弹簧横向跨距的不同可分为:外侧悬挂、内侧悬挂和中心悬挂。

(5)按车体与转向架之间的载荷传递方式

①心盘集中承载

车体上的全部重量通过前后两个上心盘分别传递给前后转向架的两个下心盘,如图(5-17a)所示。

②非心盘承载

车体上的全部重量通过中央弹簧悬挂装置直接传递给转向架构架,或者通过中央弹簧悬挂装置与构架之间装设的旁承装置传递,如图(5-17c)所示。

③心盘部分承载

车体上的重量按一定比例分配,分别传递给心盘和旁承,使之共同承载,如图(5-17b)所示。

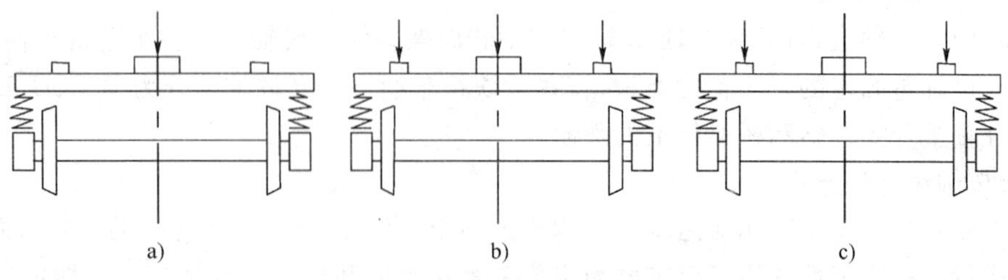

图 5-17 车体载荷传递方式

a)心盘集中承载;b)心盘部分承载;c)非心盘承载

(6)铰接式转向架的车体与转向架连接方式

在城市轨道车辆中,特别是轻轨车辆常常采用铰接式转向架。这种转向架与车体连接,既要保证相邻两车体端部彼此连接传递垂直、纵向和横向载荷,又能保证车体两端在通过曲线时能彼此相对转动(垂直和横向)。其连接结构原理有如图 5-18 所示的三种方式:

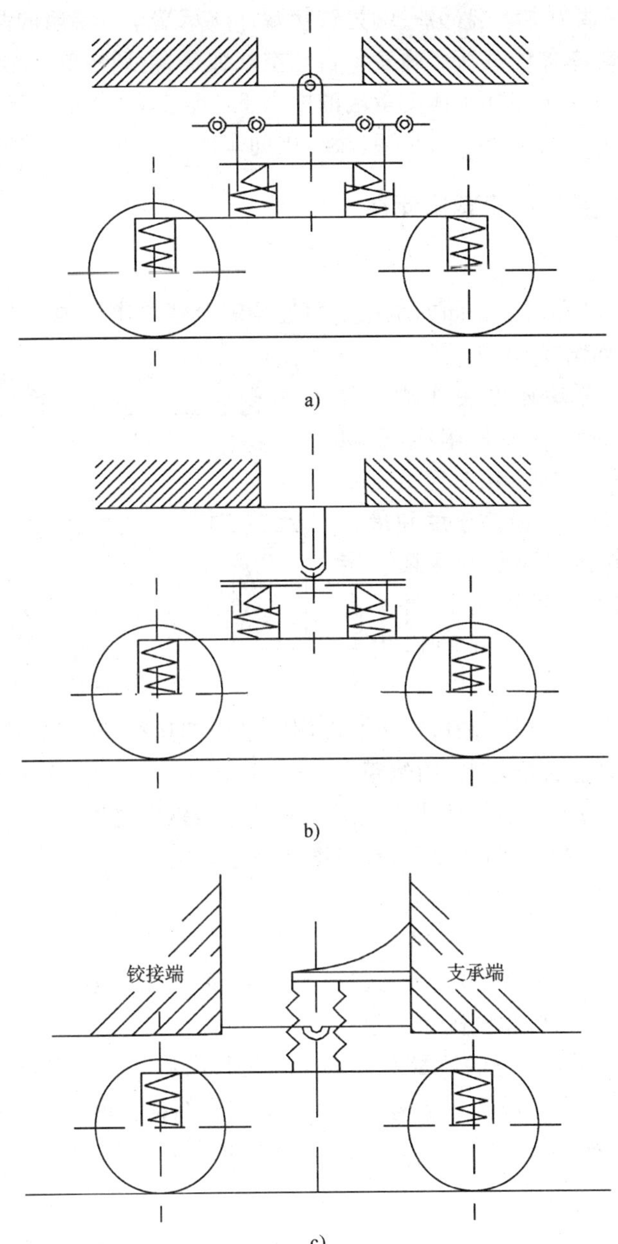

图 5-18 铰接式转向架的车体与转向架连接方式

a)具有双排球形转盘的铰接转向架;b)具有球心盘的铰接转向架;c)TGV 高速列车铰接转向器

①具有双排球形转盘的铰接转向架

两相邻车体一端支于内盘,另一端支于外盘,转动盘通过摇枕弹簧与构架相连,构架坐落在轮对的两轴箱弹簧上,纵向牵引与冲击力通过内外转盘传递。通过曲线时,相邻两车体可绕转动盘彼此回转。见图 5-18a)所示。

②具有球心盘的铰接转向架

两相邻车体端部通过球形心盘相互搭接。球心盘座固结于摇枕梁上，摇枕梁坐落在构架上，构架通过轴箱弹簧与轮对连接。见图 5-18b)所示。

③TGV 高速列车的雅可比铰接转向架

列车的中间车一端为支承端，另一端为铰接端。支承端车体端墙的两侧设空气弹簧承台，中央设有下球心盘座，车体的载荷经弹簧承台至空气弹簧，再到构架。相邻铰接端车体端墙的中央设有上球心盘，搭接于相邻车体支承端的中央下心盘上，车体的一半重量经心盘传至支承端，两车辆之间的纵向力也通过心盘传递，故而中间车体成三点支撑。见图 5-18c)所示。

二、轮对轴箱装置及弹簧减振元件

1. 轮对

轮对是由一根车轴和两个相同的车轮采用过盈配合使之牢固地结合在一起，是组成转向架的重要部件之一，如图 5-19 所示。

轮对承担车辆全部载荷，引导车辆沿着钢轨高速运行，同时还承受着从车体、钢轨传来的各种力的作用。因此，轮对应具有足够的强度，以保证在允许的最高速度和最大载荷下安全运行。在强度足够和保证一定使用寿命前提下，应使其重量最小，并具有一定的弹性，以减少轮轨之间的作用和磨耗。

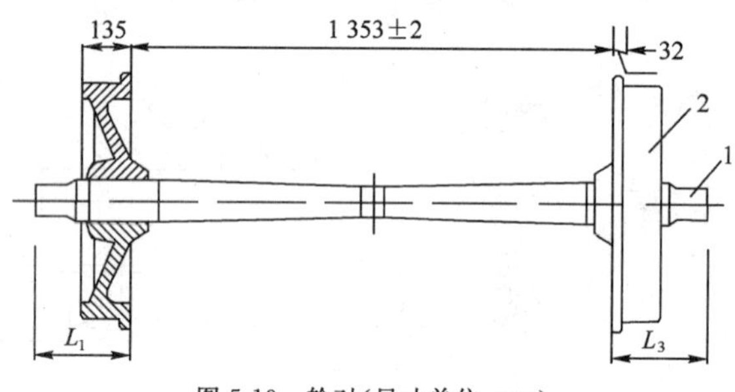

图 5-19　轮对(尺寸单位：mm)

轮对在正常状态线路上运行时，轮缘的内侧距是影响运行安全的重要因素。轮缘内侧距有严格的规定：一般铁路标准轮对，内侧距为 1 353±3mm；我国地铁车辆轮对，内侧距为 1 353±2mm。轮缘内侧距应保证在任何线路上运行时轮缘与钢轨之间有一定的空间，以减少轮缘与钢轨的磨耗；应保证在最不利情况下，轮对踏面在钢轨上仍有足够的安全搭接量，不致造成脱轨；应保证安全通过道岔。

(1)车轴

轨道车辆使用的车轴，绝大多是为圆截面实心轴，采用优质碳素钢加热锻压成型，再经热处理(正火或正火后再回火)和机械加工制成。

车轴及转向架的簧下部分的质量对改善车辆运行品质和减少对轮轨动力作用有很大影响，尤其对于高速列车，为降低簧下质量常采用空心车轴结构。由于车轴主要承受横向弯矩作用，截面中心部分应力很小，制成空心结构后，对车轴的强度影响很小。一般空心车轴比实心车轴可减轻 20%～40%的质量。

(2)车轮

车轮的结构、形状、尺寸、材质是多种多样的。按其结构分为整体车轮和带箍车轮两种；整体车轮按其材质可分为辗钢轮和铸钢轮等；带箍轮又可分铸钢辐板轮心以及铸钢辐条轮心的车轮；为降低噪声，减小簧下质量，还有橡胶弹性车轮、消声轮等。

我国目前车辆上大部分采用整体辗钢车轮。整体辗钢车轮由踏面、轮缘、辐板和轮毂组成，车轮与钢轨的接触面称为踏面，一侧沿着圆周突起的圆弧部分称为轮缘，是保持车辆沿钢轨运行，防止脱轨的重要部分。踏面沿径向的厚度部分称为轮辋。轮毂是轮与轴互相配合的部分，轮辋与轮毂连接的部分称为辐板。

2.滚动轴承轴箱装置

轴箱装置的作用是，将轮对和构架（或侧架）联系在一起，使轮对沿钢轨的滚动转化为车体沿线路的平动，并把车辆的重量以及各种载荷传递给轮对，保证良好的润滑性能，减少磨耗，降低运行阻力，防止燃轴。

轴箱装置按轴承工作特性分为滚动轴承轴箱装置和滑动轴承轴箱装置两种。我国铁路已基本实现滚动轴承化，这是实现铁路车辆技术装备现代化的重要标志。采用滚动轴承后，显著地降低了车辆的起动阻力和运行阻力，改善了车辆走行部分的工作条件，减少了燃轴的惯性事故，减轻了维护和检修工作，降低了运营成本。

3.弹簧结构

车辆在轨道上运行时，由于线路的不平顺、轨隙、道岔、轨面的缺陷和磨耗以及车轮踏面的斜度、擦伤和轮轴的偏心等原因，必将伴随产生复杂的振动和冲击。为了提高车辆运行的平稳性，保证旅客的舒适度和所运货物的完整无损，必须设有弹簧减振装置。

车辆上采用的弹簧减振装置按其作用的不同，大体可分为三类：第一类是主要起缓和冲动的弹簧装置，如中央弹簧和轴箱弹簧；第二类是主要起衰减振动（消耗振动能量）的减振装置，如垂向、横向减振器；第三类是主要起弹性约束作用的定位装置，如轴箱定位装置，摇枕与构架之间的纵、横向缓冲装置等。

4.减振元件

车辆上采用的减振器与弹簧一起构成弹簧减振装置。弹簧主要起缓冲作用，缓和来自轨道的冲击和振动的激扰力；而减振器的作用是减小振动，它的作用力总是与运动的方向相反，起着阻止振动消耗振动能量的作用。通常减振器有变机械能为热能的功能，减振阻力的方式和数值的不同，直接影响到振动性能。

轨道车辆采用的减振器按阻力特性可分为常阻力和变阻力两种；按安装位置可分为轴箱减振器和中央（摇枕）减振器；按减振方向可分为垂向和横向减振器；按结构特点又可分为摩擦减振和液压（又称油压）减振器。

摩擦减震器结构简单，成本低，制造维修比较方便，故广泛应用在货车转向架上。但它的缺点是摩擦力随摩擦面状态的改变而变化，减振性能较差。

液压减振器主要是利用液体黏滞阻力所做的负功来吸收振动能量，它的优点在于它的阻力是振动速度的函数，其特点是振幅的衰减与幅值大小有关，振幅大时衰减量大，反之亦然。这种“自动调节”减振的性能，正符合铁路车辆的需求。因而，为了改善车辆的振动性能，地铁客车上广为采用液压减振器。

三、动力转向架的传动系统

地铁和轻轨的动力转向架，不论是采用直流电机或交流电机，均需通过机械减速装置，将电机的扭矩转化为转向架轮对转矩，利用轮轨的黏着作用，促使车辆沿着钢轨运行。根据牵引电机在转向架上（或车体上）配置的特征，以及电机转轴与转向架轮对之间传动的特征，大致可分为以下六种结构形式：

1.爪形轴承的传动装置

城市电动轨道车辆最古老的传动形式，是直接利用牵引电机驱动轴上的齿轮带动轮对轴传递扭矩，这时马达轴与轮对轴呈平行配置。牵引电机的一部分重量通过两个爪形轴承支承于轮对轴上，另一部分重量通过弹簧支于构架梁上。一般牵引电机的小齿轮与轮对上的大齿轮之间的传动比为1∶4～1∶6。由于这种传动结构简单、坚固，所以至今仍在轻轨车辆上得到应用。

2.横向牵引电机—空心轴传动装置

该传动装置将牵引电机支承于构架横梁上，采用电机空心轴和高弹性的联轴器驱动齿轮减速箱，解决了上述方案的电机直接置于轮轴增加簧下重量，传动件过小的扭转弹性常导致集电器过载的问题。

在空心电枢和齿轮减速箱的小齿轮之间设置了一可移动的橡胶高弹性的钢片联轴器。减速箱一端支于轮对轴上，另一端通过一可动的纵向可调节的支撑铰接于构架上。空心轴传动由于其重量轻、作用可靠和耐久性好在城市轨道车辆中获得广泛应用。

3.两轴—纵向驱动、骑马式结构

沿转向架运动方向配置的牵引电机连同齿轮减速箱组成一组合体，跨在转向架的两轮对上，牵引电机的两侧与带有法兰的减速箱组成一个自承载的组合体，牵引电机驱动轴经齿轮减速后，借助于空心轴和橡胶联轴器与轮对轴弹性连接。

这种结构通过机械联结强制驱动转向架的两个轮对使之具有相同的加速度，若两轮对的车轮直径存在差异，由此也造成运行阻力上升和磨耗的增加。另外，它的整个装置均由转向架的两轮对直接支承，增加了簧下重量，加剧了转向架的运动动力作用。

4.全弹性结构的两轴—纵向驱动

这种装置的牵引电机完全弹性地固定于转向架结构的横梁上，电机驱动轴经减速齿轮驱动万向接头空心轴，再经橡胶连杆联轴器将扭矩传递给轮对。

除了电机的重量由构架承担外(比之两轴驱动骑马式结构减少簧下重量)其余特点与上述两轴—纵向驱动骑马式结构相同。

5.牵引电机对角配置的单独轴—纵向驱动

两牵引电机对角悬挂于转向架构架的两横梁上，电机与齿轮传动装置之间扭矩的传递经由一连杆轴实现。

齿轮减速箱一端弹性悬挂于构架的端梁，另一端抱在轮对车轴上。转向架上两套电机及其传动装置独立地配置，各自驱动一轮对。

6.牵引电机置于车体上的驱动装置

牵引电机装于车体上，电机驱动轴经万向联轴节将扭矩传递给置于转向架上的减速装置，从而使轮对转动。

四、城市轨道车辆转向架结构

城市轨道车辆包括地下铁道车辆、高架轻轨车辆和有轨电车等，一般均为电动车辆。城市轨道车辆的转向架可分为动力转向架和非动力转向架，动力转向架装设有牵引电机、减速箱以及集电器等装置。

由于城市轨道车辆承担运送乘客的任务，所以它的转向架也应具备一般客车转向架的各种装置和性能。除此之外，这种车辆运行于地下隧道或城市的高架道路上，要求转向架具有较低的噪声和良好的减振性能，并且有适应车辆载重量变化较大的能力。所以，转向架一般广泛采用空气弹簧和橡胶弹簧作为弹性悬挂元件。为降低工程造价(特别是轻轨交通的高架道路)，要求轮对的轴重尽可能地低。为方便残疾人上下车，在国外为轻轨车和有轨电车设计低地板转向架。

1. DK 型地铁客车转向架

我国设计制造的用于北京地铁车辆的转向架为无摇动台 DK 型转向架，属于该系列的有 DK_1、DK_2、DK_3、DK_6 及 DK_7 等多种型号。

2. 上海地铁车辆转向架

该转向架是由德国 Duewag 公司制造的无摇枕空气弹簧转向架，它采用有二系悬挂装置(一系人字形橡胶弹簧和二系空气弹簧)、液压减振器、抗侧滚扭杆和横向相交缓冲挡组成的减振装置。车体和转向架构架通过中心座和中心销相互连接，彼此可相互回转。在构架横梁下面装有牵引拉杆，共两根成对角配置，牵引拉杆的两端嵌有橡胶件，一端与中心座相连接，另一端安装在构架上，用来传递车体与转向架之间的纵向力。

每辆车装有两台转向架，对于动车装设动力转向架，拖车装设非动力转向架，两者的区别为动力转向架上装有两台牵引电机和减速装置。

3. 法国巴黎地铁带橡胶轮的转向架

为了提高地铁车辆运行的平稳性，最大限度地降低转向架运行所产生的轮轨噪声，法国设计了带橡胶轮的转向架，广泛应用于巴黎地铁车辆。

这种转向架的结构特征为：在轮对钢轨的外侧设置橡胶轮胎，在转向架二轮对的外侧装设导向小橡胶轮，相对应地在两钢轨的外侧装设工字形橡胶轮走行滚道，滚道的水平面与轨面平齐，另在线路的两侧与导向小橡胶轮对应位置安装侧向导向轨，以供转向架走行时导向之用。

4. 低地板转向架

在城市有轨电车中，为便于残疾人车和童车直接从车站站台推入车内，要求整车地板面高设计成仅 300～350mm，使车地板与站台平齐，故需将转向架设计成特殊的结构，即所谓低地板转向架。这种转向架的构架设计成元宝形，两轮对之间呈下凹形，牵引电机置于车体上，通过十字头联轴节驱动转向架上的减速机构，使轮对转动。

在欧美和北美的城市有轨电车上十分流行采用这种形式的转向架。

第四节　车辆缓冲装置

一、车辆缓冲装置的用途及分类

车辆缓冲装置是车辆最基本的也是最重要的部件之一。它是用来连接列车中各车辆，使之彼此保持一定的距离，并且传递和缓和列车在运行中或在调车时所产生的纵向力或冲击力。

如果上述的作用是由同一装置来承担的，那么该装置称之为牵引缓冲装置。如果它们分别由不同的装置来承担，则分别称之为牵引连挂装置和缓冲装置。牵引连挂装置用来保证动车和车辆彼此连接，并且传递和缓和拉伸(牵引)力的作用；缓冲装置(缓冲盘)用来传递和缓和压缩的作用，并且使车辆彼此之间保持一定的距离。

按照牵引连挂装置的连接方法，可分为非自动车钩和自动车钩。非自动车钩要有人工来完成车辆的连接，而自动车钩则不需要人参与就能实现连接。我国铁路和城市轨道均采用自动车钩。

自动车钩可分为两种基本类型：非刚性车钩和刚性车钩。此外，还有半刚性自动车钩。

非刚性车钩(图5-20a)允许两个相连接的车钩钩体在垂直方向上有相对位移。当两个车钩的纵轴线存在高度差时,两个钩呈阶梯形状,并且各自保持水平位置。由于钩体的尾端相当于销接,这就保证了车钩在水平面内的位移。

刚性车钩(图5-20b)不允许两连挂车钩存在相对位移,如果在车辆连挂之前两车钩的纵向轴线高度已有偏差,那么在连挂后,两车钩的轴线处在同一条直线上并呈倾斜状态。两钩体的尾端具有完全的销接,这就能保证两连挂车辆之间可以具有相对的平移和角位移,保证具有这些位移的必要性是由于线路的水平面及纵坡面是变化的,以及由于车体在弹簧上的振动和作用于车辆上的力所决定的。

刚性车钩主要用于地下铁道车辆和城市轻轨车辆,以及高速列车上。非刚性车钩较普遍地应用于一般铁路客车货车上。

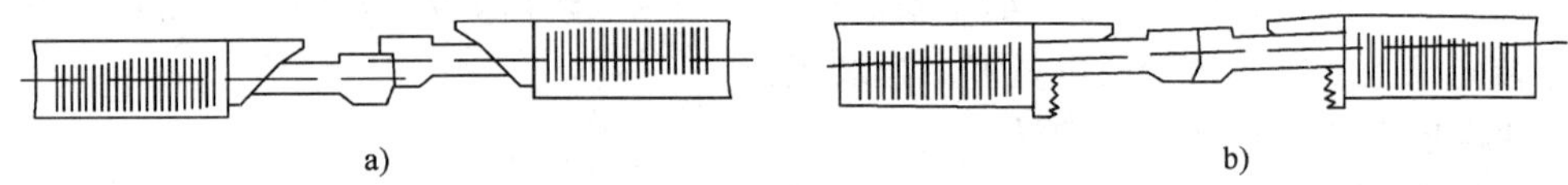

图5-20 非刚性车钩与刚性车钩

二、密接式中央牵引、缓冲连挂装置

密接式中央牵引、缓冲连挂装置集牵引、缓冲和连挂于一体,通过车辆彼此相向缓慢走行相互碰撞,使钩头的连接器动作,实现两车辆的机械、电气线路和空气管路的自动连接的一种装置。在两连挂车钩高度具有偏差,以及在有坡度线路和曲线上都能安全地连挂,这种车钩属于刚性自动车钩,主要用于地下铁道车辆和城市轻轨车辆上。

密接式中央牵引、缓冲连挂装置按其钩头结构的不同具有多种形式,我国制造的地下铁道车辆上采用凸锥和凹锥结构实现两钩的闭锁。在欧洲大都采用Schafenberg型结构的密接式车钩和BSL-COMPACT型密接式车钩。进口的上海地铁车辆采用的也近似于Schafenberg型结构的密接式车钩。下面着重介绍一下Schafenberg型密接式车钩缓冲装置。

1.钩头结构

钩头壳体为焊接件,它由两部分组成,前面为一带有锥体和喇叭口的突出件,后面为连接法兰。当两钩连接时,前面的锥体和喇叭口用来作为引导对准之用,伸出在前面的爪把用来扩展车钩的连接范围。前端的圆孔用来安置空气管路连接器,在钩头壳体中配置有车钩锁闭零件和解钩风缸。借助于钩头壳体后部的法兰将钩头与牵引缓冲装置连成一体。

车钩的闭锁机构由钩舌和钩锁杆组成,两者通过销子彼此可摆动地相连接。中心锁用来作为钩舌在钩头壳体中的支座。

用两个弹簧来保持车钩处在闭锁位。弹簧的一端钩在壳体的锥体上,另一端钩在钩锁杆上。

手动连接装置设在钩头的侧面,它由横杆通过两解钩杆与钩舌相连接。在该横杆的端部连有一钢丝绳并与手柄连接,手柄挂在钩头壳体的一侧。

2.车钩闭锁、分解工作原理

(1)连接准备位

这时钩头中的钩锁杆轴线平行于车钩的轴线,钩锁杆的连接销中心与钩舌中心销连接线垂直于车钩的轴线。弹簧处于松弛状态,该位置为车钩连挂准备位。

(2)连挂闭锁位

欲使两钩连挂,原来处于连挂准备位的两钩相互接近并碰撞时,在钩头前端的锥形喇叭口引导下彼此精确地对准中心，两钩向前伸出的钩锁杆由于受到对方钩舌的阻碍，各自推动钩舌绕顺时针方向转动，直到在弹簧拉力作用下钩锁杆滑入对方钩舌的嘴中，并推动钩舌绕逆时针方向返回到原来位置为止。这时两钩的钩锁杆与两钩的钩舌构成一平行四边形，并处于平衡状态，两钩刚性地无间隙地彼此连接，处于闭锁状态。在连挂闭锁位时，钩舌和钩锁杆的位置与连挂准备状态完全相同，钩舌在弹簧作用下处于闭锁位。当两钩手牵拉时，拉力均匀地分配在由钩锁杆和钩舌组成的平行四边形两对边即钩锁杆上。当两钩冲击时，冲击力由两钩壳体喇叭口凸缘传递。

(3)手动解钩

通过拉动钩头一侧的解钩手柄，经钢丝绳、杠杆和解钩杆使两钩的钩舌转动，直至钩锁杆脱出钩舌的嘴口，由此使两钩脱开，处于解钩位。

(4)气动解钩

由驾驶员操作解钩控制阀达到解钩，这时压力空气经过解钩管充入钩头中的解钩风缸中，推动活塞向前运动，压迫在解钩杆上所设置的滚子上，两钩头中的钩舌被同时推至解钩位置，类似于手动解钩之情况。达到解钩后再排气，风缸中受压弹簧使活塞返回到原始位置。

3.自动空气管路连接器

当两钩连挂时，钩头前端的空气连接器的顶杆也同时接触并相互挤压，将密封从壳体的阀座上推开，使两车钩的空气主路连通，这时密封和橡胶管起着防止空气泄漏的作用。

4.牵引缓冲装置

该组件用来承受和传递车辆之间沿纵向产生的牵引和冲击力，它是由拉杆、轴套、锥形环圈、法兰、垫圈、橡胶弹簧和变形管组成。轴套与钩头壳体螺纹连接，并由法兰紧固使之不致松动，轴套用来作为拉杆、锥形环圈和变形管的支承和导向，拉杆穿过两个弹簧，其端部通过蝶形螺母将其中一弹簧压紧。在正常运行时，车辆之间所产生的牵引和压缩力主要由两橡胶弹簧来承担，这使车辆连挂冲击速度小于 3km/h。

第五节　制 动 系 统

一、制动系统及制动方式

1.制动系统

人为地使运动物体减速或阻止其加速叫做制动。对于城市轨道车辆来说，为了使运行着的电动车组能迅速地减速或停车，必须对它施行制动；为了防止电动车组在下坡道上运行时由于电动车组的重力作用导致电动车组速度增加，也需要对它施行制动；为避免停放的车辆因重力作用或风力吹动而溜走，亦需要对它施行制动(称停放制动)。

为了能施行制动，需要在城市轨道车辆上安装有一整套零部件组成的一个完整的制动系统装置。它包括两个部分：制动控制系统和制动执行系统。制动控制系统由制动信号发生与传输装置和制动控制装置组成。制动执行系统通常称为基础制动装置，有闸瓦制动与盘形制动等。

电动车组的最高运行速度自然与其牵引功率有关，但也受其制动能力的限制。电动车组的制动能力是指制动系统能使其在规定的制动距离内安全停车的能力。按照城市轨道车辆的运行规程，要求电动车组在非常情况下的制动距离(称紧急制动距离)不超过某一规定值。例如地铁规定的紧急制动距离一般为180m。这个距离要比启动加速度距离短的多，所以，电动车组的制动功率要比驱动功率大5～10倍。

从能量的观点看，制动的实质就是将电动车组所具有的动能从它上面转移出去，制动系统转移动能的能力称为制动功率。在一定的制动距离条件下，电动车组的制动功率是其速度的三次函数。

城市轨道交通的站距较短，因此电动车组的调速及停车都比较频繁。为了提高运行速度(尤其是对高架有轨交通车辆和地铁列车)，必须使其启动快，制动距离短。同时城市有轨交通车辆的旅客上下波动较大，对车辆载重有较大的影响。针对这些特点，城市轨道车辆的制动系统应具备以下条件：

(1)操纵灵活，制动减速快，作用灵敏可靠，车组前后车辆制动、缓解作用一致。

(2)具有足够的制动能力，保证车组在规定的制动距离内停车。

(3)对新型的城市轨道车辆，一般要求其具有动力制动能力，并且在正常制动过程中，应尽量充分发挥动力制动能力，以减少对城市环境的污染和降低运行成本。同时还应具有动力制动与摩擦制动的联合制动能力。

(4)制动系统应保证车组在长大下坡道上运行时，其制动力不会衰减。

(5)电动车组各车辆的制动能力应尽可能一致，制动系统应根据乘客量的变化，而具有空重车调整能力，以减少制动时的纵向冲击。

(6)具有紧急制动性能，遇有紧急情况时，能使电动车组在规定距离内安全停车。紧急制动作用除可由驾驶员操纵外，必要时还可由行车人员利用紧急按钮(紧急阀)进行操纵。

(7)电动车组在运行中发生诸如列车分离、制动系统故障等危急行车安全的事故时，应能自动起紧急制动作用。

2.制动方式

要改变运动物体的运动状态，必须对它施加外力。人为地使电动车组减速或阻止其加速的外力称为制动力。制动方式可按制动时电动车组动能转移方式、制动力获取方式或制动源动力的不同进行分类。

1)按电动车组动能转移方式分类

电动车组动能的转移方式可以分为两类：一是摩擦制动方式，即动能通过摩擦转变为热能，然后消散于大气。其中常用的摩擦制动方式主要有闸瓦制动和盘形制动，在高速列车的制动系统中还有轨道电磁制动等方式。二是动力制动方式，即把动能通过发电机转化为电能，然后将电能从车上转移出去。城市轨道车辆上采用的动力制动方式主要有电阻制动和再生制动。

2)按制动力获取方式分类

根据电动车组制动力的获取方式，可分为黏着制动与非黏着制动。

(1)黏着制动

制动时，车轮与钢轨之间有三种可能的状态：

①纯滚动状态。车轮与钢轨的接触点无相对滑动，车轮在钢轨上作纯滚动。这是一种难以实现的理想状态。

②滑行状态。车轮在钢轨上滑行，这时车轮与钢轨之间的制动力为二者的动摩擦力，这是一种必须避免的事故状态。

③黏着状态。由于车辆重力的作用，车辆与钢轨的接触处为一椭圆形的小面积。电动车组运行时，因曲线、钢轨接缝及道岔等原因，使制动时车轮在钢轨上处于连滚带滑状态，这种状

态称为黏着状态。

(2)非黏着制动(黏着外制动)

制动时,制动力大小不受黏着力限制的制动方式称为非黏着制动。即非黏着制动的制动力不从轮轨之间获取,因而它可以得到较大的制动力。

在上面曾经介绍的制动方式中,闸瓦制动、电阻制动和再生制动均属于黏着制动;而磁轨制动则属于非黏着制动。

3)按制动源动力分类

在目前电动车组所采用的制动方式中,制动的源动力主要有压缩空气和电。以压缩空气为源动力的制动方式称为空气制动方式,如闸瓦制动、盘形制动等都为空气制动方式。以电为源动力的制动方式称为电气制动方式,如动力制动及轨道电磁制动等均为电气制动方式。

二、空气制动控制系统

制动控制系统是制动系统在驾驶员或其他控制装置(如 ATC 等)的控制下,产生、传递制动信号,并对各种制动方式进行制动力分配、协调的部分。目前的制动控制系统主要有空气制动系统和电控制系统两大类。当以压力空气(压缩空气)作为制动信号传递和制动力控制的介质时,该制动系统称为空气制动控制系统,又称为空气制动机。以电气信号来传递制动信号的制动控制系统,称为电气指令制动控制系统。

空气制动机按其作用原理的不同,可分为直通空气制动机、自动空气制动机和直通自动空气制动机。

1. 直通空气制动机

(1)直通空气制动机工作原理

如图 5-21 所示,空气压缩机将压缩空气贮入总风缸内,经总风缸管至制动阀。制动阀手把有 3 个不同位置:缓解位、保压位和制动位。手把在缓解位时,列车管内的压缩空气经制动阀 EX(Exhaust)口排向大气;手把位于保压位时,制动阀保持总风缸管、列车管和 EX 口各不相通;手把位于制动位时,总风缸管压缩空气制动阀流向列车管。

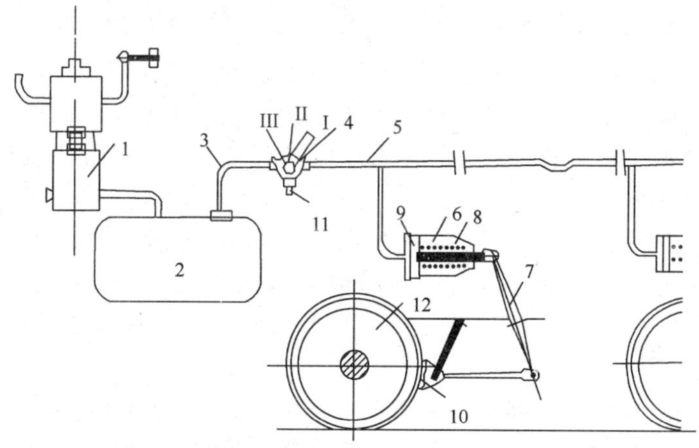

图 5-21 直通空气制动机原理

1-空气压缩机;2-总风缸;3-总风缸管;4-制动阀;5-列车管;6-制动缸;7-基础制动装置;8-制动缸缓解弹簧;9-制动缸活塞;10-闸瓦;11-制动阀 EX 口;12-车轮;I-缓解位;II-保压位;III-制动位

(2)直通空气制动机特点

①列车管增压制动、减压缓解,列车分离时不能自动停车;

②能实现阶段缓解和阶段制动;

③制动力大小靠驾驶员手把在制动位放置时间长短决定,因此控制不太准确;

④制动时,全列车制动缸的压缩空气都由总风缸供给,缓解时,各制动缸的压缩空气都须经制动阀排气口排入大气,因此前后车辆的制动和缓解的一致性不好。

2. 自动空气制动机

(1)自动空气制动机工作原理

如图 5-22 所示,自动空气制动机在直通空气制动机的基础上增加了 3 个部件:在总风缸与制动阀之间增加了给气阀;在每节车辆的列车管与制动缸之间增加了三通阀和副风缸。给气阀的作用是限定列车管定压(人为规定的列车管压力),即无论总风缸压力多高,给气阀出口的压力总保持在一调定的值。

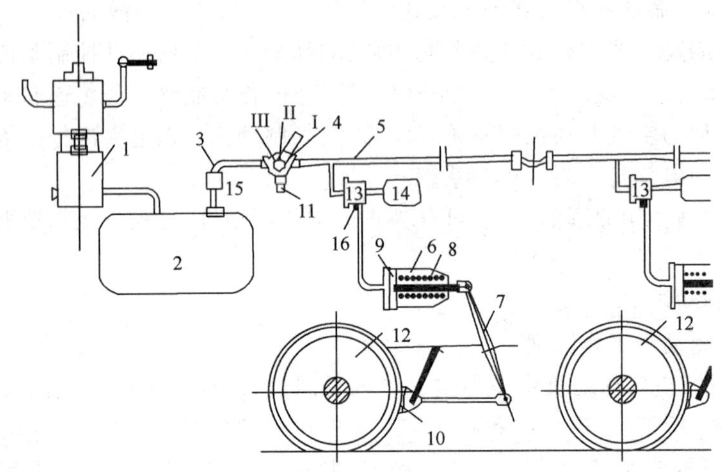

图 5-22 自动空气制动机原理

1-空气压缩机;2-总风缸;3-总风缸管;4-制动阀;5-列车管;6-制动缸;7-基础制动装置;8-制动缸缓解弹簧;9-制动缸活塞;10-闸瓦;11-制动阀 EX 口;12-车轮;13-三通阀;14-副风缸;15-给气阀;16-三通阀排气口;I-缓解位;II-保压位;III-制动位

自动空气制动机的制动阀同样也有缓解、保压和制动 3 个作用位置,但内部通路与直通空气制动机的制动阀有所不同。在缓解位时它连通给气阀与列车管的通路;制动位时它使列车管与制动阀上的 EX 口相通,列车管压缩空气经它排向大气;保压位时仍保持各不相通。

制动阀手把放在缓解位时,总风缸中的压缩空气经给气阀、制动阀送到列车管,然后通过列车管送到各车辆的三通阀,经三通阀使副风缸充气。若此时制动缸中有压缩空气,则经三通阀排气口排入大气。列车运行时,制动阀手把一般处于此位,直至副风缸充至列车管定压值。

制动阀手把放在制动位时,列车管中的压缩空气经制动阀 EX 口排向大气。列车管的减压信号传至各车辆的三通阀时,三通阀动作,副风缸内的压缩空气经三通阀充向制动缸。制动缸活塞推出,使空气制动执行机构动作,列车制动。

由此可见,自动空气制动机是依靠列车管中压缩空气的压力变化来传递制动或缓解信号,列车管增压时缓解,列车管减压时制动。而三通阀是制动或缓解的控制部件。

(2)自动空气制动机的特点

①列车管减压制动、增压缓解，列车分离时能自动制动停车；

②由于制动缸的风源与排气口离制动缸较近，其制动与缓解不再通过制动阀进行，因此制动与缓解一致性较直通空气制动机好，列车纵向冲动较小，适合于较长编组的列车；

③具有阶段制动及一次缓解性能。

3. 直通自动空气制动机

(1)直通自动空气制动机工作原理

如图 5-23 所示，直通自动空气制动机与自动空气制动机在制动机的组成上基本相同，只增加了一个定压风缸。但其三通阀的结构和原理与自动空气制动机的三通阀有较大的区别。自动空气制动机三通阀的主控机构是靠列车管与副风缸两者压力的差异与平衡来动作的，即为二压力机构阀。而直通自动空气制动机三通阀的主控机构有大小两个鞲鞴组成，它的动作是由制动缸压力鞲鞴上侧的制动缸压力、主鞲鞴上下两侧的列车管压力和定压风缸的压力三者的差别与平衡来控制的，因此它属于三压力机构阀。

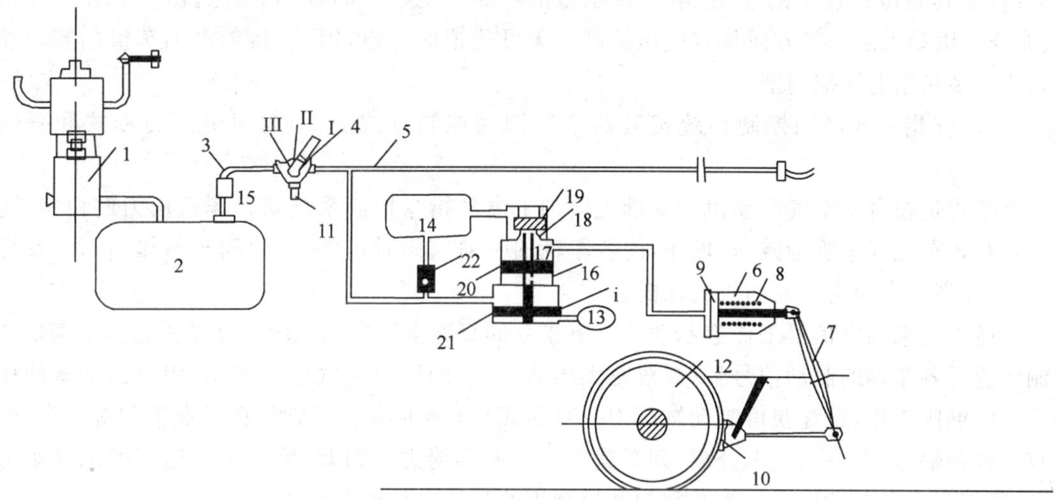

图 5-23　直通自动空气制动机原理

1-空气压缩机；2-总风缸；3-总风缸管；4-制动阀；5-列车管；6-制动缸；7-基础制动装置；8-制动缸缓解弹簧；9-制动缸活塞；10-闸瓦；11-制动阀 EX 口；12-车轮；13-定压风缸；14-副风缸；15-给气阀；16-三通阀排气口；17-排气阀口；18-进气阀座；19-进排气阀；20-制动缸压力鞲鞴；21-主鞲鞴；22-单向阀；i-充气沟；I-缓解位；II-保压位；III-制动位

(2)直通自动空气制动机的特点

①具有阶段制动和阶段缓解性能，同时，列车管要充到定压，制动缸才能完全缓解；

②具有制动力不衰减性，即在制动中立位或缓解中立位时，当制动缸压力因漏泄等原因而下降时，三通阀能自动地给予补充压缩空气，保证制动缸压力保持原值。

三、电气指令式制动控制系统

1. 分类

(1)电气指令式制动控制系统按其电气指令传递方式分类，可分为数字指令式制动控制系统和模拟指令式制动控制系统。

所谓数字指令式是采用制动控制线传递制动指令原理得到多级制动。按电动车组制动控制的经验，就操作方便来说，通常有七级制动已基本够了。

与数字指令式制动控制系统的制动分级控制相反，模拟指令式制动控制系统可以实现制动无级操作。它一般采用电压、电流、频率或脉宽等模拟电信号来传递制动指令，以这些模拟量的大小来表示制动要求的大小。

从理论上说，模拟指令式制动控制系统比数字指令式制动控制系统使驾驶员在操纵上更为方便，但它对指令传递的设备性能要求较高。一旦设备性能不能满足要求，可能造成制动指令精度下降，从而影响制动结果。

(2)电气指令式制动控制系统按制动控制装置的不同可分为电磁空气制动机、气压控制型和电气控制型。

电磁空气制动机一般只用于空气制动方式的制动系统中。气压控制型和电气控制型一般用于既有空气制动方式，又有电气制动方式的制动系统中，它在气压控制型中靠气压(阀)进行协调配合，而在电气控制型中靠电气进行协调配合。

由于气压控制型的控制部件主要由机械结构组成，因此可靠性较高。随着电子器件性能的提高，尤其是微机技术的应用，电气控制型的可靠性也在不断提高。并且由于它在计算精度、充分利用动力制动等方面具有气压控制型无可比拟的优点，因此，目前电动车组的制动控制系统大多采用电气控制型。

(3)电气指令式制动控制系统按其对空气制动控制方式的不同，可分为自动式和直通式。

自动式是在自动空气制动机的基础上增加了电气指令控制系统对列车管压力的控制，通过同时对各车辆列车管的减压、增压，使各车辆的三通阀同时作用，加快列车整体的制动及缓解速度，提高了自动空气制动机的性能。

直通式是采用电信号来传递制动和缓解指令的直通空气制动系统。驾驶员通过电气指令控制装置对各车辆的制动信号管(缓解时无压缩空气)的压力空气进行控制，用该制动管的压力使各中继阀工作，最终获得制动缸压力。直通式具有响应快、一致性好、控制方便等优点，但也存在致命缺点，即一旦列车分离，列车就失去了制动能力。因此，除了单车运行的电动车组外，一般都与自动制动机或作为非常制动控制用的常带电往返电路并用。

现在的电动车组制动控制系统大多采用直通式的电气指令式制动控制系统。

2.电磁空气制动机

电磁空气制动机分为自动式电磁空气制动机和直通式电磁空气制动机两种。

(1)自动式电磁空气制动机

自动式电磁空气制动机在自动空气制动机的基础上增加了一根供风管，总风缸压缩空气经压力调整后由供风管送入副风缸备用，为了在缓解时达到列车管快速充气，使列车实现快速并同步缓解。驾驶室的制动控制器在控制列车管的增压或减压的同时，也使缓解导线或制动导线得电(或失电)，如图 5-24 所示。

(2)直通式电磁空气制动机

直通式电磁空气制动机的制动电磁阀为二位二通常闭型电磁阀，而缓解电磁阀为二位二通常开型电磁阀。在正常运行时，制动导线和缓解导线均失电。

电磁空气制动机只有一条供风管，结构较简单，由于采用了中继阀，因而具有制动力不衰减性。采用得电制动、失电缓解的控制原理，可以确保在运行状态车辆处于缓解工况，但是当电磁阀或控制电路发生故障时，不能导向安全。因此它需要有完整的检查回路和备用制动控

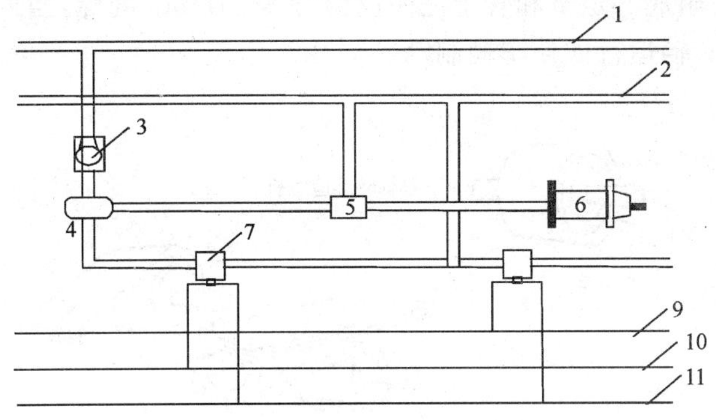

图 5-24　自动式电磁空气制动机

1-供风管；2-列车管；3-单向阀；4-副风缸；5-三通阀；6-制动缸；7-解压电磁阀；8-制动电磁阀；9-制动导线；10-缓解导线；11-负线；

制系统。

3.气压控制型电气指令式制动控制系统

电动车组中的拖车是无动力的车辆，一般仅采用空气制动方式；动车具有动力装置，因此其制动系统除了采用空气制动方式外，一般还装有电气制动装置。所以气压控制型电气指令式制动控制系统可分为动车制动控制系统和拖车制动控制系统。

动车制动控制系统由于电气制动与空气制动配合方式的不同，也可分为两种型式：一种是电气制动与空气制动切换型；另一种为气压计算型。

4.电气控制型电气指令式制动控制系统

电气控制型制动控制系统的制动指令接受、处理和电气制动与空气制动协调配合等，一般是由电子器件完成的。随着微机技术的发展，现在更多的由微机系统来完成这些功能。

电气控制型制动控制系统根据其制动指令传输方式的不同，可分为数字指令式和模拟指令式。

第六节　电动车辆的传动方式

一、传动方式

电动车辆的动力来自牵引电动机，目前，世界各国城市轨道车辆采用的牵引电动机有两大类，即旋转电动机和直线电动机。

旋转电动机又可分为直流电动机和交流电动机，长期以来直流牵引电动机在电动车辆上获得广泛应用，目前仍占有极大的比重。随着电气和电子技术的发展，体积小、容量大、可靠性高、维修量小的三相异步牵引电动机开始被采用，由于其明显的优点，有逐渐替代直流牵引电动机的趋势。直线电机改变了传统电动机旋转运动方式为直线运动方式，突破了长期以来依靠轮轨传递牵引力的传统技术。直线电机为异步感应电动机的简称，其工作原理与一般的旋转式感应电动机相类似，它可看成是将旋转电机沿半径方向剖开展平，如图 5-25 所示。定子部分由硅钢片叠压成扁平形状的铁心上放入二层叠绕的三相线圈构成，沿纵向固定安装在转向架下部或车体下部。而转子部分亦展平变为一条感应轨，铺设于走行轨之间，一般由铝合金板制成的外壳和铁心组成。定子和转子之间应保持 8～10mm 间隙，当通过交流电时，由于磁场的相互作用，驱动车辆运行或使车辆制动。

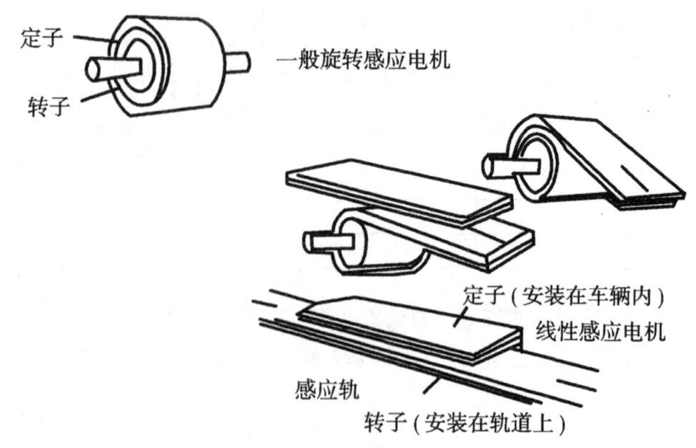

图 5-25 直线电机工作原理

采用线性电机的车辆，取消了传统的旋转电机从旋转运动转换成直线运动所必不可少的一系列机械减速传动机构，从而能达到降低噪声、减轻重量，特别是转向架的结构变得十分简单，可采用小轮径向转向架。线性电机的最大缺点是效率低，约为旋转电机效率的 70%，这是由于线圈与感应轨之间的工作间隙较大，导致磁损耗大。另外需铺设一条与线路等长的感应轨，工艺要求高，投资较大，控制技术也较复杂。目前，线性电机车辆已在加拿大的温哥华、多伦多、美国的底特律和日本的大阪等城市获得应用，取得良好效果。

二、传动控制技术

电动车辆的传动控制方式有变阻控制、斩波调压控制和变压变频控制三种：

1. 变阻控制是一种应用广泛的直流电机传动控制方式，控制简单方便，但由于城市电动车辆频繁起动和制动，采用这种控制方式使 20%的电能消耗在电阻上，变为热散逸到空气中，所以很不经济。特别是在地下铁道中将会导致隧道升温，易产生不良后果。目前，这种传动方式已趋于淘汰。

2. 直流电机的斩波调压控制使用先进的大功率门极可关断晶闸管(GTO)，利用晶闸管的导通和关断把直流电压转换成方波，用以调整直流电机的端电压。GTO 取消了换流装置，体积和重量均减少，并可实现无级调整，可使车辆平稳起动和制动，实现再生制动，达到节电的效果。目前，欧洲、加拿大、日本等国生产的直流电机电动车辆均普遍采用这种传动控制。

3. 变压变频控制(VVVF)是近 20 年来最先进的交流电机传动控制方式。它使用逆变器将直流变为交流，以电压和频率的变化控制交流电机，在调速性能和节能上均优于上述的两种传动控制方式，已被公认为近代调速系统中性能最优越的一种。它与交流电机配合，无换向部分，运行可靠，过载能力强，结构简单，几乎无须保养和维修。

现将直流电机牵引的变阻车、直流电机牵引的斩波调压车、交流电机牵引的变压变频(VVVF)车以及直线电机牵引的变压变频车在技术性能上列表作一比较(见表 5-10)。

表 5-10　各种传动方式电动车辆技术性能

以传动方式区分的车型		直流电机牵引变阻车	直流电机牵引斩波调压车	交流电机牵引变压变频车	直线电机牵引变压变频车
主牵引电机	电机形式	直流旋转电机	直流旋转电机	交流旋转电机	交流旋转电机
	电机效率	较高	较高	较高	低
	调速控制	较易	较易	较难	较难
	结构	复杂	复杂	简单	简单
	重量	较重	较重	较轻	最轻
	体积	大	大	较小	小
	维修量	大	大	小	小
电气传动控制	传动形式	直流传动	直流传动	交流传动	交流传动
	控制方式	凸轮变阻	GTO 斩波调压	VVVF 逆变	VVVF 逆变
	控制技术	简单	较简单	较复杂	较复杂
转向架	转向架形式	普通型动力转向架	普通型动力转向架	普通型动力转向架	可采用径向转向架
	传动机械	齿轮变速箱	齿轮变速箱	齿轮变速箱	不需传动机构
	转向架自重	6～8t	6～8t	5～7t	5t 以下
	通过曲线能力	较差	较差	较差	较好
	爬坡能力	较弱	较弱	较弱	较强
	噪声	较大	较大	较大	较小
经济性	轨道工程投资	较低	较低	较低	投资大
	车辆造价	较高	较高	较高	较高
	运营耗电量	最大	较小	较大	较大
	维修费用	最大	较大	最大	较小
技术可行性		技术成熟，国内已批量生产	大功率 GTO 斩波调压器已组织攻关，经努力可实现国产化	VVVF 逆变技术较复杂，引进关键部件可实现国产化	交流传动直线电机，径向转向架，技术难度大，国产化难
技术先进性		已被淘汰，技术上落后	技术较先进	代表当前最先进技术	代表当前最先进技术

第七节　车辆停放维修基地及维修修程

一、车辆停放及维修基地

车辆停放及维修基地（以下简称为车辆基地）是车辆停放、保养、修理的专门场所，主要有停车库、车辆段、列检所等组成。为了便于统一管理，提高效益，根据实际情况，往往又把供电段、行车控制中心、工务所、电务所、机电所、材料仓库、教育培训中心等设施，全部或部分与车辆基地建在一起，组成更大的车辆综合维修基地。

1. 车辆基地的主要任务及布局原则

车辆基地的主要任务是车辆的运用、保养和修理，使运行车辆保持良好的技术状态，确保行车安全，提高车辆的运行效益。因此，车辆基地是城市交通系统的重要组成部分。

车辆基地的布局应综合考虑市政规划、轨道交通路网规划、道路交通、土地、供电、给排水和环境保护等诸因素。

(1)车辆段

车辆段是车辆基地的主要设施，承担车辆的运作及定期检修任务，一般包括月检、定修和架修。通常，一条线路可设一个车辆段，线路长度超过 20km 时，可以考虑设一个车辆段、一个停车场。车辆段的设施主要有：出入段(场)线、停车库线、试车线、交接线、联络线、洗车库、维修线、办公及生活设施。

车辆段一般可布置成贯通式或尽端式。贯通式车辆段两端均可以接发列车，能力较大，图 5-26 是一个贯通式车辆段布置图。尽端式车辆段能力稍低，其布置方式见图 5-27 所示。

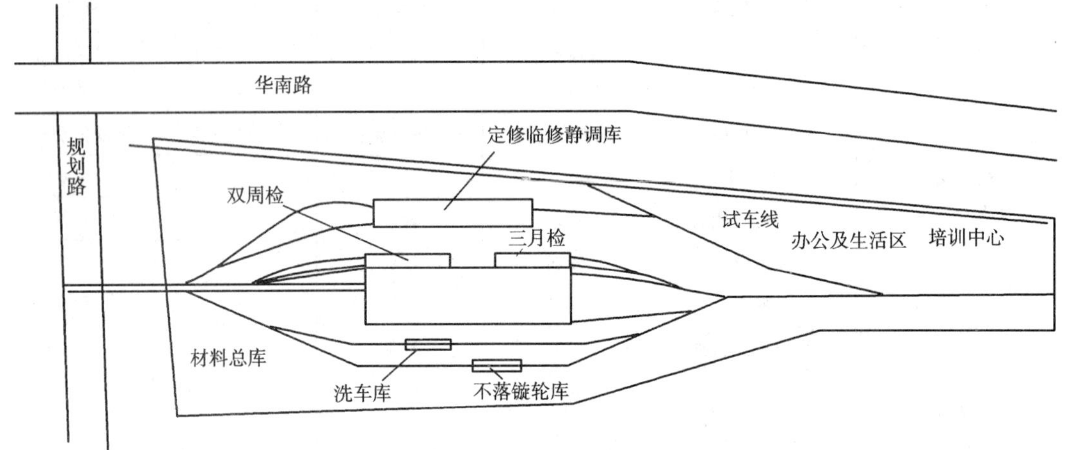

图 5-26　贯通式车辆段布置图

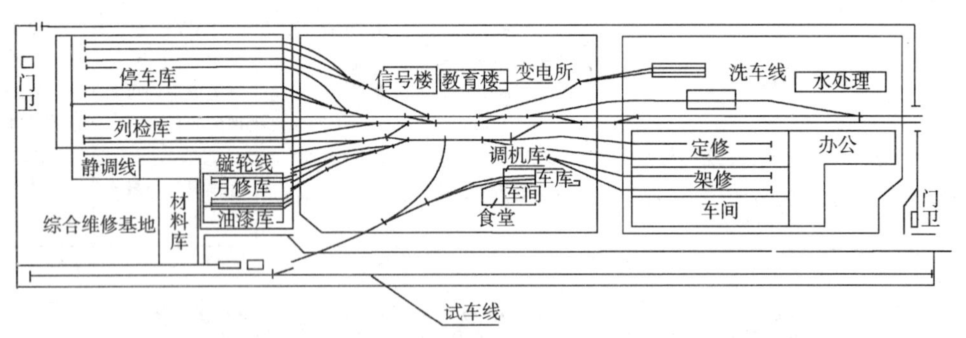

图 5-27　尽端式车辆段布置图

车辆段根据其布局还可以分为多层式与平面式两种。多层式用地节省，但技术复杂、工程费用比较大，欧洲不少城市采用这种方式的车辆段；北京的古城、太平湖及八王坟和上海的新龙华均采用平面式的车辆段。

(2)停车库

停车库是车辆集中停放的场所，又是车辆编组、清扫、整备、维修和日常管理的场所。停车库不仅要有足够的轨道停车位，同时还要设置管理人员、乘务员工作和活动休息的场所。

停车库的布局在城市土地规划许可条件下，在车辆不多时，可设置一处停车库。当一条线路过长，为有利于线路上的接、发车，可考虑在远离停车库的另一端设置停车线(场)。运行车辆进入停车库线路图如图 5-28 所示。

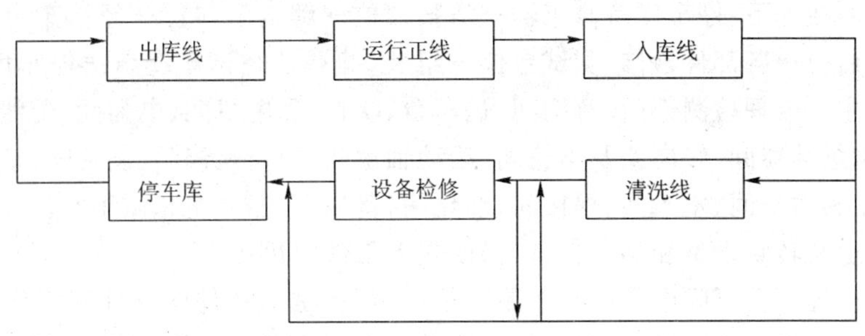

图 5-28　运行车辆进入停车库线路图

(3)列检所

列检所的任务是利用列车停放时间和停放场地，对车辆的重要部件进行例行技术检查，对危害行车安全的一般故障进行重点修理。因此，列检所应设在停车库或列车折返段(指列车折返时停留和准备场所)的停车线上。

2. 车辆基地基本规模及总平面布置

(1)车辆基地基本规模

车辆基地的基本规模主要取决于配属车辆数，其中大部分是运行车辆。为此，车辆基地应有足够的停车位和专门洗车场地，相应数量的检修台位和试验台位，相应规模的后勤和行政管理设施。车辆基地的基本规模一般都比较大，用地面积为 20 万～30 万 m^2；库房面积为7 万～10 万 m^2；各种轨道的总长度为 8～10km；职工编制数在千人以上。

(2)总平面布置

车辆基地的总平面布置是在轨道车辆运行组织、维护检修规模、工序流程及特点、保证防火安全和符合环保规定的前提下，结合场地的自然条件，对车辆基地的房屋建筑、道路、管线和绿化进行综合总体平面布局，并以此作为基地各种单体建设项目设计、施工的共同依据，以保证车辆基地高效、有序、安全、文明生产。

车辆基地的总平面布置通常根据设施的不同功能分区布局，原则上分成三大块:停车库和清扫库区，检修联合车间及辅助生产车间区，行政管理和后勤服务设施区。

①停车库和清扫库区

停车库和清扫库区与运行正线的轨道设有通畅的进出连接线。为了列车外部清洗作业时不影响其他车辆入库，在入库线上连接 1～2 条轨道，作为车辆清洗专用线。有的车辆基地的车辆清洗又分为日洗和周洗两种，因而相应也要设置日洗线和周洗线。有的停车库由于场地限制，一般停车线上需前后停放两列车，停车库的线路要安排成贯通式，即停车线路两端都与运行正线贯通，以利停车库内列车能灵活进出库。

②检修联合车间及辅助生产车间区

检修联合车间及辅助生产车间的平面布置主要取决于车辆检修规模、修理工艺流程、场地自然条件、工件运输线路、环保、安全防火要求等因素。车辆段里车辆的月检(也有的双周检、双月检)、定修、架修和厂修的检修线宜集中安排在同一或相邻的车间里，有利于集中人力和设备，加强管理和提高工效。

检修车间各工位的平面布置依据检修工艺流程和实际场地情况进行安排。在保证修车质量和生产安全的前提下，尽量要缩短工件运送距离，防止工序相互干扰，充分发挥设备、场地的使用效益。月检线和定修线布置比较简单，架修和厂修车间布置比较复杂。架修车间平面布置遵循的工艺路线如下：停车库待修车辆→清扫台位→解钩解体位→经移车台分送各大部件车间→各吹扫台位→各部件检修、测试台位→组装、静调位→试车线→送停车库。因此，架修车间设有下列主要修理检测部门：解钩间、送车台、吹扫间、电机间、电器间、配线间、受电弓间、蓄电池间、车钩缓冲器间、转向架及车轮间、滚动轴承间、门窗检修间、制动间、仪表室、计量室、化验室、机加工和钳工间、木工间、焊接间、油化间、备品库、静调室和试车站。车间主要检修台位之间铺有轨道及转轨设备和移车台，以保证重大工件的运送。

以上这些修理间在车间内平面布置原则是：车辆各主要部件的修理间应优先安排在解钩间后面，送车台、吹扫间的附近；生产性质相近或相互关系密切的各修理间尽量安排在一起；精密的仪表间、计量室、化验室要远离震动较大的检修台位，并要独立封闭起来；产生粉尘及有毒有害气体的检修台要单独隔离，并布置在常年主导风向的下风处；为了检修车间领料、领配件、用电用气和环保的需要，在检修车间附近，加建材料库、配件库、变电所、空压机站和锅炉房等。

在车辆运行中，由于各种原因，车辆常常发生偏磨，需要临修。依据技术经济的分析，有必要在检修车间附近增设一条临修线，一座旋轮库，添置一台不落轮旋车床，专门用来临时修复偏磨车轮。

③行政管理和后勤服务设施区

行政管理和后勤服务设施区的建筑规模较小，主要由办公大楼、食堂、浴室、汽车间、消防队等组成。车间管理部门分设在各车间内，其行政管理部门宜集中在同一座办公大楼内。

车辆基地的总平面布置还要包括道路、绿化、垃圾场、煤场、储油设施、围墙等。基地内道路布置应尽量避免与生产运输的轨道交叉，要与城市道路相连接。基地绿化率根据规范应为15%～20%。

二、车辆的维修

1.车辆的维修修程及主要检修设备

轨道交通车辆运行一段时间后，各部件和构件由于振动或磨耗会产生松动、变形或损坏。为了保证运行安全和提高使用寿命，有关管理部门都要预先制定车辆的日常乘务检查、维护规范和车辆检修的各种技术规程。轨道交通车辆检修规程通常分为列检、月检、定修、架修和长修(又称大修)。根据修理规程的规定，各种修程包含的主要检修范围和内容如下：

列检：对容易出现危及行车安全的各主要部件(轮对、弹簧、转向架、受电弓、控制装置、空气制动装置、车钩及缓冲装置、蓄电池、车门风动开关装置、车体等)进行外观检查，对危及行车安全的故障及时进行重点修理。

月检：对车辆外观和一般功能进行检查，即对车辆主要部件的技术状态进行外观检查和必要试验，对危及行车安全的故障进行全面修理。

定修：主要是预防性的修理，需要架车。对各大部件的技术状态和作用做仔细的检查，对检查发现的故障进行针对性修理，对车上的仪器和仪表进行校验，车辆组装后要经过静调和试车。

架修：主要目标是检测和修理大型部件(如走行部、牵引电机、传动装置等)，同时，经架车，对车辆各部件进行解体和全面检查、修理、试验，对计量的仪器、仪表进行校验，车体要重新油漆标记,组装后进行静调和试车。

厂修:全面恢复性修理。要求对车辆全面解体、检查、整形、修理和试验,要求完全恢复其性能,组装后要重新油漆、标记、静调、试车。总之,厂修后的车辆基本上要达到新车出厂水平。

为了保证车辆各修程检修工作的高质量、高效率,检修车间必须配备相应的设备,包括通用设备和专用设备。这里重点列举几种车辆检修的专用设备:

(1)运输设备

轨道平地两用电动牵引车:用于车间内调车和牵引列车工作;

室内移车台:将解体车辆或部件移动到各工区轨道上;

轨道车:在大部件修理工区轨道上运送重大部件、工件。

(2)升降设备架车机:可将整列车的车厢架空,让转向架可推进推车;

落轮升降台:可单独拆装某一轮对。

(3)清洗设备

洗车机:清洗整列车的外表面;

转向架冲洗机:冲洗待修转向架;

电器元件高压清洗机:清洗电器元件;

机械部件高压清洗机:清洗机械部件;

超声波洗涤剂:清洗滚动轴承等精密部件。

(4)修理加工设备

不落轮旋床:对装在车辆上的轮对进行轮缘旋削整形;

轮对压装机:车轮、车轴压装;

整流子下刻焊接机:电机整流子绕组接头下刻和焊接;

复轨装置、轨道打磨机:修复轨道。

(5)检测设备

超声波轮对探伤仪:轮对探伤;

轮缘轨距测量仪:测量轮对轮缘轨距;

车门驱动空气压力测量装置:测量车门气动压力。

(6)试验设备

列车静调试验台;

转向架试验台;

电机试验台;

机电试验台;

功率电子试验台;

自动车钩试验台;

减振器试验台。

2.确定地铁车辆修程的基本要素

(1)地铁车辆的经济使用寿命

采用计划预防检修制度的目的是通过段修、厂修来消除车辆在运用中产生的一切不良状态,使地铁车辆整旧如新,恢复原有的性能。实际上车辆随着运用年限增长逐渐进入衰老期,相应地维修日数增加,维修费用上涨。当车辆运行到一定限度,经过若干次架修,维修上的投入增加到一定程度,就应不再修理而报废。

车辆零部件的使用期限并不能直接确定车辆本身的寿命，车辆寿命指标应以能反映车辆的运用性能为依据。车辆最主要的运用指标之一是车辆投入运用的时间与进行修理的时间之比，即车辆经济使用寿命系数 η：

$$\eta=\frac{T}{T+\sum T_i} \tag{5-1}$$

式中：T——车辆在一个厂修周期内的工作日数；

T_i——车辆在一个厂修周期内用于各种修程的日数。

η 在 0～1 之间变化，η 值愈大，说明车辆经济使用寿命越大。因此，提高车辆寿命的途径，在于延长车辆实际运用日数和缩短修理停留时间。

(2)制定车辆检修周期的基本方法

制定经济合理、切实可行的车辆检修制度，需考虑的因素很多，一般应考虑零部件使用期限与车辆最大经济使用寿命。

制定地铁车辆检修周期时，首先必须调查统计各类零部件的损耗规律及使用年限，以便分别确定其检修周期、检修范围与技术要求。地铁车辆机械、电器部件使用期限长短不一，在制订检修制度时，首先要确定其最小的检修周期，理论上最小的检修周期应不大于零部件的最小使用期限。但有些零部件使用周期太短，若以它们的使用期限作为最小的检修周期，就会增加定期检修的次数，并使大多数零部件不到使用期限就提前进行修理，这是很不经济的。因此，将少数使用周期过短、数量不多而维修量不大的零部件列入日常维修之内是比较合理的，例如制动机、主控箱、反向器中的电磁阀、触点片、触头等，都要在月修、列检时进行检查。

最小检修周期确定后，则进一步确定检修结构的最大检修周期。车辆运用到最大检修周期时，要对车辆进行全面检查和修理，经修理后应接近于新造车的技术状态，这就是我们架修和厂修的情况。因此，确定最大的检修周期是制定检修制度的关键。实际上，由于车辆零部件很多，使用期限极不一致，修理结构也比较复杂，一般首先考虑的是平时不易更换的大型部件的使用寿命及损耗情况。同时，随着新技术、新材料的采用和维修质量的不断提高，零件的使用期限也不断增大，修理循环结构也必须相应加以调整，以适应变化了的情况。

实际工作中，检修制度和检修周期都是按过去长期的实践经验加以修订而制定的。对车辆零部件损坏规律、使用期限进行调查分析和统计，也有助于改进车辆器件及结构，提高车辆质量，延长车辆部件的使用寿命。

(3)轴承的寿命问题

在正常使用条件下，地铁车辆修程的制定主要根据其关键部件的使用期限。目前，定修时还需要架车，主要是由于牵引电机的轴承寿命可靠性得不到保证。如果轴承质量稳定，定修就可以不架车，从而可以大大减少停修日数。而架修时除对电机、电器做全面的检查，另一主要目的是检查转向架及轮对轴承。这些关键零部件的使用寿命，是由制造水平、产品质量、维修质量、配套附件品质、使用情况等诸因素构成。轮对轴承是车辆运行的最重要部件，我们就以42724T(152724T)型轴承为例作一分析。

根据轴承的基本寿命计算公式：

$$L_{10}=(C/P)^{\varepsilon} \tag{5-2}$$

其中

$$P=f_z f_w (G-W)/4 \tag{5-3}$$

式中：L_{10}——基本额定寿命(10^6 转)；

C——基本额定动负荷(该轴承为 479kN);

P——等效负荷,kN;

G——轴重,kN;

W——轮对重量,kN;

ε——寿命指数,滚子轴承 $\varepsilon=10/3$;

f_z——齿轮系数,取 $f_z=1.2$;

f_w——负荷系数,取 $f_w=1.5$。

经计算,轮对轴承的基本寿命 L_{10} 可达 500×10^4km,可靠度 90%,即 90%的轴承可以运行 500×10^4km 而不发生问题。要了解轴承的可靠性 L_{na},可由下式判断:

$$L_{na} = a_1 a_2 a_3 L_{10} \tag{5-4}$$

式中:a_1——可靠性的寿命修正系数(表 5-11);

a_2——材料修正系数;

a_3——运转条件修正系数,一般情况下 a_2、a_3 均取 1。

表 5-11 轴承可靠度与可靠性的寿命修正系数

可靠度(%)	90	95	96	97	98	99
L_n	L_{10}	L_5	L_4	L_3	L_2	L_1
a_1	1	0.62	0.53	0.44	0.33	0.21

由表 5-11 可见,如果要使轮对的寿命可靠度为 99%,其寿命只能取 105×10^4km,也即厂修时所有的轮对轴承全部换新,这样做保险系数固然很大,但显然非常不经济。因此,一般厂修规则并未要求车轮轴承全部换新,而是基本按轴承检修要求来检查修理。

牵引电机、发电机轴承也存在着类似的问题。轴承的寿命及其实际发生故障的统计分析,是制约地铁车辆检修周期的主要因素之一。

3. 车辆检修方案

(1)适当延长车辆的检修周期

通常,车辆的检修周期是依据车辆各零部件设计的使用寿命和磨耗情况,再结合车辆的实际运用和检修经验确定的。在车辆实际检修中,车辆一到各种修程,特别是到架修、大修,不论车辆的实际使用时间、质量状况如何,都需按其检修修程全部拆卸。由于车辆性能、人员水平、磨耗擦伤程度不一,因而常常发生下列情况:有些控制装置正处于磨合后的良好状态,也要下车拆检;架修时车轮踏面、轮缘还有富余,但又怕用不到下一个周期,因此不得不切削下一个厚度,致使材料、人工都造成一定的浪费。

随着新技术、新材料的使用,以及车辆制造技术、监控手段和检修水平的提高,只要继续加强车辆运用维修,逐步对车辆实行状态修,就可适当延长车辆的检修周期,提高车辆的利用率。

(2)采用均衡修

预防性计划修是将列车集中进行全面检查。如果利用列车运行停运窗口时间将其检查内容分散在几个时段及不同场合进行,就可以使检修工作分散而均匀,这就是均衡修方式,有时也称为维修窗。

均衡修通常用于运用维修,即利用列车在非运营时间和非高峰时间进行较小修程的计划性维修以及通过驻站维修和轮值维修,从而确保车辆的技术状态良好以及地铁的正常运营。

(3)采用互换修

车辆的检修以直接更换零部件修理为主，车辆零部件不在各车辆段进行修理，而是集中修理，再通过物流的方式运送到各车辆段。这样，在车辆段检修库内仅做一些检测和更换零部件的作业，可大大缩短检修的库停时间，提高检修效率。

地铁车辆主要由机械和电气两大系统组成。机械部分主要为：车体及车内设备、车门、转向架、基础制动装置、车钩连接装置等。电气部分主要为：受电弓、牵引控制系统、制动系统、辅助系统、保护电路、ATC 通信等。按照地铁车辆各修程检修作业范围的规定，车辆到了大修或架修修程后，均要对车辆实行解体。若对解体后的车辆实行换件修，可以缩短车辆定期检修的修时。

本章小结

本章主要介绍了城市轨道车辆的组成及主要技术参数。重点介绍了以下几个方面的内容：车辆类型及特点、车辆构成、车辆转向架的结构及工作原理、车辆缓冲装置的用途和分类、车体和车门结构、制动方式及原理、车辆传动方式以及车辆维修基地和修程。

思考题

1. 简述城市轨道车辆的组成及特点。
2. 简述电动车辆传动控制方式？
3. 城市轨道车辆转向架的组成及其作用。
4. 铰接式转向架的车体与转向架的连接有几种方式？简述这几种方式的载荷传递原理。
5. 城市轨道交通的制动方式及每种方式的制动原理。
6. 车辆检修基地的组成及设计要求。
7. 车辆修程的基本内容。
8. 车辆缓冲装置的构成及原理。

第六章　城市轨道交通供电系统

城市轨道交通供电系统不仅为城市轨道电动列车提供牵引用电，而且还为城市轨道交通运营服务的其他设施提供电能。城市轨道交通供电系统具有运输能力大，牵引性能好，运用效率高，不污染环境等特点，但系统技术要求高，可靠性和安全性尤为重要，一旦出故障，不仅造成轨道交通的瘫痪，而且危及到乘客生命、财产的安全。因此，轨道交通供电系统的技术装备应不断朝高度安全性、经济性和可靠性方向发展。

第一节　城市轨道交通供电系统概述

一、城市轨道交通供电系统的构成

根据功能的不同，城市轨道交通供电系统可分成以下几部分：外部电源、主变电所（电源开闭所）、牵引供电系统、动力照明配电系统、电力监控（SCADA）系统。而牵引供电系统，又可分成牵引变电所与牵引网系统；动力照明配电系统，又可分成降压变电所与动力照明。城市轨道交通供电系统的主要构成见图 6-1 所示。

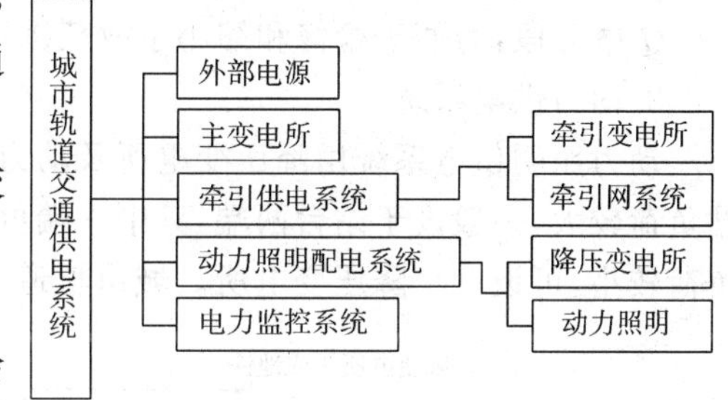

图 6-1　城市轨道交通供电系统构成

牵引供电系统和动力供电系统是城市轨道交通供电系统最主要的组成部分。

1. 牵引供电系统

在地铁供电系统中，牵引供电系统由于直接给列车提供动力，占据着举足轻重的地位。该系统的好坏直接影响整个地铁供电系统质量的高低。如果该系统出现问题，小则影响某个变电站、几个供电区间的电能输送，大则引起整个牵引供电系统的崩溃，给地铁列车的正常运营造成影响。

(1)牵引供电系统的工作原理

轨道交通牵引供电系统的工作原理就是将电能直接或者经过输送、变换后提供给动车组的牵引电动机，由牵引电动机将电能转换成机械能，从而驱动车辆运行。城市轨道交通系统牵引负荷不同于一般工业和民用的用电，为一级负荷。一级负荷规定有两路独立的电源双边供电，当任何一路电源发生故障中断供电时，另一路应能保证一级负荷的全部用电。

(2)牵引供电系统的组成

牵引供电系统由牵引变电所和牵引网组成，牵引网由馈电线、接触网、轨道回路及回流线组成的供电网络组成。在城市轨道交通牵引供电系统中，电能从牵引变电所经馈电线、接触网输送给电动列车，再从电动列车经钢轨、回流线流回牵引变电所。图 6-2 为轨道交通牵引供电系统的示意图。

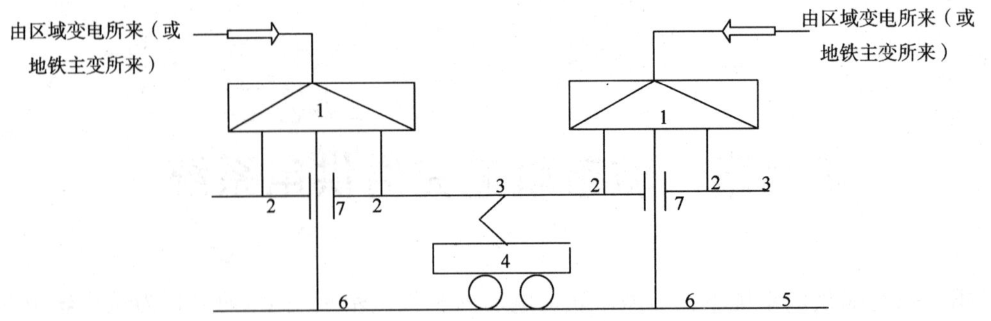

图 6-2　轨道交通牵引供电系统示意图

各部分功能简述如下：

①轨道交通牵引变电所：供给城市轨道交通一定区域内牵引电能的变电所。

②接触网：经过电动列车的受电器向电动列车供给电能的导电网（有接触轨方式和架空接触网两种方式）。

③受电器：安装于车辆顶部，从接触网获取电能。

④电动车组。

⑤轨道：列车行走时，利用走行轨道作为牵引电流回流的电路。在采用跨坐式单轨电动车组时，需沿线路专门敷设单独的回流线。

⑥回流线：连接轨道和牵引变电所的导线，通过回流线把轨道中的回路电流导入牵引变电所。

⑦电分段：为便于检修和缩小事故范围，将接触网分成若干段称为电分段。

2.动力供电系统

动力照明供电系统由降压变电所及动力照明组成。每个车站应设降压变电所，若地下车站负荷较大，一般设于站台两端，其中一端可以和牵引变电所合建成混合变电所；若地面车站负荷较小，可设一个降压变电所。城市轨道交通动力及照明供电系统示意图如图 6-3 所示：

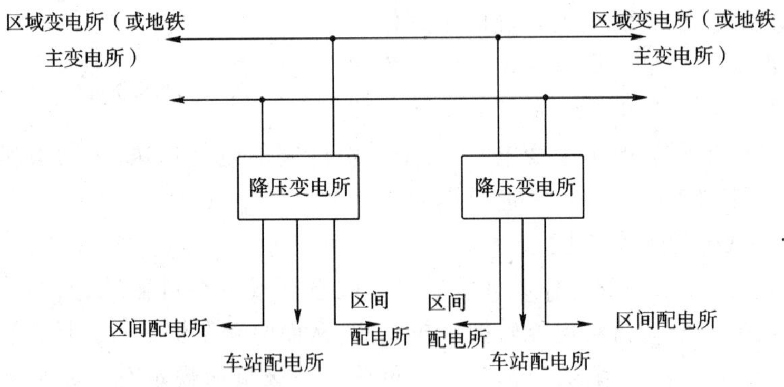

图 6-3　轨道交通动力及照明供电系统示意图

各部分功能简述如下：

(1)降压变电所：降压变电所将三相电源进线电压降压变为三相 380V 交流电，主要向风机、水照明、通信、信号、防灾报警等设备供电，也可称为动力变电所。

(2)配电所(室)：配电所(室)仅起到电能分配作用。降压变电所通过配电所(室)将三相

380V 和单相 220V 交流电分别供给动力、照明设备，各配电所(室)对本车站及两侧区间动力和照明等设备配电。

(3)配电线路：配电所(室)与用电设备之间的连接线路。

在动力供电系统设计中，降压变电所一般按每站一个设置，也可以几个车站合设一个，也可以将降压(动力)变电所附设在某个牵引变电所之中，形成一个牵引与动力混合变电所。

二、城市电网对轨道交通系统的供电方式及负荷等级

1. 城市电网对轨道交通系统的供电方式

城市轨道交通系统的外部电源方案，根据城市电网构成的不同特点，可采用集中式、分散式、混合式等不同形式。究竟采用何种方式，应通过计算确定需要负荷之后，根据城市轨道交通路网规划、城市电网构成特点、工程实际情况综合分析确定。

(1)集中式供电

在城市轨道交通沿线，根据用电容量和线路长短，建设专用的主变电所，这种由主变电所构成的供电方案，称为集中式供电。集中式供电是由发电厂或城市电网区域变电所以高压(如 110kV)向主变电所供电，经降压并在沿线结合牵引变电所、降压变电所进线形成 35(33)kV 或 10kV 中压环网，由环网供沿线设置的牵引变电所经降压整流为直流电，从而对电动列车供电。主变电所应有两路独立的电源。集中式供电有利于地下铁道供电的管理，提高作业的独立性，尽管一般来说投资比分散式供电要大，但可提高地下铁道自身供电的可靠性和灵活性，故在客流量大的情况下采用集中式供电较为合适。城市轨道交通供电系统目前多采用集中供电方式，如上海、广州、南京、香港、德黑兰地铁等即为集中式供电方案。

(2)分散式供电

分散式供电方式是指不设主变电所，而直接由城市电网区域变电所的 35(33)kV 或 10kV 中压输电线向城市轨道交通沿线设置的牵引变电所、降压变电所供电并形成环网。此种供电方式一定要保证每座牵引变电所和降压变电所都能获得双路电源，采用这种方式必须是电网比较发达的城市，在有关车站附近有符合可靠性要求的供电电源。建设中的沈阳地铁、长春轻轨、大连轻轨、北京城铁、北京八通线、北京地铁 5 号线等即为分散式供电方案。

(3)混合式供电

将前两种供电方式结合起来，一般以集中式供电为主，个别地段引入城市电网电源作为集中式供电的补充，使供电系统更加完善和可靠。这种方式称为混合式供电。北京地铁 1 号线和环线即为混合式供电方案。

2. 城市轨道交通供电系统负荷等级

城市轨道交通供电系统的负荷等级共分为三级：地下铁道重要的电力用户如车站站厅和站台层的事故救援及照明、电动车辆、通信、信号、防灾装置为一级负荷；车站站厅和站台层的一般照明、设备及管理用房照明、出入口照明、一般风机、直升电梯、自动扶梯为二级负荷；车站内广告照明、冷水机组及配套设备、电热设备、清洁机械设备等为三级负荷。

三、城市轨道交通供电系统的功能与作用

城市轨道交通的用电负荷按其功能不同可分为两大用电群体，一个是电动客车运行所需要的牵引负荷，另一个是车站、区间、车辆段、控制中心等其他建筑物所需要的动力照明用电，诸如：通风机、空调、自动扶梯、电梯、水泵、照明、AFC 系统、FAS、BAS、通信系统、信号系统等。

在上述用电群体中，有不同电压等级直流负荷、不同电压等级交流负荷、有固定负荷、时刻在变化的运动负荷。每种用电设备都有自己的用电要求和技术标准，而且这些要求和标准又相差甚远。城市轨道交通供电系统就是要满足这些不同用户对电能的不同需求，以使其发挥各自的功能与作用。

(1)城市轨道电动车组运行所需电能供应：牵引用电。

(2)城市轨道机电设备运转所需电能供应：风机、水泵、空调、自动扶梯、升降梯、加工设备等。

(3)城市轨道交通信号设备运行所需电能供应。

(4)城市轨道照明及其他生产生活用电供应。

第二节　城市轨道交通供电原理

城市轨道交通的供电电源一般取自城市电网，通过城市电网一次电力系统和轨道交通供电系统实现输送或变换，最后以适当的电流形式（直流电或交流电）和电压等级供给用电设备。供电系统的示意图见图 6-4 所示，图中虚线 2 上部为城市电网一次电力系统，虚线 2 下部为轨道交通供电系统。

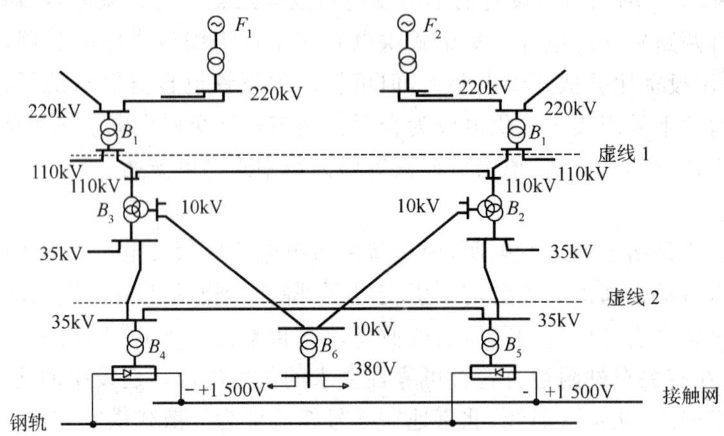

图 6-4　城市电网一次电力系统和轨道交通供电系统示意图

F_1、F_2-城市电网发电厂；B_1、B_2、B_3-城市电网区域变电所；B_4、B_5-牵引变电所；B_6-降压变电所

一、一次电力系统

城市电网一次电力系统由国家电力部门建造与管理，包括发电厂（站）、传输线路及区域变电所。

(1)发电厂（站）：分为火力、水力、核动力等各种能源发电厂（站）。

(2)传输线路：需升压为超高电压（110kV 或 220kV），通过三相传输线输送到区域变电所。

(3)区域变电所：将超高压电能降压为所需电压等级（10kV 或 35kV），再经过三相输送电线输送到本区域内的牵引变电所（将电力系统提供的三相交流工频交流电变为牵引所用的电能）、降压变电所〔从主变电所（电源开闭所）获得电能，经过降压和整流变成电动低压交流电〕并再降压为所需的电压等级（1 500V 或 380V 等）。

城市轨道交通是一个重要的用电部门，按规定须由两路独立的电源供电，城市轨道牵引变电所的电源进线来自两个区域变电所或来自一个区域变电所的两路独立电源，当一路电源失压时，另一路电源自动切入，使轨道交通系统能获得不间断的电源。

二、轨道交通供电制式

电力牵引用于轨道交通系统已经有100多年的历史，随着经济和科学技术的不断发展，用于轨道交通的电力牵引方式有许多不同的制式出现。

这里所说的制式是指供电系统向电动车辆或电力机车供电所采用的电流和电压制式。电压制由低压到高压，有直流600V、750V、825V、1 000V、1 200V和1 500V等，其发展趋向是国际IEC电压标准，为直流600V、750V、1 500V，而我国国标电压标准为直流750V和直流1 500V两种。所以，目前，国内各城市的地铁和轻轨采用的电压制均在直流750V和直流1 500V之间进行选择。我国早期建成的北京城市轨道交通供电电压采用直流750V，上海、广州、南京、深圳等城市轨道交通采用直流1 500V。直流1 500V较直流750V的优点在于：可提高牵引电网供电质量，降低迷流数值，增加牵引供电距离，减少牵引变电所数量，便于地铁线路实现地下、地面和高架间的联运。

电流制有直流、交流两类，国际电力牵引设备委员会建议采用下列数值：

直流：600V，750V，1 500V，3 000V(标称值)；

交流：6 250V，15 000V，25 000V(标称值)。

1. 直流牵引系统

采用直流电机作为牵引电机的牵引系统称为直流牵引系统，构成直流牵引系统的主要部分还包括直流电机在内的主电路及控制电路等。

按照牵引电源性质，直流牵引系统可分为直-直流及交-直流两大类：

1)直-直流牵引系统

直-直流牵引系统是最早应用于电力牵引的一种牵引装置，它使用的是直流电源(直流电网或直流发电机)和直流串励牵引电机。

(1)早期的直-直流牵引系统主电路采用的是电阻调压。由于电网只供给车辆一个恒定的直流电压，如果我们将静止状态的车辆电机直接与电网相连，将会产生一个相当大的冲击电流，势必将电机甚至将连接电机的电缆烧坏，另外还会对车辆产生强烈的机械冲击，并且也会发生轮子空转等一系列事故，因此，必须在电机和电网之间接上几个起动电阻，用于限制电流，减少电机电压，如图6-5所示。R_1、R_2、R_3、…Rn为起动电阻，1、2、3、…n为起动开关，即接触器，用来逐个短路起动电阻。

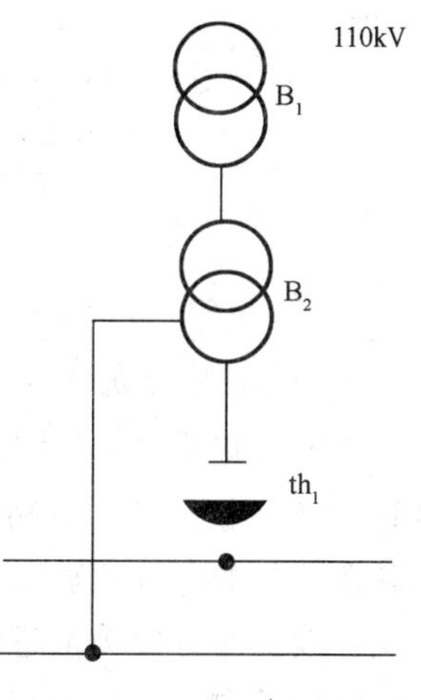

图6-5　电阻调压主电路

当车辆静止时，驾驶员发出牵引指令，此时所有接触器断开，起动电阻全部串入回路，此时起动电阻上的压降最大。随着车辆的加速，电机反电势增加，电机电流将会减少，为了保持恒流，接触器逐个闭合，电阻变小；当电机达到相当高的速度时，全部电阻短接，电机就直接同线路电压相连。

由于这些电阻的存在，电阻上的电能转换成了热能，把起动中的能量浪费了。如车辆静止时，起动电阻最大，电机上只有大约5%电压，则效率只有5%。这种调压方式不仅在电阻中消耗了大量的电能(这种电能的损耗,在起动频繁的电动车辆中尤为突出),同时,也难以实现连续、平滑地调节列车速度。早期的北京地铁采用的就是这种方式。

(2)随着半导体技术的飞跃发展,电力电子变流技术得到了不断的提高,现在的直流牵引已普遍采用斩波调压方式代替电阻调压,它不仅能取消起动电阻,并能对电动机的端电压进行连续、平滑的调节,实现平稳调速。

目前在电力牵引领域中,已广泛采用了GTO(可关断晶闸管)元件。GTO的工作频率较高且具有自关断能力,省去了强迫换流电路,所以整机体积减小,重量减轻,效率提高,可靠性增加,但价格较贵,对使用技术要求也高。

随着半导体技术的发展,目前又推出一种新型的元件IG-BT,即绝缘门极晶体管。它是一个场控管MOSFET与晶体管GTR的复合管,是新一代的场控型电力电子器件,在城市轨道交通领域它将代替GTO元件。毫无疑问,斩波元件的发展推动斩波器向电路简洁、控制简单、轻型化等方向发展。

2)交-直流牵引系统

这种牵引系统使用的是交流电源(交流电网),牵引电机仍采用直流电机。此牵引系统的关键部位是将交流变成可控直流的整流调压装置,如图6-6所示。运行时改变整流器的控制角,就可调节输出直流电压,使电动机调速。这种系统的交流电网电压很高,适用于大功率、长距离牵引。目前,大功率的干线电力机车已普遍采用交-直流牵引系统。

现以上海地铁动车为例,介绍直流牵引系统的实际应用。

上海地铁1号线车辆电气牵引主电路采用了1 500V直流电网供电,由架设在车辆顶上的受电弓受电,每辆动车有4台串励直流电机,电机2台串联后,再把两条支路并联。这是直流斩波调压调速的牵引系统。主电路原理图见图6-7。

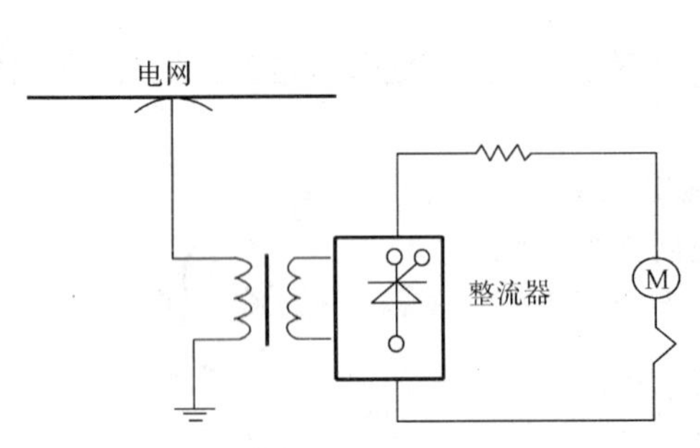

图6-6 交-直流牵引原理图

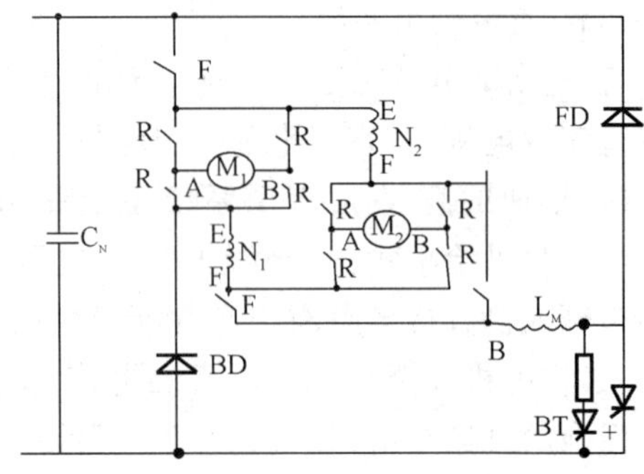

图6-7 主电路原理图

其中,M_1,M_2分别代表两个串联在一起的电机,图中其他符号的含义为:

F-牵引接触器;B-制动接触器;R-方向接触器;BT-制动晶闸管;St-GTO主管;R_B-制动电阻;FD-续流二极管;C_N-电网滤波电容;L_M-平波电抗器;BD-制动二极管;N_1,N_2-分别代表两个串联在一起的电机的励磁绕组。

现假设机车方向为前进方向,则图6-8为电路电流流向图,其中图6-8a)为牵引工况原理图,图6-8b)为制动工况原理图。

牵引方式中,F闭合,B打开。当GTO斩波器St导通时,则电流由电网经受电弓通过F、R、电机,再经F、L_M,由St流向轨道,即电源的负线;当斩波器关断时,则电机电流通过二极管FD回到电机进行续流。

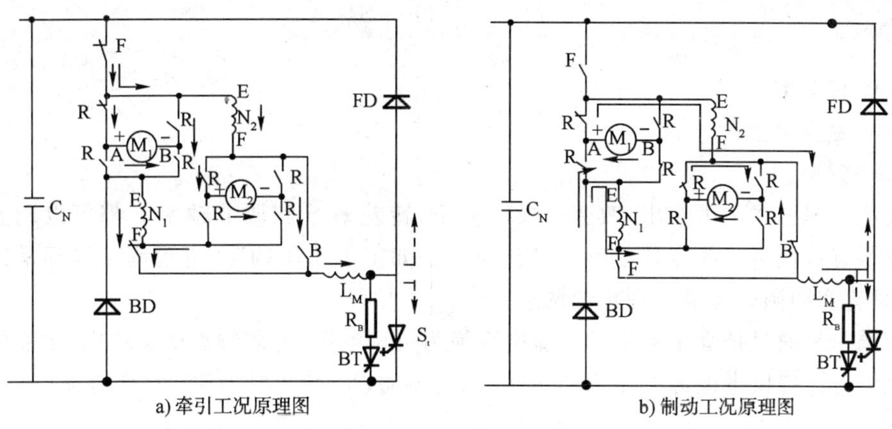

a) 牵引工况原理图　　b) 制动工况原理图

图 6-8　电路电流流向图

制动方式中，F 打开，B 闭合。上海地铁车辆的制动优先权排列为：第一优先是再生制动；第二优先是电阻制动。当电源无法吸收再生制动时，此时电流经 L_M、R_B、BT，返回电机；当电源能吸收再生制动时，则电机电流通过 FD 流向电网。斩波器在其中起到了调节作用。

2. 交流牵引系统

由于交流传动具有直流牵引无法比拟的优点，因而采用交流牵引电机的交流牵引系统已被世界各国公认为现代最优越的牵引调速系统，所以可以这么说，交流牵引也是今后世界各国（包括中国）轨道交通牵引供电系统发展的总趋势。

1)交流传动发展概况

在电传动内燃机车和电力机车中，开始是直-直传动，然后是交-直传动，20 世纪 70 年代以后又出现要交-直-交传动，即所谓的交流传动。这种传动形式被认为是现代机车的标志，日益风靡世界。这样的发展道路是由客观规律所决定的，是历史发展的必然，是机车由低级向高级逐渐演变的必然结果。每种机车的出现和存在都是与当时的技术发展相适应的，比如，随着大功率硅整流技术的出现，直-直传动很必然地被更优越的交-直传动所取代；同样，随着大功率的晶闸管特别是大功率可关断晶闸管（GTO）的出现和微机控制技术等的发展，交-直传动很自然地被交-直-交传动所取代。表 6-1 为国外部分城市使用交流牵引车辆的情况。

表 6-1　国外部分城市使用交流牵引车辆概况

国家	奥地利	奥地利	德国	德国	德国	西班牙	日本
城市 / 项目	维也纳	维也纳	柏林	慕尼黑	纽伦堡	马德里	大阪
车辆型号			F 型	B 型			系列
电压制(V)	DC750	DC750	DC750	DC750	DC750	DC600	DC750
受流方式	第三轨	第三轨	第三轨	第三轨	第三轨	架空线	第三轨
电机功率(kW)	200	125	133	180	195	120	140
电传动方式	交流变频调速	交流变频调速	交流变频调速	交流变频调速	交流变频调速	交流变频调速	交流变频调速
开始时间	1977	1980	1980	1980	1981	1982	1980

2)交流传动基本形式

交流调速是按交流电机转速公式建立的，对于鼠笼式或绕线式异步电动机，其转速 N 为：

$$N = \frac{60f}{P}(1-S) \tag{6-1}$$

式中：S——转差率；

P——磁极对数；

f——频率。

因此从转速公式中可看出，改变磁极对数 P、转差率 S 和调节频率 f 都可以调速。但是变极调速是有级调速。改变转差率 S 的调速方法如定子调压调速、电磁调速等都是耗能型调速方法，只有变频调速是最为理想的调速方法。

变频调速是通过把固定频率的交流电变换为可调电压、可调频率的交流电，由变频器向交流电动机供电。按供电电源的不同可分为直-交传动，交-交传动及交-直-交传动（有直流中间环节）。

由上面分析可知，对交流传动而言，其关键部件是变频器。变频过程中没有中间直流环节的称为交交变频器，有中间直流环节的称为交直交变频器。直流可以认为是频率为零的交流，由直流变为定频定压或调频调压交流电的变频器称为逆变器。交直交变频器通常由整流器（AC DC 变换）、中间直流储能电路和逆变器三部分构成。变频器直流滤波环节采用电抗器的称为电流型变频器，采用电容器的称为电压型变频器。前者输出电流为矩形波，从直流输出端看电源呈高阻抗；后者输出电压为矩形波，从直流输出端看电源具有低阻抗。

随着变频器所用的半导体开关器件的迅速发展，交流技术也日益完善。电力半导体开关器件主要有普通晶闸管（Thyhristor）亦称可控硅（Silicon Controlled Rectifier，简称 SCR），可关断晶闸管（Gate Turn Off Thyristor，简称 GTO），大功率晶体管（Giant Transistor，简称 GT），绝缘栅双极晶体管（Insulated Gate Bipolar Transistor，简称 IGBT），功率场效应晶体管（功率 Mos-FE），逆变器模块（Invertor Modular），功率集成电路（Power Integrated Circrit，简称 PIC）。

现代轨道交通中用得较多的半导体开关器件为可关断晶闸管 GTO 和绝缘栅双极晶体管 IGBT。GTO 元件目前达到的水平是 5 000V/4 000A，IGBT 元件目前达到的水平是 2 000V/500A。

第三节　变　电　所

一、变电所概述

1. 变电所的分类

根据变电所的功能不同，可分为以下三类：

（1）高压主变电所

由发电厂或区域变电所直接供电。在主变电所降压后，分别以不同电压等级向牵引变电所和降压变电所供电，是城市轨道交通供电系统的集中变电所（用于三级电压供电）。

（2）牵引变电所

城市轨道交通供电系统的主要用电对象是电动车组，即牵引供电。为确保牵引供电的质量，牵引变电所的设置（数量、位置）和容量应该按远期列车编组，运行密度按牵引供电计算后确定。

根据制式的不同牵引变电所又分为直流牵引变电所和交流牵引变电所。根据不同的牵引制式，变电所内完成相应的变压、变相、变流作用。目前，我国的牵引变电所主要有电气化铁路的单相工频交流制牵引变电所和城市轨道交通系统（地铁和轻轨）的直流牵引变电所。

(3)降压（动力）变电所

降压（动力）变电所根据动力用电量确定其设置数量和容量。

2.变电所的供电方式

(1)二级电压供电：由区域变电所输出中高压等级（10kV或35kV），直接向牵引变电所和降压变电所供电。由牵引变电所降压和整流为直流牵引电压等级（750V或1 500V），由降压变电所降为380V动力电压等级，再分别向接触网、电动车组供电或向动力用电设备供电。

(2)三级电压供电：需设置轨道交通系统高压变电所，即由区域变电所输出高压等级（110kV或220kV）对主变电所供电，再由主变电所将高压等级降为中高压等级，分别向牵引变电所和降压变电所供电。

我国北京、天津地下铁道采用二级电压供电方式，上海地铁则采用三级电压供电方式。

3.变电所的主要电气设备

主要设备包括：变压器、断路器、隔离开关、母线、熔断器、电压互感器、电流互感器、避雷器、整流器等。

(1)电气设备的功能

①变压器：一种传递和变换交流电能的静止变换器。

按应用功能分升压变压器和降压变压器；

按相数分单相、三相、多相变压器；

按线圈数分单相线圈（自耦变压器）、双线圈、三线圈变压器；

按调压方式分空载调压（不带负载调压）、有载调压变压器；

按绝缘方式分干式、浇注式、油浸式变压器。

②断路器：一种对电路进行控制（开断、关合）和保护的高压电器开关，用于自动切断负载电流和短路电流。

按绝缘方式和熄弧介质分为：油断路器、六氟化硫断路器、真空断路器、空气断路器等。

③隔离开关：一种没有熄弧装置的高压电器开关。不能切断负载电流和短路电流，但可在无负荷电流时接通和断开电路。在断开状态，能起到隔离电压作用，为运行、操作和检修提供方便和安全条件。电路停电时应断开断路器，后拉开隔离开关；送电时则先合上隔离开关，再闭合断路器。

④母线：一种汇合和分配电能的导线。室外常用软质母线，如蕊芯铝绞线；室内则采用硬质母线，如铝排。

母线常用颜色标记识别，在三相交流系统中：黄色-A相，绿色-B相，红色-C相；在直流系统中：红色-正极，蓝色-负极，黑色-零线及接地线。

⑤熔断器：一种利用过负荷或短路电流导致熔体发热熔断原理设计的保护电器设备。低压熔断器一般采用插入式纤维管瓷管熔断器，高压熔断器有充石英砂瓷管熔断器、室外用角式和跌落式熔断器。

熔断器在电流超过最小熔断电流时，熔断时间随电流增大而缩短，一旦熔体熔断，须停电更换熔体。

⑥电压互感器：一种用于测量、控制和保护回路用的变压器。其一次绕组并联在一次电路中，二次绕组则并联仪表、继电器的电压线圈。由于二次绕组仪表、继电器的电压线圈阻抗很大，所以电压互感器工作时二次回路接近于空载状态。二次绕组的电压一般为10V。

电压互感器有双绕和三绕组，单相和三相，干式、油浸式和浇注式，屋内和屋外等分区。

⑦电流互感器：是一种电气测量、控制和保护回路用的变流器。将其一次线圈串连在一次回路中，二次绕组与仪表、继电器等的电流线圈串连，形成闭合回路。

电流互感器有单匝和多匝式，干式、油浸式和浇注式，屋内和屋外等分区。

⑧避雷器：一种防止从线路浸入的雷电波损坏电器设备绝缘的保护电器，一般有保护间隙型（角型）、管型、阀型等。

⑨整流器：一种与牵引变压器组合成变压整流机组的电流变换设备。通过整流器，将牵引变压器输出的交流电变为一定电压等级的直流电，当牵引变压器是多相变压器时，整流器变换成的直流电较为平滑，即直流电中含有的交流成分较少。

(2)电气设备的图形与符号

变电所中主要电气设备的图形和符号见表6-2所示。

表6-2　主要电气设备的图形和符号

名　称	图　形	符　号	名　称	图　形	符　号
三相变压器		B	电压互感器		YH
断路器		DL	电流互感器		LH
带隔离触指断路器		DS	阀型避雷器		BL
隔离开关		G	整流器		ZL
母线		M	带隔离触指直流高速开关		SK
熔断器		RD	低压交流开关		DK

二、主变电所

城市轨道交通供电系统中，由上一级供电区域获得高压（110kV或220kV）电能，经降压后以中高压电压等级（35kV或10kV）向牵引变电所和降压变电所供电的一类变电所，称为主变电所。

为保证轨道交通牵引负荷一级用电需要，需设置2座或2座以上的主变电所，两路电源进路配置两台相应的变压器。

变电所如需以不同电压等级向附近牵引变电所、降压变电所供电，主变压器可采用三相三线圈有载调压变压器。主变压器主接线如图6-9所示。

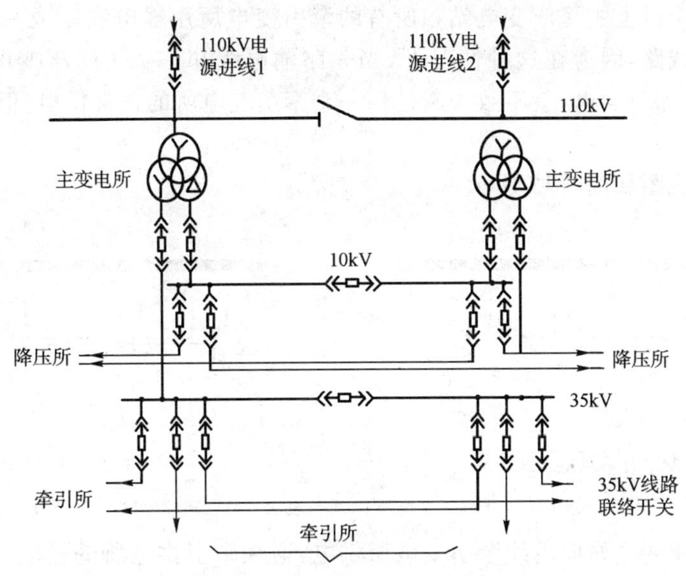

图 6-9 主变电所的主接线图(内桥结构线类型)

三、牵引变电所

牵引变电所由区域变电所或主变电所获取中压电压等级电能,经降压与整流变换可供列车牵引用直流电。牵引变电所的主结构线见图 6-10 所示。

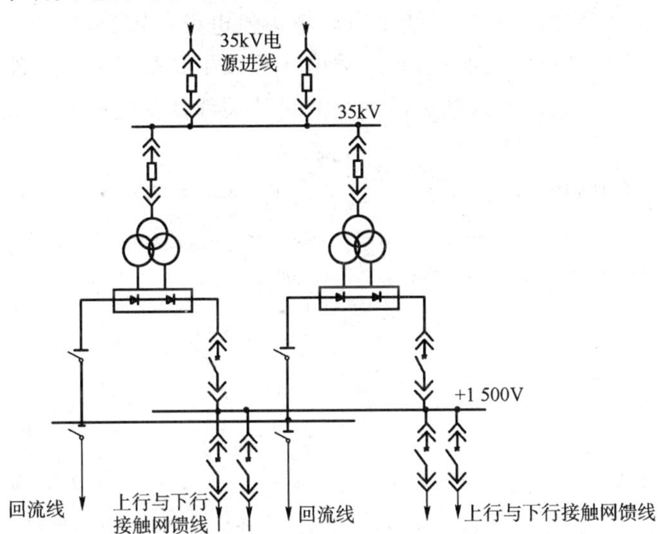

图 6-10 牵引变电所的主结构线

1. 向牵引变电所供电的形式

由于交通运输的重要性,所有轨道交通的牵引供电都属于电力部门供电的一级负荷,即要确保向它供电的可靠性,为此,牵引变电所均由两个独立的电源供电。又由于轨道交通线路分布范围较广,通常需要在轨道沿线设置多个牵引变电所向它供电,再加上电源线路的具体分布情况不同,因此造成向牵引变电所供电的形式复杂多样,可以归纳成以下几种典型的形式。

(1)环形供电

环形供电接线图如图 6-11 所示。

由两个或两个以上主降压变电站和所有的牵引变电所用输电线联成一个环形，环形供电是很可靠的供电线路，因为在这种情况下，当一路输电线和一个主降压变电站同时停止工作时，只要其母线仍保持通电，就不致中断任何一个牵引变电所的正常供电，但其投资较大。

(2)双边供电

双边供电接线图如图 6-12 所示。

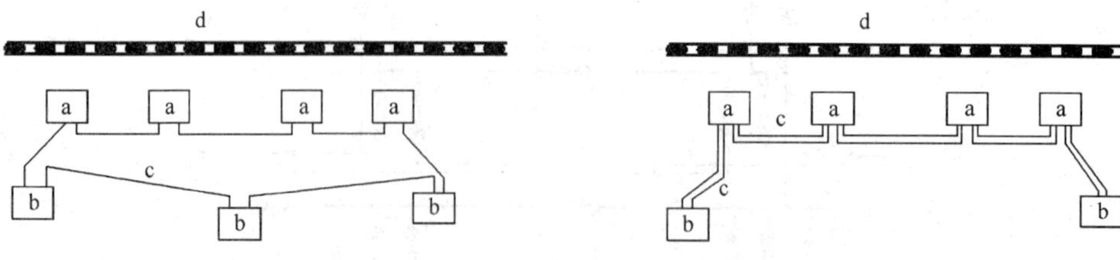

图 6-11　环形供电接线图　　　　图 6-12　双边供电接线图

a-牵引变电所；b-主降压变电所；c-线条表示一路三相输电线；d-轨道线

由两个主降压变电站向沿线牵引变电所供电，通往牵引供电所的输电线都经过其母线联接，为了增加供电的可靠性，用双路输电线供电，而每路按输送功率计算。这种接线可靠性稍低于环线供电。当引入线数目较多时，开关设备多，投资增加。

(3)单边供电

单边供电接线图如图 6-13 所示。

当轨道沿线附近只有一侧有电源时。则采用单边供电。单边供电较环形供电的可靠性差，为了提高可靠性，应用双回路输电线供电。单边供电设备较少，投资也少。

在双边供电和单边供电的情况下，每路输电线可以不必都进入所有的牵引变电所，而是轮流地每隔一个进入一个，这样可以减少进线的数目从而降低变电所的投资。

(4)辐射形供电

辐射形供电接线图如图 6-14 所示。

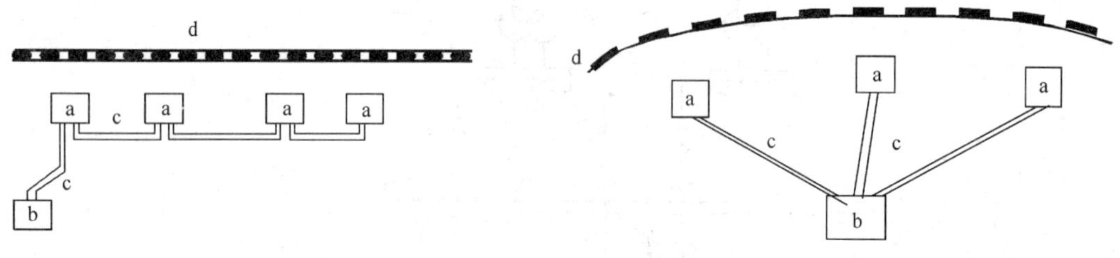

图 6-13　单边供电接线图　　　　图 6-14　辐射形供电接线图

每个牵引变电所用两路独立输电线与主降压变电站连接。这种接线方式适合于轨道线路成弧形的情况，接线简单，但当主降压变电所停电时，全线将停电。

应当指出，实际情况常常是以上某些典型接线方式的综合。变配电接线路图的选择应该是这样的，当供电系统的一个元件故障损坏时，它应能自动解列而不致破坏牵引供电。

为了便于说明，下面以上海地铁 1 号线一期工程供电系统为例，如图 6-15 所示。

该供电系统接线图采用两个支柱式主降压变电所，以双回路输电线向牵引变电所和沿线车站区间用电的降压变电所供电。主降压变电所为 110kV 双回路进线，它以 35kV 双路输电线向沿线牵引变电所作双边或单边供电，以 10kV 双路输电线向降压变电所供电，其供电接线方式为单边供电或双“T”形供电。“T”形供电的特点是主降压变电站供电给其他降压变电所

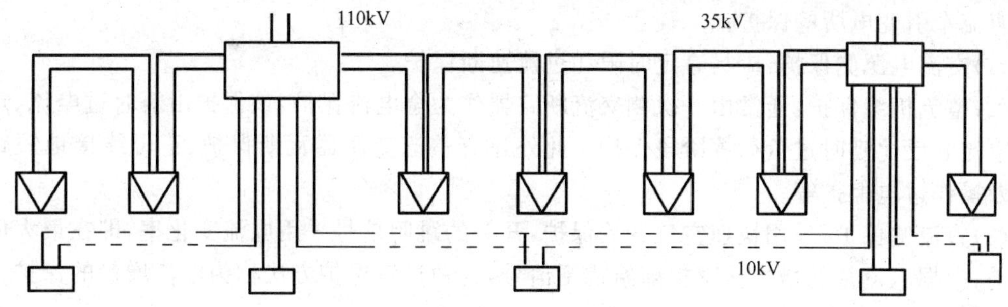

图 6-15 上海地铁 1 号线供电系统接线图

的负荷电流不流入本降压变电所。

这种接线方式建设投资比较低，而供电可靠性却相当高，当轨道线路延长时，可酌情在线路两端搭建主降压变电站，建设灵活性较大。

2. 牵引变电所的设置

牵引变电所的容量和设置的距离是根据牵引供电计算的结果，并作经济技术比较后确定的，一般设置在沿线若干车站及车辆段附近，变电所的间隔一般为 2～4km。牵引变电所按其所需总容量设置两组整流机组并列运行，沿线任意牵引变电所故障，由两侧相邻的牵引变电所承担其供电任务。例如天津地下铁道 1 号线正线全长 26.188km，共设有 22 个车站，设 19 座 10kV 牵引变电所。

牵引变电所可以设在地面也可设在地下，一般应尽可能设在地面，因为地面变电所投资小、运行费用低、运行管理方便。

牵引变电所可沿线均匀布置，也可结合车站，与降压变电所合建于车站站端。均匀布置可减少变电所数量，馈电质量较好，但管理不方便；设在车站，可与降压变电所合建，同时管理比较方便。

牵引变电所内应留有大型设备的进出口和运输通道，同时考虑通风、散热、防火、防电、防雷击等要求。

牵引变电所的设置距离应保证高峰时最大运营负荷的需要，同时应保证系统中任何相隔的两座变电所发生故障解列时，靠其相邻的变电所的过负荷能力，仍能保证列车的正常运行。

3. 直流牵引变电所

直流牵引变电所的主要功能是：将其交流进线电压通过整流变压器降压，然后经整流器将交流电变为直流电供给电动车辆的直流牵引电机使用。直流牵引变电所从双电源受电，经整流机组变压器降压、分相后，按一定的整流接线方式由大功率硅整流器把三相交流电变换成与直流牵引网相应电压等级的直流电，向电动电机供电。图 6-16 所示是直流牵引变电所的接线原理图。

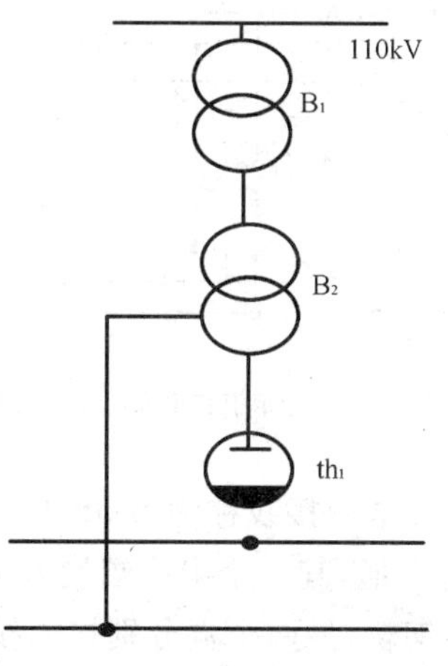

图 6-16 直流牵引变电所的接线原理图

整流机组是直流牵引变电所的关键设备，为降低整流直流中的脉动分量和整流变压器一次侧的谐波含量，一般应采用 12 相脉动的整流接线方式。现代整流机组的单机功率可达到 3 500kV 以上。直流牵引变电所间距离仅几千米，一般不设分区所和开闭所。

直流牵引变电所的保护：

(1)交流电源侧保护：应具有定时限和过流速断保护。

(2)整流机组保护：通常由一次侧交流断路器作为全电流保护，该保护由瞬时过电流、定时限过电流和反比延时过负荷等阶段保护。此外还有整流变压器瓦斯保护、正母线接地短路保护以及操作过电保护等。

(3)直流侧保护：采用快速空气开关保护，开关的跳闸信号采用电流变化率，即在最大值出现之前，根据电流量的增加速率提前给跳闸信号，这种过流保护方法称为电流增量的保护。

4. 交流牵引变电所

交流牵引变电所按其主变压器接线方式的不同又分为：单相牵引变电所、三相牵引变电所、三相-两相牵引变电所。分述如下：

(1)三相牵引变电所

其结构原理如图 6-17 所示。

将一个三相 Y/Δ 联接的变压器，Y 侧介入 110kV 或 220kV 的电力系统，Δ 侧作为牵引侧，一个端接入轨道作为公共地，另外两端分别接入接触网的两个相邻供电区段。这样两个相邻区段上的电压将是大小相等，相位相差一定角度的两个线电压，其标准电压为 25kV。

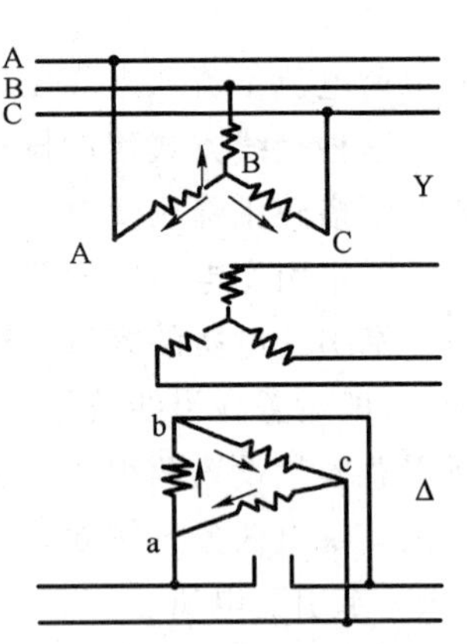

图 6-17 三相牵引变电所结构原理图

(2)单相牵引变电所

其原理如图 6-18 和图 6-19 所示。

图 6-18 所示单相变电所的主变压器是一台单相变压器，其一次侧接入电力系统的不同两相取线电压，二次侧一端接钢轨，另一端接入接触网。也可按照图 6-19，在牵引变电所中设置两台双绕组的单相变压器，其一次侧和二次侧连成开口三角形，此开口三角形的两个开口端和一个公共端，在一次侧接入电力系统的三相电网，在二次侧将公共端口与钢轨连接，另两个端口则分别用馈电线接入接触网的两个相邻区段。如此连接的两个接触网区段上的电压大小相等，相位相同，区段中间必须采用分相绝缘结构。

(3)三相-两相牵引变电所

其原理如图 6-20 所示。

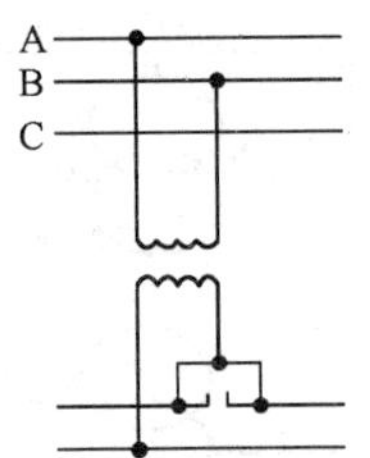

图 6-18 单相牵引变电所结构原理图

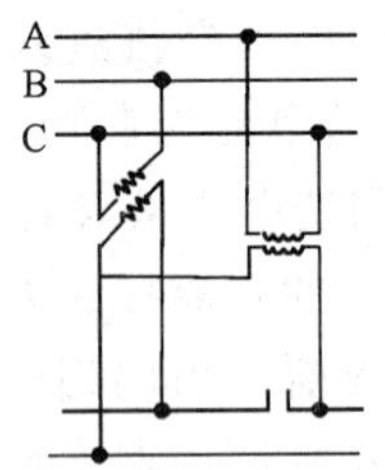

图 6-19 单相牵引变电所开口三角形接线图

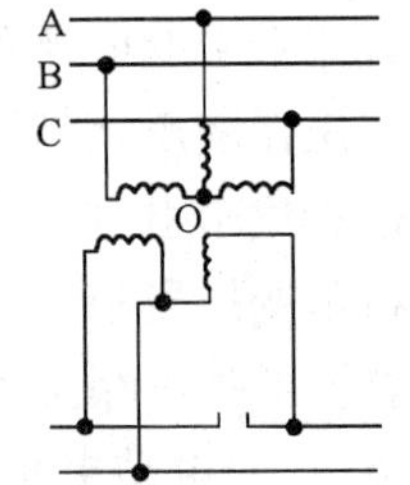

图 6-20 三相-两相牵引变电所原理

这种接线称为 Scott 接线，由两台单相变压器构成，在一次侧，底绕组 BC 和高绕组 AO 连成 T 形，其三个出线端接入电力系统的三相电网。二次绕组连成相位相差 90°的 V 形，公共端接钢轨，另两个端分别接入接触网的不同区段。此种接线方式的优点是当两个供电区段的电流大小相等时，一次侧的三相电流对称。

四、降压变电所

城市轨道交通的正常运行中，除了牵引用电之外，在环境控制和系统服务等方面还有众多用电设备，如通风机、给排水泵、自动扶梯等动力设备，以及照明、通信信号设备等。这些设备一般均使用三相 380V 或单相 220V 交流电。降压变电所即是将区域变电所或诸变电所输入的中压等级电压降压变成低压交流电，并通过配电(所)室分配各种设备用电。

降压变电所一般设在车站附近，既可对车站较集中的电气设备供电，也方便向车站两侧区间用电设备供电。此外，车辆基地、系统调度控制中心需要专门设置的降压变电所供电。降压变电所的主结线见图 6-21 所示。

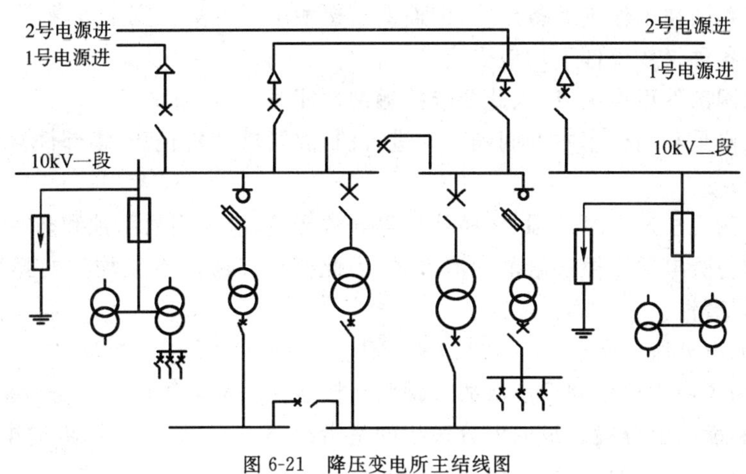

图 6-21　降压变电所主结线图

五、变电所附属设备

(1)保护装置；

(2)计量仪表(电压、电流等)；

(3)蓄电池：事故照明和开关设备操作的电源(在交流电失去时)；

(4)阻燃性导线；

(5)灭火设备。

第四节　接　触　网

一、接触网综述

1. 牵引网与接触网

接触网即经过电动列车的受电器向电动列车供给电能的导电网(有接触轨和架空接触网两种方式)。城市轨道交通系统的牵引网是沿线路敷设的专为电动车辆供给电源的装置，是轨道交通供电系统中电动车组供电的直接环节，它由两部分组成，即正极接触网供电和负极走行轨回流。牵引网包括接触网、钢轨回路(包括大地)、馈电线和回流线等。馈电线是连接牵引变电所和接触网的导线，把牵引变电所电能变换成牵引制式用电能并馈送给接触网。

接触网是一种悬挂在轨道上方沿轨道敷设的、与铁路顶轨保持一定距离的输电网。通过电动车组的受电弓(或受流器)和接触网的滑动接触,牵引电能就由接触网进入电动车组,驱动牵引电动机使列车运行。接触轨的主要优点是:使用寿命长,维修量小,敷在地面对城市景观没有影响,适应于电压较低的制式。接触网的主要优点是:安全性较好,适应于电压较高的制式。接触轨和接触网两种供电方式,目前在世界上许多国家同时并存,到底用哪种方式要根据城市自身的特点决定。

2.接触网应满足的要求

接触网是牵引系统的重要组成部分,一旦损坏将中断牵引供电。为此,接触网应满足以下基本要求:

(1)由于接触网在工作中无备用网,因而要求接触网强度高且安全可靠;

(2)要求在各种气候条件下均应受流良好;

(3)因接触网部件更换困难,因此要求接触网性能好、运行寿命长;

(4)因其维修是利用行车中的间隔时间进行的,故要求结构轻巧,零部件互换性强,便于施工、维护和抢修;

(5)因接触网无法避开腐蚀强、污秽严重等异常环境,应采用耐腐蚀和防污秽技术措施;

(6)因采用与受电器摩擦接触的受流方式,因此要求接触网有较均匀的弹性,接触线等部位要有良好的耐磨性。

3.接触网的电分段

电分段是为了便于检修和缩小事故范围而将接触网分为若干段。电分段根据设置位置分为纵向电分段和横向电分段。纵向电分段指的是沿线路方向进行分段,横向电分段是在线路之间的分段,如在车辆段的各股道之间进行的分段等。

电分段通常用分段绝缘器来实现。分段绝缘器是用以实现电分段的专用绝缘装置,目前,广泛采用环氧树脂分段绝缘器,其结构主要由环氧树脂绝缘板、铝合金导流滑板等组成。

接触网在正常工作状态下,从牵引变电所直接得到馈电,并构成双边供电。接触网的电分段设在下列各处:

(1)车辆出行处(进站端);

(2)辅助线与正线的衔接处;

(3)车辆段与正线的衔接处;

(4)车辆段库线入口处。

4.接触网的供电原理及方式

牵引供电所向接触网供电有两种方式:单边供电和双边供电,供电原理如图6-22所示:

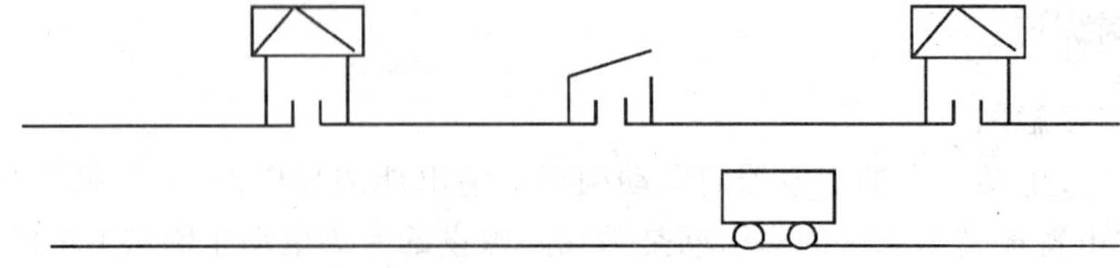

图6-22 接触网供电原理图

接触网通常在相邻两牵引变电所间的中央断开,将两牵引变电所之间两供电臂的接触网分为两个供电分区。每一供电分区的接触网只从一端的牵引变电所获得电流,称为单边供电。

如果在中央断开处设置开关设备时，可将两供电分区连通，此处称为分区亭。经分区亭的断路器闭合，则相邻牵引变电所间的两个接触网供电分区均可同时从两个变电所获得电流，称为双边供电。

二、接触网的类型

接触轨式接触网仅用于地铁与封闭的城市铁路和轻轨，架空式接触网除此还可用于铁路干线、城市地面和工矿电机车电力牵引线路。

1. 架空式接触网

架空式接触网是架设在走行轨道上部的接触网，由电动列车顶部伸出的受电弓与之接触取得电能。架空式接触网用于城市地面以及地下、铁路干线、工矿的电力牵引线路。一般牵引网电压较高时，为了安全和保证一定的绝缘距离，宜采用高架式接触网。架空接触网可分为地面架空式和隧道架空式两种。

(1)地面架空式

地面架空式接触网如图 6-23 所示，它由以下几个部分组成。

①接触悬挂：包括承力索、吊弦、接触线。接触悬挂方式很多，图 6-23 为弹性链形悬挂。

②支持装置：其作用是用以支持接触悬挂，并将其负荷传给支柱或其他建筑物的结构，包括腕臂、拉杆和绝缘子。

③定位装置：其作用是保证接触线与受电弓的相对位置在规定范围内，包括定位器与定位管。

④支柱与基础：其作用是用以支承接触悬挂和支持装置，并将接触悬挂固定在规定高度。

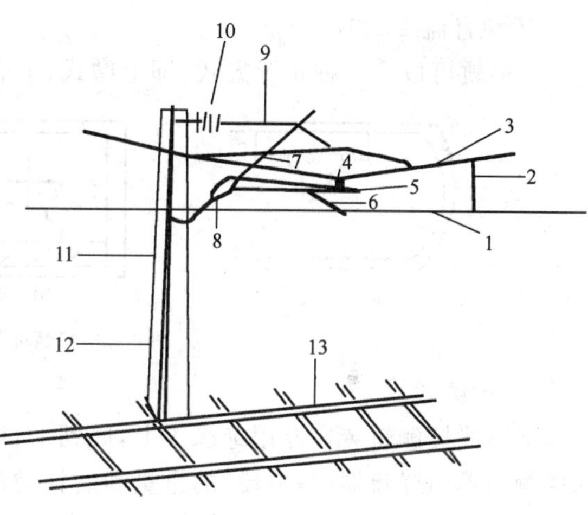

图 6-23　地面架空式接触网

1-接触网；2-吊线；3-承力索；4-弹性吊弦；5-定位；6-定位器；7-腕臂；8-棒式绝缘子；9-拉杆；10- 悬式绝缘子；11-支柱；12-接地线；13-钢轨

(2)隧道架空式

因为隧道内空间狭窄，所以隧道架空式接触网必须考虑隧道断面、净空高度、带电体对接地体的绝缘距离等因素的限制。此外隧道架空式接触网的支持装置可直接设置在洞顶或洞壁上，而不需要专门立支柱。只有合理的选择和确定悬挂方式，才能充分地利用有效的净空高度，改善接触网的工作性能。图 6-24 是地铁隧道的一种架空式悬挂方式。

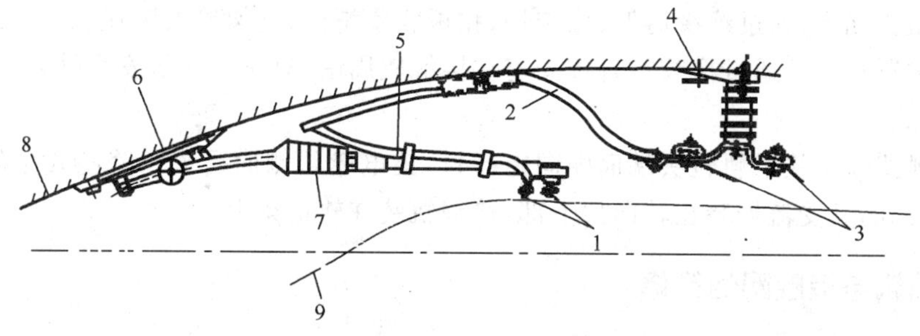

图 6-24　隧道式架空接触网示意图

1-接触线；2-联接线；3-馈电线；4-接地线；5-调节臂；6-弹性支架；7-绝缘子；8-隧道洞顶；9-受电弓

图 6-24 中，安装在绝缘子上的馈电线通过连接线与接触线连接，使接触线受电。接触线由调节臂固定，调节臂带棒式绝缘子，一端固定安装在隧道洞顶一侧的弹性支架上。调节臂可用来调整接触线与轨面之间的高度，弹性支架通过调节臂使接触线与受电弓之间保持足够的弹性，以保证它们之间的良好接触受流。

地面与隧道架空式悬挂均属柔性接触悬挂，还有一种悬挂方式为刚性架空式接触悬接，可适用于低净空隧道，在日本的东京、大阪等地的地铁中已有应用，但在弹性方面不如柔性接触悬挂。

2. 接触轨

接触轨是沿轨道线路在走行轨道一侧平行铺设的附加第三轨，故又称第三轨。在净空受到限制的线路和电压等级较低时多采用接触轨式接触网。

接触轨受电方式最早在伦敦城市轨道中采用，由于接触轨构造简单、安装方便、可维修性好，并对隧道建筑结构等净空要求低，受流性能满足直流 750V 供电的需要，因而在标准电压直流 750V 供电系统中得到广泛的应用。接触轨系统允许电压波动范围为直流 750V～直流 900V。第三轨接触网的电压据 IEC 标准为直流 600V 和直流 750V，北京地铁采用了直流 750V 的接触轨供电的方式，但也有国家采用较高电压，如西班牙巴塞罗那地铁就采用了直流 1 500V 和直流 1 200V。

接触轨可以有三种布置方式，即上磨式、下磨式以及侧磨式。分别如图 6-25 所示：

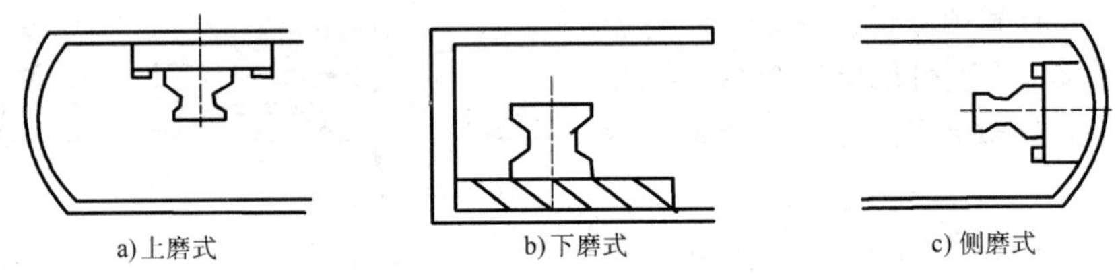

图 6-25　接触轨布置形式示意图

(1) 上磨式

上磨式接触轨装在专用绝缘子上，底朝下，取流时，接触靴自上向下压向接触轨。上磨式的接触力不由受流器(集电靴)的重量和磨耗情况决定，只受弹簧支座特性的控制，受流平稳，由于端部弯头的过渡作用，能够减少在断电区的电流冲击。

上磨式接触轨因接触靴在其上面滑动，所以固定方便，但不易加防护罩。其施工作业简便，可以在轨头上部通过支架安装不同类型的防护板。北京地铁、纽约地铁都是采用上接触式第三轨。

(2) 下磨式

下磨式轨头朝下，通过绝缘肩架、橡胶垫、扣板收紧螺栓、支架等安装在底座上。下接触式的优点是防护罩从上部通过橡胶垫直接固定在接触轨周围，对作业人员安全性好。

(3) 侧磨式

侧面接触式就是接触轨轨头端面朝向走行轨，集电靴从侧面受流。跨座式独轨车辆就采用侧面接触形式，其受流器装在转向架下部，接触轨装在轨道梁上。

三、接触轨与接触网的维修

1. 接触轨的维修

1) 日常巡检与定期检查的内容

(1)检查接触轨及防护板、托架及绝缘部件清洁、牢固情况；

(2)检查接触轨连接线、夹板等是否松动脱落，弯头是否松动移位脱落；

(3)检查有无物体侵入限界，阻碍受电靴取流。

2)维修内容及要求

(1)维修内容

①按照正确的线路位置调整接触轨的水平方向及接触轨防护板；

②如果防护板是金属材质，则要做好护板的防腐工作，在弯头端部 10m 范围内防护板每年刷一次防锈漆；

③擦拭绝缘部件；

④整修接触轨弯头；

⑤整修托架及绝缘底座的地脚螺栓、螺母，并做好防腐蚀处理；

⑥清理接触轨弯头的易燃物。

(2)技术标准

①接触轨中心与相邻走行轨内侧水平方向的距离要符合规定值，其误差不大于±10mm；

②接触轨顶面距相邻走行轨顶面的距离要符合规定值，其误差不大于±8mm；

③接触轨的工作面应与相邻的走行轨平面平行，接触轨的接头连接坚固，电器连接良好；温度补偿接头应能伸缩自如，电器连接良好；

④上磨式接触轨的瓷瓶应无损坏、无松动，其位置正确、稳固，瓷瓶表面应清洁；

⑤上磨式接触轨的托架位置正确、安装牢固、无损坏；托架顶端内侧至相邻走行轨内侧的距离应符合规定值，其误差在±15mm 之内，托架顶端下面至相邻走行轨顶面的距离应符合规定值，误差不超过±10mm；

⑥绝缘整体安装底座(下磨式接触轨)位置正确、无损坏、表面清洁，与相邻走行轨的距离(水平或垂直方向)应符合规定值；

⑦接触轨弯头位置正确，弯头端部与相邻走行轨顶平面的高度差要符合规定值，误差在＋5～－10mm之间；

⑧防爬器位置正确、状态良好；

⑨连接螺栓无锈蚀，坚固，涂油。

(3)维修记录

表 6-3 为接触轨的检查和维修记录表格。

表 6-3 接触轨巡视检查和维修记录表

序号	项　目	单位	标准值	实际值	结论(合格/不合格)	备注
1	接触轨至相邻走行轨的水平距离	mm				
2	接触轨至相邻走行轨垂直距离	mm				
3	防护板的塌陷、变形情况					
4	瓷瓶或绝缘式整体支架的损坏裂纹长度					
5	瓷瓶或绝缘式整体支架的清洁情况					
6	托架或绝缘式整体安装底座的状态					
7	防爬器的状况					

续上表

序号	项　目	单位	标准值	实际值	结论(合格/不合格)	备注
8	温度补偿装置的状况					
9	电连接状况					
10	绝缘电阻	MΩ				
11	其他					

3)接触轨大修验收技术标准

①接触轨轨面平稳，直线区段顺直、曲线区段圆顺；各种连接零件无失效；焊接处要符合焊接要求；连接处不得出现高低±1mm，错牙±2mm 的误差；遥测绝缘要符合要求；

②接触轨中心至相邻走行轨内侧的水平距离符合要求，误差不超过±5mm；

③接触轨顶面至相邻走行轨顶面的距离要符合要求，误差不超过±6mm；

④接触轨弯头自端部起 575mm 和 2 275mm 处，分别有 1/25 和 1/12.5 的坡度；端部距相邻走行顶平面的距离，允许误差为＋0、－10mm；位置正确，连接零件齐全；弯头顶面要平顺，连接处无错牙；

⑤下磨式接触轨的瓷瓶，其电器性能和机械性能要符合设计要求；瓷瓶牢固、无松动，位置正确，清洁；

⑥下磨式接触轨的托架顶端内侧与相邻走行轨内侧面的距离要符合设计要求，误差为－0～＋15mm；托架顶端下面至相邻走行轨面的距离要符合设计要求，误差不超过±8mm；

⑦防护板安装位置正确、牢固、无损坏、各连接部位良好；

⑧地脚螺栓和连接螺栓的规格和型号要符合设计要求，并有防腐措施。

2.柔性架空式接触网的维修

架空式接触网可分为柔性架空接触网和刚性架空接触网，地面与隧道架空式接触网均属柔性接触网。对于架空式接触网的维修，主要介绍柔性架空接触网的维修。

1)承力索和接触线的维修

(1)维修标准

①承力索和接触线的材质和截面积必须满足下列要求：承力索和接触线中通过的最大电流不得超过其允许的载流量，机械强度安全系数符合规定；

②承力索和接触线的张力和弛度应符合安装曲线规定的数值，弛度误差不大于下列数值：简单悬挂为 15%、全补偿链型悬挂为 10%，当弛度误差不足 15mm 者按 15mm 掌握；

③承力索和接触线中心锚节处和补偿器处的张力差不得超过 10%；

④直线地段承力索应位于两接触线之间中心线的正上方，曲线地段承力索与两接触线之间中心线的连线应垂直轨面，其偏差应符合要求；

⑤悬挂点处承力索和接触线距轨面高度应符合规定，其误差应符合规定，接触线的坡度允许范围为跨距的 1/400～1/200；

⑥接触线在直线地段要布置成“之”字形，曲线地段布置成受拉状态，其“之”字值、拉出值和误差要符合规定，在测量读数时，以靠定位器侧的接触线为准；

⑦接触线在水平面内改变方向时，其偏角一般不大于 12°；

⑧链型悬挂两接触线之间的水平间隙为 40mm，其所在的平面要与轨平面平行，以保证受电弓良好的取流和接触线磨耗均匀；

⑨接触线的接头以及分段绝缘其余接触线之间的过渡要保证受电弓平滑通过；

⑩接触线磨耗和损伤按表 6-4 规定整修或更换；

⑪一个锚段内接触线接头和补强线段的总数以及承力索接头、补强、断股的总数均不得超过下列规定：锚段长度在 800m 以下时为 4 个、锚段长度超过 800m 时为 8 个。

(2)维修过程和方法

①检查接触线和承力索是否有锈蚀、断股及扭断现象；

②城市轨道接触悬挂的承力索一般是铜绞线，如果承力索断股面积不小于其截面积的 7%，把断股的单股绞线理顺后，用与绞线单股线相同的铜线绑扎处理；如果断股面积大于其截面积的 7%，则用绞线接头进行加固；

③检查并测量承力索与接线的相对位置；

④测量接触线距轨面的高度和"之"字值；

⑤测量接触导线磨耗：对于接触线磨耗较严重的点或重点地段要重点测量其磨耗量。

表 6-4　接触网磨耗和损伤表

线种 / 磨损截面 / 磨损类别	TCG-120(12 000kV)	整修方法
局部磨损和损伤(mm^2)	>30	当允许通过的电流不能满足要求时加补强线
	30～48	加补强线
	>48	更换或切断后做接头
平均磨耗(mm^2)	>36	整个锚段更换

2)吊弦与吊索维修

(1)维修内容与周期，参见表 6-5。

表 6-5　吊弦与吊索维修内容与周期

序号	项目	工作内容	周期
1	吊弦	检查吊弦的安装位置是否正确	6 个月
		检查吊弦鞍子的开口朝向是否正确、吊弦是否锈蚀、偏移等	
		检查吊弦的受力状况是否有上下活动的余地	
		检查吊弦线夹的坚固情况及是否有碰弓现象	
		对线夹螺栓进行涂油	
2	吊索	检查吊索是否有损伤和老化现象	6 个月
		检查吊索两端的长度是否相等，是否符合要求	
		检查接触线线夹是否坚固和滑动，是否有碰弓现象	
		检查吊索与锥形头的连接是否可靠，其纤维是否有断裂现象	

(2)维修过程与方法

吊弦与吊索的维修一般与检修接触线和承力索一起进行，其维修较简单，不做详述，重点介绍在维修过程中几个问题的处理：

①更换吊弦和吊索：在维修时，如发现吊弦有锈蚀、损伤时，应及时更换。

②吊弦偏移的确定

在接触悬挂有补偿的情况下，当温度发生变化时，由于线索本身的物理特性会使线索产生顺线路方向的移动，尤其是在半补偿链形悬挂中。由于承力索无法补偿，在温度变化时，其弛度将发生变化，而沿线路方向基本不动，但接触线却是随温度变化而产生沿线路方向的移动，故在这种情况下，吊弦就会顺线路方向倾斜，若倾斜角度过大，则会影响悬挂的质量。为了保证吊弦符合技术要求，在运行维修中，应根据当时的气温对吊弦的偏移量进行检查和验证。

3)支持与定位装置维修

(1)维修内容与周期

支持与定位装置维修内容与周期见表 6-6。

表 6-6　支持与定位装置维修内容与周期

序　号	项　目	工 作 内 容	周　期
1	支持位置	检查腕臂装置的安装是否正确	6 个月
		检查腕臂装置的偏移情况及转动是否灵活	
		检查测量水平腕臂的水平及端部抬高是否符合要求	
		检查隧道埋入杆件是否锈蚀和牢固	
		检查各部件是否锈蚀、紧固件是否紧固，螺栓涂油等	
2	定位装置	检查定位器、定位管的偏移是否符合要求	
		检查定位器、定位管的坡度是否符合要求	

(2)维修过程与方法

在对支持装置进行维修时，重点检查腕臂有无弯曲变形，水平拉杆或压管受力是否良好，钩头鞍子有无异常等情况；在对定位装置进行维修时，重点检查定位器、管的偏移及坡度是否满足要求，各零部件的受力是否良好，有无破损及裂缝，螺栓涂油等。在检查过程中发现问题要及时处理，以确保城市轨道交通运营安全。

①更换腕臂

进行腕臂更换时，无论是用梯车，还是用接触网轨道作业进行，其基本的原则是一样的。首先须根据安装图的要求进行腕臂预制；其次对要更换的腕臂卸载，即用撑杆和大棕绳或其他工具把接触悬挂支撑起来，使腕臂处于不承受接触悬挂的重量和“之”字力的状态；最后把要更换的腕臂拆掉，把预制好的新腕臂安装好，紧固各部件，并检查校核各项参数。对于整组腕臂装置的更换，其方法步骤基本相同。

②定位坡度调整

定位器的坡度要适度，过大会使接触线的工作面不正，致使接触线出现偏磨现象；过小或无坡度，容易造成定位器尾部碰弓，尤其是在曲线地段，会造成不良后果。

4)绝缘部件维修

(1)维修标准

①绝缘部件不得有裂纹、破损、烧伤。瓷绝缘子表面应清洁，无放电痕迹，其瓷釉剥落面积不大于 300mm^2；

②绝缘子的泄漏距离不小于 250mm，其抗拉、抗弯强度应符合规定；绝缘子裙边——陶瓷、玻璃钢绝缘部件与接地体间的距离应符合规定；

③在运输、装卸和安装绝缘子时应避免发生冲撞，不得捶击与瓷体连接的铁帽和金属体，同时也不得对其进行机械加工和热处理；绝缘子钢帽和金属件应无锈蚀；

④陶瓷、玻璃钢绝缘器的主绝缘不得有烧伤、破损和裂纹，其放电痕迹不得超过有效绝缘长度的 20％；

⑤分段绝缘器的组装要正确，要安装在线路中心的正上方，允许误差为±50mm，各部件的连接处牢固，与接触网在一个平面内，且与轨面平行；

⑥分段绝缘器接头处连接要牢固，过渡平滑，无偏磨；

⑦分段绝缘器距轨面的高度要比正常的接触线调高 20～30mm，其导电角隙要符合要求。

(2)维修内容与周期

绝缘部件维修内容与周期见表 6-7。

表 6-7　绝缘部件维修内容与周期

序　号	项　目	工 作 内 容	周　期
1	分段绝缘器	检查分段绝缘器距轨面的高度	3～6 个月
		检查分段绝缘器与轨面的相对位置	
		检查分段绝缘器与接触线的接头状况	
		检查承力索与绝缘棒的连接情况	
		检查分段绝缘器的导流板	
		检查过渡情况	
		清扫绝缘部件	
		检查电联络及标志	
		检查其他零部件的状况	
		紧固螺栓并涂油	
2	绝缘子	检查绝缘子表面有无放电烧伤的痕迹及绝缘子有无破损等	6 个月
		检查绝缘子瓷体与金属接合部连接情况是否良好，金属部件是否锈蚀	
		检查绝缘子受力情况	
		清扫绝缘子	

(3)检查步骤

①修前先检查、清洗绝缘部件是否损伤及受力、工作情况，测量绝缘子裙边与接地体的距离；

②检查分段绝缘器的工作状况，测量分段绝缘器的工作高度、空气间隙；

③检查并调整分段绝缘器的工作面与轨面是否平行，其中心是否在线路中心的正上方，吊索的受力是否均匀等；

④检查并调整分段绝缘器的过渡是否平滑，与接触线的连接处导线的磨耗是否正常，各导流板之间的过渡是否有碰弓现象；

⑤使用扭矩扳手用规定的力矩对各螺栓进行紧固并涂油。

第五节　动力照明系统

一、动力照明系统负荷等级及供电要求

车站动力照明采用 380/220V 三相五线制系统配电，其负荷等级及供电要求为：

一级负荷：消防用电、防灾报警、设备监控、通信、信号、售检票、排风/排烟机以及相关风阀、事故照明(含疏散指示照明)、废水泵和降压变所自用电、屏蔽门系统、交直流屏等。其中的事故照明由交、直流屏供电，消防泵、喷淋泵、废水泵、防灾报警、设备监控、通信、信号、售检票采用双电源末端自切，双电源引自降压变电所的两端低压母线；其他一级负荷均接在环控室低压母线上，该母线由降压变电所双路供电，在环控电控柜自切。

二级负荷：一般照明、节电照明、设备及管理用房照明、出入口照明、标志灯箱、污水泵、直升电梯、自动扶梯等。由降压变电所任一段低压母线供电，必要时可切除。

三级负荷：广告照明、冷水机组及配套设备、电热设备、清洁机械等。由降压变电所的任一段低压母线供电，当变电所只有一路电源时自动切除。

二、照明电源、电压以及配电形式

照明电源引自降压变电所 0.4kV 两段母线，照明配电箱分别设于站台层、设备层及站厅层的配电室内，按不同照明种类分别设置照明配电箱。

事故照明(包括诱导照明)由降压变电所交直流屏供电。站台下安全照明，折返线检查坑和车辆段检查坑内的安全照明或携带式照明用插座采用交流 360V 安全电压，其余均采用交流 220V 电压。

第六节　电力监控系统

电力监控系统(简称 SCADA 系统)是在控制中心(OCC)对供电系统的主变电所、牵引变电所和降压变电所的供电设备等的运行状态进行集中管理和调度、实时控制和数据采集。除利用“四遥”(遥控、遥信、遥测、遥调)功能监控供电系统设备的运行情况，及时掌握和处理供电系统的各种事故、报警事件功能外，利用该系统的后台工作站还可以对系统进行数据归档和统计报表功能，以便更好地管理供电系统。

一、基本组成与功能

电力监控系统由三部分组成：设在控制中心的主站监控系统，设在各变电所的子站监控系统以及连接他们的通信网络。

主站监控系统包括设置在控制中心的主机(包括 CRT 显示设备)、通信设备、模拟屏、交直流电源装置、网络打印机、运动装置及其辅助设备。其基本功能为：

(1)实现对遥控对象的遥控。主站监控系统应具有单控和程控功能，实现对各变电所主要开关设备的控制，并在 CRT 及模拟显示屏上显示、打印并输出操作内容。遥控种类分选点式、选站式、选线式三种。

(2)实现对供电系统设备运行状态的实时监视和故障报警。

(3)实现对供电系统中主要运行参数的遥测。

(4)实现汉化的屏幕画面显示、模拟盘显示或其他方式显示，以及运行和故障记录信息的打印。

(5)实现电能统计等的日报、月报表打印。

(6)实现系统自检、自恢复功能。系统对软件/硬件设备的状态进行实时监测，在故障情况下，实现互备设备的自动切换。当软件因某些原因处于死机状态下，应能自动恢复系统运行。

二、监控的基本内容

监控对象应包括遥控、遥信、遥测三部分。

1.遥控

遥控对象应有下列基本内容：

(1)主变电所、开闭所、中心降压变电所、牵引变电所、降压变电所内 10kV 以上电压等级的断路器、负荷开关以及系统用电动隔离开关；

(2)牵引变电所的直流快速断路器、直流电源总隔离开关；降压变电所的低压进线断路器、低压母联断路器、三级负荷低压总开关；

(3)接触网电源隔离开关；

(4)有载调压变压器的调压开关。

2.遥信

遥信对象应包括下列基本内容：

(1)遥信对象的位置信号；

(2)高中压断路器、直流快速断路器的各种故障跳闸信号；

(3)变压器、整流器的故障信号；

(4)交直流电源系统故障信号；

(5)降压变电所低压进线断路器、母联断路器的故障跳闸信号；

(6)钢轨电位限制装置的动作信号；

(7)预告信号；

(8)断路器手闸位置信号；

(9)无人值班变电所的大门开启信号；

(10)控制方式。

3.遥测

遥测对象应包括下列基本内容：

(1)主变电所进线电压、电流、功率、电能；

(2)变电所中压母线电压、电流、功率、电能；

(3)牵引变电所直流母线电压；

(4)牵引整流机组电流与电能、牵引馈电电流、负极回流电流；

(5)变电所交直流操作电源的母线电压。

三、城市轨道交通电力监控设备的维修

1.维护操作注意事项

(1)屏柜应有良好、可靠的接地,接地电阻应符合设计规定;

(2)当使用交流电源的电子测量仪器对电路参数进行测量时,测量仪端子与电源侧应绝缘良好,仪器的外壳应与保护屏柜在同一点接地。

(3)检验或维修时,不宜用电烙铁,如必须使用时,应将电烙铁与屏柜在同一点接地。

(4)应尽量避免用手接触集成电路元器件的管脚,实在不能避免时,应有防止人身静电损坏集成电路的措施。

(5)断开直流电源后才允许插、拔插件。

(6)拔芯片时应使用专用起拔器。插入芯片时应注意芯片的出入方向,并注意管脚是否插入正确。插入芯片后,应经第二人核对后,才可通电检验或使用。

(7)测量绝缘电阻时,应拔出装有集成电路芯片的插件。

(8)各保护测控单元的地址(或编号)一旦确定,严禁随意变更,在更换备品备件时,要特别注意核对地址和标号,应保证与以前设备绝对一致。

(9)当微机保护在现场不能按照制造厂商提供的技术条件进行整定试验时,不允许用降低使用条件和技术指标的方法来完成整定试验,而应请制造厂商解决此类问题。

(10)微机保护的整组试验,应采取向微机保护的电流、电压和外部接点端子通入实际模拟的故障分量来考核微机保护的整定精度和动作行为,不允许用改变保护控制的方式进行微机保护的整组试验。

(11)现场宜用更换插件的方法进行检修,不允许使用电烙铁对微机保护进行检修,以免扩大插件的损坏程度或给装置留下隐患。

(12)在变电站主计算机使用时,至少应留有计算机系统全部软件和数据备份一份,并保存在较为安全的地方。

(13)不得随意退出计算机监控应用程序,更不能利用变电所(站)主计算机做与该所(站)无关的事情。

(14)变电所(站)主计算机必须退出运行时,应按照计算机退出运行的操作顺序退出,严禁通过直接切断电源的方式强行退出。

(15)计算机使用的不停电电源,应定期进行检查、维护和充放电,保持其始终处于良好的工作状态。

(16)对远动通道,应有防雷击和各种抗操作过电压的措施。

(17)应每天把最新的源程序及资料更新到 SourceSafe 中去。

(18)调试机中只有一台连到内部网络上,用于程序 Debug,如果其他调试机需 Debug 程序时,应从连到内部网络上的调试机上拷贝,调试完成后需把源程序删除。

2.一般维护检查说明

(1)发现装置故障或异常时,应逐级检查相关单元,确认装置故障或异常发生的所在单元。

(2)在确认故障或异常所在的单元后,通过观察装置指示灯、替换板件、检查连接线等方法确认故障或异常点所在的板件。

(3)更换已确认故障的板件。

(4)装置故障或异常情况常常是由于连接线松动,参数设置错误、通讯线连接错误等原因造成的,而非板件本身的故障所致,故在维护时应予以注意和考虑。

第七节　杂散电流

一、杂散电流的形成

直流牵引供电系统在理想的状况下，牵引电流由牵引变电所的正极出发，经由接触网、电动列车和走行轨返回牵引变电所的负极。但钢轨与隧道或道床等结构钢之间的绝缘电阻不是很大，这样势必造成流经牵引轨的牵引电流不能全部经由钢轨流回牵引变电所的负极，有一部分的牵引电流会泄露到隧道或道床等结构钢上，然后经过结构钢和大地流回牵引变电所的负极，这部分泄露的电流就是杂散电流，又称迷流。图 6-26 为直流牵引杂散电流示意图。

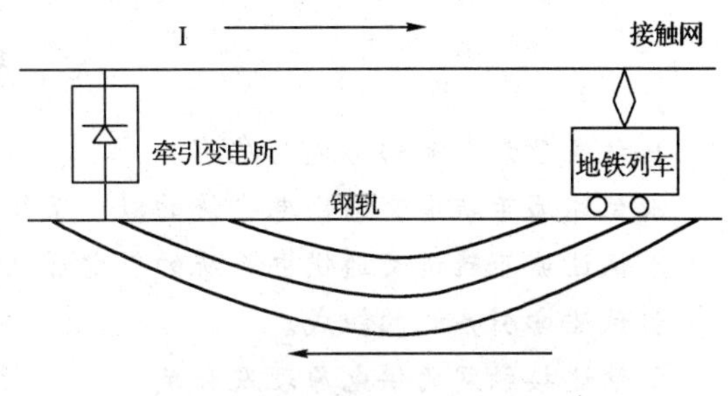

图 6-26　直流牵引地下杂散电流示意图

二、杂散电流的危害

1.杂散电流会造成地下金属结构的电腐蚀，如果这种电腐蚀长期存在，将会严重损坏地铁附近的各种结构钢筋和地下金属管线，破坏了结构钢的强度，影响其使用寿命。当轨道沿线地下有金属管道或建筑物钢筋等导电物时，地中杂散电流必多沿金属导体流动，到了回流点附近再流向钢轨回变电所，因此在回流点附近的金属管道形成了阳极区（对大地为正），如图 6-27 所示：

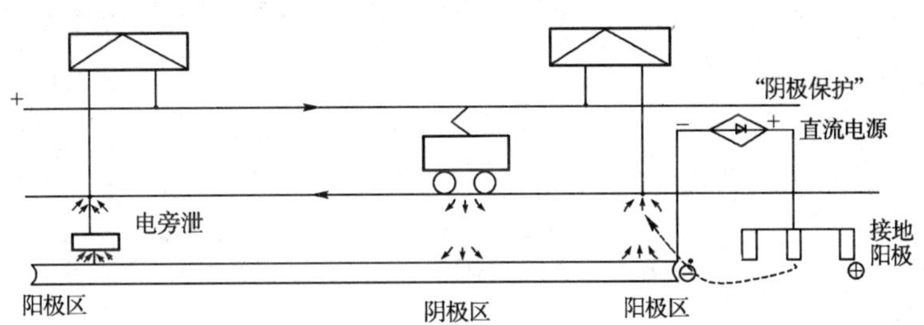

图 6-27　接触导线为"正"极性时，阳极区的分布和电保护图

由图可见对"正"接触导线情况，阳极区总是在回流点处不动，这就使阳极区内的金属物正离子流向大地，发生电解腐蚀现象，损坏了金属。

2.若杂散电流流入电气接地装置，又将引起过高的接地点位，导致某些设备无法正常工作。

3.若钢轨（走行轨）局部或整体的绝缘变差，则此钢轨对大地的泄漏电流增大，地下杂散电流增大，这时就有可能引起牵引变电所的框架保护动作。而框架保护动作，将引起整个变电所的断路器跳闸，全所失电，同时还会联跳相邻牵引变电所对应的馈线断路器，从而造成较大范围的停电事故，影响地铁正常运营。

本章小结

本章首先介绍了城市轨道交通供电系统的构成、城市电网对轨道交通系统的供电方式及负荷等级、功能与作用等;阐述了城市轨道交通系统的供电原理,对变电所、接触网的概念、类型及每一类的组成、功能及维修,动力照明系统,包括其负荷等级、供电要求、照明电源和电压及配电形式等进行了较详细介绍;同时对电力监控系统的基本组成与功能及维修、杂散电流的形成及危害等进行了基本分析。

思考题

1. 试述杂散电流的形成与危害。
2. 试述城市轨道交通供电系统的概念及组成。
3. 试述城市轨道交通供电系统的供电原理。
4. 试述牵引系统的组成。
5. 试述接触网的供电原理及分类。
6. 试述牵引供电的原理及其负荷等级。
7. 试述监控系统的功能。
8. 试述轨道交通变电所的种类及每一类的作用。

第七章　城市轨道交通信号及列车运行控制系统

城市轨道交通具有高速度、高密度、不间断运营的特点。信号系统作为行车指挥和列车运行的控制设备，在保证行车安全、提高通过能力、节能及改善运输人员的劳动条件等方面起着至关重要的作用。在城市轨道交通中采用先进信号设备是一项事半功倍的措施，世界先进国家的地铁和轻轨运营经验证明，只有高水平的信号系统才能更充分发挥其他技术装备的能力，而且它的水平代表了整个地铁与轻轨技术装备的现代化水平。

第一节　城市轨道交通信号系统

一、轨道交通信号基础

信号系统包括信号设备、联锁设备、闭塞设备三部分。轨道交通信号设备指挥列车运行；联锁设备保证轨道交通车站(包括车辆基地)列车运行的安全；闭塞设备则是保证区间列车运行安全的专门装置。

1.信号色及其表示意义

1)基本色

(1)红色：停车，禁止越过信号机，即信号处于关闭状态(信号熄灭或显示不明的情况，也可视为停车信号)。

(2)绿色：可按规定速度通过，即信号处于正常开放状态。

(3)黄色：注意减速运行，即信号处于有条件的开放状态。

2)辅助色

(1)月白色：若作为调车信号，则表示允许越过信号机调车；若作为引导信号，应加上红色信号显示，准许列车越过红灯，以不超过 20km/h 的速度进站，并随时做好停车准备。

(2)蓝色：调车信号，表示禁止越过调车信号机调车。调车信号常设于折返站、区间站等有折返调车作业的车站，以及车辆基地等常有转线、取送、解编等调车作业的地方。

3)信号种类

(1)视觉信号和听觉信号

视觉信号：如色灯信号机、信号旗、信号牌等，以信号灯的颜色或信号装置的位置变化来显示信号意义。

听觉信号：如口哨、口笛、响墩等，以声音的大小、长短等方式来显示信号意义。

一般以视觉信号为主要信号，听觉信号为辅助信号。

(2)固定信号和移动信号

固定信号：是固定设置在规定位置的信号装置，如地面信号机等。

移动信号：根据需要可以临时设置的信号装置，如信号牌、手提信号灯、信号旗等。

目前铁路以固定信号为主要信号，移动信号为辅助信号。

(3)地面信号和车载信号

地面信号：是设置在线路附近供驾驶员辨识的信号。

车载信号：是通过传输设备，将地面信号或其他方式传输信号直接引入车辆并能显示的信号。

城市轨道交通系统一般运用地面信号与车载信号结合的方式。

4)信号机的设置及其功能

城市轨道交通的信号机，指的是设置在线路、车站、车辆基地等处，用于传递运行指挥命令的地面信号机，是一种昼夜均以信号灯的颜色显示信号意义的色灯信号机，主要为固定信号机。

常用的信号机有进出站信号机、道岔防护信号机、通过信号机、进出段信号机、调车信号机等。在采用了列车自动防护系统(ATP，Automatic Train Protection)的区段，可不设通过信号机；在采用列车自动控制系统(ATC，Automatic Train Operation)的情况下，车站可不设进出站信号机。信号机一般情况下应设在列车运行方向的左侧。

2. 轨道电路

轨道电路是轨道空闲及占用的检测装置。为使行进中的列车直接获取传输信号，从而达到固定的地面信号向车载信号传输显示的目的，利用两根钢轨构成电气回路，称为轨道电路。相邻的轨道电路路段之间用绝缘节进行隔离。

1)轨道电路的组成与工作原理

轨道电路由送电端、接受(受电)端、传输线、电源、轨道继电器等组成，图 7-1 为一段直流闭路式轨道电路及其工作原理。

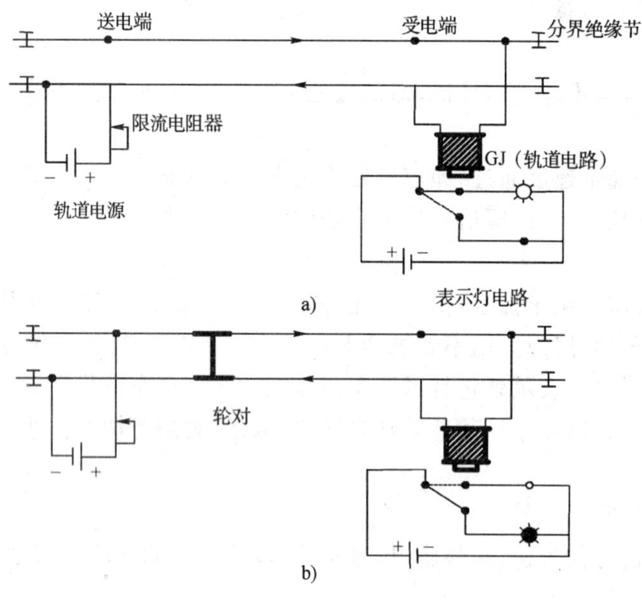

图 7-1 直流闭路式轨道电路及其工作原理

如图 7-1a)所示，当轨道上无车占用，且钢轨完好无损时，电路形成通路，轨道电路继电器励磁线圈有电通过，衔铁被吸起，中簧片连接前接点，绿灯或黄灯亮，表示该轨道电路上无车占用，列车可进入该轨道运行。此时，轨道电路处于“调整状态”。

如图 7-1b)所示，当轨道上有车占用时，由于车轮形成了电路短路，使得轨道继电器励磁线圈失去电流，从而使衔铁落下，中簧片断开前接点而连接后接点，绿灯灭，红灯亮，表示该轨道段上有车占用，列车不准进入该区段(停车在区段防护信号外)。此时，轨道电路处于“分路状态”。

当轨道发生钢轨断裂时，轨道电路形成断路，轨道继电器同样失去电流导致红灯亮，从而形成了保护作用。

2)轨道电路的种类

轨道电路可分为有绝缘轨道电路和无绝缘轨道电路。

(1)有绝缘轨道电路

有绝缘轨道电路可分为直流轨道电路和交流轨道电路。交流轨道电路采用交流电源，在向轨道送电时需先降压，而轨道电路继电器也要采用交流继电器。交流轨道电流可分为交流连续式和交流电码式，交流连续式常用高频 50Hz，也可用低频 25Hz 等方式。交流轨道电路如图 7-2 所示。

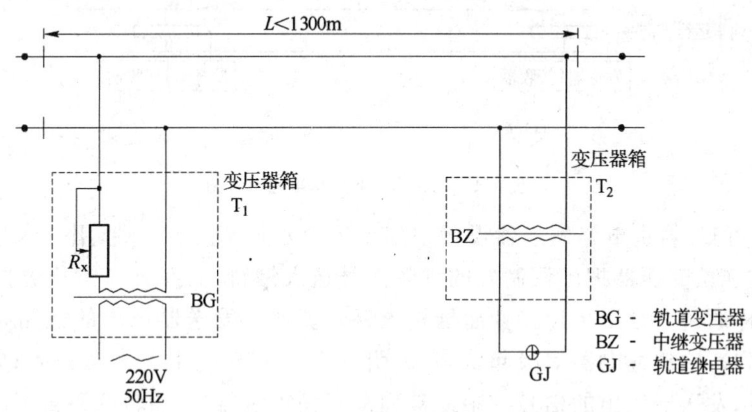

图 7-2 直线段交流轨道电路示意图

直流轨道电路按照传输电流的形式可分为直流连续式和直流脉冲式。直流脉冲式包括极性脉冲、极频脉冲、不对称脉冲等制式。在直流电力牵引区段，按照牵引电流通过钢轨的情况，可分为单轨条和双轨条轨道电路两种。单轨条轨道电路示意图(单轨条牵引回路)如图 7-3 所示。

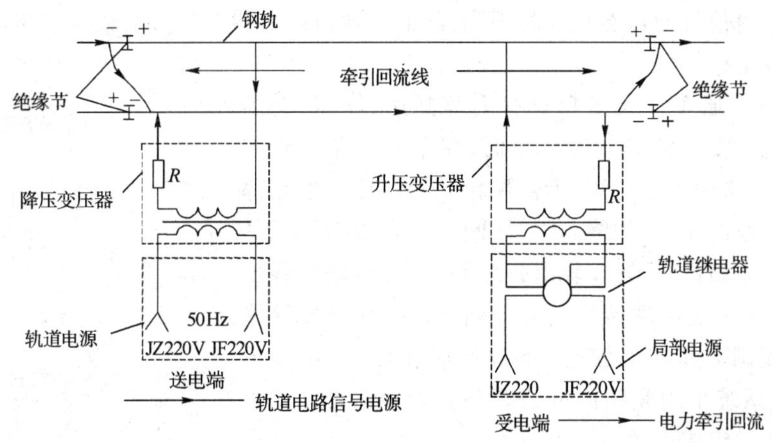

图 7-3 直流牵引区段单轨条轨道电路示意图

(2)无绝缘轨道电路

由于有绝缘轨道电路的绝缘节容易破损，从而使轨道电路的故障频频；同时，在长钢轨（无缝线路）线路区段，因设置绝缘节而增加了钢轨的分割点，从而对高速运行的轨道交通列车的安全、行驶平稳等形成不利影响。绝缘节的存在，给牵引电流的输送也带来一定的困难，此外，大量使用绝缘节本身也是一笔相当大的投资（包括运营后的维修工作费用）。因此，现在许多国家都在研究使用无绝缘轨道电路。

在无绝缘轨道电路区段，轨道电路的分段由调谐阻抗连接变压器来完成，见图 7-4。

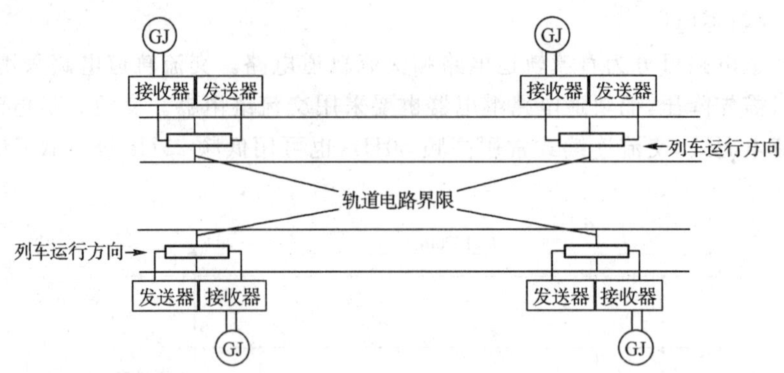

图 7-4　无绝缘音频轨道电路示意图

由图 7-4 可知：轨道电路发送器设置在列车运行方向离去的一端，用一台相当于轨道耦合变压器的阻抗连接变压器把已调制好的音频信号送入钢轨，而在列车运行方向的接入一端设置接收器，同样通过一台阻抗连接变压器接入钢轨。如果发送器送出的检测频率载波信号未被阻断（能收到），轨道继电器呈吸起状态，表明轨道上无车占用，列车可进入；如果有列车占用轨道电路区段，发送器送出的信号在中途被列车车辆短路（或因钢轨断裂被断路），将使接收器收到的信号电平降到低于预置值，从而使轨道继电器接点呈落下状态，轨道短路处于“分路状态”，同样可起到安全防护区段作用。

对于无绝缘轨道电路而言，阻抗连接器就是轨道电路的分界点（无形的绝缘节），每个阻抗连接器既是前一段轨道电路的发送耦合变压器，又是后一段轨道电路的接收耦合变压器。因此，相邻轨道电路段采用不同的载波频率。同一个载波频率相隔 4 个轨道电路段才能出现，以保证轨道电路对信号的自然衰耗的识别，从而使轨道继电器不致发生错误动作。

3. 联锁设备

城市轨道交通车站大多数仅有列车到达、停靠、上下客、出发等作业，没有调车作业。因而，在车站线路设置方面也较简单，仅需两条运行线，无需配备其他线路。但在部分需要折返作业的车站（如终点站，区间站等），或需进行其他调车作业的车站（如配置车辆基地线路的车站，联络线出岔处车站，设有渡线可供转线的车站等）则设有较多的线路。为了保证调车作用的安全，不致形成冲撞、追尾等可能，轨道交通系统采用联锁的办法来防护保障。图 7-5 为车站联锁设备的组成框图。

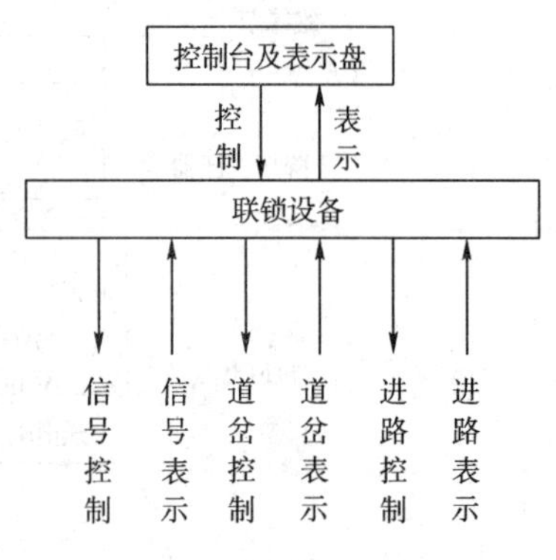

图 7-5　车站联锁设备组成框图

值班人员通过控制台控制现场设备，并通过表示盘（墙式大表示盘或是一般显示器)所反映的现场设备状态来监视车站情况。控制台和表示盘可以设在本站,也可以设在控制中心(OCC,Operation Control Center),通过遥控、遥测手段来实现监控。对于轨道交通而言,一般视线路的长度而设置1~2套联锁设备,而在车辆段通常必须单设一套联锁设备。

联锁设备是为保证行车安全而设置的设备。设置命令必须经由联锁设备进行逻辑运算,确认符合安全要求后,才允许控制命令实施执行,否则控制命令将被阻止执行。为了进行逻辑运算,现场设备的状态必须反映到联锁设备中来,即联锁设备要根据控制命令和现场设备的状态来进行是否符合安全要求的逻辑运算。

1)联锁的基本概念

(1)联锁:指在有调车作业的轨道交通车站(或车辆基地等部门),为了保证站内作业安全,相关的道岔与信号机、信号机与信号机之间形成的相互制约的关系。

(2)进路:指列车在车站内(或车辆基地等部门)运行的路径。

(3)列车进路:指列车在车站到达、出发、通过的作业进路。

到达进路:始端,进站信号机;终端,出站信号机。

出发进路:始端,出站信号机;终端,站界点或进站信号机。

通过进路:到达与出发进路叠加;始端,入口端进站信号机;终端,出口端站界点或进站信号机。

(4)调车进路:指列车调车作业通过的路径。

始端:调车信号机(可用出站信号机替代);

终端:阻挡信号机,调车信号机。

2)联锁设备

联锁可分为电气集中联锁和微机联锁。联锁设备的主要功能是排列进路、开放信号,保证岔道、信号和轨道区段间的联锁,监视列车运行和信号设备状态。以下主要以6502型电气集中联锁设备为例进行说明。

(1)室内设备

控制台和显示屏:采用进路按钮式控制台和模块拼装式显示屏,主要用于集中控制和监督各条作业进路的道岔转换,信号开放与关闭,进路排列开通与锁闭。控制台与显示器一般都位于车站(车辆基地)的控制中心。

区段人工解锁按钮盘:在道岔区段因发生故障导致进路无法解锁,或关闭信号的设备发生故障时,可采用区段人工解锁按钮盘来解锁进路、关闭信号。

继电器组合和组合架:由于6502型电气集中联锁设备中继电器数量较多,为组装及测试检修方便可靠,将相关的继电器集中安置组成继电器组合,并安装在不同继电器组合架上。

电源屏:为不间断地提供电气集中联锁所需的各种交流电源和直流电源而专门设置的电源供应设备。

分线盘:作为室内与室外电缆连接的专门设备。

(2)室外设备

色灯信号机:设置在各进路规定位置的固定信号机,如进出站、调车、复示等信号机。

电动或气动道岔:配置电动转辙机的电动道岔或配置有气动装置的气动道岔,均可实现远程集中操纵、监督和控制。

轨道电路:用于监督进路是否空闲,传输相关信息。如当进路空闲时,显示屏上该进路的表示光带无灯光显示;当进路有车占用时,显示屏上该进路的表示光带亮红色。防护该进路的信号机也会因轨道电路呈“分路状态”而关闭。

室外导线：分为信号电缆、道岔电缆和轨道电缆，均采用地下电缆方式布置。

4.闭塞设备

（1）闭塞的定义

闭塞是指轨道交通系统为保证列车按空间间隔安全运行的一种技术方法。城市轨道交通系统大多采用自动闭塞。

自动闭塞是将线路用轨道电路或其他的列车占用检测装置划分为若干闭塞分区，并保证列车按照空间间隔制运行的一种技术方法。自动闭塞的基本功能是检测区间占用和关闭状态，实现列车间隔控制，提供机车信号信息。在双线区段，宜采用单向自动闭塞；而在单线双向运行的区段应采用双向自动闭塞。列车在自动闭塞分区内，该分区被视为“占用”。由于闭塞分区长度的差异，可能造成前后列车的空间距离过大，影响线路的通过能力。

（2）自动闭塞的分类

自动闭塞可分为三类：固定闭塞方式、移动闭塞方式及准移动闭塞方式。

固定闭塞方式：是指基于轨道电路的自动闭塞方式，在这种方式中闭塞分区一旦划定将固定不变。

移动闭塞方式：指不依靠轨道电路向列控车载设备传递信息，而采用移动通信、地面交叉感应电缆、应答器等媒介向列控车载设备传递信息，实现自动闭塞。

准移动闭塞方式：是介于上述两类方式之间的自动闭塞方式，是基于报文式轨道电路的自动闭塞方式。音频数字轨道电路具有较大的信息传输量，列控车载设备根据由钢轨传输而接收到的报文信息，实现自动闭塞。

（3）自动闭塞的显示方式

基于地面信号的固定闭塞条件下，列车的位置信息可以通过色灯信号颜色的显示来判定，即用相位来表示。

①二显示自动闭塞

最简单的电气信号系统是两相位信号，或红灯与绿灯，分别表示停止和行进信号；或黄灯与绿灯，分别表示复述和通过信号。

在快速轨道、地铁和轻轨系统中，由于列车的速度低、制动多、制动距离较短，故两相位信号比较常见。驾驶员一般可以在规定时间内辨别信号，在特殊情况下，也可以设置复述信号。在干线铁路上设置两相位信号时，需要在运行信号前方设置预告信号。

②三显示自动闭塞

其中：红灯表示停车；黄灯表示前方只有一个闭塞分区空闲，减速通过；绿灯表示前方至少有两个闭塞分区空闲，按规定速度通过。

当列车速度更高、距离间隔更小时，可以采用三相位信号。它不但使得列车间隔更小，而且更有效地将行进信号与前方的预告信号结合起来。在色灯信号系统中，因为每一信号都有双向功能，故不再使用通过信号和进站信号。图7-6是三相位列车追踪运行示意图。

③四显示自动闭塞

其中：红灯表示停车；黄灯表示前方仅有一个闭塞分区空闲，低速列车减速通过；黄绿灯表示前方有两个闭塞分区空闲，高速列车减速通过；绿灯表示前方至少有三个闭塞分区，按规定速度通过。

四显示自动闭塞保证列车在绿色灯光下运行，可以充分发挥列车高速运行特点，比较适合较高速度的铁路区段或城市轨道交通系统。

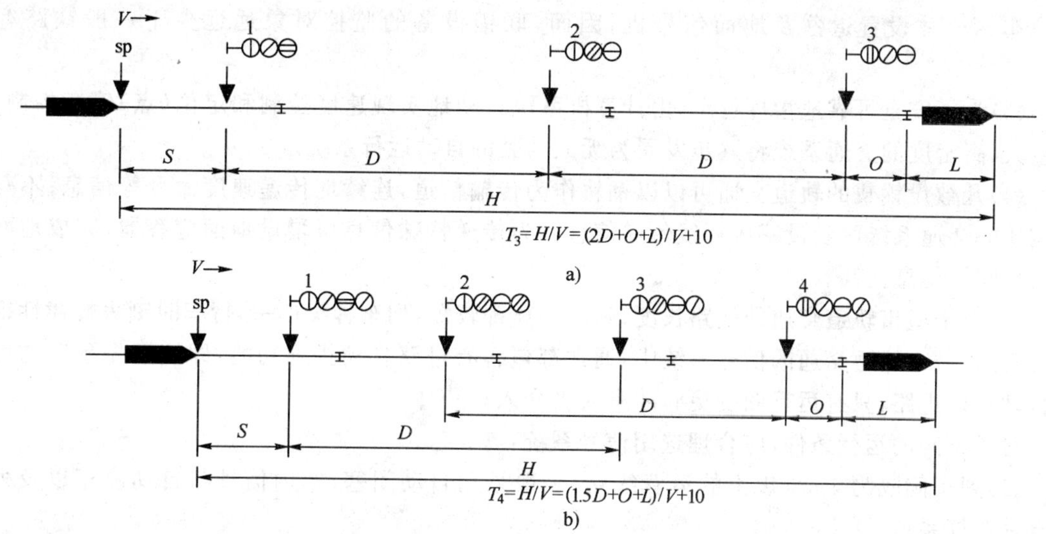

图 7-6　三相位列车追踪运行图

二、城市轨道交通信号系统的特点

计算机和微电子技术突飞猛进，使信号技术经历了一场革命。由于在列车运行调度中心的计算机和列车车载计算机之间建立起了可靠有效的信息、数据交换的通道，调度中心与列车车载计算机之间可以协调工作，使运输效率得以充分发挥。目前，在一些发达国家的城市轨道交通中，最小行车时间间隔已缩短至 100s 以下。采用先进的信号技术，提高了行车的安全性，使得因人为的疏忽、设备的故障而产生的事故率降至最低，此外，可以避免突然的减速和加速，提高了行车的稳定度，还对节能具有重要的作用。

信号系统是保证列车运行安全和提高线路通过能力的重要设施，根据城市轨道交通高密度、短间隔、站距短和快速的特点，其信号系统从传统的方式，即以地面信号的显示传递行车命令，驾驶员按照行车规则操作列车运行的方式，发展到按地面发送的信息自动监控列车速度和自动调整列车追踪间隔的方式。实现这一方式转变的关键设备是列车自动控制系统(Automatic Train Control System)。该系统是在机车信号和列车自动停车装置基础上发展起来的，后续列车根据与先行列车间的距离及进路条件，在车内连续地显示出容许的速度信号，并按该信号显示自动地控制列车的运行。该系统取消了传统的地面信号，而将机车信号变为主体信号，指示列车应采取的运行速度；系统还能可靠地防止由于驾驶员失误而冒进或追尾等事故的发生。信号的传输方式视轨道交通制式而异，地铁可用钢轨作为传输信道，以此来检测区段内有无列车占用，并由它来传递速度命令；对不敷设钢轨的轨道交通系统，如新交通系统可在线路上另外敷设感应环线，用以连续地检测列车和发送各种命令信息，在连续传递信息的同时，通过地面应答器，向车上传输特殊的点式信息，也可完成车—地间的信息交换。速度模式曲线的控制方式符合列车制动过程，可以缩短列车运行间隔，做到高密度地运行。

城市轨道交通信号的特点如下：

(1)城市轨道交通行车密度大、站间距离短，故信号的应变速度快、信息量大。

(2)由于城市轨道交通的大多数车站仅有上下客功能，在大多数车站上并不设置道岔，甚至也不设置地面信号机(依靠机车信号及速度监控设备驾驶列车)，仅在少数联锁站及车辆段才设置道岔及地面信号机，因而，联锁设备的监控对象远远少于一般铁路客货站。

(3)为了安全可靠地指挥行车，由计算机系统自动地实现速度控制和定位(点)停车控制，容量大、高密度的交通系统将逐步发展为无人驾驶的自动运行系统。

(4)凡敷设钢轨的轨道交通可以以钢轨作为传输信道，连续地传递速度命令等信息；不敷设钢轨的交通系统可敷设感应环线传递信息。为传递特殊信息可增设地面应答器，完成地面与列车间的信息交换。

(5)由于城市轨道交通的线路长度、站间距离都较短，列车种类单一，行车时刻表规律性很强，因此在城市轨道交通的信号系统中，通常都包含有进路自动排列功能，即按事先预定的程序自动排列进路，只有运行图变更时才有人工介入。

对于不同的运行条件，应合理选用信号系统：

(1)列车间隔为 4min 以上的运营线路，一般采用自动闭塞、车内信号与自动停车以及列车自动监控系统。

(2)行车间隔为 2～4min 的运营线路，一般采用列车自动保护系统和列车自动监控系统。

(3)行车间隔小于 2min 的运营线路，应采用列车自动保护系统、列车自动运行系统和列车自动监控系统。

(4)联锁站(设置道岔的车站)和车辆段应装设联锁设备。

第二节　列车自动控制系统的构成和基本功能

列车自动控制系统 ATC(Automatic Train Control)是城市轨道交通系统中保证行车安全、缩短列车运行间隔、提高列车运行质量的重要设备。该系统采用计算机及网络技术实现对列车自动控制的各项专用功能，在我国多数城市的地铁中已投入使用。随着技术的发展，不同的 ATC 系统制式和运用模式相继研制成功，其安全性、可靠性和系统功能都将日益完善。

列车自动控制系统主要由列车自动防护系统 ATP(Automatic Train Protection)、列车自动监控系统 ATS(Automatic Train Supervision)、列车自动运行系统 ATO(Automatic Train Operation)三个子系统构成，它是一套完整的控制、监督、管理系统。ATP 子系统是保证列车安全运行的重要设备，通过发送和接收各种行车命令，从而确保列车的安全运行。车载 ATP 设备接收轨旁 ATP 设备传递的信号指令，经校验后送至 ATO 完成部分运行的操作功能。位于管理级的 ATS 模块较多地采用软件方法实施联网、通信及指挥列车安全运行。这三个子系统既相互独立又相互联系，完整的 ATC 系统能确保列车安全、快速、短间隔地有序运行。ATC 系统设备分布于控制中心、轨旁及车上，其系统框图如图 7-7 所示。

在控制中心内，计算机系统、中心数据传输系统、控制台及信息管理系统等的控制及表示信息，通过数据传输系统与车站及轨旁的信号设备相连接；轨旁设备通过车站数据传输系统与车站 ATC 系统相连；车站的 ATC 系统通过 ATP 子系统发出列车检测命令检查有无列车，并向车上送出 ATP 限速命令、门控指令及定位停车的位置指令；车上 ATC 系统根据 ATP 命令的数据和译码，控制列车的运行和制动，完成定位停车。ATC 系统的系统功能如图 7-8 所示。

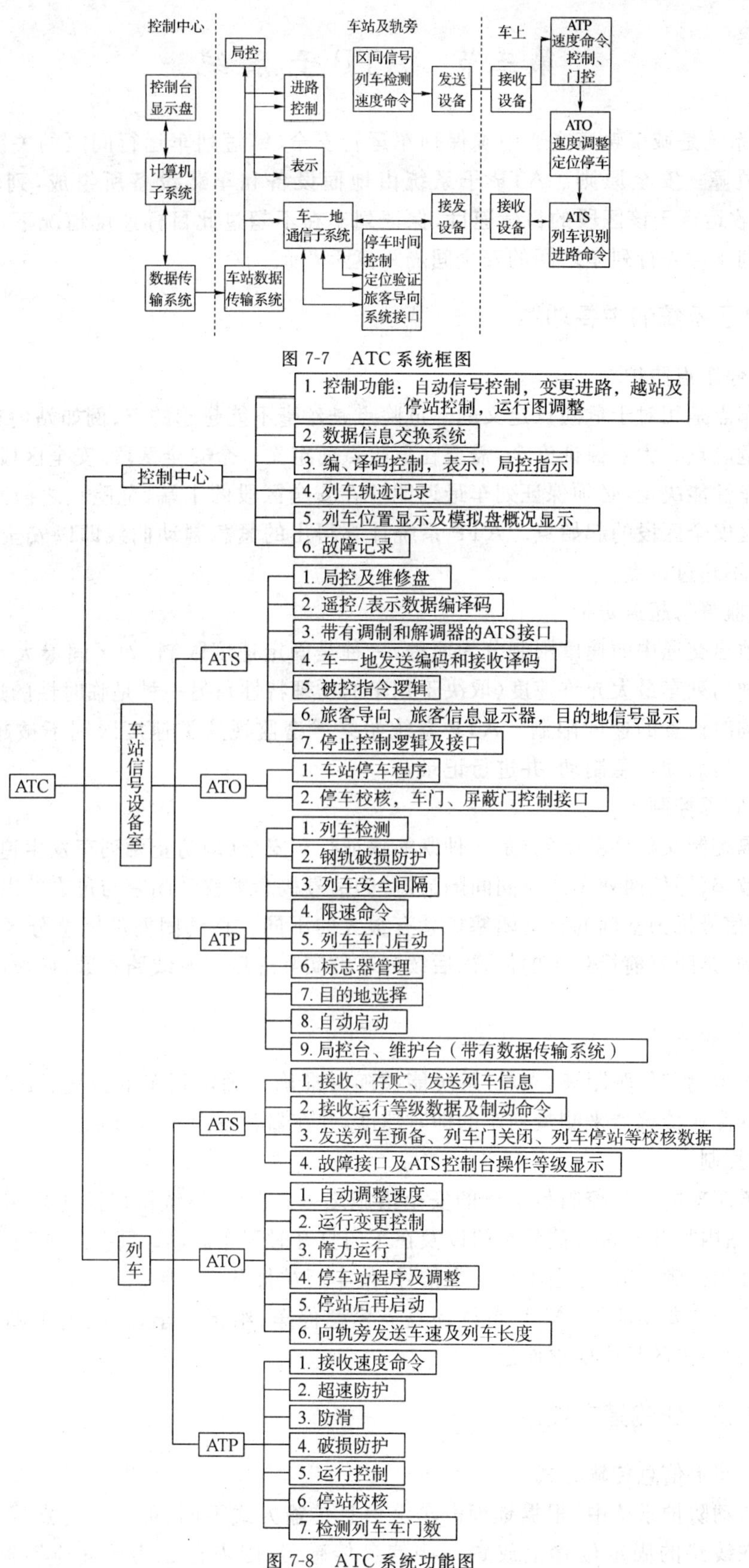

图 7-7　ATC 系统框图

图 7-8　ATC 系统功能图

第三节　ATP 子系统

ATP 子系统是城市轨道交通中确保列车运行安全、缩短列车运行间隔的关键设备，该系统必须满足故障—安全原则。ATP 子系统由地面设备和车载设备所组成，列车通过地面 ATP 设备接收运行于该区段的目标速度，保证列车在不超过此目标速度情况下运行，从而也保证了后续列车与先行列车之间的安全间隔距离。

一、ATP 子系统的主要功能

(1)安全停车点防护

安全停车点是相对于危险点定义的。危险点是丝毫不能超越的点，例如站内有车时，车站的起点即是危险点。为了保证安全，需要在危险点前定义一个安全区段，安全区段的长度由运行条件和列车性能决定，必须保证列车最迟能够在安全区段的末端(危险点之前)停下来。安全停车点即是安全区段的起始点。ATP 系统计算得出的紧急制动曲线即以安全停车点为基础，保证列车不超过该点。

(2)速度监督与超速防护

在城市轨道交通中的速度限制分为两种，一种是固定速度限制，如区间最大允许速度(取决于线路参数)，列车最大允许速度(取决于列车的物理特性)；另一种是临时性的速度限制，如线路维修时临时设置的速度限制。ATP 系统始终严密监视这类速度限制不被超越，一旦超过，先做警告，后启动紧急制动，并进行记录。

(3)列车间隔控制

列车间隔控制又称移动闭塞，是一种既能保证行车安全(即防止两列车发生追尾事故)，又能提高运行效率(即使两列车的时间间隔最短)的信号概念。移动闭塞与过去的以划分闭塞分区、设立防护信号机为基础的自动闭塞概念有很大的不同。移动闭塞的闭塞分区长度与位置均是不固定的，是随着前行列车的位置、后续列车的实际速度以及线路参数(如坡度)而不断改变的。

(4)测距与测速

通过连续地测定行驶距离，ATP 系统能够随时准确地确定列车的位置。ATP 系统利用装在轮轴上的测速传感器来测量列车的即时速度，并在驾驶室内显示出来。

(5)车门控制

城市轨道车辆的车门控制是重要的安全措施之一。ATP 系统可以防止列车在站外打开车门、列车在站内打开非站台侧的车门以及在车门打开时列车启动。只有当 ATP 系统检测到所有安全条件均已满足时，才会给出一个信号，使车门被打开或关闭。

除上述几个主要功能外，ATP 系统还具有紧急停车、给出发车命令、列车倒退控制等功能，这些主要视用户的具体要求而定。

二、ATP 子系统的基本类型

1. 地面—车上信息传输方式

在列车自动防护系统中，根据地面—车上信息传输方式不同，可以分为点式和连续式两类。前者是在线路的固定位置上放置一些信息传感器，国内称之为地面应答器(国外称为

Transponder)，当列车驶过该应答器时，机车应答器接收到来自地面应答器事先存储在内的地面信息，由车载计算机实时计算得出实时速度限制；后者则是通过沿线路敷设的电缆或者利用多信息轨道电路，或是借用无线电通道来实现地面—车上的信息联系。

1)点式 ATP 系统

点式 ATP 系统是一种以点式信息传输方式来传递信息、用车载计算机进行信息处理、最后达到列车超速防护目的的系统。点式 ATP 系统因其结构简单、成本低廉(约为连续式 ATP 系统的 70%左右)、安装灵活、安全可靠、使用方便而深受欢迎。

(1)点式 ATP 系统的基本结构

点式 ATP 系统主要由地面应答器、轨旁电子单元 LEU(Lineside Electronic Unit)以及车载设备组成。其基本结构如图 7-9 所示。

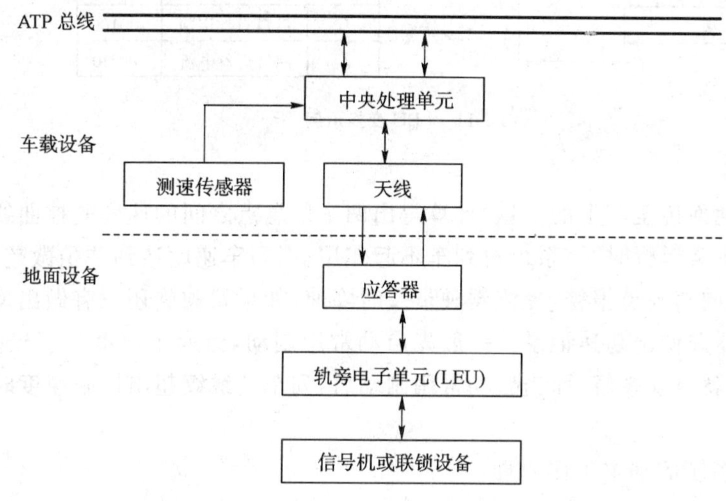

图 7-9 点式 ATP 系统的基本结构

其中各部分的功能如下：

①地面应答器

地面应答器是无源的，通常设置在信号机的旁侧或者设置在一段需要降速的缓行区间的始、终端。应答器内部按协议存放实现列车速度监控及其他行车功能所必需的数据。置于信号机旁侧的地面应答器，用以向列车传递信号显示信息，因此，需要通过 LEU 接口与信号机相连，地面应答器内所存储的部分数据受信号显示的控制。置于线路上的地面应答器通常不需与任何设备相连，其中所存放的数据往往都是固定的。

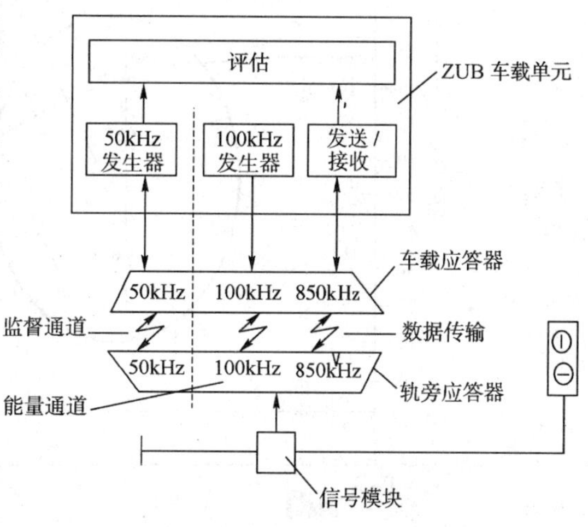

图 7-10 车载应答器与地面应答器之间的能量与数据传输

当列车驶过地面应答器时，车载应答器以一定的频率，通过电磁感应方式将能量传递给地面应答器，地面应答器随即开始工作，将所存储的数据以 FSK(频移键控)方式通过电磁感应传送至车上。图 7-10 所示为德国西门子公司生产的点式列车速度控制系统及 ZUB200 的车载应答器与地面应答器之间的耦合关系。其中，100kHz 为能量通道，850kHz 为信息数据通道，50kHz 是为增大可靠性而设置的监视通道。

②轨旁电子单元 LEU

轨旁电子单元是地面应答器与信号机之间的电子接口设备，其任务是将不同的信号显示转换为约定的数码形式。LEU 是一块电子印刷板，可根据不同类型的输入电流输出不同的电码。图 7-11 为 LEU 变换的一种示例。

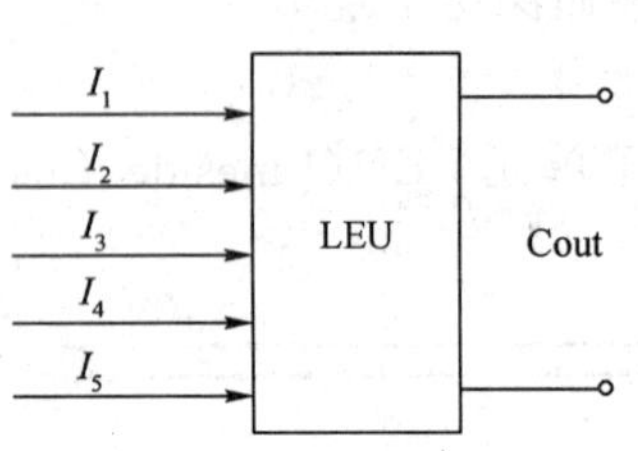

电流＼含义	含义	Cout
I_1	绿灯灯丝电流	11111
I_2	黄灯灯丝电流	11011
I_3	双黄灯灯丝电流	10111
I_4	红灯灯丝电流	00100
I_5	白灯灯丝电流	10010

图 7-11　LEU 变换示例

③车载设备

车载设备根据地面传至车上的信息，计算得出两个信息点之间的速度监控曲线，实现列车超速防护。在列车正常运行时，该系统对列车不起作用；当列车速度达到并稍微超过当时当地允许的速度时，则先向驾驶员报警，提醒驾驶员及时降速，如果驾驶员还没有做出反应，系统就会自动地启动制动器并做出超速记录。一般先启动常用制动，当列车速度降至极限速度下某个定值时，制动设备就自动缓解；而当启动常用制动后，列车还继续超出极限速度时，才启用强迫制动。

(2)点式 ATP 系统的基本工作原理

如图 7-12 所示，车载中央控制单元根据地面应答器传至车上的信息(距目标点的距离、目标点的允许速度、线路的坡度等)以及列车自身的制动率(负加速度)，计算得出两个信号机之间的速度监控曲线。为了清楚地表达出点式超速防护的机理，在图 7-12 所示的曲线中段，用细化的方式表示出四种情况。

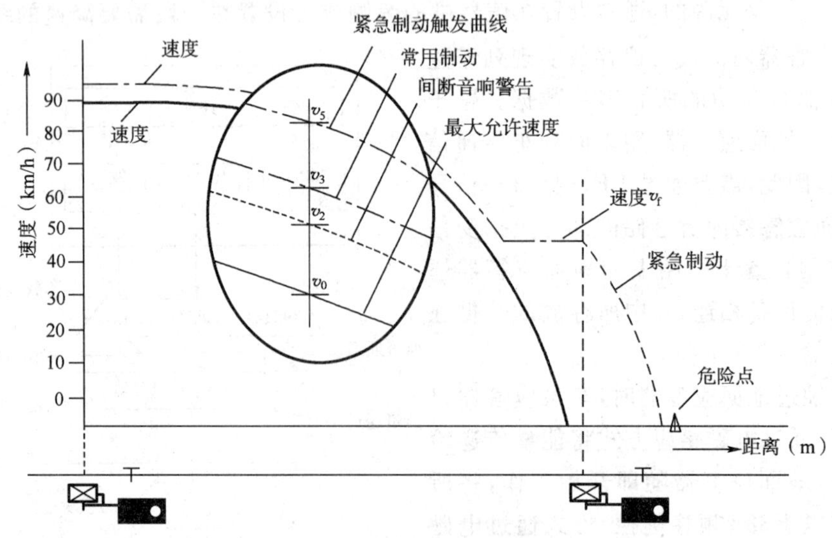

图 7-12　点式列车超速防护系统的速度监控曲线

图 7-12 中，v_0 是所允许的最高列车速度(km/h)。当列车速度达到 v_2 时，车载中央控制单元给出音响警报，如果此时驾驶员警惕降速，使车速低于 v_0，则一切趋于正常。当列车车速达到 v_3 时，车载中央控制单元给出启动常用制动(通常为最大常用制动)的信息，列车自动降至 v_0 以下。若列车制动装置具有自动缓解功能，则列车速度降至 v_0 以下时，制动装置即可自动缓解，列车行驶趋于正常；若列车制动装置不具有自动缓解功能，则常用制动使列车行驶一段路程后停下，列车由驾驶员经过一定的手续后重新人工启动。当列车车速达到 v_5 时，车载中央控制单元给出启动紧急制动的信息，确保列车在危险点的前方停住。为了提高行车效率，有的行车部门要求在红信号机前方留出一段低速滑行区段(图 7-12 中的 v_f 段)，其目的是防止当列车行驶在信号机之间时红灯信号变为允许信号，若不设低速滑行区段，则列车必须完全停下和经过一套手续后再重新启动。在留出低速滑行段后，列车可以以低速(如 20km/h)驶过第二个地面应答器，如果列车被告知信号仍是红灯，通过紧急制动还来得及停在危险点前方；如果列车被告知信号已改为允许信号，则驾驶员可在 v_f 基础上加速，从而提高了行车效率。

(3)点式 ATP 系统的主要特点

根据上述介绍可知，点式 ATP 系统具有如下特点：

①该系统可以有效地实现超速防护功能，与自动停车装置最大的不同在于：本系统可以随时地进行速度监控，其安全程度远高于自动停车装置。

②能给驾驶员充分、确切的显示，包括最大允许速度、目标点距离等，远比以往依赖色灯信号给出的显示详细，更有利于驾驶员驾驶列车。

③地面应答器是无源的，且安装方便，使用时不必加敷电缆，十分灵活。

④在地面上增设环线，机车上加设相应接口后，可实现从机车向地面传送信息，如可把列车的车次号、列车所在地点等传送至控制中心，这对实现全线运行指挥自动化是十分有利的。

⑤车载计算机采用符合“故障—安全”准则的计算机系统，所以安全性较高。

点式 ATP 系统的主要缺点是信息传递不连续，即当列车从一个信息点获得地面信息后，要到下一个信息点才可更新地面信息，若其间地面情况发生变化，就无法立即传递给列车。在地铁交通 2min 间隔的要求下，点式车速自动控制系统难以适应；但在城市轻轨系统中，点式 ATP 系统因其技术简单、造价低廉而有较大的应用前景。上海地铁 5 号线(莘闵轻轨线)采用的就是德国西门子公司的点式自动运行控制系统。

2)连续式 ATP 系统

连续式列车自动防护系统是基于连续的信息传递，列车不间断地从信息传输通道获得信息，车载计算机也不间断地计算出速度曲线，从而使列车间隔缩至最短。连续式列车自动控制系统因传递信息的连续性而具有较佳的控制性能，主要应用在地铁交通中。

目前，不论是闻名世界的法国高速铁路、德国高速铁路、西班牙高速铁路、日本新干线等干线铁路，还是近几年开通的瑞典斯德哥尔摩地铁系统，上海、广州的地铁，无一例外地都采用连续式列车自动防护系统。换句话说，基于连续式列车自动防护系统的连续式列车自动运行控制系统是适应高速干线与高行车密度的地铁、轻轨交通而发展起来的一项铁路信号技术。毫无疑问，其技术基础正是目前飞速发展的信息传输与处理技术。

按地面—车上信息传输通道的不同，连续式列车自动防护系统可分为有线与无线两大类，而前者又可分为利用轨间电缆和利用数字编码音频轨道电路技术两种方式。按自动闭塞的性质分类，连续式列车自动防护系统可以分为移动闭塞和准移动闭塞两类。用无线通道实现地

—车数据传输的列车自动防护系统是真正意义上的移动闭塞；而地—车之间用有线方式传输数据的列车自动防护系统通常也认为是一种移动闭塞，但严格说来，其与完全实现目标追踪的移动闭塞有一定区别。

(1)采用轨间电缆的连续式 ATP 系统

采用轨间电缆的列车自动防护系统主要由地面控制中心、轨间传输电缆及车载设备三部分组成，如图 7-13 所示。在地面控制中心内，按地理坐标储存了各种地面信息(如线路坡度、曲线半径、道岔位置、缓行区段的位置与长度等)，此外，经过联锁装置，将沿线的信号显示、道岔位置、列车的有关信息(车长、制动率、所在位置、实时速度等)不断地经由轨间电缆传至地面控制中心。地面控制中心内的计算机计算出它管辖的区段上每一列车当前的最大允许速度，再经由轨间电缆传至相应列车，实现速度控制。

与点式速度控制系统相比，显然连续式的行车效率更高。连续式列车自动防护系统的车上—地面信息传递是用轨间电缆来实现的。列车从控制中心获得最大允许速度值后，一方面在速度表上显示出来，另一方面依据此值对列车速度进行监控。若列车实际速度高过此最大允许速度，则先报警后下闸(常用制动)；如果制动设备条件允许，则可在列车实际速度低于最大允许速度时缓解制动机，从而避免了列车停车及重新启动。

采用轨间电缆的列车自动防护系统的室内、室外设备联系用两级控制方式来实现，即控制中心与若干个沿线设置的中继器相联，一个中继器最多可连接 128 个轨间电缆环路，在控制中心与轨间电缆之间的交换将在中继器内进行中间交换(频率变换，电平变换，功率放大等)，如图 7-14 所示。

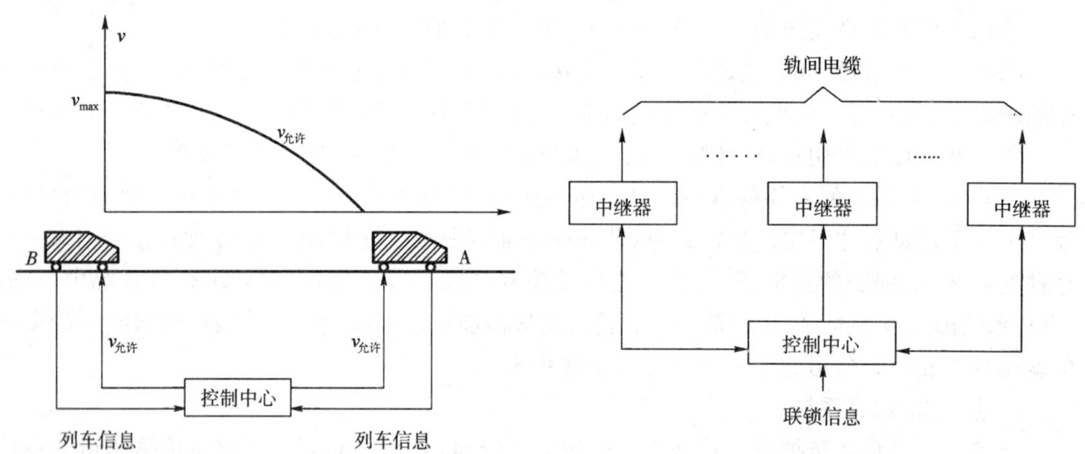

图 7-13 采用轨间电缆的列车速度自动控制的原理图

图 7-14 系统的两级控制结构

对于一些交通繁忙的枢纽及几条线路的公共区间等情况，这种控制方式是极为有利的，一旦发生行车误点或其他行车障碍时，可及时地将行车命令传递给列车。但是，该控制方式也存在一些问题，如一旦控制中心的设备出现故障，将会引起全线的交通瘫痪。因此，可采用另一种控制方式，即控制中心将有关信息通过轨间电缆传递给机车，再由车载计算机计算出它自身的最大允许速度，使得速度测量、速度计算、速度比较及校正在列车上进行，从而形成一个闭环控制。

(2)采用数字编码轨道电路的连续式 ATP 系统

用轨间电缆实现车—地信息的连续传播，克服了点式的缺点，但却以昂贵的轨间电缆为代价。此外轨间电缆不但给线路养护工作造成麻烦，而且也容易受到养护工作的损害。鉴于此，一些西方国家研制开发了利用轨道电路作为信息传输通道的连续式列车超速防护系统，这种系统既摒弃了不受欢迎的轨间电缆，同时又实现了信息连续传递。

众所周知，钢轨本身并不是一种理想的信息通道，铁质材料对音频信号的衰耗很大，限制了轨道电路的有效长度，此外，钢轨之间的泄漏、轮轨之间的接触电阻等因素均会影响轨道电路的工作性能。但权衡性能、价格、安全可靠与可用性等诸方面的因素，用音频数字编码轨道电路构成的连续式列车自动防护系统在城市轨道交通中已得到广泛的应用，我国上海地铁、广州地铁都采用这种系统。

利用音频数字编码轨道电路作为信息传输通道的列车超速防护系统（以下简称 TC-ATP 系统）由车载设备、轨道电路及室内设备（控制中心）三部分组成，其构成图如图 7-15 所示。

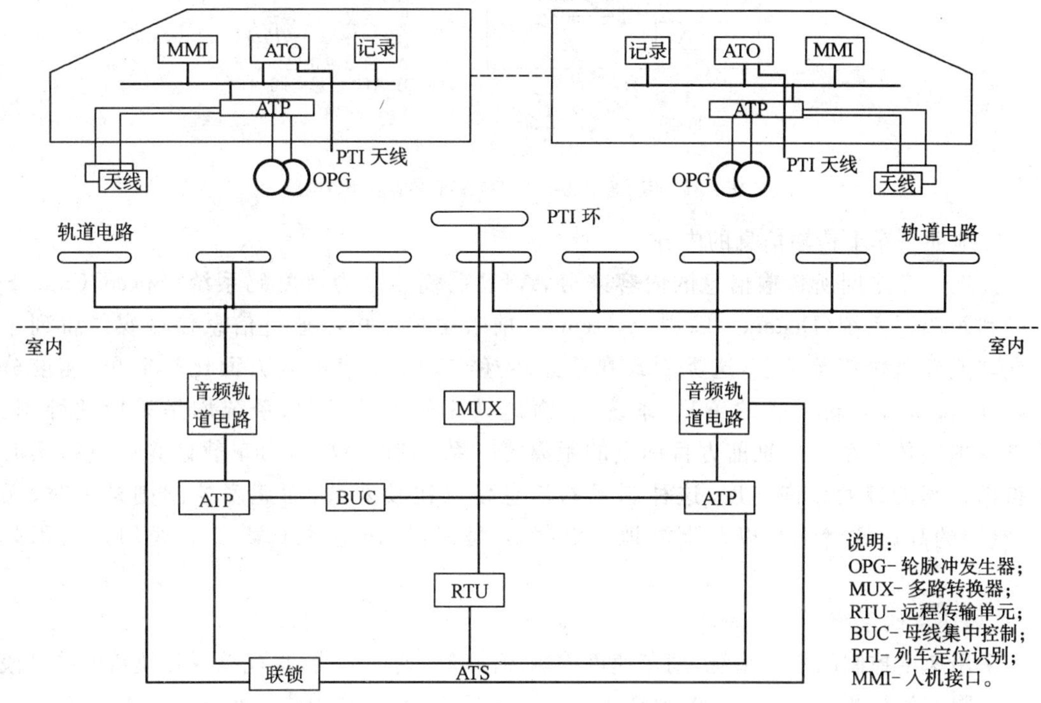

图 7-15　TC-ATP 结构框图

其中，ATP 的车载部分主要是根据来自地面控制中心的数据（由 ATP 天线接收）与预先存储的列车数据计算列车实时最大允许速度，并将此最大允许速度与来自轮脉冲发生器（OPG）的列车此时刻的实际速度作比较，当列车的实际速度超过允许速度时，报警后启动制动器（常用制动或紧急制动），且在驾驶台上给出如最大允许速度、此时刻的实际速度、目标点距离、目标点速度等一系列必要的显示。

这种音频轨道电路结构如图 7-16 所示，其工作原理如下：当轨道电路区段空闲时，轨道电路接收器 R 上有高电平，促使转换开关 S 吸起，向轨道电路发送“轨道电路检测电码”（6～8 bit），此时轨道电路的功能是检测轨道电路区段是否空闲，检测结果被送往联锁装置。当列车占用该段轨道电路时，接收器 R 上因轨道电路被车轮短路而呈低电平，从而导致转换开关 S 落下，接通 ATP 信息的发送，此时，轨道电路不仅向联锁装置给出轨道电路已被占用的通报，而且也承担着传送 ATP 电码的作用。

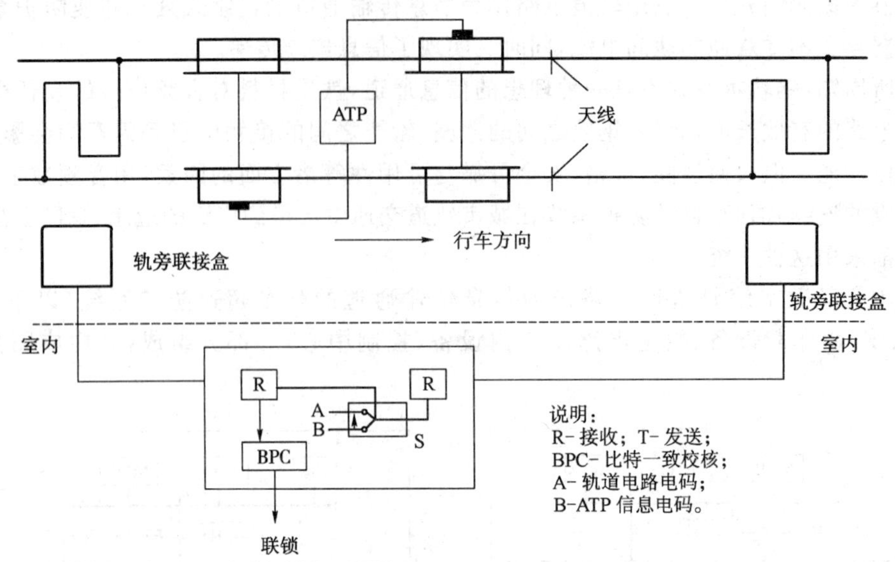

图 7-16 用于联锁装置及 TC-ATP 的音频轨道电路

2. 地面—车上传输信息的内容

按地—车之间所传输信息的内容来分，ATP 系统可分为速度码系统（Speed Code System）和距离码系统（Distance Code System）。前者由控制中心通过信息传输媒体将列车最大允许速度直接传至车上，这类制式在信息传递与车上信息处理方面比较简单，速度分级是阶梯式的，日本新干线的 ATC 系统、上海地铁 1 号线的 ATC 系统均是采用此种制式。后者从地面传至车上的是前方目标点的距离等一系列基本数据，由车载计算机进行实时计算得出列车的最大允许速度，这种制式的信息传输比较复杂，而速度控制则是实时、无级的，欧洲的高速铁路干线以及上海地铁 2 号、3 号线，广州地铁 1 号、2 号线均是采用此种制式。

(1)速度码系统

采用速度控制的信号系统，列车速度控制为阶梯式速度曲线，也就是说在轨道电路区段分界处的限速值是跳跃式的。上海地铁 1 号线从美国 GRS 公司引进的列车运行控制系统就是一种典型的频分制速度码系统。

在这种分级的速度码信号系统中，ATP 地面设备向列车传送下一闭塞分区的速度等级信息，车载设备控制列车在下一闭塞分区的进口速度或出口速度，追踪列车和前行列车之间按间隔几个固定的闭塞分区运行。闭塞分区的速度等级和数量由设计行车间隔、线路数据、车辆性能和信号设备的性能等确定，对于采用出口速度控制的系统，应增加一个闭塞分区作为保护区段。

分级速度控制的信号系统一般采用多音频无绝缘轨道电路向列车传输速度等级信息。

(2)距离码系统

采用距离码控制方式的信号系统，列车速度控制为一次模式速度曲线，ATP 地面设备向列车传输前行列车的占用信息、相应区间的线路数据；车载设备按照要行走的距离原则制定列车运行的一次模式速度曲线，或者由地面 ATP 设备向列车发送一个“允许列车运行权”命令。车载设备控制列车的运行不超过列车所获得的“运行权限”，保证了列车追踪运行的安全，而不需要提前采用制动，大大缩小了列车之间的运行间隔。而且由于数据传输、实时计算以及列车车速监控都是连续的，所以用这种系统所实现的速度监控是无级的，可以有效地实现平稳驾驶与节能运行。

距离码系统向列车传输信息的方式包括：

①多信息音频无绝缘轨道电路加感应电缆环线；

②多信息音频无绝缘轨道电路加点式发送设备；

③数字式音频无绝缘轨道电路；

④无线电等。

对基于轨道电路距离码控制方式的信号系统，闭塞分区的速度等级和数量仍由设计追踪间隔、线路数据、车辆性能和信号设备等确定。

不论是速度码系统还是距离码系统，其轨道电路都被用作双重通道：当轨道电路区段上无车时，轨道电路发出的是轨道电路检测信号或检测码；当列车一旦驶入轨道电路区段，立即转发速度信号或有关数据电码。从“数字信号处理”学科角度来区分，速度码系统通常使用频分制方法，即用不同的频率来代表不同的允许速度。而在距离码系统中，由于信息电码的多样性和复杂性，所以必须使用时分制数字电码方式，按协议来组成各种信息。

由于在分级速度信号系统中，列车速度控制为阶梯式速度曲线，系统从地面传递给列车的允许速度(限速值)是阶梯分级的，在轨道电路区段分界处的限速值是跳跃式的，对于平稳驾驶、节能运行以及提高行车效率都非常不利，因此，近10年来，这种方式已逐渐被能实时计算限速值的速度—距离模式系统所代替。

第四节　ATS子系统

在ATC系统中，ATS子系统位于管理级，它主要采用软件方法实施联网、通讯及指挥行车，在ATP、ATO子系统的支持下完成对全线列车运行的自动管理和监控，其功能概括起来说就是控制和监督。控制主要是通过ATP、ATO系统的协助，按照列车运行图指挥行车、办理列车进路等。监督则是通过车—地双向信息交换系统(TWC)收集列车运行信息，如车次号、到站、列车位置等，由控制中心计算机进行列车跟踪监视，将列车信息在控制中心模拟盘上显示，绘制列车实际运行图，并动态地对偏离运行图的列车进行调整。

一、ATS子系统的构成

ATS系统是非安全系统，主要由控制中心设备、车站设备、车载设备三部分构成。控制中心和车站之间的联系由数据传输系统来完成。车—地信息双向信息交换系统(TWC)则用于实现控制中心与列车之间的联系，如图7-17所示。

其中各部分的构成及功能如下：

(1)控制中心设备

控制中心设备主要包括以下几部分：

①数据传输计算机系统：用于控制中心与车站、列车控制设备室之间的双向数据交换，列车控制微机及通信组成一个局域网。

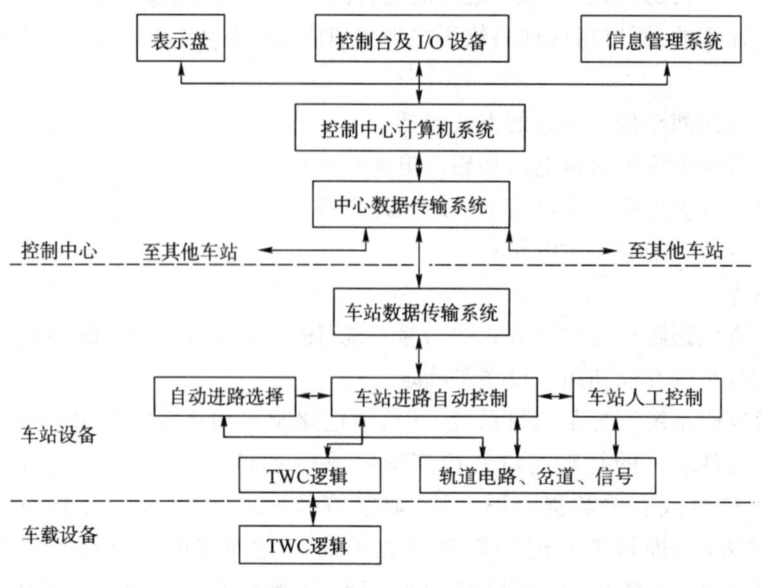

图 7-17 ATS系统结构图

②中心调度表示盘：用于显示被控制的所有线路状态和所排进路的状态，显示列车运行的实时状态等。

③控制台及 I/O 设备：通过功能键盘输入数据及命令，CRT 详细显示车站动态线路图、车次跟踪及时刻表数据，产生各种报警信息，包括运行管理及设备检修报警信息。

④绘图仪及打印机：绘制列车运行图，包括计划运行图和实际运行图，并打印各种列车运行报告和数据。

(2)车站设备

车站设备主要包括下列几部分：

①车站人工控制盘：它设于车站控制室内，通过控制盘对联锁、停站时间、临时限速命令及紧急停车命令等进行控制，盘面上附有显示装置。

②数据传输系统：主要负责接收和发送控制中心及列车之间的信息。

③自动进路选择系统：当车—地信息交换系统(TWC)收到列车发来的列车目的地等信息时，通过该系统自动排列进路。

④车—地信息交换系统(TWC)：该系统主要负责 ATS 信息的双向传输。在线列车通过车上 TWC 设备把车次号、目的地、列车长度等信息发往中心计算机，实现列车跟踪、中心监视显示、信息发往车站、控制联锁装置、自动办理进路。当需要调整列车运行时，地面 TWC 设备将速度等级信息、赶点命令、列车通过信息发到列车上，实现速度调整与运行调整。

(3)车载设备

主要是 TWC 信息发送设备，列车目的地信息存储于车上存储器内，再传至地面以便自动排列进路。

二、ATS 子系统的主要功能

ATS 子系统是根据运行时刻表监控全线列车运行，其工作方式为集中管理、分散控制，其主要功能有六项，分别为：集中控制功能、集中显示功能、列车运行时刻表管理功能、运行数据记录与统计功能、仿真功能和监测与报警功能。

1. 集中控制功能

(1)通常在ATS子系统中设置中央及车站两级控制权限。在正常运营时，运行控制权属于中央控制中心，在必要时(如控制中心设备故障)，经过权限传授转移，可将控制权限转移至一个或多个连锁车站，控制权限转移后，车站控制设备临时代替中央控制中心，负责全线的运营调度。

(2)通过调整列车停站时间实现对列车运行的调整。在装备有ATO子系统的线路上，通过对列车运行速度等级的设置实现对列车运行的自动调整。

(3)自动排列列车进路，即自动控制道岔转换、开放信号，并实现安全联锁。

(4)在必要时(如为了尽快恢复被偏离的运行图)，控制中心的调度人员可按需要设置列车跳停，即命令列车在某个站或某几个站不停车。

2. 集中显示功能

(1)在控制中心内，通过大型显示屏(目前用得较多的是背投式，等离子显示屏正在逐步推广)或在值班员的显示终端上，以图形的方式集中显示现场设备的状态。

(2)在控制中心内，通过大型显示屏或在值班员的显示终端上，以图形的方式集中显示出列车的位置及其运行状态。

(3)所有运行列车的显示都带有相应的车次号或列车的其他编号。

(4)在整个子系统内所有显示终端和显示屏所用的图形和符号都应一致，并符合用户的规范。

(5)在控制中心的显示终端上，调度员可选择显示文本信息。

3. 列车运行时刻表管理功能

1)计划时刻表与实际时刻表的比较

在ATS子系统中，随时对时刻表的状态进行比较，利用车次号和列车位置可以对一列车的计划位置和实际位置进行比较，在发生偏离(早点或晚点)时，系统一方面通过适当的显示通知调度员，另一方面自动产生相应的纠正措施。

2)时刻表的安装与修改

(1)时刻表的安装

时刻表的安装过程应得到相应计算机语言的支持，开始安装前，所有相关数据都应由时刻表的管理人员设定并形成文件。通常，下列数据是必不可少的：

①车站名及其顺序；

②站间运行时间；

③正常停站时间；

④运行起点站的站名；

⑤运行终点站的站名；

⑥每趟列车在起点站的发车时间，列车间隔时间以及到达终点站的时间。

时刻表的安装通常是在控制中心的计算机上进行。在系统开通使用前，或者在系统扩展和修改后，由于上述基础数据的变化，因此必须重新进行运行图的安装。

由于每条线路的运行情况不同，即使在同一条线路上，每天的客运量不同(尤其是在节假日与工作日之间)，每天的不同时段客运量也不同，因此，在ATS子系统内必须具有多套可供不同情况使用的运行图。

(2)时刻表的修改

时刻表修改有离线修改和在线修改两种,离线修改后的时刻表可由控制中心的调度人员激活,在线修改通常是进行加车、减车或偏移等修改。

3)时刻表的打印

已储存的计划时刻表及实际时刻表,在一定的时间内(如 2h 内)均可被打印。

4. 运行数据记录与统计功能

(1)ATS 能记录大量与运行有关的数据,如列车运行里程数、实际列车运行图、列车运行与计划时间的偏差、重大运行事件、操作命令及其执行结果、设备的状态信息、设备的故障信息等。

(2)除了记录功能以外,ATS 子系统还可以将所记录的事件按用户需要进行回放,一般回放事件的最小时间步长为 1s。由于控制中心所记录的信息无论是数量还是复杂性,都远大于车站和车载的记录信息,因此,控制中心的信息记录回放时间应当远大于车站和车载的信息记录回放时间,例如前者为 192h(8d),后者为 24h(1d)。

(3)ATS 子系统所记录的事件都应该有备份,以备不时之需。

(4)ATS 子系统可按用户的要求提供各种统计功能,以完成各种统计报表(如日报表、周报表、月报表等)。

(5)在用户需要实时查询和访问所记录的信息时,ATS 子系统能提供不对列车运行产生不良影响的保证。

5. 仿真功能

系统仿真是通过仿真手段,离线模拟列车的在线运行。它与在线控制模式几乎完全相同,唯一的差别是列车定位信息不是实际获取,而是随车次号的不同而设置。

仿真功能主要是用于系统的调试、演示以及人员培训,是一种必不可少的运行模式。仿真模拟运行能够模拟在线控制中的所有功能,但它与现场之间没有任何表示信息和控制命令的信息交换。

6. 监测与报警功能

(1)ATS 子系统能及时记录被监测对象的状态,除了状态显示功能外,还有一定的预警、诊断和故障定位功能。

(2)ATS 子系统必须对列车是否处于 ATP 子系统的保护之下进行监测。

(3)监测和报警应是实时及在线进行的,监测信息和报警信息应按要求通过传输通道汇总传输。

(4)所有监测过程都不能影响被监测设备的正常工作。

三、上海地铁 1 号线的 ATS 子系统简介

上海地铁 1 号线的 ATS 子系统主要负责以下功能:跟踪列车、调度列车、维护列车运行时刻表、显示系统状况、显示并记录报警信息、统计汇编、仿真与诊断。该系统由位于控制中心的一个基于计算机的 ATS 子系统(以下简称 CATS)、现场 ATS 设备和车载 ATS 设备组成。

1. CATS 系统的构成

CATS 系统的硬件组成如图 7-18 所示。

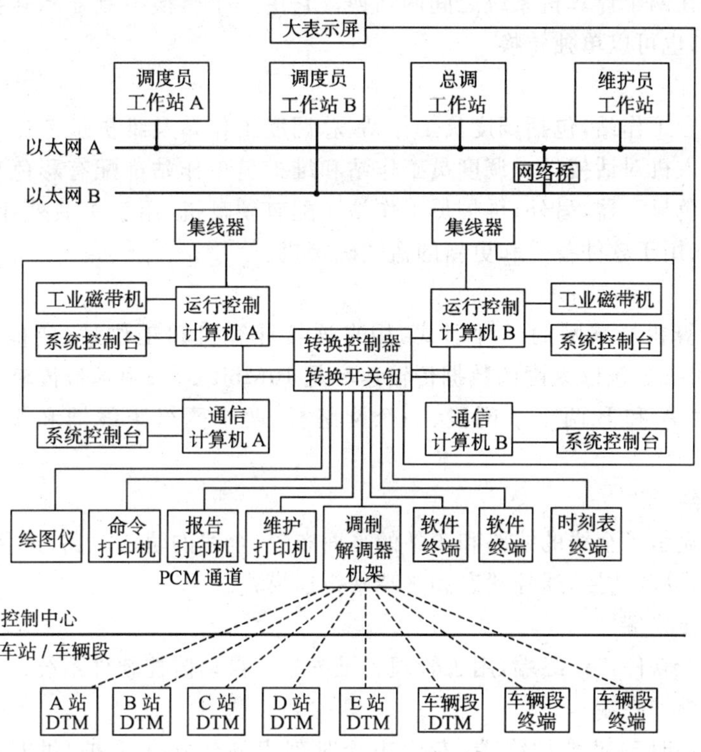

图 7-18　CATS系统硬件组成图

其中各部分功能如下：

(1)运行控制计算机(A和B)

处理全线的表示信息，并通过显示设备显示全线设备(道岔、信号机、轨道电路等)和列车的运行状态；按时刻表的要求或调度员的指令，产生相应的控制命令，并通过相关设备，控制和调整全线列车的运行；采集和存储运行记录，并产生各种运行报告。

(2)通信计算机(A和B)

完成CATS系统与各站数据传输单元DTM间的表示信息和控制命令的交换，以及与车辆段远程终端的信息交换。

(3)系统控制台

它由一台终端(显示器/键盘)和一台打印机组成，用于计算机系统的管理与维护，也用于整个CATS系统的管理与维护。

(4)工业标准磁带机

每台运行控制计算机都有一个工业标准磁带机，用于大容量地储存运行记录，凡超过3d的运行记录就转储到磁带中去。

(5)主备计算机系统

两台运行控制计算机分别和通信计算机组成各自独立的列车自动监控系统，并互为备用。当主系统故障时，可由人工进行系统转换，使备用系统迅速接替控制，转换时间小于1min，由此大大地提高了整个CATS系统的可靠性和运行能力。

(6)转换开关单元

系统设有一个转换开关单元，其作用是完成所有外围设备(大表示屏、终端、打印机、绘图仪、调制解调器)在两个计算机系统之间的切换。它由一个转换控制器和转换开关组成,转换开关可一起转换,也可以单独转换。

(7)工作站

系统设有多台工作站,包括调度员工作站、总调度工作站及维护员工作站,其作用是提供列车控制的图形人机对话接口。调度员工作站和维护员工作站都配有彩色显示器,总调度工作站配有一台彩色显示器,另外,维护员工作站还配有硬盘机、用于扩展外存以及用于系统软件安装的光盘机、用于软件备份和更新的盒式磁带机。

(8)以太网

以太网是计算机局域网的一种形式,用来连接计算机和工作站,使他们之间的信息交换方便、灵活和可靠。该以太网的数据传输速率是10Mbit/s,采用基带传输遵循IEEE802·3网络协议,通常由A和B两个子网段、一个网络桥、两个网络集线器和8个以太网收发器组成。

(9)大表示屏

大表示屏上显示了全线的线路和车站的平面布置,全线的轨道电路、道岔、信号机、进路和列车的运行状态,以及站控、遥控状态和终端站折返模式。

(10)软件工作终端

系统设有两个软件工作终端,用于管理和维护列车自动监控软件系统。

(11)时刻表维护终端

系统设有一个时刻表维护终端,专门用于时刻表的建立和维护,供时刻表管理员单独使用。

(12)报告和维护打印机

系统设有两台打印机,互为备用,用于打印时刻表、各种运行记录和报告以及各种数据文件。

(13)命令记录打印机

系统设有一个命令记录打印机,专用于实时地打印调度员在工作站上输入的命令和各种警告信息。

(14)绘图仪

系统设有一台绘图仪,用于绘制计划运行图和实际运行图。

2.数据传输系统(DTS)

DTS用于CATS与现场设备之间传送信息,它采用GRS公司的DATATTRAIN-8通信协议(带16位CRC),借助光缆以PCM方式传送数据,速率为2 400bit/s。DTS是个全双工系统,包括控制中心数据传输设备(通信处理机和调制解调器)和车站数据传输设备(DTM机架)以及车辆段的远程终端。现场设有DTM机架,分别位于连锁中心站和车辆段。

3.车载ATC控制及显示

在列车操纵台上有一个ATC控制显示单元,见图7-19。上面设有各种ATC信号显示器、指示灯和开关,其中“程序停车”、“慢速前行”和“超速”为指示灯,“ATO发车”等其他5个为带指示灯的按钮,车次号、目的地和运行等级可由CATS或驾驶员手动开关设置并由数码管显示。

“ATS速度控制”显示在ATO自动模式下,ATO将要执行的速度控制命令。速度表外指针指示接收到的 ATP 速度命令,内指针指示实际速度。驾驶员可通过车辆的专门开关设置驾驶模式和车长等。在 ATP 人工模式下,超速时还会发出报警声音,提醒驾驶员采取适当的操作。

无论列车在自动模式下还是人工模式下行驶,该 ATC 控制及显示单元都能向驾驶员提供一个直观的工作环境。

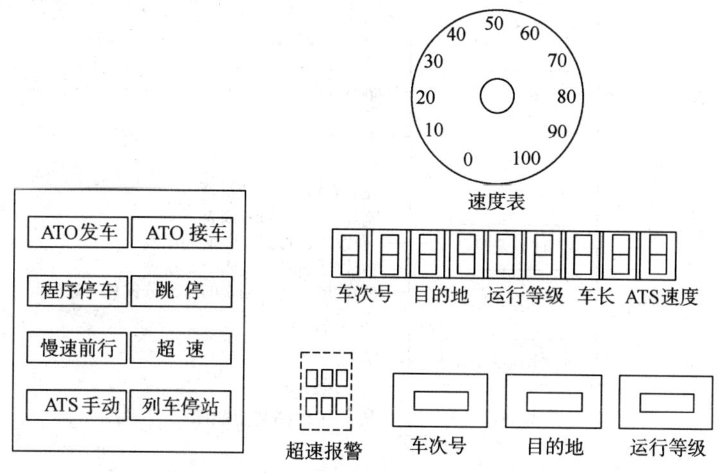

图 7-19 操纵台 ATC 控制及显示单元

4. 系统用户等级、运行模式

系统用户等级、运行模式和功能配置的关系,见表 7-1。

表 7-1 系统用户等级、运行模式和功能配置的关系

用户等级	系统运行模式			功能软件包			进 入	关 闭
	在线	模拟	复示	报告	时刻表	工具	UNIX	CATS
超级用户	Y	Y	Y	Y	Y	Y	Y	Y
维护员	Y	Y	Y	Y	Y	Y	Y	Y
监督员	Y	Y	Y	Y		Y		
调度员	Y	Y	Y	Y		Y		
时刻表管理员				Y	Y			
车辆调度员				Y				

5. 系统在线控制功能

在线控制功能是 CATS 系统的主要功能,分信号控制、列车描述、列车调整、时刻表控制和列车运行图五个部分。其功能结构图如图 7-20 所示。

其中列车描述包括三部分:车号、驾驶员号和车辆号,各由 5 位数组成。车号的前 3 位是运行号,后 2 位是目的地号。运行号是列车的标识,是系统与列车时刻表联系的基础,也是系统表示和控制列车的基础;目的地号指明列车的终点站,是系统触发车站信号设备,为列车自动排列进路的手段和依据。系统把目的地号传送给列车,然后列车在行进中把目的地号传送给车站信号设备,从而排列合适的进路,故车号是列车描述的主要部分。设置驾驶员号是为了使系统能跟踪驾驶员的行车,从而产生驾驶员运行报告。设置车辆号是为了使系统能跟踪列车的运行,从而产生车辆运行里程报告。

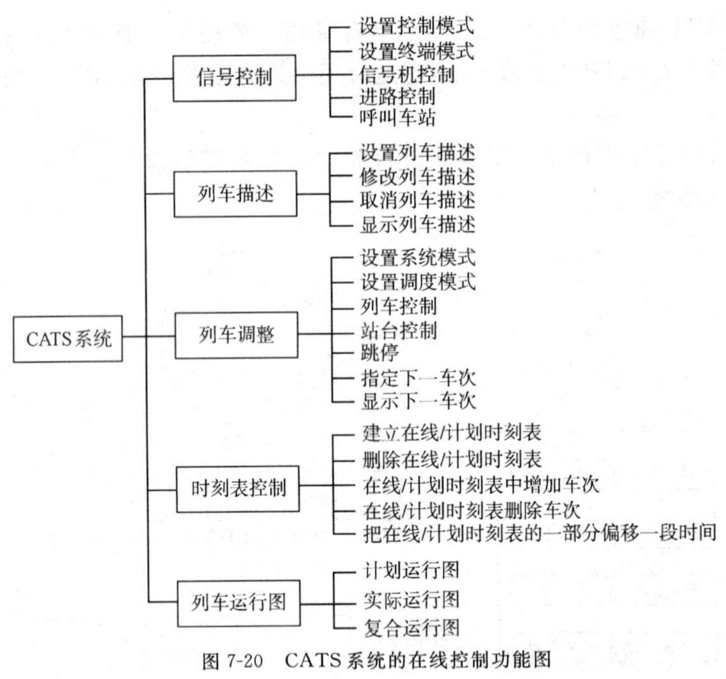

图 7-20　CATS 系统的在线控制功能图

第五节　ATO 子系统

自从城市轨道交通装有列车自动运行系统后，列车的运行方式就变为两种：手动或自动。我国近年来建造的广州地铁 1 号、2 号线、上海地铁 2 号、3 号线等均已在“距离码 ATP 系统”的基础上安装了 ATO 系统，从而列车就可采用自动方式进行驾驶。在选择自动驾驶方式时，ATO 系统代替驾驶员操作，诸如列车启动加速、匀速惰行、制动等基本功能均能自动进行。但是，无论是由驾驶员手动驾驶还是由 ATO 系统自动驾驶，ATP 系统始终具有执行速度监督和超速防护的功能：

驾驶员人工驾驶＋ATP 系统＝手动驾驶

ATO 系统自动驾驶＋ATP 系统＝自动驾驶

可以这样认为，ATP 系统是城市轨道交通列车运行时必不可少的安全保障，ATO 系统则是提高城市轨道交通列车运行水平（如准点、平稳、节能等）的技术措施。

一、ATO 子系统的构成

ATO 为非安全系统。从分工上看，ATP 系统主要负责速度监督和超速防护，起保障安全作用；ATO 系统主要负责正常情况下列车具有高质量的运行水平（如准点、平稳、节能等）。ATO 系统一方面接收来自 ATP 的信息，包括 ATP 速度命令、列车实际速度和列车走行距离，另一方面从 ATS 系统接收列车运行等级等信息。也就是说，ATO 在 ATP 的保护下，根据 ATS 的指令实现列车的自动驾驶，能够自动完成对列车的起动、牵引、巡航、惰行和制动的控制，确保达到设计的间隔和旅行速度。

从本质上看，由 ATO 系统执行的自动运行过程是一个闭环反馈控制过程，即将列车实际速度与参考速度之差作为偏差控制量，通过牵引制动曲线对列车实施一定的牵引力或制动力，使偏差控制量趋向于零。其基本关系框图如图 7-21 所示。

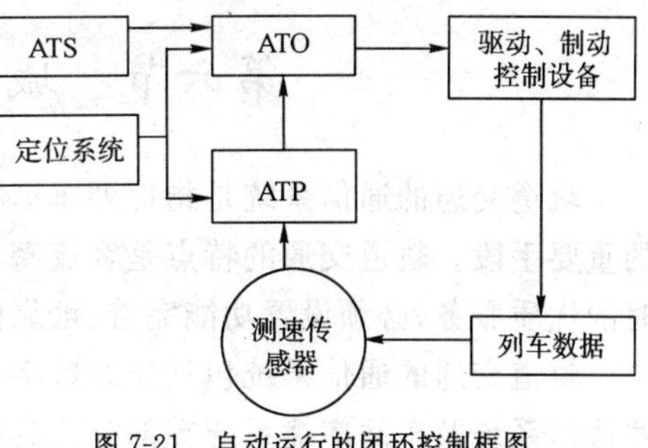

图 7-21 自动运行的闭环控制框图

而 ATO 系统将列车数据从车辆传输到控制中心(OCC)这项重要功能的实现,则是由列车定位识别子系统(PTI)来完成的。从图 7-15 可以看出,在 PTI 子系统内,机车上的 PTI 天线负责发送列车特征数据电码,置于钢轨间的回路环线(在区间内每隔一定距离设置一个接收环线,在停车站的正线上设置一个接收环线)用于接收机车天线发送的数据,并将此数据经由电缆传输至控制中心。

由 PTI 系统传送的列车数据可以包括:车次号、列车车号、驶往的目的地(终点站名称)、乘务员号码、车门状态、列车状态(停车或运行)等。

PTI 系统的车载设备不单独另设,而是集中在 ATO 系统内,但有独立的软、硬件负责编辑 PTI 电码、调制及发送。PTI 电码的发送也是采用频移键控(FSK)方式,通常以几百千赫兹作为载频。在控制中心内设有接收处理 PTI 电码的接口,将接收到的 PTI 电码解调后传送给 ATS 系统,最终由 ATS 系统处理后将数据显示在终端上和屏幕上,并加以记录。

二、ATO 系统的主要功能

(1)站间自动驾驶

它可生成牵引和制动控制信号,使列车根据速度—距离曲线控制行车速度。它能自动调整列车运行状态,包括起动、加速、惰行、巡航及制动控制。列车自动折返可以由 ATO 控制并受 ATP 的监督。

(2)车站定位停车

用地面标志器、环线或其它措施实现列车车站定点停车。以车站停车点作为目标点,ATO 系统采用最合适的减速度,使列车准确、平稳地停在规定的停车点,与列车定位系统相配合,可使停车位置的误差不大于±0.3m。

(3)列车区间运行时分的定时控制

在自动驾驶模式下,ATO 按照 ATS 指令控制列车在区间的运行时分,区间实际走行时间与时刻表的规定值的误差不大于 15%。运行期间,ATO 可对较小的异常情况进行调整,列车按时刻表和节能原则进行速度调整。

(4)限速区间

对于长期性的限速区间,其数据可事先输入给 ATO 系统,当执行自动驾驶时,ATO 系统就会自动地考虑到该限速区间。而对于临时性限速区间的数据,可由轨道电路电码传输给 ATP 车载设备,再由 ATP 车载设备将限速命令经 ATO 系统传达给机车驱动、制动控制设备。此时 ATO 系统就相当于 ATP 车载设备与机车驱动、制动控制设备之间的一个接口。

(5)车门控制

能根据停车站台的位置及停车精度对车门进行监控,在 ATP 系统检查完开门条件,允许开门并给出命令后,ATO 自动打开车门。

(6)记录运行信息

在 ATO 系统的缓存区中可以存储一些用户认为最重要的运行信息,从而在发生非正常运行时,可以调用所记录的信息,进行必要的分析研究。通常可记录 24h 的重要信息。

第六节　城市轨道交通通信系统

轨道交通的通信系统是指挥列车运行、组织运输生产、进行公务联络及提高系统运行效率的重要手段。轨道交通的特点是客流密集、运输繁忙，为了保证行车安全和实现快速、高效、准时的优质服务，必须设置功能完善、可靠的内部专用通信系统。

轨道交通的通信系统包括光纤数字传输系统、数字电话交换系统、闭路电视监控系统、无线通信系统及车站广播系统等部分。具体来说，它们共同为轨道交通系统的列车运行调度指挥、无线通信、公务通信、旅客信息广播、系统运行状况监视等提供手段。

一、光纤数字传输系统

光纤通信系统主要由光纤线路、光传输终端设备（光端机）和 PCM 复接设备三部分组成。PCM 复接设备将话音、数据、图像信号等汇集起来，通过光端机将电信号变换成光信号，经光纤将光信号传送到对方车站，该站通过光端机将收到的光信号变成电信号，再送到复接设备将各类信号进行分路，以送到本站的各类设备。光纤传输系统大量的信道用于传送数字电话交换网的话音信号，不但为闭路电视监控系统、车站广播系统、无线通信系统提供信道，同时也为其他部门的控制信号提供信道。

图 7-22 为典型地铁光纤传输系统设备的构成示意图，它由各站的 PCM 三次群设备串接而成。图中每个光/电转换单元分别与光纤芯线通过配线架进行连接以实现 PCM 光纤的双向传输，从而将各站的通信设备连为一体。两个光/电转换单元只有一个处于主用状态，另一个处于备用状态，当主用的光纤出现故障时，处于监控状态的自动切换单元会自动地将 PCM 复接设备连接到备用的光/电转换单元，以保证通信的畅通。站内的无线话音信号及其他各类控制信号通过一个 30 路一次群复接设备汇总，经复用后生成一个 2Mbit/s 的复用信号。数字信号分配设备有 8 个 2Mbit/s 的接口，其中 2 个接口供一次群设备和程控交换机用。数字信号分配设备接向每个方向的 3 个接口，通过 4 个 PCM 二次群复用设备接向 1 个 PCM 的三次群复用设备，从而为系统提供 480 个信道。正因为数字信号分配设备的 8 个接口可以与各类相关设备相连，PCM 的二次群、三次群设备为系统提供了比较充裕的信道。

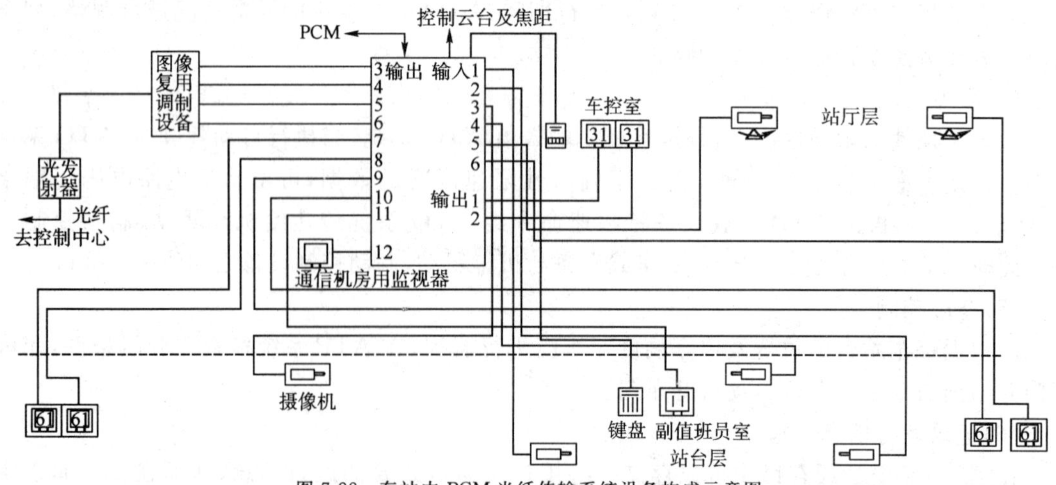

图 7-22　车站内 PCM 光纤传输系统设备构成示意图

二、数字电话交换系统

数字电话交换系统是通信网的重要组成部分，一般用程控交换机来组网，其构网方式因交换系统大小而异，根据各车站用户分布情况、用户的接口要求和功能要求、市话网的组成情况以及传输系统的配合等因素来决定。典型的地铁系统交换网由地铁专用电话网和数字程控交换网这两个独立而又相互联系的交换网组成。

1.数字式程控电话交换网

各车站设置的 OMNI 型交换机与配置在线路两端的 HICOM 型交换机通过 PCM 光纤传输系统相连，另外在控制中心也设置 HICOM 型交换机，它通过 PCM 信道连向控制中心的 OMNI-230 型交换机。各车站的 OMNI-210 型交换机容量可达 200 门电话分机和 16 条中继线，230 型容量可达 2 000 门电话分机和 120 条中继线，HICOM-370 型交换机容量可达 1 000 门电话分机。各车站的程控交换机与线路两端的程控交换机通过 PCM 光纤传输系统相连，站间电话用户的通话可经两交换机转换。控制中心的程控交换机与两端的程控交换机也有 PCM 相连，所以组成一个完整的数字程控电话交换网，而且均有中继功能进入市话网，市话入中继话务除可以通过控制中心话务台人工转换外，部分用户还可以直接被市话用户呼叫。

2.专用电话系统

专用电话系统为控制中心的调度人员与车站工作人员之间提供直线电话服务功能和组呼功能，并为机房电话和一些内部电话提供自动交换功能。

(1)站间直线电话

相邻两站值班员之间联系有关行车事务时，值班员只要拿起电话机而不必拨号就可以相互通话，站间直线电话的话音信号是由专用的电线传输。

(2)调度电话

调度电话控制台设在控制中心的总调度所内，它与设在控制中心的程控交换机相连。调度控制台根据工作性质而设有列车调度台、电力调度台、防灾报警调度台及总调度台等。总调度台只与其他 3 个调度台通话，而其他 3 个调度台都与分机相连，列调分机设在各车站及车辆段，电力调度分机设在各变电站的值班室，而报警调度分机应设在各车站及所属业务部门。

各调度控制台对所属分机可进行全呼、组呼或单呼。各调度系统的分机只要摘机立即连向各自的调度控制台，各调度控制台按下呼叫键即可叫出或应答相应的调度分机，各调度系统的分机之间及与其他系统的分机之间不允许通话。

(3)轨旁电话

为了使司机及其他工作人员在需要的时候及时与有关部门联系，所以每隔 450m 左右的间距设置轨旁电话，轨旁电话应有坚固的防护外罩和防潮的全密封设计。每 2～3 个轨旁电话并联在一起通过专用电线连向最近的程控交换机，程控交换机向轨旁电话提供与其他分机及各调度控制台联系的功能。

(4)集中电话

为使各职能部门与本站或本地区的有关单位进行联系，各车站均设有集中电话机。集中电话机的控制台及分机都可以自由地与其他分机联系，分机间可通过拨号建立联系，分机摘机后数秒内不拨号，则直接接入集中电话机，集中电话机的控制台和分机都连向车站的程控交换机。

三、闭路电视监控系统

为了确保列车的运行安全，及时向有关人员提供各车站各部位的安全情况和客流、列车停站、起动及列车门开启、关闭等信息，所以设置闭路电视监控系统。该系统由车站电视监控系统及控制中心集中监控系统两大部分组成，以实时监视列车的运行情况和旅客的安全。

1. 车站电视监控系统

城市轨道交通系统车站电视监控设备应根据车站的布局情况设置监视点。在地铁车站中常设有站台区和站厅区，而在高架或地面轻轨系统的车站往往设有站台区和出、入口区。不论是站台区和站厅区或者出、入口区均应设置摄像机进行监视。其中，站台区的摄像机除为站台值班人员提供图像信息外，还为驾驶员提供旅客上、下车及车门关闭情况的信息。因驾驶员无法对摄像机进行控制，故站台区的摄像机通常采用固定式（不设云台）；而站厅区和出、入口的摄像机是为车站值班人员及上级调度部门提供图像信息的，摄像机取景范围要求大而可变，故通常采用云台以调节摄像方位及角度等。

车站电视监控系统的示意图如图 7-23 所示，上、下行站台各设 2 台摄像机和 2 台监视器，站厅设 2 台配有云台的摄像机，在车站值班员和副值班员室分别设有监视器和控制台。各摄像机输出的视频信号经同轴电缆线接至切换控制设备的图像输入端；切换控制设备的图像输出端中的一部分经图像复用设备和电/光转换后以光纤接至控制中心，用来向控制中心提供本站的现场实况图像信息，另一部分输出端分别接至相应的监视器。

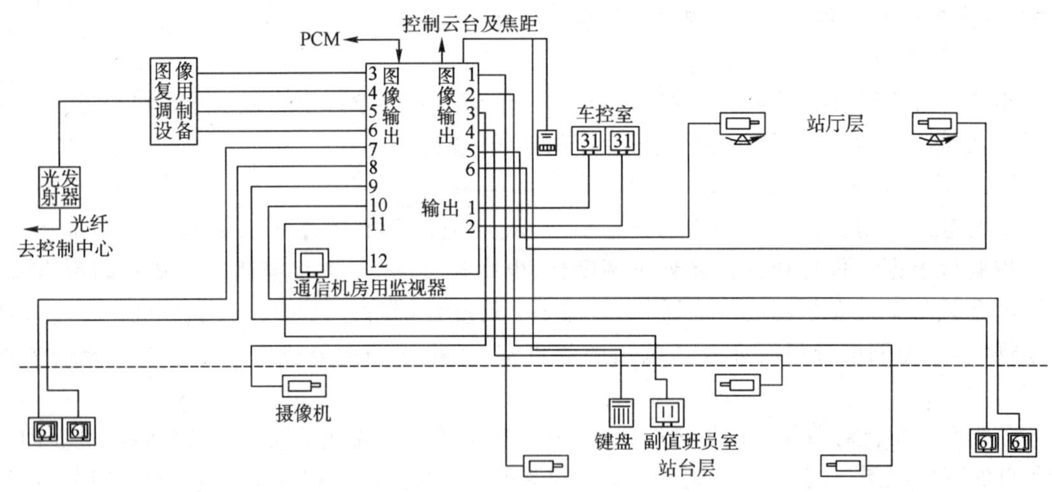

图 7-23 车站电视监控系统示意图

车站值班员或副值班员可从控制台发出控制信号，控制信号包括两部分：一部分用来进行图像切换或选择，即将值班员室的监视器与所需监视的现场摄像机相连；另一部分用来控制云台的转动和摄像机调焦。

控制中心调度员要获取本站摄像画面时，由控制中心送出的控制信号，经 PCM 系统传输至本站，以控制器切换设备的工作，选择所需的摄像画面，在切换设备的图像输出端可同时输出几个图像，图像经电/光转换后沿光纤将图像送回到控制中心，控制中心的调度员可同时收看一个车站的几个摄像画面。从控制中心送来的控制信号也可控制云台的转动和调节摄像机焦距，从而达到最佳的摄像效果。

2. 控制中心集中监控系统

闭路电视监控系统既可以由各站的工作人员进行控制，也可以由控制中心的总调度、列车调度、防灾调度进行控制。为此，在控制中心的上述调度台上设有监视器和带有键盘的控制器，调度员通过键盘来选择所希望了解的车站及车站某个部位的客流情况和突发事件图像。控制中心设备及其与车站设备的连接情况如图 7-24 所示。

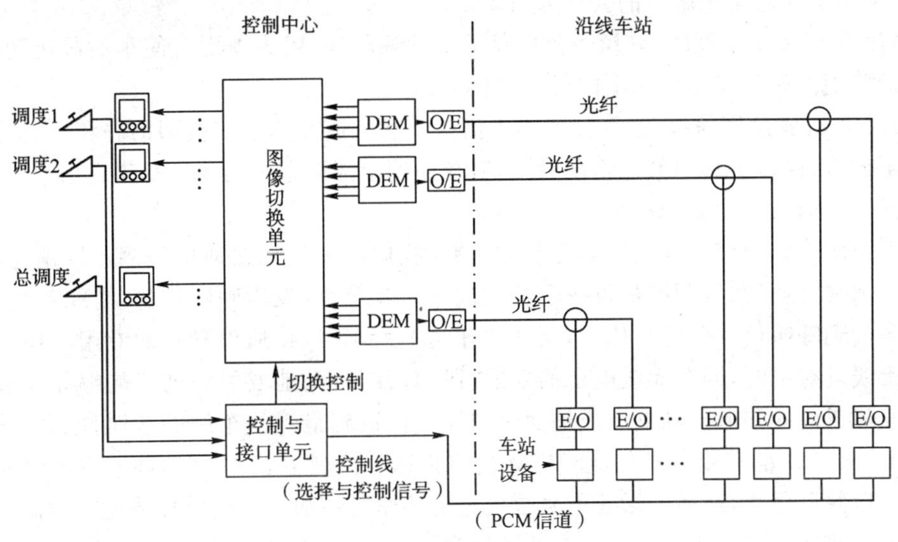

图 7-24　城市轨道交通闭路电视系统示意图

由图 7-24 可知，控制中心的调度员可通过控制键盘操作发送出选择与控制信号，相应的选择信号经 PCM 光纤传输系统发送到各个车站的控制单元，经比较若与本站编号相一致，再比较哪个摄像机被选中，然后控制图像切换开关将相应的图像选送出去。各站均可向控制中心送出 4 幅图像，但不是所有车站同时发送 4 幅图像，允许同时有 3 个车站向控制中心送出 4 幅图像。各车站送来的 4 幅图像输入到控制中心的图像切换开关的输入端，其输出连至监视器和录像机。为了便于识别，各车站备有图像字符发生器，以产生摄像机号码、日期和时间，并叠印在送往控制中心的各图像上。

为了及时了解整个城市轨道交通系统各个车站的现场实况，控制中心或各个车站的图像切换设备均应对众多输入的图像信息进行自动顺序扫描，依次向各调度员、值班员显示现场实况图像，具体的扫描顺序应通过预先编程确定。在顺序扫描显示过程中，如调度员等发现某画面需特别引起注意，则可按选择键选看该画面，并对重要事件做录像处理。

四、无线通信系统

无线通信系统是利用无线电波在空间传递信息的一种通信方式。城市轨道交通系统由于线长、点多、面广，变动因素多，有线通信保证了在固定地点工作的人员相互之间的通信联络便捷可靠，无线通信系统则为处于移动状态的相关工作人员（如运行中的列车驾驶员、车站内流动的工作人员、公安警务人员、各种抢修或维修人员、意外情况下的组织操作人员等）提供便捷可靠的联络通信手段。

1. 无线通信系统的组成及功能

无线通信系统由基地台、天线及射频电线、隧道内的漏泄同轴电缆、列车无线电台设备、控制台、电源及便携式无线电台等组成。典型的地铁无线通信系统为了实现双向无线通信，所以设置了 4 个频率对(每个频率间隔为 10MHz)。

(1)信道 1:用于列车调度,其覆盖范围是地铁全线及各车站,列车调度员可以通过控制台与正在运行的驾驶员及车站上行车有关人员通话。

(2)信道 9:用于公安治安,其覆盖范围是地铁全线及各车站,使公安中心的工作人员可以与沿线、车站处于移动状态下的公安人员通话。

(3)信道 0:用于车辆段,其覆盖范围是整个车辆段(一般为地面),使车辆段运转值班员可以与车辆范围内处于移动状态下的行车人员通话。

(4)信道 8:紧急用信道,其覆盖范围为信道 1 和信道 0 的覆盖范围的总和,当信道 1 或信道 0 发生故障,或发生其他紧急情况时,为有权使用上述两信道的人员提供通信手段。

2. 无线通信系统功能的实现

为了说明无线通信系统如何实现通信功能,我们以列调无线通信为例加以阐述。列车调度员欲与驾驶员通话时,调度员可按下控制盘上的数字键,发出呼叫信息,沿线各列车的车载无线设备收到呼叫信息后进行比较,当证实呼叫本列车时,接通驾驶室的专用广播;驾驶员按下车载无线发射键时,列车无线电台的发射机被打开,自动地发射该列车的编导及数据信息,该信息经隧道内的漏泄同轴电缆或地面上的天线传送到最近的车站的基地台,由于基地台与车站的 PCM 一次群有接口,所以经 PCM 信道传送至控制中心,并在列调监视器上显示出来。呼叫建立后便可通话,通话的话音信号也通过上述途径传送。其信号传输途径示意如下:车载台＜＝＝＞漏泄电线天线＜＝＝＞车站基地台＜＝＝＞PCM 光纤传输系统＜＝＝＞控制中心基地台＜＝＝＞控制中心无线列调控制台。

沿线的各个区段是通过连向基地台的漏泄电缆或天线实现覆盖的,所以列车运行过程中可能涉及沿线几个基地台,在通话过程中通过设在控制中心的判决比较器,选择一个具有最好信噪比的基地台实现通信,在整个通话过程中判决比较器不断进行判决。

另外,当某次呼叫建立以后,无线通信系统会自动向其他使用同一频道的移动电台发出锁闭信号,以防新的呼叫打断正在进行的通话,直到该通话结束为止。移动台之间禁止使用列调频道通话。当列车发生意外而无法使用车载无线台时,列车无线设备会每隔一固定时间自动接通发射电路 10s,并将驾驶室环境声音发向控制中心,直到调度员取消选择为止。

五、车站广播系统

城市轨道交通系统中广播系统的作用主要有两个方面:一是对乘客进行广播,通知列车到站和离站的信息、或播放音乐以改善候车环境、或在发生意外情况时安抚和疏导乘客,对乘客广播的播音范围主要是站台和站厅区;广播的另一个作用是对工作人员进行广播,其播音范围为办公区域、站台、站厅、隧道及车辆段范围内,以便及时发布有关通知信息,使有关工作人员协同配合工作。广播信息可以由控制中心广播台发出,也可以由车站值班室发出。

1. 车站播音系统

图 7-25 为车站播音系统示意图。

车站播音台配有播音区域选择键盘和送话器,在通信室还设有前置放大器、功放及控制和接口单元等设备。车站的控制键按下后,相应的选择信号经控制和接口单元,被选择区域的广播电路接通,并使控制中心来的播音信号中断,即车站播音台对本站的播音具有优先权。在固定区域可以根据列车运行实现自动广播。

为了提高播音系统的可靠性,每个播音区域内的扬声器分别由两个扩大器驱动,并以梳状

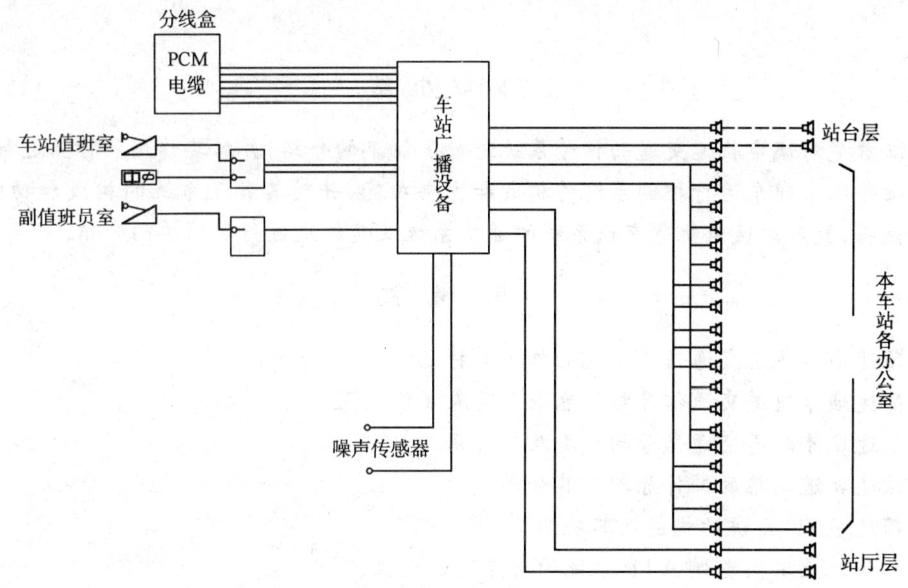

图 7-25　车站播音系统示意图

方式排列，其中一个扩大器故障时，仍能不间断地播音及维持基本播音量。站台的广播区域，还应配备自动音量控制装置，以保证播音音量始终保持在比区域内噪声音量高 10dB 的水平上，达到较好的播音效果。

2. 控制中心播音

控制中心广播系统构成如图 7-26 所示。

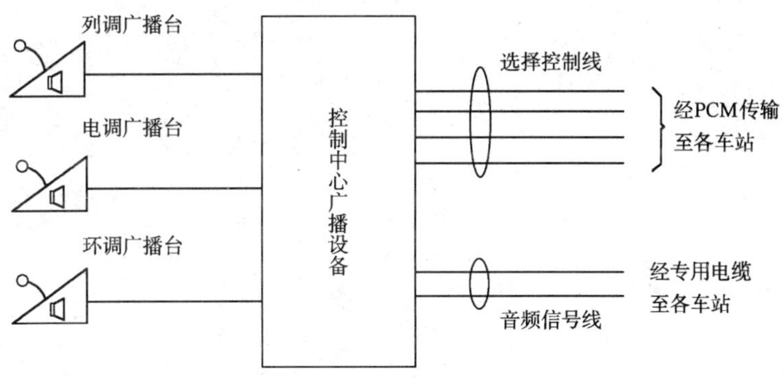

图 7-26　控制中心广播系统构成图

在控制中心设有列车调度、电力调度和防灾调度 3 个播音台，任何一个播音台均可对任一车站的各区域进行选择播音，但 3 个播音台之间互锁，也即只允许一个播音台播音。3 个播音台分别配有广播区域选择键盘和送话器。

控制中心的广播控制设备具有音频信号放大及接口控制功能。选择控制信号经控制与接口单元，通过 PCM 信道将其送至车站的控制单元，当车站的控制单元收到控制中心发来的选择信号，本站没有播音时，接通被选区域的广播电路，并将有关信息返送控制中心的广播控制单元，显示在相应的播音台上，播音信号经放大通过专用的屏蔽广播线传送至所选车站。

此外，从控制中心可对所有车站的所有区域播音，也可对某一个车站的某个区域有选择地播音。

本章小结

本章首先对城市轨道交通的信号系统进行了简单的介绍，并对其作用和特点进行了概括，接着详细介绍了列车运行控制系统的构成和主要功能，并对其各子系统的构成和功能进行了阐述和说明，最后对城市轨道交通系统的通信系统及其组成进行了简单的介绍。

思考题

1. 简述城市轨道交通信号系统的作用和特点。
2. 简述城市轨道交通信号灯的色别及其表示的意义。
3. 简述城市轨道交通信号的种类及其作用。
4. 试述轨道电路的工作原理及其分类。
5. 简述 ATC 系统的构成及其功能。
6. 分析对比不同类型 ATP 系统的特点及适用性。
7. 简述 ATS 系统和 ATO 系统的构成及其主要功能。
8. 试述城市轨道交通信号系统的运行机理及其合理选取的原则。
9. 简述城市轨道交通通信系统的作用及其组成。

第八章 城市轨道交通运营组织及管理

轨道交通系统作为城市重要公共交通基础设施，是为了最大限度地满足居民出行需要，迅速、舒适、安全、便利地在城市范围内运送旅客，使乘客能便利地进站购票乘车、安全而舒适地旅行、快速而准确地到达目的地。现代化高水平的运营管理是城市轨道交通安全畅通和优质服务的保证，是一个系统工程。城市轨道运营系统通过人员组织管理和设备维护使用，实现对乘客的承运和送达。本章主要探讨城市轨道交通系统运营组织的特性和原理，论述运营组织工作的主要目标、基本要求和具体方法。

第一节 城市轨道交通系统的运营特性

城市轨道交通具备轨道交通的特点，又同城市地面公交系统一样，具备适应城市公共交通要求的各项条件。因此，城市轨道交通的运输组织与运营管理工作与铁路运输和城市公交运输不同，有其独特的方面。

1.城市轨道交通系统是一种大运量的快运系统，行车密度高、运量大。

(1)现代城市轨道交通的列车运行速度在市中心一般设计为35～40km/h，市郊高速可达60～80km/h，最小行车间隔(行车密度)为2min。以上海地铁为例，每一地铁列车可载客2 400人，单向每小时可运送60 000人左右，旅行速度可达35km/h左右，这是地面公共交通很难做到的。在列车的运行方面与城市常规公交相比，城市轨道交通系统的车站和线路一旦建成就很难迁移和变动，不能像地面常规公交那样可以机动的调整行车路线和站点设置以适应乘客流量和流向的变化。

(2)全日客流在时间分布上有较为明显的高峰(早、晚高峰)和低谷之分。高峰时段客流量集中，时间性强；在空间上又有不同的区间客流密度分布，如在某个时段某个区间的客流量特别大。

(3)列车运行间隔时间短，发车密度高。

2.具有高度集中和计划性强的特点

城市轨道交通系统安全运行和优质服务的基础是三大系统(列车运行系统、客运服务系统及检修保障系统)同时正常、协调、可靠地运转。如何保证系统各个不同工种岗位及设备连续、协调、统一运转是运营组织工作最基本的内容，有很强的计划性、统一性和高度集中性。

城市轨道交通是多工种多专业联合运营系统，需要一体化统一调度指挥，以控制中心(调度所)为调度指挥中心。控制中心通过信号系统(ATS)、供电系统(SCADA)、环控系统(FAS、BAS)，由行车调度员、电力调度员和环控调度员担任调度指挥，按设定的列车运行图、供电及环控模式自动控制信号、供电及环控系统正常运行。

3.具有严格的技术规范和管理制度

轨道交通系统运营管理的核心是规章制度，它是规范人员生产活动的行为准则，各岗位人员只有严格执行规章制度才能使得规模庞大而技术复杂的系统有序、高效和安全运转，其中《技术管理规范》(简称技规)是最基本的技术规范，此外还有各子系统的专业性规范，如《行车组织规则》、《客运组织规则》、《调度规则》、《安全规则》、《事故处理规则》以及《设备运行检修规则》等。此外，还有各专业、各工种、各单项作业更为具体、详细、操作性更强的制度、工艺、办法等，如《车站管理细则》、《调度员岗位职责》等。

4.城市轨道交通服务于城市居民出行，安全可靠的优质服务体现在运营过程的每一环节。

城市轨道交通系统均采用双线运行（即上下行分线运行），一般只有客运，没有货运业务（除了少数线路承办邮件运输之外），运输服务对象单一，平均运距 7～10km，其运输组织和运营工作比铁路运输系统简单。

城市轨道交通每天运送几十万乃至上百万乘客，必须在运输的每一环节为乘客提供优良的服务。首先，列车必须按列车运行图的规定安全、准时运行；其次，应根据市场需求和客流变化，适时调整运行图；同时应提供方便的换乘条件，在乘客出入站、通道、站厅等处提供引导及人性化设施，实现智能化信息服务。

5.运营组织技术集成度高，自动化、信息化技术应用广泛，信号系统和调度指挥信息系统是运营组织技术的核心。

第二节　车站客运组织

城市轨道交通具有客流量大、以车站为集散地、线路固定的特点，主要通过合理的客运组织来完成其大容量的客运任务。车站的客运组织是客运服务工作的一个关键环节，是为乘客提供安全、快速、便捷、舒适服务的重要保障。城市轨道交通客运组织是通过合理布置客运有关设备、设施以及对客流采取有效的分流或引导措施来组织客流运送的过程。客运组织的内容包括：车站售检票位置的设置、车站导向的设置、车站自动扶梯的设置、隔离栏杆等设施的设置以及车站广播的导向、售检票数量的配置、工作人员的配备、应急措施等。

一、车站客运组织的原则

不管是何种形式的车站（高架、地下、地面），进站乘客的基本流线是：购票→过检票机→通过楼梯上站台（侧式站台地面站一侧乘客可直接进入站台）→乘车，出站的顺序正好相反。影响客运组织的因素较多，不同类型的车站其客运组织的内容有较大差别，中小车站的客运组织比较简单，而大车站、换乘站因客流较大、客流方向比较复杂，其客运组织也比较复杂。

城市轨道交通客运工作的特点决定客运组织应做到保证客流运送的安全，保持客流运送过程的畅通，尽量减少乘客出行的时间，避免拥挤，便于大客流发生时及时疏散。

为此，在进行客运组织时应特别考虑下面几个方面的原则。

(1)合理安排售检票位置、出入口、楼梯，确保行人流动线简单、明确，尽量减少客流交叉、对流。

(2)乘客换乘其他交通工具衔接顺畅，人流与车流的行驶路线严格分开，以保证行人的安全和车辆行驶不受干扰。

(3)完善行人诱导系统，快速分流，减少客流集聚和过分拥挤现象。

(4)满足换乘客流的方便性、安全性、舒适性等一些基本要求。如：适宜的换乘步行距离、恶劣天气下的保护、气候调节、对残疾人专门设计无障碍通道；又如：照明、开阔的视野以及突发事件应急系统等。

这些客运设计的基本要求也是评价客流交通组织合理性的重要方面。

二、客流组织方法

车站是城市轨道交通客流的集散地，一般由出入口及通道、站厅层、站台层、设备用房、管理用房、生活用房等几个部分构成，但也有些简易车站无站厅层。

城市轨道交通车站的规模因远期预测客流集散量不同而不同，在很大程度上取决于站台长度。因此，在进行车站设计确定站台的客流组织方法的过程中，在依照客流组织的原则下宜因地制宜，依据不同的车站形式来确定站台的客流组织方法，使行人流动线简单、明确，尽量减少客流交叉、对流。

1. 售检票位置的设置及客流导向组织

城市轨道交通车站的选址、规模在城市轨道交通建设时已经确定，一般不能再改变，出入口及通道宽度、站厅及站台的规模一般在建设时期根据预测客流量确定，在运营管理中如何正确设置售检票的位置、合理布置付费区、进行合理的导向对客流组织起着很重要的作用。在布设时一般要以符合运营时最大客流量，保持客流的畅通为原则，因此，一般按以下要求进行布置。

(1)检售票位置与出入口、楼梯应保持一定距离。检售票位置一般不设置在出入口、通道内，并尽量保持与出入口、楼梯有一定的距离，从而保证出入口和楼梯的畅通。

(2)保持售检票位置前通道宽敞。售检票位置一般选择站厅内宽敞位置设置，以便于售检票位置前客流的疏导，售检票位置应适当保持一定距离，避免排队时拥挤。

(3)售检票位置根据出入口数量相对集中布置。因城市轨道交通车站一般有多个出入口，为了减少乘客进入车站后走行的距离，一般设置多处售检票位置，但过多设置售检票位置容易造成设备使用的不平衡，降低设备使用效率，并且不利于管理，因而售检票位置应根据车站客流大小相对集中布置。

(4)尽量避免客流的对流。客流的对流减缓了乘客出行的速度，同时也不利于车站的管理。因此，车站一般需对进出客流进行分流，进出车站检票位置分开设置，保持乘客经过出入口和售检票位置的线路不至于发生对流。

2. 换乘站

换乘站一般客流比较大，同时客流流线复杂，客流组织相对于其他车站较为复杂。换乘站根据不同的换乘方式在客流组织管理上应注意采用不同的方法，总原则是组织好换乘客流、缩短换乘路径、减少换乘客流与进出站客流的交叉、干扰。

(1)站台直接换乘：车站一般是两条线路平行交织，而且采用岛式站台。这种情况下要求站台能够满足换乘高峰客流量的要求，换乘楼梯或自动扶梯应有足够的宽度，以免发生乘客滞留和拥挤。

(2)站厅换乘：乘客在换乘过程中，须通过另一个车站的站厅或者两站共用的站厅到达另一个车站的站台。这种情况下，下车客流朝一个方向流动，应减少站台上人流的交织。

(3)通道换乘：这种换乘方式下两个车站通过设置单独的换乘通道为乘客提供换乘。通道换乘应注意上下行客流的组织，避免双方向的换乘客流与进出站的客流的交叉紊乱。

(4)组合式换乘：在这种条件下一定要确保换乘旅客客流顺畅，特别要做好客流的诱导工作。

同时对于不同的站台设置方式，亦有不同的客流组织方式。图 8-1 是某一车站站厅层的客流流线图。

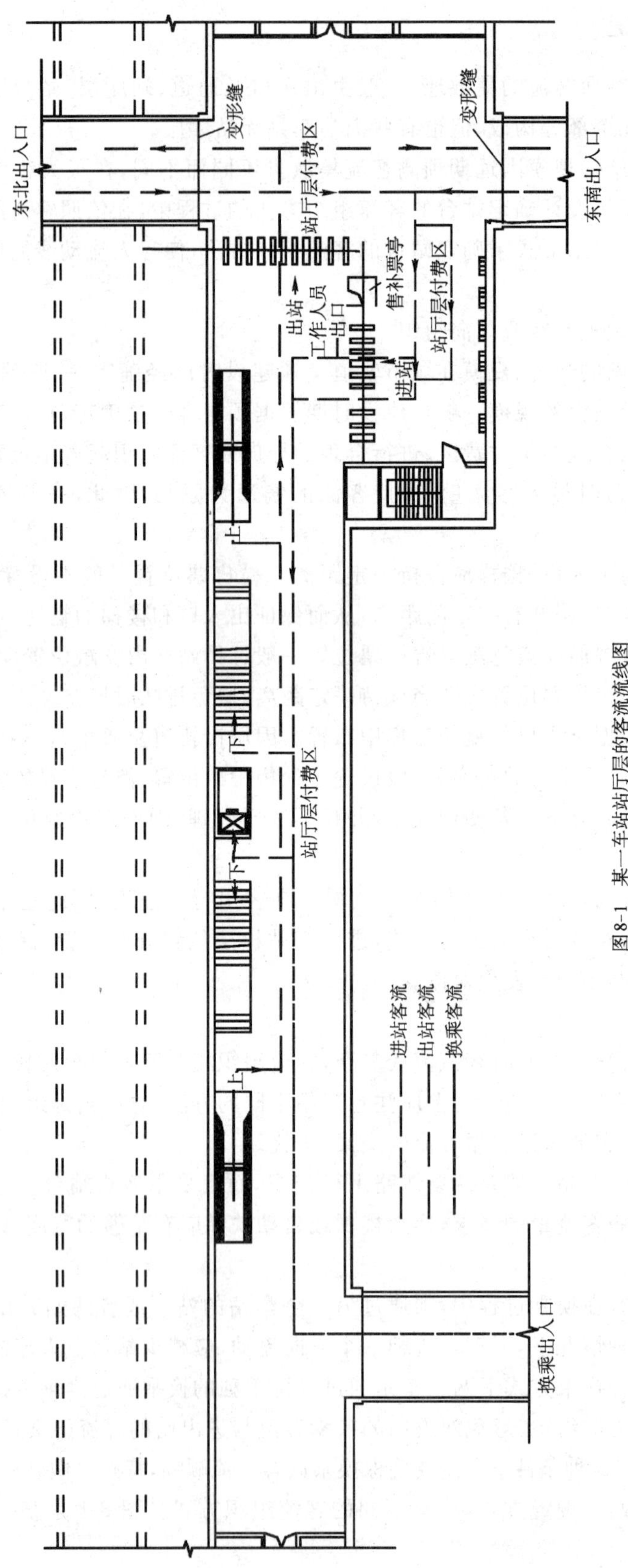

图8-1 某一车站站厅层的客流线图

三、突发客流的组织与调整

1.客流的特征

城市轨道交通客流与城市其他交通方式客流的时空分布特征基本相一致，但由于城市轨道交通的运能、线路走向以及其车站的性质、规模、区位、列车到发时刻安排的不同，沿线客流的大小分布和车站客流的时间分布具有其本身的特征，这也是城市社会经济活动和生活方式以及城市轨道交通系统本身特征的反映。影响城市轨道交通客流规模的因素有：沿线土地的利用、经济发展水平、市区延伸发展的潜力、联运要求、城市管理水平、城市轨道交通的经营等。

1）车站客流空间分布特征

城市轨道交通建设规模、线路布设形式和走向以及首末车站所处区位，是影响其沿线客流分布的主要影响因素。纵观不同类型城市轨道交通线路，可归纳出以下四种沿线客流空间分布特征。

（1）均等型：当城市轨道交通线路呈环线布置或沿线用地以高密度开发成熟时，各车站上下车客流接近相等，沿线客流基本一致，不存在客流明显突增路段。

（2）两端萎缩型：当城市轨道交通线路的两端延伸至还没有完全开发的城市边缘地区或郊区时，线路两端路段的客流小于中间路段的客流。

（3）中间突增型：当城市轨道交通线路，途经大型的对外交通枢纽、高密度开发地区或者车站利用常规公交线路辐射吸引范围广阔时，位于该区位车站的上下客流明显偏大，线路客流存在突增的路段。

（4）逐渐缩小型：当城市轨道交通线路首末车站位于大型对外交通枢纽附近或接近城市中心 CBD 地区时，随着线路向外延伸，线路客流逐渐缩小。

2）车站客流时间分布特征

城市轨道交通运能、线路走向所处交通走廊的特点以及车站所处区位的用地性质，是影响城市轨道交通车站客流在全天不同时间不同分布的主要因素。通过对不同运能城市轨道交通不同类型车站的观察，可归纳出以下五种车站客流日分布曲线类型，如图 8-2 所示。

（1）单向峰型：城市轨道交通线路所处的交通走廊具有明显的潮汐特征或车站周边地区用地功能性质单一时，车站客流分布集中，有早晚错开的一个上车高峰和一个下车高峰，如图 8-2a）所示。

（2）双向峰型：车站位于综合功能用地区位时，客流分布与其他交通方式的客流分布一致，有两个配对的早晚上下车高峰，如图 8-2b）所示。

（3）全峰型：城市轨道交通线路位于用地已经高度开发的交通走廊或车站位于公共建筑和公用设施高度集中的城市中心 CBD 地区时，客流分布无明显的低谷，双向上下客流全天都很大，如图 8-2c）所示。

（4）突峰型：车站位于体育场、影剧院等大型公用设施附近，演出节目或比赛结束时，有一个持续时间较短的突变上车高峰，一段时间以后，其他部分车站可能有一个突变的下车高峰，如图 8-2d）所示。

(5)无峰型：当城市轨道交通本身的运能比较小或车站位于用地还没有完全开发的地区时，客流无明显的上下车高峰，双向上下车客流全天都较小，如图8-2e)所示。

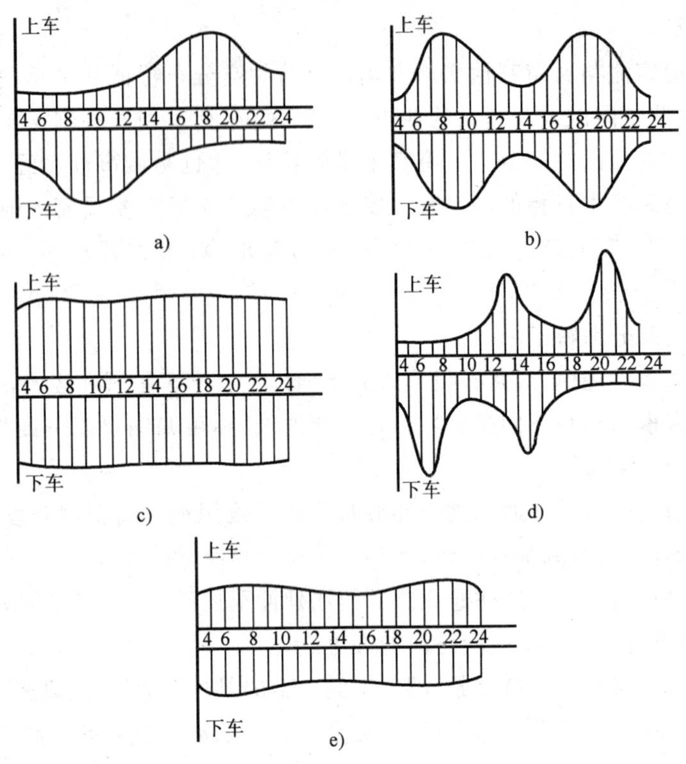

图8-2　城市轨道交通车站客流时间分布特征示意图

2.突发客流组织与调整

突发性的大客流往往是在节假日旅游高峰期，举办重大活动(大型体育赛事、音乐会等)，风、雨、雪恶劣天气等情况下发生，大客流虽然持续时间不长，但在大客流冲击的情况下，往往对客流组织形成较大甚至很大压力，城市轨道交通运营公司必须在保证安全的前提下，尽快地疏散客流，大客流组织的主要措施包括：

(1)增加列车运能。根据大客流的方向，在大客流发生时，利用就近的折返线、存车线组织列车运行方案，实施增开临时列车，增加列车运能，从而保证大客流的疏散。列车的运能是大客流能否疏散的关键。

(2)增加售检票能力。售检票能力是大客流疏散的主要障碍，车站在设置售检票位置时应考虑提供疏散大客流的通道。在大客流疏散时，可采用事先准备足够的车票，在地面、通道、站厅增加设置售票点，增设零时检票位置来疏散大客流。

(3)采取临时疏导措施。在大客流组织中，临时合理的疏导对客流方向进行限制是一项很重要的组织措施，主要包括出入口、站厅的疏导。站厅、站台扶梯以及站台疏导。出入口、站厅的疏导主要是根据临时的售检票位置的设置，限制客流的方向，来维持通道的畅通和出入口、站厅客流的秩序；站厅、站台扶梯以及站台疏导主要是为了尽量保证客流均匀上下扶梯和尽快上下列车，保证站台候车安全。疏导措施主要设置临时导向、设置警戒绳或隔离栏杆、采用人工引导以及通过广播宣传引导等措施。

(4)关闭出入口或采取进出分流。大客流往往是难以预测的，因此，为了保证大客流发生时疏散客流的安全，在难以采用有效措施及时疏散客流时，可采用关闭出入口或对某部分出入口限制乘客进出的措施，来组织一部分客流或延长大客流疏散的时间。

以下是某市地铁营运公司根据工作早晚高峰期间大客流的情况，为避免换乘通道出现客流对冲现象严重而采取的一种限时段的换乘客流组织方式，如图 8-3 所示。在早上 7:30～9:30，下午 4:30～6:30 的高峰时段，将原来南北两条双向换乘通道改为单向通道，形成“顺时针”单向换乘的客流组织方式，减少不同方向的客流对冲。

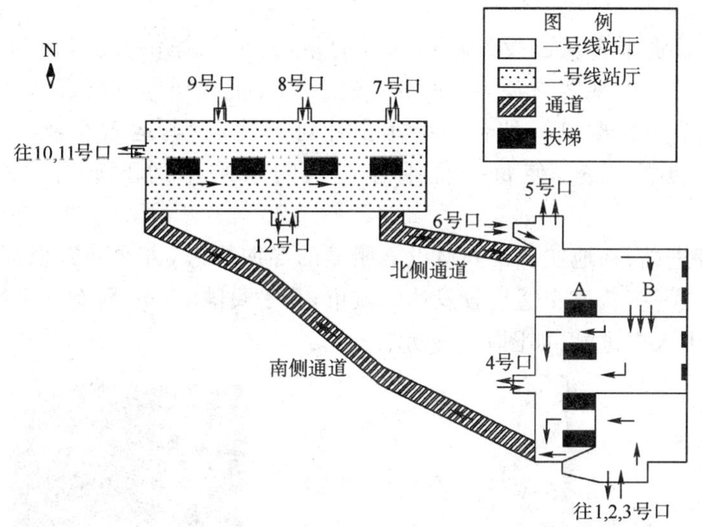

图 8-3 城市轨道交通车站大客流组织示意图

注：在 A 处设立临时禁行护栏，阻止客流逆向流动；在 B 处外设单向门，引导客流由北向南单向流动；封闭 5 号出口。

四、车站地区客流接续与疏散方法

车站往往是乘客出行链中的重要环节，车站地区客流可以有多种交通方式进行接续和疏散，包括步行方式、自行车方式、常规公交方式、出租车方式以及其他交通方式(主要是自备车，包括私家车以及摩托车，还包括其他城市轨道交通方式)等。针对车站种类不同，其复杂程度亦不相同，这里主要针对集中多种方式的换乘枢纽车站来说明。

1. 针对换乘枢纽车站的客流接续和疏散，应特别考虑下面几个方面的原则：

(1)行人流动线简单、明确；

(2)行人流动线尽量与车辆流动线分离，保证行人安全；

(3)交通工具之间相互顺利连接；

(4)不同换乘工具之间的冲突最低；

(5)完善诱导系统，快速分流；

(6)周边道路与内部道路相协调。

2. 落实在具体的设计中，这几方面主要体现在静态的停车场地布置和设计，动态的人流组织、车辆组织，以及相关的控制性管理措施。

(1)静态交通组织：主要是结合枢纽车站的设计和换乘客流方式，做好各类停车场地(自行车、出租车、自备车等)的规划布局，合理布置常规公交站点。

(2)人流组织：行人组织主要是提供明确的通行空间，设置良好的诱导标志，引导行人通向指定的目的地，设置齐全的无障碍人行系统。

(3)车流组织:换乘枢纽地区周边的道路交通需求各不相同,在周边道路数量多而且布置复杂、交通压力大的情况下,可以对道路通行进行管制以降低区域内的冲突点,比如采用单行措施,甚至可以封闭入口,将道路改为步行街;另外,常规公交汽、电车往往是接驳城市轨道交通客流的一种重要方式,在运营调度和发车时刻安排方面可以加以调整,与城市轨道交通协调起来。

五、旅客服务系统

城市轨道交通将乘客从出发站输送到目的站,为他们提供安全、便利、舒适、快捷的乘车和候车环境。对一位乘客来说,要从站外进入到站台上车,一般遵循如下的流程:进站口→站厅层→购票→检票机→站台→乘车。针对上述流程,运营企业必须在每一个环节均为乘客提供优良的服务,使每一位乘客在从购票乘车到下车出站的全过程中得到满意。

(1)引导乘客进站:在地铁各出入口设立明显的导向标志,方便乘客识别并根据向导标志指示进站乘车。在一些轨道交通比较发达的城市,几乎每隔 500m 即有一个明显的导向标志,便于乘客选择各出入口进站,如图 8-4 所示。

a)

b)

图 8-4 地铁出入站的导向标志

a)上海陆家嘴一处的地铁导向标志;b)美国纽约地铁怀特霍尔街站

(2)问询服务:车站的问询服务可分为有人式服务和无人式服务。车站的工作人员应向问询乘客提供服务,随着时代的发展,车站的问询服务向自助式服务方向发展,车站设计算机查询平台,可供乘客对出行线路、票价以及各类票卡的金额等查询。

(3)售检票服务:目前,世界各大城市提供售检票服务的主要形式是人工发售或自动为主、人工为辅的方式,而且后者已经成为城市轨道交通售票服务的主流形式。采用自动售检票系统代替人工,可以提供更为准确的售票服务,提高服务效率和水平。

自动售检票系统是通过计算机集中控制的,以磁卡及非接触器或 IC 卡为介质的一种售检票方式,包括乘客自动/板子打乘车购票、进出站检票(包括验票、计费、收费和单程票回收)、客流和收费统计、售检票设备监控、车票初始化/个人化、车票分发/回收/循环/退票/挂失/报废、系统密钥管理、票务清算等。

根据技术制式的不同,自动售票设备主要有三种系统:磁卡自动售检票系统、接触式 IC 卡自动售检票系统以及非接触式 IC 卡自动售检票系统。

(4)组织乘降:站台应设有明显的候车安全线,提示乘客在列车未进站停稳、车门未完全打开之前不要越过安全线,以防发生意外事件。另外,车站还提供广播,为乘客预报下次进站列车的方向,已经有两种新的方法正在使用,一种是自动广播系统,当后续列车驶入接近区段时,广播系统自动工作;另一种为在站台设置同位显示器,向乘客预告列车运行情况以及还需几分钟到站。

(5)出站验票:乘客到达目的站后,持票卡验票出站,车站应有各类向导标志,引导乘客从所需的出入口出站,对所购票卡票款不足的乘客,车站应提供补票服务。广州地铁站的自动验票装置如图 8-5 所示。

图 8-5 广州地铁站的自动验票装置

第三节 城市轨道运输计划

运输计划是城市轨道交通系统运营组织的基础工作之一,是保证轨道交通系统各部门、各工种、各项作业之间相互协调配合、安全运行、提高效率的重要保证。由于城市轨道交通的用户主要是旅客,故其运输计划的制定需要考虑旅客的需求特性及变化规律。一般地,城市轨道交通系统的运输计划包括客流计划、全日行车计划、车辆配备、运用与检修计划以及日常运输调整计划等内容。

一、客流计划

客流计划是指计划期间城市轨道交通系统线路客流的计划,它也是其他计划的基础和编制依据。对新线来说,客流计划要根据客流预测资料来编制,既有线路则可根据统计和调查资料来编制。

客流计划的主要内容包括沿线各站到发客流数量、各站分方向分别发送人数、全日分时段断面客流的分布、全日分时段最大断面客流图等。

客流计划以站间到发客流量资料作为编制基础,分步计算出各站上下车人数和断面客流量数据。最基本的站间客流资料可以用一个二维矩阵来表示,也可称为站间交换量 OD 矩阵。表 8-1 是一条有 8 座车站的轻轨线路的站间到发客流量斜表。

表 8-1 站间到发客流量斜表 单位:人

始发 \ 到达	A	B	C	D	E	F	G	H	合计
A	—	7 019	6 098	7 554	4 878	9 313	12 736	23 798	71 396
B	6 942	—	1 725	4 620	3 962	6 848	7 811	16 538	48 446
C	5 661	1 572	—	560	842	2 285	2 879	4 762	18 561
D	7 725	4 128	597	—	458	1 987	2 822	4 914	22 631
E	4 668	3 759	966	473	—	429	1 279	3 121	14 695
F	9 302	7 012	1 988	2 074	487	—	840	5 685	27 382
G	12 573	9 327	2 450	2 868	1 345	1 148	—	2 133	31 844
H	22 680	14 753	4 707	5 184	2 902	5 258	2 015	—	57 499
合计	69 551	47 570	18 525	23 333	14 874	27 268	30 382	60 951	292 454

根据表 8-1 可以统计各站上下车人数，即每行之和为上车人数，每列之和为下车人数。如果要分方向，则还需要看车站的排列顺序。各站上下车人数见表 8-2 所示。

表 8-2　各站上下车客流量　　　　单位：人次/日

下行上客数	下行下客数	车　站	上行上客数	上行下客数
71 396	0	A	0	69 551
41 504	7 019	B	6 942	40 551
11 328	7 823	C	7 233	10 702
10 181	12 734	D	12 450	10 599
4 829	10 140	E	9 866	4 734
6 525	20 862	F	20 857	6 406
2 133	28 367	G	29 711	2 015
0	60 951	H	57 499	0

此断面的客流量等于上一断面流量加车站的上车人数减车站的下车人数，见表 8-3 所示。

表 8-3　各区段客流量　　　　单位：人

下　行	区　间	上　行
71 396	A～B	69 551
105 881	B～C	103 160
109 386	C～D	106 629
106 833	D～E	104 778
101 522	E～F	99 646
87 185	F～G	85 195
60 951	G～H	57 499

在客流计划编制过程中，高峰小时的断面客流量可以通过高峰小时到发客流量资料来计算，也可以通过全日站间到发客流量资料来估算。在用全日站间到发客流量资料时，求出全日断面客流量数据后，高峰小时的断面客流量按占全日断面客流量的一定比例来估算，比例系数的取值可通过客流调查来确定。全日分时段最大断面客流量可在求出高峰小时断面客流量的基础上，根据全日客流分布模拟图来确定。根据表 8-3 数据资料绘制出断面客流见图 8-6 所示。

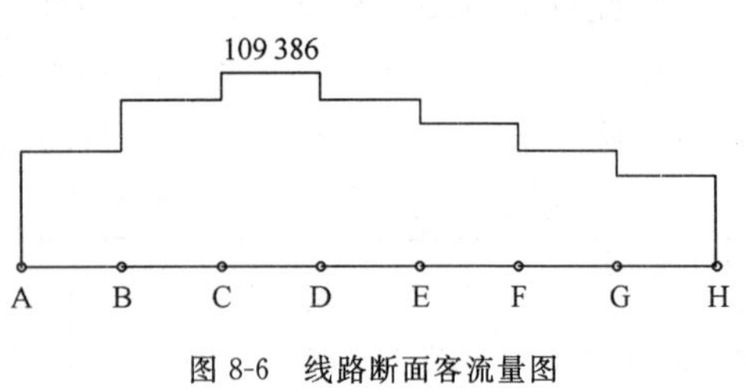

图 8-6　线路断面客流量图

二、全日行车计划

全日行车计划是指城市轨道交通系统全日分阶段开行的列车对数计划，它规定了轨道交通线路的日常作业任务，是科学地组织运送旅客的方法。同时，它又是编制列车运行图、计算运行工作量和确定车辆配备数的基础资料。全日行车计划是根据营业时间内各个小时的最大断面客流量、列车定员人数和车辆满载率以及希望达到的服务水平综合考虑编制的。

全日行车计划编制的依据包括：

(1)营业时间计划

即城市轨道交通系统全日营业时间范围，它与城市的出行特点和文化背景、习惯有关。其设置主要考虑两个因素：一是方便旅客，满足城市生活需要，即考虑城市居民出行活动的特点；二是满足轨道交通系统各项设备检修和养护的需要。目前，世界上大多数城市轨道交通系统的营业时间都在 18～20h。

(2)全日分时最大客流断面分布

可根据上述客流数据推算。

(3)列车运载能力

它涉及列车编组、车辆定员等数据。列车编组辆数是以高峰小时最大断面的客流量作为基本依据；列车定员数是列车编组车辆数和车辆定员数的乘积。在一定的客流情况下，采用缩短行车间隔时间，而不增加列车编组辆数的办法也能达到一定的运载能力；但在行车密度已经很大的情况下，为满足增长的客流需求，增加列车编组辆数往往成为普遍采用的措施。这时，能否增加列车编组辆数，无疑和轨道交通系统保有的运用车辆数量有关。当然增加列车编组辆数也不是无限度的，会受到车站站台长度、车辆段停车线长度和数量等因素的限制。

(4)设计实际满载率

满载率是指实际载客量与设计载客容量之比，它反映着系统的服务水平。一般地，满载率可取 0.75～0.90。

全日行车计划的编制一般要在分时行车计划编制完毕的基础上汇总后完成。分时行车计划中的列车开行对数可按式(8-1)计算：

$$n_i = p_{\max,i}/(c_p \times \beta) \tag{8-1}$$

式中：n_i——第 i 小时内应开行的列车数；

$p_{\max,i}$——该小时最大客流断面旅客数量；

c_p——列车的设计载客能力；

β——列车满载率。

全日列车开行对数应为：

$$N = \sum_i n_i \tag{8-2}$$

在实际交通系统中，经常需要用到另一指标来评价行车计划，即发车间隔 I_i：

$$I_i = 60/n_i(\text{min}) \tag{8-3}$$

或

$$I_i = 3\,600/n_i(\text{s}) \tag{8-4}$$

三、车辆配备、运用与检修计划

车辆配备计划是指为完成全线全日行车计划所需要的车辆保有数量计划。车辆保有数量计划包括运用车辆数、在修车辆数和备用车辆数三部分。列车保有量根据线路远期客流预测数据，测算远期运行行车间隔，可得出所需运用列车数；备用列车数量按照运用列车数量的10%取得；检修列车数量需根据运用列车数量综合维修能力、修程及修制取得，一般为运用列车数量的 10%～15%。

1. 车辆运用

城市轨道交通系统是一个复杂的、技术密集的公共交通系统，它具有高度集中、协调联动的特点。而车辆运用组织系统又是这个大系统中重要的组成部分之一，它在上级运营指挥部门的统一指挥下，按照运行图完成日常的车辆运用工作。

列车运转流程指的是列车运用过程，包括四个环节，即列车出车、列车正线运行、列车回库收车及列车场内检修及整备作业。这些作业由车辆运用部门各个岗位协同配合共同来完成。

1）列车出车

列车出车工作流程分为制定发车计划、出乘作业及发车作业三部分，从制定发车计划开始到列车发出结束。其中，制定发车计划可分为编制下达发车计划、检修交车确认计划两个环节；出乘作业可细分为驾驶员出勤、出车前检查、列车出库三个环节。出车工作流程如图 8-7 所示。

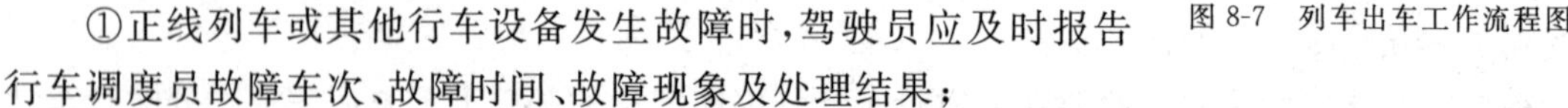

图 8-7 列车出车工作流程图

2）列车正线运行

列车正线运行主要由驾驶员来完成，主要工作内容包括正线运行中的信息交流、正线交接班作业。

（1）正线运行中信息流转

①正线列车或其他行车设备发生故障时，驾驶员应及时报告行车调度员故障车次、故障时间、故障现象及处理结果；

②列车调度员将故障车次/车号、故障情况及其他相关信息通报维修部门；

③驾驶员除向行车调度员汇报有关故障信息外，还应将故障信息在报单上记录备案；

④对运营中列车因故障导致下线，行车调度员应及时通知运转值班员。

（2）正线交接班有关规定

①驾驶员在正线交接班时应提前 20min 至有关地点出勤，出勤方式按部门制定的相应规定执行。

②驾驶员在中途交接班时必须向接班人员说明列车的运行技术状态及有关行车注意事项，并填写在驾驶员报单上。内容包括制动性能、故障情况、线路情况、当前有效调度命令及其他必须交接的情况。

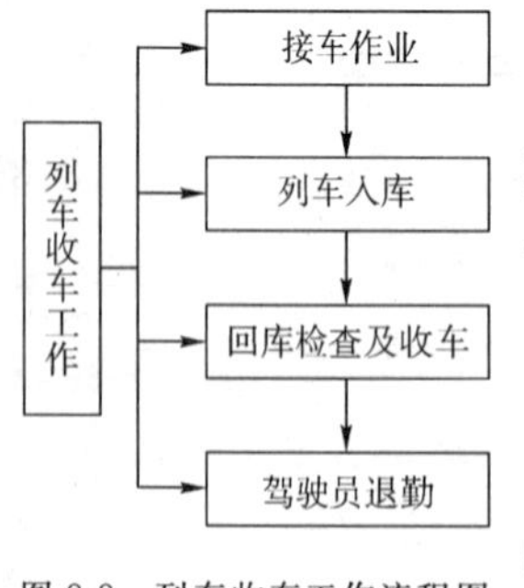

图 8-8 列车收车工作流程图

3）列车收车工作

列车回库收车工作流程如图 8-8 所示，分别为接车及回库作业，其中，回库作业可细分为列车入库、回库检查及收车、驾驶员退勤三个环节。

2. 运用车配备计划

1）运用车辆数

运用车辆数是指完成日常运输任务所必须配备的技术状态良好的车辆数量。它与高峰小时开行的最大列车对数、列车旅行速度及折返站停留时间等因素有关，计算方法为：

$$N=n_{高峰}\theta_{列}\ m/60 \tag{8-5}$$

式中：$n_{高峰}$——高峰小时开行的列车对数；

$\theta_{列}$——列车周转时间；

m——平均每列车编成辆数。

考虑到地铁车辆有时以动车组形式编组，此时动车组可用下式计算：

$$N = n_{高峰}\theta_{列} L/60 \tag{8-6}$$

式中：L——每列车内动车组组数；

其余同上。

式(8-5)和(8-6)中，列车周转时间是指列车在线路上往返一次所消耗的全部时间。它包括列车在区间运行时间、列车在中间站停留时间以及列车在折返站作业停留时间。

$$\theta_{列} = \sum t_{运} + \sum t_{站} + \sum t_{折停}(\text{min}) \tag{8-7}$$

式中：$t_{运}$——列车在线路上往返一次各区间运行时间之和；

$t_{站}$——列车在线路上往返一次中间站停留时间之和；

$t_{折停}$——列车在折返站作业停留时间之和；

其余同上。

2)在修车辆数

由于运营过程中的损耗，车辆需要定期检修，以预防故障或事故的发生。在修车辆则是指处于定期检修状态的那部分车辆。

车辆检修概念包括车辆检修级别和车辆检修周期。它们是根据车辆设计的性能、各部件在正常情况下的使用寿命以及车辆的运用环境和运用指标(如走行公里等)来确定的。城市轨道交通系统车辆的检修级别通常包括日检、双周检、双月检、定修、架修和大修(厂修)六类。表8-4给出了某地铁系统的车辆检修周期计划。

表8-4　某地铁系统车辆检修计划

检修类别	时间间隔	走行公里数量	检修停时
日检	1日	—	—
双周检	2周	4 000	4h
双月检	2月	20 000	48h
定修	1年	100 000	10d
架修	5年	500 000	25d
厂(大)修	10年	1 000 000	40d

在修车辆数量的确定可以根据上述检修期来推算。

3)备用车辆数

备用车辆是为城市轨道交通系统适应可能发生的故障或者临时紧急运输任务而准备的技术状态良好的车辆数。一般说来，这部分车辆数可控制在运用车辆数的10%左右；不过，对于投产不久的新线来说，由于车辆状态较好，当客流量不大时，备用车辆数量可以适当减少，以节约投资。

3.列车交路计划

1)列车交路的种类

当城市轨道交通线路较长，客流分布不均衡时，通过合理、可行的交路组合来安排列车输送能力是一种充分利用有限资源、降低运输成本的常见方法，这种规定列车交路的方法与过程就是编制列车交路计划。

列车交路计划规定列车运行区段、折返车站以及按不同的交路运行的列车对数。根据城市轨道交通线路的特点，列车交路可分为长交路、短交路及混合交路三种类型。长交路是指列车在全线各站间运行，为全线提供运输服务，列车到达折返线（站）后返回；短交路是指列车在某一区段内运行，在指定车站折返，它可为某一区段旅客提供服务；混合交路则指线路上长短交路并存的情形。图 8-9 给出了三种交路的示意图。

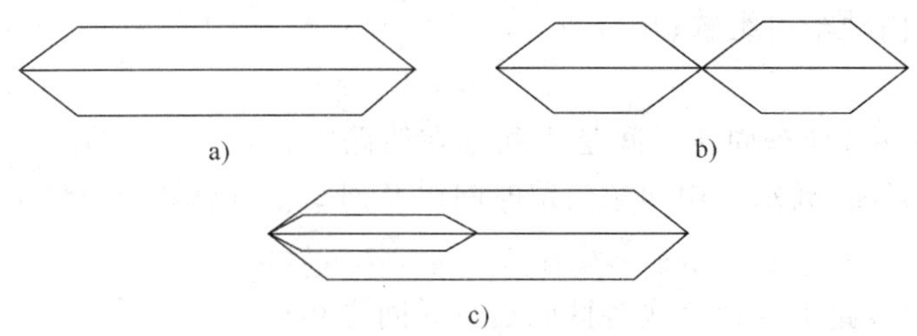

图 8-9 不同类型的列车交路

a）长交路列车交路；b）短交路列车交路；c）混合交路列车交路

长交路具有对中间站折返线路要求不高、行车组织运行方式简单的优点，但不考虑区段客流量不均衡的因素，在合理运用运能方面有所欠缺。短交路在城市轨道交通的运营组织中除特殊情况下一般不采用。混合交路的行车组织方式是比较经济合理的一种运行方案，特别是在区段客流不均衡程度高，造成某一区段运能不能满足运量的需要时，混合交路运营组织方式尤为适用；但这种方式的行车组织相对较为复杂，同时对客运组织也有较高的要求。

2）列车交路计划的确定

列车交路计划的确定应建立在对线路各段客流量进行统计分析的基础上，充分考虑行车组织与客运组织的条件，进行可行性研究后加以确定。

首先，区段客流分析是列车交路计划确定的主要因素之一，也就是根据客流在时间上、空间上所表现出的不均衡性加以研究分析，作为列车交路计划确定的依据。

其次，行车条件决定了列车交路计划实现的可能性。城市轨道交通的线路设置由于其运营特点，不可能在每个车站设置具备调车作业功能的线路，交路的实现只能在两个设有调车或折返线路的车站之间进行，同时，还必须注意到列车交路是否会影响到行车组织的其他环节，例如，是否会影响行车间隔、后续列车的接车等。

第三，客运组织是确定列车交路的必要客观条件。由于列车交路计划的实现可能导致列车最终到站的变化，相关车站的乘客乘降作业、列车清客、客运服务工作都会随之不断调整，对客运组织水平的要求比较高，如果客运组织不力，将会直接影响到列车运行图的执行情况，因此，确定列车交路计划应该对客运组织的条件加以考虑。

3）列车的折返方式

由于大多数城市轨道交通系统的车站没有侧线，列车折返是设置列车交路需要考虑的一个重要任务。一般说来，列车折返方式可根据折返线位置布置情况分为站前折返和站后折返两种。

（1）站前折返方式

指列车在中间或终点站经由站前渡线进行折返作业。站前折返时，列车空走较少，折返时间较短，上下车乘客能同时上下车，可缩短停站时间，减少费用；但列车折返时会占用区间线路，从而影响到后续列车闭塞，对行车安全有一定威胁，客流量大时，可能会引起站台客流秩序的混乱。城市轨道交通中较少采用这种折返方式，特别是在行车密度较高、列车运行间隔较短的情况下。

（2）站后折返方式

为避免上述交叉的一种方法是站后折返，即由站后尽端折返线折返；此外，列车还可采用经站后环线折返的方法。

站后折返避免了前述的进路交叉，安全性能良好，而且，站后列车进出站速度较高，有利于提高旅行速度。一般说来，站后尽端折返线折返是国内外城市轨道交通最常见的方式，站后渡线方法则可为短交路提供方便；环形线折返设备可以保证最大的通过能力，但施工量大，钢轨在曲线上磨耗也大。站后折返的主要不足之处是列车折返时间较长。

图 8-10 给出了几种不同形式的折返线形式。

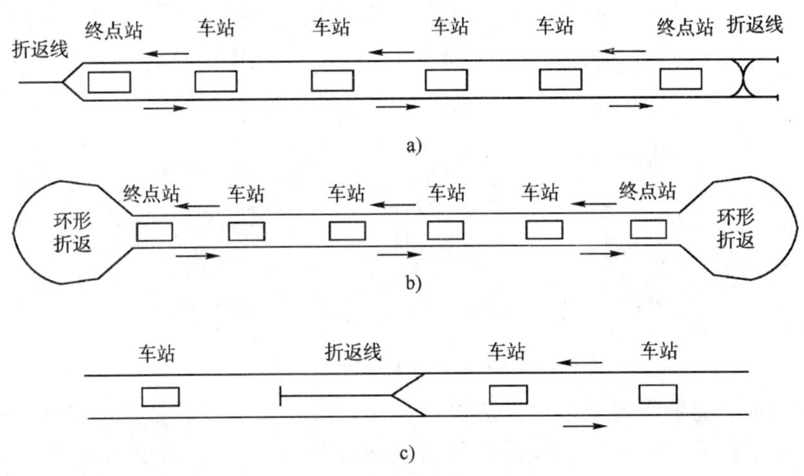

图 8-10 折返线配置形式

a)一端单折返、一端双折返线；b)两端环形折返线；c)中间站折返线

四、日常运输调整计划

由于中途运缓、作业延误或设备故障等原因，会造成列车晚点，因此需要根据列车运行的实际情况，按照恢复正点和行车安全兼顾的原则，对运输计划进行调整。

列车运行是运输生产活动的重要环节，在日常运输活动中，为了保证列车运行安全和按图行车，需要设置专门人员，调整运输计划。

日常运输计划调整的主要方法有：

(1)始发站提前或推迟发出列车；

(2)根据车辆的技术状态、线路允许程度，组织列车提高速度，恢复正点；

(3)组织车站快速作业，压缩停站时间；

(4)变更列车运行交路，具备条件时在中间站折返；

(5)停运部分车次的列车等。

第四节　城市轨道列车运行图

一、运行图的基本概念及分类

列车运行图又称时距图(Distance-Time Diagram)，是城市轨道交通系统的综合计划，也是城市轨道交通系统各部门协同工作、维持全线列车与旅客组织的秩序、保证系统运行安全和旅客服务质量的前提和基础。它是组织列车运行的基础，规定了各次列车占用区间的顺序、列车在一个车站到达和出发(或通过)的时刻、列车在区间运行时分、在车站停站时分、折返站列车折返作业时间及电动列车出入场时刻。

另一方面,运营系统是一个统一的整体,列车运行图是城市轨道交通系统的综合性计划,城市轨道交通系统运营的各业务部门都需要根据列车运行图所规定的要求来安排工作。图8-11描述了城市轨道交通系统从物理网络、线路开行方案到运行计划和维修计划(时刻表)编制的关系图。

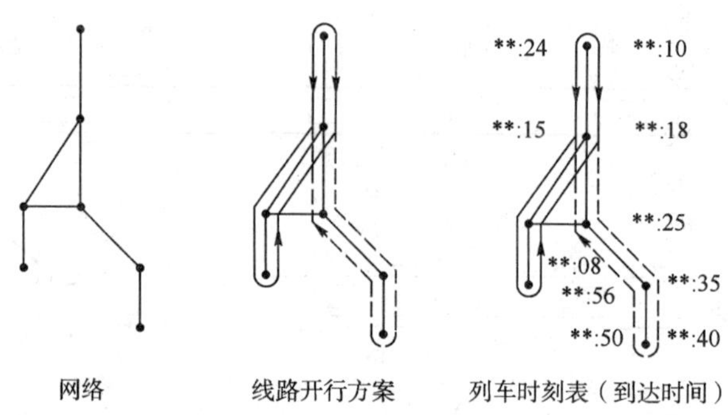

图 8-11 城市轨道交通运行计划形成过程

城市轨道交通系统是面向城市地区居民的交通系统。由于客流特点的差异,一般说来,城市轨道交通系统需要采用较城市间铁路更灵活的运行图。例如,它需要编制平时运行图、周末运行图和周日运行图。每经过一定时期,有必要根据客流增减情况重新审视班次计划和运行图。

如图8-12所示,列车运行图实际上是为运营调度部门提供一种组织列车在各站点和区间运行的一种图解形式。列车运行图上列车运行线与车站中心线的交点,即为列车到、发或通过车站的时刻。根据列车运行图格式不同的表示方法,这些表示时刻的数字或符号,一般填写在列车运行线与横线相交的钝角处。

图8-12中,各部分的含义说明如下:

(1)横坐标:表示时间变量,按要求用一定的比例进行时间划分,一般城市轨道交通列车运行图采用1分格或2分格,即每一等分表示1min或2min时间。

(2)纵坐标:表示距离分割,根据区间实际里程,采用规定的比例,以车站中心线所在位置进行距离定点。

(3)垂直线:是一组平行线的等分线,表示时间等分段。

(4)水平线:是一组平行的不等分线,表示各个车站中心线所在的位置。

(5)斜线:列车运行轨迹(径路)线,一般以上斜线表示上行列车,下斜线表示下行列车。

(6)运行图上列车运行线与车站的交点即表示该列车到达、出发或通过的时刻。由于城市轨道交通列车停站时间较短,一般不标明到、发的不同时间。

(7)列车运行图上每个列车均有不同的车号与车次。一般按不同列车类别规定代号与列车号,如专运列车、客运列车、施工列车等;按发车顺序编列车车次,上行采用双数,下行采用单数。

列车运行图是一种二维图,其横轴是时间,一个可根据其刻度仔细程度分为一分格运行图、二分格运行图和十分格运行图,特殊情况下可以采用小时分格运行图;运行图的纵轴是距离标志,其标志点按车站来定义,因此它不是等间隔的。

中山门一号桥
东丽开发区
军粮城
钢管公司
车辆段
胡家园
洋货市场
洞庭路
东海路
1.74km 2min
6.72km 6min
7.5min
9.22km
4min
4.25km
8.5min
9.29km
4.5min
4.61km
2min
1.65km
7min
7.06km
6:00
7:00
8:00
9:00
进胡家园上行线，正常方向开往中山门
进胡家园上行线，逆行方向开往中山门
进胡家园上行线，正常方向开往东海路
进胡家园上行线，逆行方向开往东海路

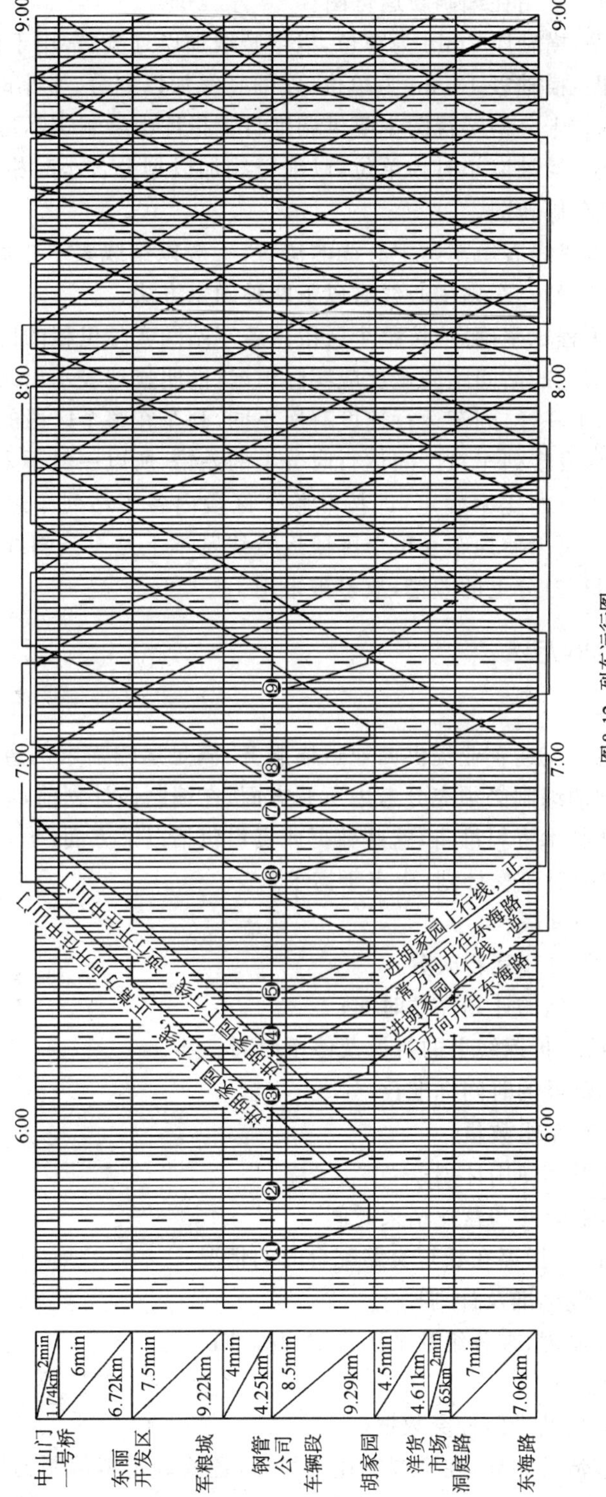

图8-12 列车运行图

运行图的种类包括：

(1)一分格运行图：横轴以 1min 为单位，以细竖线加以划分，10min 格和小时格用较粗的竖线表示。一分格图主要用在编制新运行图。

(2)二分格运行图：横轴以 2min 为单位，以细竖线加以划分，常用于市郊铁路运行图。

(3)十分格运行图：横轴以 10min 为单位，以细竖线加以划分，半小时格用虚线表示，小时格用较粗的竖线表示。十分格运行图主要供调度日常指挥中绘制实际运行图使用。

(4)小时格运行图：横轴以小时为单位，以细竖线加以划分。小时格运行图主要用在编制旅客列车方案图和机车周转图。

列车运行图上，以横线表示车站中心线的位置，一般以细线表示中间站，较粗的线表示换乘站或有折返作业的车站。车站中心线有以下两种确定方法：

(1)按区间实际里程比率确定：按整个区段内各车站间实际里程的比例来画横线。采用这种方法时，列车运行图上的站间距完全反应实际情况，能明显地表示出站间距的大小。由于各区间的线路和纵断面不一样，列车运行速度有所不同，列车在整个区段的运行线往往是一条斜折线，既不整齐也不易发现列车在区间运行时分上的差错，所以一般不采用这种方法。

(2)按区间运行时分的比率确定：即按照整个区段内各车站列车运行时分的比例来画横线。采用这种方法时，可以使列车在整个区段运行线基本上是一条斜线，既整齐又美观，也容易发现列车在区间运行时分上的差错，故多被采用。

二、运行图编制的方法

1. 列车资料准备

运行图是城市轨道交通企业提供商业运输服务、满足运输需求的直接表示。城市轨道交通系统列车运行计划的编制必须充分考虑所有方面，在编制该计划前，城市轨道交通系统运行图的编制上需要一些技术资料准备，这些数据或资料包括以下方面：

(1) 全线各区段分时班次计划(决定于需求)；

(2) 列车最小运行间隔；

(3) 列车在各区间计划运行时分；

(4) 列车在各区间站的计划停站时间；

(5) 列车在折返站/折返线上的折返及停留时间；

(6) 列车出入车辆段的时间标准；

(7) 可用列车或动车组数量；

(8) 换乘站能力及其使用计划；

(9) 系统开始营业时间和营业结束时间；

(10)列车交路计划，指存在长短交路配合时的情况；

(11)供电系统作业标准及计划；

(12)乘务组工作制度、乘务组数及工作时间标准；

(13)运行实际统计；

(14)沿线设备运用及进路冲突数据。

由于城市地区客流的差异，在掌握上述资料后，还要确定拟编制的运行图的种类。例如，周六、周日、工作日、节假日、运动会比赛期间的客流都各不相同，需要考虑编制适合不同客流条件的分号运行图。

2.运行图编制的原则及步骤

1)城市轨道交通系统的运行图编制原则

(1)在保证安全可靠的前提下,提高列车的运行速度,缩短列车的运行时间。列车运行速度高是城市轨道交通系统的主要优势,在安全得到保证的前提下,通过提高列车运行速度、压缩折返时间、减少出入库作业时间等方式,提高系统的运行效率和服务水平。

(2)尽量方便乘客。城市轨道交通系统是城市公共交通的重要组成部分,编制运行图时主要考虑列车发车间隔在满足运行技术前提下尽量选择最小值,从而减少乘客的候车时间。

(3)充分利用线路的能力和车辆的能力。通常情况下,折返站的折返能力是限制全线能力的关键,因此,必须对折返线的折返作业时间进行精确的计算,尽可能安排平行作业。当车辆周转达不到运营要求时,要合理安排车辆解决高峰客流组织。

(4)在保证运量需求的条件下,运营车组数达到最少。在保证运量的条件下,综合考虑高峰时段列车运行速度、折返时间、列车开行方式等要素,使运营列车数量达到最少,从而降低系统的车辆保有量与运营成本。

2)列车运行图的编制步骤

当开通新线或线路客流量、技术设备和行车组织方式发生变化时都需要编制列车运行图。其编制步骤如下:

(1)按要求和编制目标确定编图的注意事项;

(2)收集编图资料,对有关问题组织调查研究和试验;

(3)对于修改运行图,应分析现行列车运行图完成情况及存在的问题,提出改进意见;

(4)确定全日行车计划;

(5)计算所需运用列车数量;

(6)征求调度部门、行车和客运部门、车辆部门的意见,对列车运行方案进行调整;

(7)根据列车运行方案画详细的列车运行图、列车运行时刻表和编制说明;

(8)对列车运行图的编制质量进行全面的检查,并计算列车运行图的指标;

(9)将编制完毕的列车运行图、时刻表和编制说明报有关部门审核批准执行。

3)铺画出列车运行图方案后进一步检查的方面

(1)运行图是否满足所需的列车或动车组的数量;

(2)乘务工作方案是否超过规定标准;

(3)在岛式换乘车站上,要检查车站列车到达的均衡性,避免列车集中到达造成拥挤;

(4)需要铺设调试列车时,一般安排在低谷客流量较低时开行。

对于检查中发现的某些问题,需要返回到初始运行图对某些线路重新修正,直到得到满意的运行图。

三、运行图指标计算

得到可实施运行图后,还需要计算其各项指标,以评价新运行图的质量和效率。这些指标一般包括以下几个方面:

(1)全日开行总列车数量;

(2)全线运行所需要的列车或动车组数量,可根据运行线周转来统计;

(3)旅客输送能力;

(4)全日列车总走行公里及每列车/动车组走行公里;车辆走行公里包括载客里程和空驶

里程，其计算方法为：

$$全日动车总走行公里=\sum(旅客列车数\times每列动车组数\times列车运行距离) \tag{8-8}$$

(5)动车组日均走行公里，即每一动车组平均每日走行的公里数，计算方法为：

$$动车组日均走行公里=\frac{全日车辆总走行公里}{全日车辆运用数} \tag{8-9}$$

(6)动车组全周转时间，即每动车组周转一次的平均时间，计算方法为：

$$动车组全周转时间=\frac{全日营业时间\times运用列车数量}{全日开行列车对数} \tag{8-10}$$

(7)技术速度，指不包含停站时间在内的列车在站间平均运行速度；

(8)旅行速度，指列车从始发站出发到到达折返站间平均运行速度。

当有客流数据可用时，还可计算满载率等指标。为了进一步评价新运行图的质量，除计算新运行图的各项指标外，还应与现行运行图进行比较，分析各项指标提高或降低的主要原因。

运行图的实施要经技术主管的批准，在实施前，还应印发有关文件或命令，组织职工进行学习，熟悉新运行图的特点，并做好全线各站及其他相关设备的各项配套准备工作。列车运行图经批准后，为了保证新图能够正确和顺利实行，必须在实施新图之前做好相应的准备工作。

第五节　城市轨道交通系统运输能力

一、城市轨道交通系统能力的概念

为了实现运输生产过程，完成客运任务，城市轨道交通系统必须具有一定的运输能力。它是轨道交通系统最重要的参数，是通过能力和输送能力的总称。运输能力计算涉及到系统设计、扩展、改建、舒适性设计以及系统在不同时期内的发展。

城市轨道交通系统的运输能力一般可定义为：某线路上，某一方向上 1h 内所能输送的总旅客数。

1. 通过能力

通过能力是指在采用一定的车辆类型、信号设备和行车组织方法条件下，城市轨道交通系统线路的各项固定设备在单位时间内（通常是高峰小时）所能通过的列车数。

通过能力主要按照下列固定设备进行计算：

(1)线路。其通过能力主要取决于信号系统的构成，列车运行控制方式，车辆的技术性能，进出站线路的平、纵面情况，列车停站时间标准和行车组织方法等。

(2)列车折返设备。其通过能力主要取决于车站折返线的布置方式，信号和联锁设备的种类，列车在折返站停站时间标准及列车在站内运行速度等。

(3)车辆段设备。其通过能力主要取决于车辆的检修台位、车辆停留线等设备的数量和容量。

(4)供电设备。其通过能力主要取决于变电所的座数和容量。

根据以上各固定设备计算出来的通过能力，可以是各不相同的，其中能力最小的设备限制了整个线路的通过能力，该项设备的能力即为线路的最终通过能力。由此可见，通过能力实质上取决于固定技术设备的综合能力。因此，各项固定设备的能力应力求彼此相协调配合，避免造成某些设备的能力闲置。

2.输送能力

输送能力是指在容许开行的列车对数条件下，某一线路某一方向 1h 所能运载的最大旅客数量。

通过能力反映的是线路所能开行的列车数，它是输送能力的基础。输送能力是运输能力的最终体现，它反映了在开行列车数一定的前提下，线路所能运送的乘客数量。在通过能力一定的条件下，线路的最终输送能力还与车站设备的设计容量存在密切关系，这些设备包括站台、楼梯、自动扶梯、出入口和通道等。

二、通过能力计算

决定通过能力的固定设备主要有线路（包括区间和车站）、终点站列车折返设备、车辆段设备以及牵引供电设备。在各项固定设备中，由于限制线路通过能力的固定设备通常是线路和终点站列车折返设备，因此，本节将重点对其进行介绍。

1.线路能力计算原理

线路能力是指在采用一定的车辆类型、信号设备和行车组织方法条件下，城市轨道交通系统线路的各项固定设备在单位时间内（通常指高峰小时）所能通过的最大旅客列车数量。线路能力主要取决于最小列车间隔和车站停留时间。最小列车间隔与闭塞分区长度、信号系统参数、列车长度、交叉口和折返影响有关，而列车在车站的停留时间则与站台高度、车门数量与宽度、验票方式及车站能力有关。

2.列车运行控制分析

列车控制系统能力主要涉及到线路采用的列车运行控制系统及相应的闭塞区间长度。一般情况下，城市轨道交通线路上的列车通常是采用追踪运行的方式。所谓追踪运行是指在线路的同一个方向上、同一区间中可以有两列及其以上的列车运行，彼此之间以闭塞分区作为间隔。追踪运行的两列车在运行过程中相互不受干扰的最小列车间隔时间称为追踪列车间隔时间。这种列车运行控制方式主要有两种控制方式：一种是在双线线路上安装固定闭塞设备，实行调度集中控制；另一种是在双线线路上安装列车运行自动控制系统，实行行车指挥自动化。

(1)采用双线固定闭塞、调度集中控制的线路

行车闭塞方式通常是采用三显示固定闭塞或四显示固定闭塞。在行车密度大、列车速度高的情况下，为了提高线路通过能力和保证列车运行安全，优先采用四显示固定闭塞设备来进行列车运行控制，即在红、黄、绿色灯光信号显示的基础上，增加黄绿色信号显示。但从既能满足运输要求，又能简化控制系统、减少设备投资考虑，也可采用三显示带防护区段的信号制度，即在三显示固定闭塞基础上增加一个闭塞分区作为防护区段的做法。

在双线固定闭塞、调度集中控制设备的条件下，两个列车在区间追踪运行时，追踪运行列车之间的间隔时间取决于追踪运行列车之间的间隔距离及列车运行速度，而追踪运行列车之间的间隔距离又取决于闭塞分区的数目和长度。

由于在固定闭塞设备的条件下，列车运行速度不能连续的控制，使列车运行的最高速度受到限制；制动距离是按列车运行的最高速度计算，闭塞分区长度较长。此外，为保证运行安全，三显示带防护区段的信号制度要求有一个闭塞分区作为防护区段，还需要增加一个追踪运行列车的间隔距离。这一切都使追踪列车间隔时间难以进一步压缩，线路通过能力难以进一步提高。

(2)采用列车自动控制移动闭塞系统、实行行车指挥自动化的线路

列车自动控制移动闭塞系统与城市轨道交通整个系统的安全、速度、输送能力和效率等密切相关，它的水平已成为城市轨道交通现代化的重要标志。

列车自动控制系统(ATC)由列车运行自动化和行车指挥自动化两部分组成，通常包括列车自动防护子系统(ATP)、列车自动运行子系统(ATO)和列车自动监控子系统(ATS)、计算机联锁设备(SSI)。从列车运行控制的角度分析，列车自动防护子系统(ATP)是列车自动控制系统的核心，是一个确保列车运行安全的子系统。该子系统根据追踪行车间的间隔距离、前行列车运行速度以及其他参数，确定后行列车的运行限制速度，并与列车的当时运行速度进行比较，如果超速，列车自动保护设备会自动改变牵引工况进行制动，以确保安全。此外，在有联锁设备的车站，该子系统还能确保只有在道岔和信号联锁状态正确、进路有效的情况下，才允许列车进入或通过车站。由于列车自动防护子系统能连续地、自动地对列车运行进行控制，使列车能在安全的情况下以较高的速度运行，因而能有效提高线路通过能力。

3.闭塞分区长度确定

(1)在双线自动闭塞、调度集中控制的线路设备条件下，当两个列车在区间追踪运行时，追踪运行列车之间的间隔时间取决于追踪运行列车之间的间隔距离以及列车的运行速度，而追踪运行列车之间的间隔距离又取决于闭塞分区的数目和长度。在采用三显示带防护区段信号制度的自动闭塞线路上，为驾驶员创造一个良好的工作条件，当列车在区间追踪运行时，它们的空间间隔一般应保持四个闭塞分区，这样续行列车就能始终在绿色灯光下运行，不必频繁地调速。至于闭塞分区的长度，应同时满足大于或等于列车制动距离加上一个安全距离余量和大于或等于列车最大长度的要求。在不考虑线路平、纵断面对制动距离影响的情况下，闭塞分区长度通常可按下式计算：

$$l_{分} = 0.0386 f v_{max}^2 / b_{max} \tag{8-11}$$

式中：$l_{分}$——闭塞分区长度(m)；

f——安全系数，经验取值为1.35～1.5；

v_{max}——列车最高运行速度(km/h)；

b_{max}——紧急制动平均减速度(m/s^2)。

当然，在式中计算得到的闭塞分区长度值应验算是否大于或等于列车最大长度。同时，也应指出，由于轨道交通线路的平、纵断面以及其他因素的影响，各个闭塞分区的长度一般也不会绝对相等。

(2)在安装列车自动控制系统或列车自动防护系统的线路设备条件下，将线路分成若干个闭塞分区。一般情况下每一个闭塞分区有一个轨道电路，轨道电路是信息传输的通道，利用轨道电路以探测前行列车尾部与续行列车头部之间的距离和传送由地面控制设备发向车载设备的限速命令。列车自动控制程序确定了每一闭塞分区的列车最高运行速度和目标速度，所谓目标速度就是指列车以最高运行速度进入闭塞分区后立即进行制动，在考虑了制动生效时间的情况下，到达闭塞分区终点时的速度。当车载设备通过轨道电路接受地面控制设备的限速命令后，与列车实际运行速度进行比较，如果实际运行速度低于允许速度即加速，高于允许速度即制动。列车在区间运行速度的调速分成若干个限速命令等级，表8-5、图8-13是选用80km/h、65 km/h和45 km/h三个基本限速命令时，各闭塞分区的列车最高运行速度和目标速度以及前行列车后的各闭塞分区向续行列车发送ATP限速信号的情况。

表 8-5　ATP 限速表

闭塞分区	限制速度(km/h)	目标速度(km/h)	闭塞分区	限制速度(km/h)	目标速度(km/h)
ab	80	80	de	45	0
bc	80	65	ef	0	0
cd	65	45			

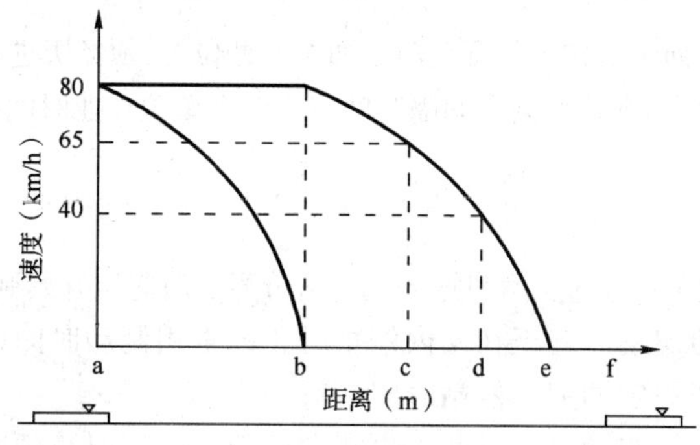

图 8-13　ATP 限速信号

根据列车自动控制程序对列车位于闭塞分区始点时的最高速度和到达闭塞分区终点时的目标速度规定,可按下式计算各闭塞分区长度:

$$l_{分} = t_{空} \cdot v_{进} + (v_{进}^2 - v_{出}^2)/2b_{max} \tag{8-12}$$

式中:$t_{空}$——制动空走时间(s);

$v_{进}$——列车位于闭塞分区始点时的最高速度(km/h);

$v_{出}$——列车到达闭塞分区终点时的目标速度(km/h);

b_{max}——紧急制动平均减速度(m^2/s)。

4.线路能力计算方法

1)线路通过能力计算的一般公式

在列车追踪运行的情况下,计算线路通过能力的一般公式如下:

$$n_{max} = \frac{3\ 600}{t_{间}} \tag{8-13}$$

式中:n_{max}——线路在一小时内能够通过的最大列车数;

$t_{间}$——最小列车间隔时间(s)。

2)最小列车间隔时间计算

显然,线路通过能力计算的关键是追踪列车间隔时间的计算。在行车组织方法一定的条件下,列车追踪运行时,续行列车的运行位置及速度取决于前行列车的运行位置,因此,追踪列车间隔时间的计算应从分析追踪运行列车间的最小空间间隔开始。由于列车是以排队方式进站停车办理作业,在把区间和车站作为一个整体进行研究时,计算追踪列车间隔时间的最小空间间隔应如图 8-14 所示的当前列车出清了车站闭塞分区,在确保行车安全的条件下,续行列车以列车运行图规定的速度恰好位于某一通过信号机或闭塞分区分界点的前方。按追踪运行列车先后经过车站必须保持的最小空间间隔时间,即为追踪列车间隔时间。

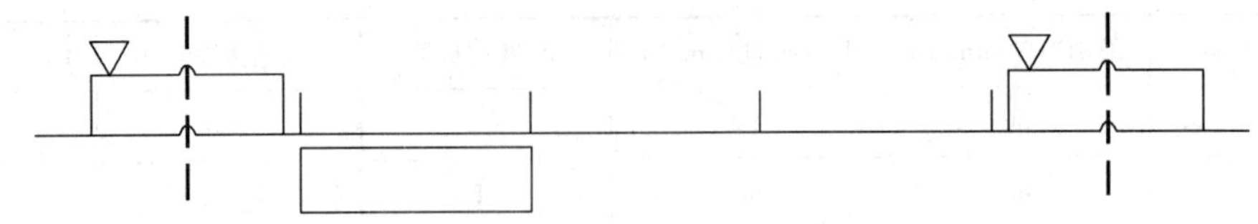

图 8-14 追踪运行列车先后经过车站时的运行位置

由图 8-14 可知，续行列车从初始位置至前行列车所处位置，须经历进站运行、制动停车、停站作业和加速出站四个作业过程，即追踪列车间隔时间应由四个单项作业时间组成，计算公式为：

$$t_{间} = t_{运} + t_{制} + t_{站} + t_{加} \tag{8-14}$$

式中：$t_{运}$——列车从经过某一通过信号机或闭塞分区分界点时起至开始制动时止的运行时间(s)；

$t_{制}$——列车从开始制动时起至在站内停车时止的常用制动时间(s)；

$t_{站}$——列车运行图规定的列车停站时间(s)；

$t_{加}$——列车从在车站起动加速时起至出清车站闭塞分区时止的时间(s)。

3)各项作业时间

(1)列车进站运行时间 $t_{运}$ 可按下式计算：

$$t_{运} = 3.6 \times [0.5(l_{站} + l_{列}) + \sum l_i - l_{制}] / v_{接近} \tag{8-15}$$

式中：$l_{站}$——车站闭塞分区长度(m)；

$l_{列}$——列车长度(m)；

l_i——各闭塞分区长度(m)；

$l_{制}$——常用制动距离(m)；

$v_{接近}$——列车接近车站时的运行速度(km/h)。

上式中闭塞分区的数目取决于行车组织方法上对追踪列车间隔距离和列车接近车站时允许速度的规定。在车站闭塞分区长度大于列车长度时，按列车停靠站台中部考虑。通常制动距离计算公式为：

$$l_{制} = 0.038\,6 v_{接近}^2 / b \tag{8-16}$$

式中：b——常用制动平均减速度(m^2/s)；

(2)列车制动停车时间 $t_{制}$ 可按下式计算：

$$t_{制} = 0.277\,8 v_{接近} / b \tag{8-17}$$

(3)列车停站时间 $t_{站}$ 可按下式计算：

$$t_{站} = [(P_{上} + P_{下}) \cdot t_{上(下)} / n \cdot m \cdot d] + t_{开关} + t_{确认} \tag{8-18}$$

式中：$P_{上}$、$P_{下}$——分别为高峰小时车站上、下车人数(人)；

n——高峰小时开行列车数(列)；

m——列车编组辆数(辆)；

d——每辆车每侧车门数(扇)；

$t_{上(下)}$——平均每上或下一位乘客所需时间(s)；

$t_{开关}$——开关车门时间(s)；

$t_{确认}$——确认车门关闭状态良好及出站信号显示状态时间(s)。

按上式计算的列车停站时间一般应适当加一余量并取整。在计算得到的各中间站列车停站时间不相同时，上式中的 $t_{站}$ 应取全线各中间站列车停站时间中的最大值作为计算标准。

(4)列车加速出站时间 $t_{加}$ 可按下式计算：

$$t_{加} = \sqrt{0.5(l_{列} + l_{站})/a} \tag{8-19}$$

式中：a——起动平均加速度(m^2/s)；

其余同上。

在进行列车制动和加速的进、出站线路总断面有坡道的情形下，可在式 8-17 和 8-19 的分母部分增加一项修正系数，以考虑列车在坡道上制动和加速时对制动减速度和起动加速度的影响程度。修正参数的正负号可根据制动或加速、上坡或下坡的具体组合进行取定，在制动时上坡为负、下坡为正。

总的来说，地铁线路能力的控制点是车站而不是区间，而且一般是受少数几个车站的控制。一般情况下，大部分车站的通过能力均可达到 40 对/小时以上，达不到这个水平的车站仅占 1/4 左右，即终端站、中间折返站和换乘站。因此，为了使全部区间、全部车站的通过能力在未来有充分发挥的可能，应该认真研究这些能力限制点，以及其能力扩展的方法。

5. 列车折返设备通过能力计算方法

折返站的能力是地铁线路能力的关键环节，中间站、终端站折返能力的大小直接影响整个系统的运输能力和效率。折返站的形式根据完成折返作业的位置，可以分为两种：站前折返和站后折返。

国内外的城市轨道交通通常采用站后折返的方式，即列车在中间站、终点站利用站后渡线进行折返作业。这种方式站间接发车采用平行作业，不存在进路交叉，行车安全，有利于提高列车的旅行速度。

(1)列车折返设备通过能力计算的一般公式

列车折返设备通过能力应按不同的列车折返方式分别进行计算。根据终点站折返线布置的不同，列车折返方式有站后折返和站前折返两种。站后折返是列车利用站后尽端折返线进行折返，站前折返是列车经由站前渡线进行折返。计算列车折返设备通过能力的一般公式为：

$$n_{折返} = 3\,600/h_{发} \tag{8-20}$$

式中：$n_{折返}$——列车折返设备在单位小时内能够折返的最大列车数(列)；

$h_{发}$——折返列车在终点站的最小出发间隔时间(s)

(2)最小出发间隔时间计算

折返列车在终点站最小出发间隔时间的长短反映了列车在终点站的折返迅速程度，是决定列车折返设备通过能力大小的基本参数，也是影响轨道交通系统通过能力的主要因素之一。下面着重讨论折返列车利用站后尽端折返线进行折返和利用站前双渡线侧向到达、直向出发进行折返两种情况下的最小出发间隔时间计算。应该说明，由于折返列车在终点站的最小出发间隔时间计算公式是在列车利用站后尽端折返线进行折返和站前双渡线侧向到达、直向出发进行折返两种情况下进行推导的，因而它们的应用有一定的条件。

①利用站后尽端折返线进行折返。列车在终点站的折返作业过程如图 8-15 所示：上行到达列车进站，停靠车站站台 a)，在规定的列车停站时间内乘客下车完毕；列车由车站正线进入

尽端折返线 b)，调车进路可以预办；列车在折返线停留规定时间后，能够进入下行车站正线、停靠车站站台 c)的前提条件是前一列下行列车出发并已经驶离车站闭塞分区，同时道岔开通下行车站正线和调车信号开放。显然，在采用站后折返方式时，当上行到达列车在折返线规定的停留时间结束后即能进入下行车站正线，此时有最小的折返列车出发间隔时间。可以证明，在采用站后折返方式时，折返列车在终点站的最小出发间隔时间在数值上等于前、后两列折返列车由折返线进入车站出发正线的时间间隔如图 8-16 所示。

即

$$h_{发} = t_{站} + t_{离去} + t_{作业} + t_{确认} + t_{出线} \tag{8-21}$$

式中：$t_{站}$——终点站列车停站时间(s)；

$t_{离去}$——出发列车驶离车站闭塞分区的时间(s)；

$t_{作业}$——车站为折返线停留列车办理调车进路的时间，包括道岔区段进路解锁延迟时间、排列进路时间和开放调车信号时间(s)；

$t_{确认}$——驾驶员确认信号时间(s)；

$t_{出线}$——列车从折返线至车站出发正线的走行时间(s)。

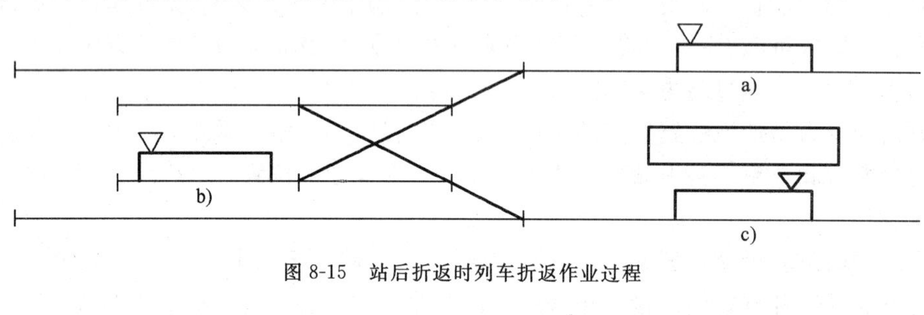

图 8-15 站后折返时列车折返作业过程

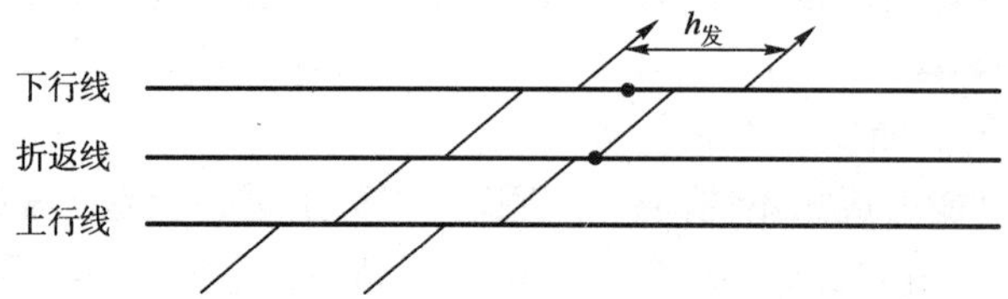

图 8-16 站后折返时列车出发间隔时间

②利用站前双渡线进行折返。列车在终点站的折返走行进路可以有侧向到达、直向出发和直向到达、侧向出发两种情形。但从列车进站应减速、出站需加速考虑，侧向到达、直向出发时采用站前双渡线折返是较为合理的列车进出站运行组织办法。此时，列车在终点站的折返作业过程中如图 8-17 所示：上行到达列车由进站信号机处 a)侧向进站，停靠下行车站正线 b)，在规定的列车停站时间内乘客下车与上车完毕；然后由车站出发驶离车站闭塞分区 c)，并为下一列进站折返列车办妥接车进路。由图 8-17 可知，在采用站前双渡线进行折返时，当进站列车位于进站信号机外方确认信号距离处时，即能进入下行车站正线，这时有最小的折返列车出发时间间隔。即：

$$h_{发} = t_{确认} + t_{进站} + t_{站} + t_{离去} + t_{作业} \tag{8-22}$$

式中：$t_{进站}$——列车从进站信号机处至车站正线的走行时间(s)；

$t_{作业}$——车站为进站列车办理接车进路的时间，包括道岔区段进路解锁延迟时间、排列进路时间和开放进站信号时间(s)。

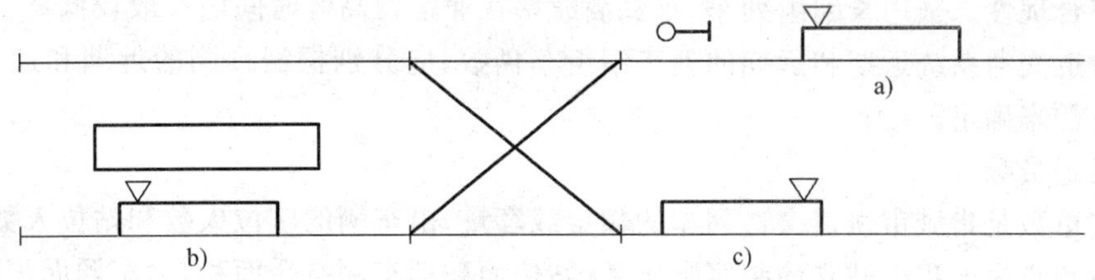

图 8-17 站前折返时列车折返作业过程

(3)车站停留时间

在满足服务安全性的前提下,列车在站点停留的时间越短越好,如果平均站点停留时间过长,就会影响到下一趟列车,产生连锁反应。城市轨道交通线路通常采用双线,列车在区间实行追踪运行,并在每一个车站停车供乘客乘降。而为了降低车站的造价,城市轨道交通线路又一般不设置车站配线,列车是在车站正线上办理客运作业。根据行车及客运作业和车站线路设备的这种特点,列车停站时间将成为影响线路能力的主要因素之一。

一般地,列车在车站的停留时间应包括三部分:客流上下时间;客流停止后的开门时间;车门关闭后的等待时间。

车站停留时间的确定一般需要考虑以下因素:列车牵引力与车门联锁系统;车门运行;客流量;车门数量、宽度和间隔;站台周转情况;单/双向上下车;站台高度。

车站停留时间在许多情况下是决定最小列车间隔的主导因素,而确定列车间隔的另一个因素是各种富裕量(Margin)。在某些场合下,这类裕量可以附加到停站时间内,形成一个可控制的停站时间。

现实的列车间隔还必须考虑单个列车间的间隔因素,包括:驾驶员行为;车辆性能;外部干扰;时刻表恢复问题;车站停留时间的确定。

三、输送能力计算

轨道交通线路的输送能力是衡量其服务水平和技术水平的重要指标。轨道交通线路在单位时间内所能运送的乘客人数,在线路通过能力一定的条件下,主要取决于列车编组辆数和车辆定员人数,计算公式如下:

$$p = n_{\max} m P_{车} \tag{8-23}$$

式中:p——线路每小时最大输送能力(人);

$P_{车}$——车辆定员数(人);

其余同上。

1.列车编组辆数

列车编组辆数确定的主要依据是预测的规划年度早高峰小时最大断面客流量,计算公式如下:

$$m = P_{\max} / (n_{高峰} P_{车}) \tag{8-24}$$

此外,在确定列车编组辆数时还应充分考虑如下制约因素:

①站台长度限制。在大多数的线路上,当列车编组达到 8 辆时,列车长度将和站台长度相等。

②对线路能力的影响。当列车长度接近站台长度时,要求列车在车站准确位置停车,通常要增加停车附加时间。并且,由追踪列车间隔时间的分析计算可知,列车长度也是一个影响变量。

③经济合理性。采用长编组列车，车辆满载率在非运营高峰时间内一般较低。

城市轨道交通系统近期和远期的列车编组车辆数，应分别根据预测的近期和远期客流量和车辆定员数来确定。

2. 车辆定员数

车辆定员数是指城市轨道交通列车的额定载客量，由车辆的座位人数和站位人数组成，为车厢座位数和空余面积上站立的乘客数之和；站位面积即车厢空余面积，为车厢面积减去座位面积，应按每平方米站立 6 名乘客计算。计算公式为：

$$客车辆定员数=车厢固定乘客座位数+车厢有效站立面积(m^2)\times每平方米允许站立人数 \tag{8-25}$$

显然，城市轨道交通线路车辆的尺寸大小、坐席布置方式是决定车辆定员人数多少的主要因素。表 8-6 是部分城市地铁系统的车辆尺寸和车辆定员人数情况。

表 8-6 部分城市地铁车辆尺寸和定员情况

参数 \ 城市	洛杉矶	新加坡	香港	上海	莫斯科
车宽(m)	3.08	3.2	3.11	3.00	2.71
车长(m)	22.78	23.65	22.85	24.14	19.21
座位(人)	68	62	48	62	47
站位(人)	164	258	279	248	187
定员(人)	232	320	327	310	234
制造国	意大利	日本	英国	德国	前苏联

表 8-6 中所列的美国洛杉矶地铁采用大型车辆，但车辆定员人数相对较少，主要是为了提高乘客的乘车舒适程度，以吸引私人小汽车的客流。其他几个城市地铁的资料基本上反映了车辆尺寸和车辆定员人数的关系。20 世纪 80 年代前后新加坡、香港和上海修建的地铁均采用大容量地铁车辆，车体宽度在 3.0～3.2m 之间。在运输组织方面，通过调整行车密度和列车编组辆数以及改变车辆内的座位数和站位密度等措施来达到一定的输送能力水平。

第六节 城市轨道交通运营管理

一、城市轨道交通运营管理模式及其适用性

1. 城市轨道交通系统运营管理模式

城市轨道交通系统运营管理模式在世界各国出现了多样化的趋势。由于世界各国城市发展城市轨道交通的历史条件和经营环境不同，形成了各种各样的城市轨道交通管理模式。按资产属性及运营企业性质划分，城市轨道交通的运营管理模式主要可以分为以下六种。

(1)有竞争条件下的官办官营模式

线路为政府所有，两家或两家以上的运营单位通过招标方式获得经营权。

韩国首尔采用了这种模式。首尔的城市轨道交通系统由政府出资修建，并委托国有企业运营。在同一个城市内有两家以上的城市轨道交通运输企业，它们通过招标的方式获得新线路的建设及经营权。

这种模式是一种带有计划性的市场竞争。在此模式下，政府作为业主给企业的补助较为

优厚;官办性质的企业不能过分重视盈利,所以票价带有福利性,但是由于创造了一定的竞争环境,客观上提高了企业的主观能动性。

(2)无竞争条件下的官办官营模式

这种模式下,线路为政府所有,一家单位独家经营,或两家以上的单位按行政区域划分经营范围,票价带有极大的福利性,运营收入不能抵偿运营成本,主要依靠补助金支持日常开销。

伦敦、纽约、北京、广州、柏林、巴黎的地铁运营管理都是属于这种模式。这种模式的特点是城市轨道交通的运营者由政府指定,政府给予相应的补贴。

(3)官办半民营模式

这种模式下,线路为政府所有,交由政府股份占主导地位的上市公司经营。

香港地铁的运营管理采用这种模式。香港地铁公司是一家上市公司,它的第一股东为香港政府。虽然是市场化运作,但是香港政府为地铁公司提供担保,从多个方面干涉地铁公司的经营。因此,香港地铁不能算是完全民营的模式,只能算作半民营。

(4)官办民营模式

官办民营模式,线路归政府所有,交由民间股份占主导地位的上市公司经营。

新加坡地铁运营管理属于这种模式。新加坡快速城市轨道交通公司负责新加坡地铁的运营,公司的最大股东为一家私人企业。新加坡国土运输局拥有城市轨道交通的所有权和建设权并承担建设费用。

它的主要特点有:地铁作为福利由政府承担建设费用;淡化运营公司的职能,运营公司无线路的所有权,政府不干涉运营收入也不对运营开支进行补贴;运营公司完全民营,第一大股东为私人投资公司;由政府指定运营水平和规则,以此保证轨道交通的公共福利性质。

(5)多种经济成分构成的模式

这种模式即公私合营,线路归政府和地方公共团体所共有,同样由政府和地方公共团体共同组织人员经营。

东京的城市轨道交通系统很早就引入了多种经济成分,例如有政府投资、商业贷款、民间投资、交通债券等多种形式,充分开拓了融资渠道。

(6)私办私营模式

在这种模式下,线路由私人集团投资兴建,由私人集团经营,政府无权干涉私人工作。

这种模式下能极大限度地调动私人投资者的兴趣,但在票价、线路走向等敏感问题上政府与私人投资者不可避免地发生冲突,政府难以保证城市轨道交通作为公共福利事业的本质。城市轨道交通的投资回收期长,私人投资者要有在头几年亏损的情况下偿还贷款利息的心理准备,这种模式会激发私人投资者严格控制建设和运营成本。泰国曼谷轻轨就采用这种模式。

2.不同运营管理模式的适用性

通过上述分析可知,城市轨道交通运营管理模式具有多样性的特点。由于不同的运营管理模式是在不同的社会环境下发展起来的,且具有各自的适应范围,因此,在具体选择时应立足城市实际状况,设计和选择适应具体城市的管理模式,有利于城市轨道交通持续、健康、稳定的发展。

(1)强调地铁福利性质的城市,如纽约、新加坡等,政府承担了过多的责任,都存在后续投资困难的危机;在选择盈利性的城市,如曼谷,难以保证城市轨道交通项目本身的有序发展;而在香港、东京、首尔等,城市轨道交通发展已逐渐走上良性循环的道路,城市轨道交通的福利性和盈利性得到了较好的融合,基本上能够自给自足,以线养线,政府的角色也在逐渐淡出之中。

(2)客流量和线路类型是影响城市轨道交通管理模式的重要依据。结合世界主要大城市轨道交通客流密度的分析,可以得出以下结论。

①当客流密度在 0～1.5 万人/(千米＊日)时,城市轨道交通运输缺乏盈利所需的必要客流,因此需要在政府的扶持下存活。这种类型的城市轨道交通系统适用采用官办官营的管理模式。

②当客流密度在 1.5 万～2.5 万人/(千米＊日)时,城市轨道交通运输系统基本上具备维持运营成本所需的客流且能略有盈利,因此可以考虑采用有竞争条件下的官办官营模式、公私合营、官办半民营的模式。

③当客流密度在 2.5 万人/(千米＊日)以上时,可采用官办半民营、官办民营的模式。

④当城市轨道交通系统的业主(政府)独自承担建设费用,而不从运营收入抵扣时,在大于 1 万人/(千米＊日)的客流密度时就可以尝试官办民营的管理模式。

⑤考虑到市中心地区修建城市轨道交通的成本和物业开发的难度较高,市中心区城市轨道交通线路不宜采用私办私营的管理模式,必须有公共资本参与。私办私营的模式最好用于市郊铁路。在市郊铁路的条件下,客流密度达到 1.7 万人/(千米＊日)以上时就可采用私办私营的模式。

二、运营管理机制

城市轨道交通必须满足城市居民的出行需求并完成规划设计运量和获取经济效益。在经济效益方面,世界上许多地方的城市轨道交通的建设由政府出资,运营亏损由政府补贴,但也有部分城市不同程度的取得盈利和回收投资。因此,我国城市轨道交通应当从加强运营管理、讲究运营机制与策略、提高运营水平,以改善财务状况、减少经营亏损、甚至争取有余。为达到这一目标,应该处理好以下四方面的问题。

1.运营管理与政府之间的关系

在城市轨道交通建设的各个阶段中,政府始终处于举足轻重的地位,尤其是运营管理,离不开政府的政策导向和支持,甚至是资金的扶持。为此,运营管理与政府有着密切的关系,政府应该在以下方面予以足够的重视。

(1)政府须对城市轨道交通大力支持,给予城市轨道交通的经营管理者以自信心。

(2)修建城市轨道交通时,政府给予一定的资金支持以用作资本金。

(3)在城市轨道交通网络规划的前提下运营公司有权自行决定修建线路。

(4)地方政府给城轨公司以定价自主权,使客流与经营状况适合城轨交通合理制定票价。

(5)在沿城市轨道交通线网两侧的 500m 之内,政府可以划拨一定土地为城市轨道交通开发房地产或其他物业之用,其收益用来弥补建设费用的不足。

(6)政府承诺当城市轨道交通财政恶化时,给予财政支持。

(7)政府为城市轨道交通公司在本币内外融资尽可能创造宽松环境,包括为借贷外资担保。

(8)建立政府建设基金。

2.运营管理与运作商业化

确立公司运作商业化原则,从筹建到运营各个环节、从设备引进到消化吸收、从运营主业到多种物业,都需要建立相应的成本和效益核算制度;寻求票价与运量之间的平衡点,谋求政府给予公司定价自主权;将经济效益作为城轨公司建设和经营的出发点。

3. 运营管理与经营策略

运营管理要取得好的效果、效益，必须讲究如下策略。

(1)线路建设策略。充分利用城轨运输资源，为乘客提供安全、可靠和高效的服务；按照成本效益原则，建设经济效益好的新线。

(2)发展物业和多种经营策略。在城市轨道线路附近、线路上方或下方开发物业、发展多种经营，为公司谋求财政收益和增加客流。

(3)管理机制及运作策略。吸引并留住具有各方才干的员工，发挥他们的潜力；在既有资产及日后增加资产的基础上，努力提高服务质量，策划从乘客处获得足够效益，不仅抵偿服务支出，而且努力使资产保值增值，保持合理负债水准，并向股东提供与所担风险和所期望相称的回报；保持与政府的良好关系，保证不间断地得到来自政府的扶持。

4. 运营管理与系统选择

城市轨道交通，从规划设计到建成运营，实际上是一项系统工程，其中每一环节和技术特征、功能要求都可以看作是一个系统，这些系统互相关联且互相影响，要想取得良好的运营效果和经营效益，必须认真地、科学合理地选择如下各个"系统"。

(1)线路修建类型要合适，降低建设成本。

(2)线路新建时，其位置与走向要尽可能地为最大多数居民服务。

(3)整个系统要按大运量配置，即每个车站的设置要考虑车站附近物业和新业务的发展和由此引发的潜在客源的需要。

(4)各类城市轨道交通都要以实现交通功能为主，即满足乘客的通过或换乘(集散)需求，减少功能过剩和功能转换。

(5)线路设计必须坚持经济实用、安全可靠、简朴方便原则。

(6)新技术的使用要以实用为主，不追求最新、最高技术，要与客流规模相适应，分步分阶段实施，不搞一步到位。

(7)努力实施各类设备的国产化，提高国产化率，降低建设成本。

三、基本管理模式与发展趋势

东西方各国城市轨道交通建设与运营主要有以下三种管理与经营模式。

第一种是欧美流行的"一体化"模式，即由政府公共服务机构或国有公营企业垄断经营，且投资、建设、运营一体化。其优点在于，所有的矛盾都可以在体制内协调，不会出现资金不到位、设备不适用等问题；但这一模式的弊端也十分明显，整个机构缺乏相互制约的机制，往往经济效益差。

第二种是"一体化"模式的变种，有两个政府公共服务机构或国有公营企业经营，也实施投资、建设、运营一体化。其与前一种模式的利弊基本相同，但其资源利用效率相对较低。

第三种模式是投资、建设、运营分离。其优点在于，政府将城市轨道交通产业不作为纯公共产品，而作为准公共产品，把体制性亏损与经营性亏损区分，即将公共产品中通过良好运作能够实现价值回报的运营部分划出独立运作，以提高经营企业的经营效率、减轻公共财政的支出；而其弊端是运营的衔接往往不顺。

在我国城市轨道交通大发展时期，如何根据地铁的运营模式来选择独特的经营模式，最终达到由"减亏、止亏、微利、发展"的过程而实现"自筹、自建、自营、自还"远期战略性目标，形成有中国特色的经营模式，具有重要现实意义。

四、票价制定与票务管理

运价理论对票价的制定具有指导作用，其以微观经济因素作为问题研究的基础。因此，在进行票价制定和票务管理之前，先介绍有关运价理论的知识。

1. 运价理论

运价是指运输经营者提供服务的价格，它是以所提供服务的价值作为基础的。在市场经济条件下，运价对运输服务的供需起着重要作用。城市客运服务价格的合理制定不但可以调节城市交通需求和城市交通供给，而且还可以促使资源配置优化，有助于实施可持续发展的交通运输政策。

在运价研究领域，运价理论是一个重要的研究方面，在运价制定过程中，运价理论又具有重要的指导作用。目前，指导运价制定的理论主要有以下几种：

(1)劳动价值理论

运输价格是运输服务价值的货币表现形式，合理的运输价格始终围绕运输服务的价值波动；运输服务的价值则是运输生产者在实现旅客位移过程中所耗费的物化劳动和活劳动的总和。

由于运输服务的价值量，即社会必要劳动消耗难以准确确定，在实践中，通常用运输成本加上一定的利润来作为制定运价的依据。

(2)均衡价格理论

均衡价格理论认为价格是由需求和供给决定的，某商品与服务的需求和价格供给相等时的价格是均衡价格。均衡价格理论是建立在一个完全竞争、不存在垄断的市场经济条件下的。图 8-18 种的 D 是需求曲线，S 是供给曲线，D 与 S 相交于 A 点，在 A 点对应的 X 轴和 Y 轴上分别是均衡需求量和均衡价格。均衡价格理论揭示，需求的变动引起的均衡价格和均衡数量同方向变动，即需求的增加引起均衡价格和均衡数量上升，需求的减少引起均衡价格和均衡数量下降。供给的变动引起均衡价格反向变动，引起均衡数量同方向变动，即供给的增加引起均衡价格下降，引起均衡数量增加，反之引起均衡数量减少。

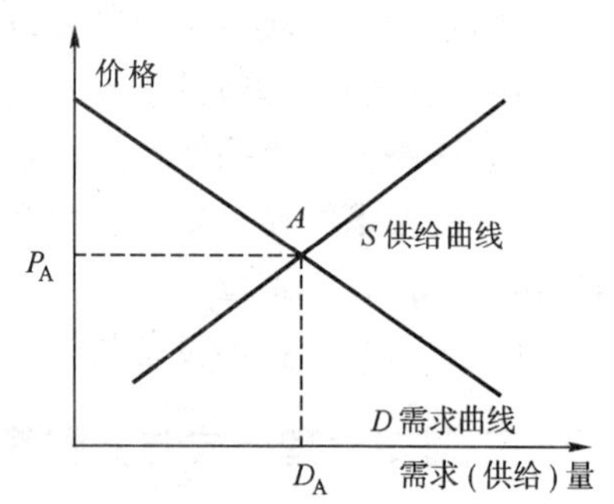

图 8-18　均衡价格曲线

(3)厂商理论

该理论认为，每个企业都面临着市场竞争，因此，每个企业在决定产量的同时还要合理确定价格，以便实现利润最大化。利润是成本与收益的差额，因此，厂商理论从成本与收益的角度研究如何制订价格。

2. 票价制定

在制定票价时，除要应用有关的运价理论之外，还需根据运输市场环境和运输企业自身的情况合理确定票价制定的原则和策略。

(1)票价制定的原则

由于轨道交通的特殊性，其票价制定原则分为基于运输企业效益的原则和基于社会整体利益的原则。

基于运输企业效益的原则有：

①维持生存的票价制定原则。票价以能补偿运输成本来制定，通常是在运输市场竞争中

暂时处于劣势、市场占有份额下降的情况下，作为一种增强竞争能力的过渡性措施采用。

②运输成本加上一定的盈利水平的票价制定原则。票价以运输成本为基础，再参考运输市场平均盈利水平来制定。出发点是能保本盈利，缺点是当运输成本不合理时，会导致票价背离客运服务的价值。

③短期利润最大化的票价制定原则。票价以短期内能获得最大利润来制定，前提是运输企业在运输市场竞争中处于绝对优势，同时运输需求又大于运输能力。

④长期利润最大化的票价制定原则。票价以有利于吸引客流、扩大市场占有份额，运输企业能达到长期利润最大化来制定，前提条件是运输企业具有技术水平和生产效率方面的优势，单位运输成本较低，有能力采取较低的票价水平。

⑤适应市场供求关系的票价制定原则。票价以运输企业能在市场竞争中维持一定的竞争地位和市场份额来制定，它要求运输企业在票价上对由运输市场竞争带来的供求关系变化有一种迅速灵敏的反应，能根据不同的供求关系、特定的时空条件，制定有竞争力的票价。

基于社会整体利益的原则有：

①促进城市发展总体优化的票价制定原则。票价以较低水平来制定，以吸引客流转向有利于节约能源、保护环境、减轻道路拥挤和减少事故等方面的某种城市交通系统，而政府则对运输企业的亏损进行财政补贴。

②面向低收入阶层的票价制定原则。票价以较低水平来制定或对退休人员、残疾人员和学生等给予票价减免，一般在比较强调社会福利的情况下采用，运输企业的亏损由政府的财政补贴弥补。

(2)票价制定的策略

所谓策略是指在票价制定原则确定的情况下，运输企业根据运输市场的供求关系、交通需求弹性和客运服务水平、质量等因素采取的具体票价制定对策。

①运输企业交通服务供给在一定时期内是相对稳定的，当运输供求关系的平衡被打破，出现交通供给小于交通需求时显然可以采取以企业盈利为主的票价制定策略；反之，出现交通供给大于交通需求时，则宜采取吸引客流为主的票价制定策略。

②交通需求弹性，又称交通需求的价格弹性，在这里是指交通需求变动对票价变动的适应程度。交通需求的弹性大小可用弹性系数表示，弹性系数的计算公式为：

$$E=\frac{\Delta Q/Q}{\Delta P/P} \tag{8-26}$$

式中：E——交通需求弹性系数；

ΔQ——交通需求变动量；

Q——交通需求量；

ΔP——票价变动量；

P——票价。

当 $0<E<1$ 时，表示交通需求量变动比率小于票价变动的比率，即为交通需求缺乏弹性的情况；当 $1<E<\infty$ 时，表示交通需求量变动比率大于票价变动的比率，即为交通需求富有弹性的情况。在制定票价时，对不同弹性水平的交通需求应采取不同的票价制定策略，一般对富有弹性的交通需求，可通过薄利多销的定价来吸引客流，增加总收益；而对缺乏弹性的交通需求，则可采取票价较高的定价策略。

③客运服务水平和质量。从乘客消费心理的角度分析，乘客在出行过程中的对票价的承受程度，除与收入水平有关，还与包括到站、候车和车内时间在内的旅行总时间，安全、准点、舒适和方便等方面的满意度有密切关系。因此，在运输企业的客运服务水平和质量较高，并且乘客对客运服务价值的认同程度也较高的情况下，采取票价较高的定价策略。

3. 票务管理

(1)票价制式

城市轨道交通系统的票价制式主要由单一票价制、计程票价制、区段票价制和区域票价制四种。

①单一票价制：不论乘车距离，全线只发售一种车票。这种票价制式的优点是售票速度快，检票实行单检制，即进站检票，出站不检票，可减少车站作业人员；缺点是不利于吸引短途客流。

②计程票价制：按照乘车距离或乘车站数发售不同票价车票。这种票价制式的优点是乘客的车费负担比较合理，有利于吸引更多的客流；缺点是车票种类多，售检票作业比较复杂。

③区段票价制：把全线分成若干区段，按是否在区段内乘车和跨越几个区段乘车发售不同票价车票。这种票价制式是单一票价制和计程票价制的折中，因而兼有它们的特点。

④区域票价制：把由多条线路组成的轨道交通网分为若干个区域，按是在区域内乘车还是跨出区域乘车发售不同票价车票，区域内乘车又有区域单一票制和区域计程票价制之分。

(2)车票种类

车票可从使用时间的限制、使用线路的限制、使用次数的限制和车票制作材料等不同的角度进行分类。

①从使用时间的限制，车票分为普通车票和定期车票。普通车票是当日或本次列车使用的有效车票，定期车票是在规定时间内使用有效车票。定期车票又可分为月票、季票和年票等。

②从使用线路的限制，车票又分为专线车票和联合车票。专线车票是指指定线路使用有效车票，联合车票是各条线路使用有效车票。这里，各条线路既可是联运的各条轨道交通线路，也可是联运的轨道交通线路和其他城市交通线路。

③从使用次数的限制，车票分为单程车票和储值车票。单程车票是一次乘车使用有效车票，储值车票是在票值用完前可多次乘车使用有效车票。为吸引更多乘客购买储值车票，一些轨道交通系统给购买储值车票乘客一定优惠，如根据储值车票的不同价值附送 10 元左右数额不等的票值，并在最后不管车票剩值多少，仍可乘坐全程一次。

④从车票制作材料，车票分为纸片车票和磁卡车票。纸片车票是用普通纸制成的传统车票，上面印有票价、站名、编号等；磁卡车票是用纸或塑料卡片作为基片，在上面涂上磁粉物质制成的车票，磁卡上有磁卡密码、编号、车资、进站时间和地点等信息。磁卡车票又可分为接触式磁卡车票和非接触式磁卡车票。

(3)日常票务管理

在确保轨道交通系统的运营秩序和运营收入上，票务管理起着重要的作用。为了加强日常票务管理，应做到：

①专设票务管理部门，负责车票的印刷、保管、发放、售出统计和票款交收等工作。

②装备高效方便的售检票及其他辅助设备，如自动售票机、自动检票机、辅币兑换机，以及查询校验磁卡车票的验票机等。

③在实行人工售检票作业时，要有完善的售检票作业程序和防止乘客无票乘车或越站超时乘车的措施，并制定补罚票制度。

五、轨道交通系统运营分析

1.运营指标分析

(1)客运量(人次)

在单位时间内(年、月、日)运送的乘客人次。包括普通乘客人次、定期票乘客人次等。

(2)客运周转量(人公里)

在一定时期内完成的乘客人公里数。

$$客运周转量=客运量\times平均运距 \tag{8-27}$$

(3)客运密度(人公里/公里)

在一定时期内(通常是年),平均每公里运营线路负担的客运周转量。

$$客运密度=\frac{客运周转量}{运营线路总长} \tag{8-28}$$

(4)客流量(人)

单位时间沿同一方向通过运营线路某一断面的乘客数,又称为断面客流量。城市轨道交通客流量常用指标是高峰小时最大断面客流量和全日分时最大断面客流量。根据断面客流量可以计算:客流方向不均衡系数、客流断面不均衡系数、客流时间不均衡系数。

(5)行车密度(列/小时或对/小时)

又称列车密度,指在单位时间内(通常是 1h),运营线路上开行的列车或列车对数。行车间隔时间越短,则列车密度越大。

(6)小时运力(人)

运营线路在 1h 内运送的乘客人数。

$$小时运力=1h内通过列车数\times列车编组辆数\times车辆定员数 \tag{8-29}$$

小时运力分高峰小时运力、一般小时运力等。

(7)列车折返能力(列/小时)

终点站和折返站在单位时间内(通常是 1h)能够折返发出的列车数。

$$列车折返能力=\frac{60}{折返列车在车站的最小出发间隔时间} \tag{8-30}$$

(8)行车间隔时间(min 或 s)

运营线路上前后运行两列车的时间间隔,其确定以列车始发站的发车间隔时间为准;在单位时间内各列车发车间隔不相等时,以最小发车间隔时间为准。

(9)技术速度(km/h)

列车在各区间运行时间,包括列车起动加速、在区间纯运行、慢行以及制动停车等项时间,但不包括列车在各中间站的停站时间和列车在线路两端的折返停留时间。

列车在运营线路上运行(不包括列车在各中间站的停站时间)的技术速度按下式计算:

$$技术速度=\frac{运营线路长度}{列车全程运行时间之和-列车在各站停站时间之和} \tag{8-31}$$

(10)旅行速度(km/h)

列车在运营线路上运行(包括列车在各中间站的停站时间)的平均速度。

$$旅行速度=\frac{运营线路长度}{列车全程运行时间之和} \tag{8-32}$$

(11)开行旅客列车数(列)

各种编组的列车在运营线路上行驶一个单程，不论是全程运行或是小交路折返，均按一列计算，图定回空列车计入开行的旅客列车列数内，专运列车和调试列车等另行统计。旅客列车分别按全日、上行和下行开行列车数计算，折返列车数按各折返站分别计算。

(12)列车正点率(%)

按列车运行图图定车次、时间准点运行的列车数(包括根据调度命令临时加开或停运列车)与全部开行列车数之比。列车正点率可分为始发正点率和到达正点率。正点率的统计标准是：凡按客流变化而抽线或加开列车、准点始发、准点到达终点的列车都统计为正点列车数。早点或晚点不超过规定时间的也按正点统计。

(13)满载率(%)

指全部运行车辆运送乘客时的平均满载程度。满载率又分成两种：

①平均满载率：反映一定时间内车辆运能的利用程度。

②线路断面满载率：反映特定时间、特定断面上车辆运能的利用程度。

$$线路断面满载率=\frac{断面客流量}{断面输送能力}\times 100\% \quad (8\text{-}33)$$

在实际工作中，线路断面满载率通常是指高峰小时、单向最大客流断面的车辆满载情况。

(14)平均运距(公里/人)

指每个乘客平均乘车距离，它能从全面客流调查或抽样客流调查中得到。

(15)营业行驶里程(km)

指为运送旅客在运营线路上车辆行驶的里程，它包括运行图图定的车辆空驶里程和由于某种原因产生的车辆空驶里程。

$$营业行驶里程=旅客列车数\times 列车编成辆数\times 列车运行距离 \quad (8\text{-}34)$$

(16)运用车数(辆)

为完成乘客运输任务所需的技术状态良好的车辆数。

(17)工作车数(辆)

凡参加当天运送乘客的车辆，不论其运用时间长短，也不管它是否发生过修理、停驶或回程均作为运用车。同一车辆在一天中多次出段，只统计为一辆运用车。

(18)车辆日均走行公里(公里/日)

又称日车公里，指车辆每日平均走行公里数。

(19)车辆全周转时间(min)

车辆在运营线路上完成一次周转所消耗的时间。

(20)车辆周转时间(min)

该指标与车辆全周转时间指标的区别在于：车辆在运营线路上完成一次周转所消耗的时间中不包括回段检修等与运送乘客无关的时间。

$$车辆周转时间=\frac{全日营业时间\times 运用车组数-\sum 回段检修时间\times 检修对数}{全日开行列车对数} \quad (8\text{-}35)$$

(21)车辆运用系数(%)

该指标反映了车辆的利用效率，为运用车占全部车辆的比重。

(22)运行事故数(次)

列车在运营线路上行驶过程中，由于有关人员工作差错、机械设备故障、外部因素影响等而造成人身伤亡、设备损坏或影响列车运行的均列为行车事故。

行车事故包括已方责任、双方责任和无责任事故三类。

(23)行车责任事故数(次)

已方责任和双方责任事故均属行车责任事故,行车责任事故按照其性质、损失及对行车的影响程度分类。

(24)行车责任事故伤亡人数(人)

一定时期内运营车辆因行车责任事故所造成的受伤人数和死亡人数,重伤人数和轻伤人数可分别统计。

(25)客运收入(元)

运送乘客的全部收入金额。

2.运营成本分析与经济效益分析

运营成本是一项综合性的质量指标,其实质是在创造社会财富时的劳动消耗。社会财富即产品的价值由 $C+V+M$ 组成,C 代表物化劳动转移价值;V 代表活劳动的价值;M 代表税金和利润,产品价值中的 $C+V$ 构成了成本。

在轨道运输作业中,运营成本的确定是十分重要的,它是确定运输生产耗费的尺度,是计算经营利润的基础,是进行经营决策的依据,是衡量企业经营管理水平、促进企业管理的手段。同时,它也是制定运输价格的重要依据。

成本管理主要包括成本预测、成本计划、成本核算、成本分析、成本考核。成本分析为实现成本目标提供了反馈信息。

(1)运营成本分析的基本原理

轨道交通运输的产品是货物或旅客的位移,它是在特定环境中为完成特定任务而产生的,它要受到社会、经济、自然环境的制约,这些正是运营成本产生并致力调节的基本关系。

在进行运营成本分析时,必须考虑以下几种关系:

①与社会、经济、自然环境之间的关系;

②与运输方式的特定形式的关系;

③与运输过程之间的关系;

④总成本与个别成本之间的关系;

⑤成本结构因素之间的关系。

运营成本的分析可应用系统和结构理论的方法,一般可认为它是一个有丰富内容与多种关系组成的有机整体和动态网络结构。

运营分析从结构上可以划分为以下几个层次:

①宏观成本与微观成本;

②整体成本与个别(内部)成本;

③纵向成本与横向成本。所谓纵向成本指同一空间的不同时间领域的比较成本,而横向成本指不同空间领域在同一时间的比较成本;

④单位成本因素对运营成本的影响程度。

运营成本作为一个经济范畴,是由许多项目构成的。作为一个系统,它应包括:物质消耗(材料、燃料、电力、折旧等)、活劳动消耗(工资等)支出、按经济用途确定的成本项目以及运输过程中各环节的过程成本等。

(2)运输企业经济效益特点

正确进行经济效益评价,不仅要考虑经济效益的一般要求,还要考虑各企业、各部门、各方案的具体情况。就运输业而言，其经济效益有如下特点：

①保持对国民经济的适应性

交通运输是国民经济的基础结构部门，是国民经济发展必不可少的组成部分。所谓适应性是指交通运输的能力、条件既不大大超前也不滞后于国民经济的发展。轨道交通建设周期长，但运输发展必须先行，既要适应又要先行，这就意味着轨道交通的发展必须注意计划性和比例性。

②运输产品的内涵具有综合性

讲究经济效益必须明确一个主要的观点，即以尽量少的劳动消耗和物质消耗生产出更多社会需求的产品。对于运输产品而言，不仅有数量要求还要有质量要求。质量要求包括：安全、迅速、舒适、方便等方面。这种综合性说明，反映经济效益的指标不可能是单一的，而必须是一个系统。

③运输产品具有瞬时性

运输业的产品是人与物的位移，产品不具实物形态，产品的生产过程与消费过程同时进行，产品不能储存，不能调拨。这些特点就决定了它在技术进步过程中，不能淘汰产品，只淘汰设备、淘汰有关作业，所以设备更新、作业改革是运输业技术进步的主要内容，也是在探讨经济效益问题时必须注意的方面。

④经济效益的发挥

经济效益的发挥往往是滞后的。轨道交通充分发挥作用要几年以后，因为沿线开发要有个过程，轨道交通运输的效益一般是不断向上的。从空间范围来说，轨道交通运输的局部出现问题，所影响的常常不仅是沿线，而且还影响轨道交通所沟通的更广泛的地区。因此，在评价经济效益时，要有时间及空间观念。

⑤设备运用效率是关键性的环节

在提高经济效益过程中，轨道交通运输是大系统，总体性强，运输生产过程往往延伸几十公里或上百公里，而整个过程又有各个运输环节，各运输环节之间的协调配合也很重要。轨道交通设备数量大、种类多，占用资金也多。轨道交通生产资金中固定资金占90%以上，固定资产折旧费用占运输成本的50%，因此，设备运用好坏对经济效益关系重大，轨道交通各类设备数量、质量、构成及其后备，都要求协调配合，才能发挥各类设备的效益。

⑥轨道交通运输应多注重费用型

运输产品的销售价格，在中国由于涉及国民经济各部门，目前一般不能轻易改变。如需变更运价，必须层层申报批准，因此在一个相当长的时期内，收入水平大体稳定，经营的收益，更多取决于降低消耗。所以，在保证运输质量的前提下，节约运输支出、降低运输成本，对提高经济效益具有重要意义。

(3)项目经济评价的主要指标

轨道交通运输属公共交通运输项目，其经济效益评价与分析应从国民经济整体利益出发，按实际消耗来衡量，把国民经济放在主导地位，着眼于分析宏观社会成本和效益，微观经济效益应服从于整体的宏观效益，定性分析与定量分析相结合。

轨道交通的社会效益包括节省乘客旅行时间、缩短车辆周转时间、减少事故损失、降低能源消耗和环境污染程度等。

运输项目经济评价指标按是否考虑货币时间价值，可分为静态评价指标和动态评价指标。

静态评价指标：

①静态投资回收期(N)

投资回收期是指以项目的净收益抵偿全部投资(固定资产投资)、投资方向调节税和流动资金所需要的时间,它是考虑项目在财务上的投资回收能力的主要静态评价指标。投资回收期(以年表示)一般从建设开始年算起。其表达式为:

$$\text{总投资金额} = \sum_{t=0}^{N} t\ \text{年净现金流量} \tag{8-36}$$

在财务评价中,当计算所得 $N \leqslant$ 行业标准回收期时,该项目可行。

②投资利润率

投资利润率,是指项目达到设计生产能力后,一个正常生产年份的年利润总额与项目总投资的比率,它是考察项目单位投资盈利能力的静态指标。对生产期内各年的利润总额变化幅度较大的项目,应计算生产期平均利润总额与项目总投资的比率。

③资产负债率、流动比率

项目清偿能力分析主要是考察计算期内各年的财务状况、偿债能力,主要指标包括资产负债率、流动比率等。

资产负债率是企业负债总额与资产总额的比率,是反映企业长期偿债能力的指标。其表达式:

$$\text{资产负债率} = \frac{\text{负债总额}}{\text{资产总额}} \times 100\% \tag{8-37}$$

流动比率是企业的流动资产与流动负债的比率。流动资产包括现金及各种存款、应收账款、有价证券、存货等;流动负债包括应付账款、应付票据、短期借款、应付税款等。流动资产是企业偿还流动负债的基础。流动比率越大,说明企业偿债能力越强,企业安全程度越好,一般以 2∶1 为宜。但流动比率也不能过大,比率过大有可能造成企业资产没有被有效地利用而影响获利能力。

动态评价指标:

①净现值(NPV)

运输项目在整个寿命期内,按规定的基准贴现率(i)将各年所发生的现金流量折算到现值的总和,称为净现值(Net Present Value),它是考察项目在计算期内盈利能力的动态指标。其一般表达式为:

$$NPV(i) = \sum_{t=0}^{N} t\ \text{年现金流量} \times (1+i)^{-t} \tag{8-38}$$

当项目的 $NPV \geqslant 0$,表明该项目投资能获得净盈余,可以接受。

②内部收益率(IRR)

内部收益率(Internal Receive Rate)是指项目在整个计算期内各年净现金流量现值累计等于零时的折现率,它反映项目所占用的资金的盈利率,是考察项目盈利能力的主要动态指标。其表达式为:

$$NPV(IRR) = \sum_{t=0}^{N} t\ \text{年现金流量占用} \times (1+IRR)^{-t} = 0 \tag{8-39}$$

在项目财务评价中,求出的财务内部收益率(IRR)应与部门或行业的基准贴现率(i)相比较,当 $IRR \geqslant i$ 时,项目在经济上有利,可以接受。

③效益费用比(BCR)

即投资和经营费用投入后与所取得的效果的比值，效益大于费用即比值大于1时，项目可取。与净现值指标相比，净现值指标是绝对指标，而效益费用比则为相对指标。从理论上讲，若两方案投资额不相等时，对互斥方案的比选宜选用相对指标。

④年平均费用(AAC)

将投资总额折算为年投资额和年运营费用相加。其年平均费用最小者为最佳，此方法适用于各方案收益相等，寿命期不等的情况。

经济效益分析是通过许多评价指标的计算进行的，它以财务现金流量表、利润表等报表作为计算基础。它与常规的会计方法不同，不计算费用资金收支的款项，仅考虑项目实际的资金收支活动，如实反映资金收支活动，因此，不包括固定资产基本折旧等内部资金转移。

本章小结

城市轨道交通系统的运营组织及管理是综合利用相关设施为旅客提供优质服务的保证。本章从城市轨道交通系统所具有的特性入手，分别对城市轨道交通系统的车站客运组织、运行计划、列车运行图编制以及城市轨道交通系统输送能力进行论述，最后对国内外城市轨道交通系统的运营管理模式进行了简要介绍，并且详细讲解了城市轨道交通票价制定、票务管理，对轨道交通运营分析中涉及的指标一一进行了介绍。

思考题

1. 分析比较道路交通与城市轨道交通系统运营特性的差异。
2. 城市轨道交通车站的时间和空间客流呈现什么样的特征？
3. 简述大客流的组织方式。
4. 城市轨道交通运输计划一般包含哪些方面的内容？
5. 分析不同类型折返线列车折返时间的计算方法。
6. 试述在城市轨道交通系统中，如何解决交通需求的时间与空间不均衡性。
7. 根据本章介绍的方法，计算3min间隔时不同车辆容量和编组条件下各类城市轨道交通系统的小时输送能力，并据此比较各种城市轨道交通系统的适用性。
8. 城市轨道交通运营模式主要有哪些？
9. 城市轨道交通票价制定的策略，票价制式及类型。

第九章　城市轨道交通环控系统及灾害防护系统

城市轨道交通系统是一个独立的、封闭的系统，地铁列车在地下线路运行，所以可靠的轨道交通灾害防护系统是保证列车安全运行的主要条件，良好的轨道交通环境是保证乘客安全和吸引客流的主要功能。本章主要介绍城市轨道环控系统和灾害防护的基本内容。

第一节　城市轨道交通环控系统

地铁环控系统又称为地铁通风空调系统。环控系统是地铁工程中的一个重要组成部分，它对地铁环境产生巨大的影响，其重要性引起了国内外的许多研究者和设计者的关注。

一、地铁环控系统的主要功能

1. 地铁环控系统三大运行模式：

(1)正常运行模式：这是一种占主导地位的运行模式，在正常运行期间应考虑最大程度优化环境系统的性能，满足乘客舒适度的要求。

(2)列车阻塞模式：由于延误或运行故障等原因导致列车阻塞在隧道或车站。

(3)紧急情况运行模式：通常是由于运行车辆失灵而引起隧道内一列行驶的列车发生火灾，交通运输中断，要求乘客撤离。

2. 针对上述地铁系统的三大运行模式，环控系统的功能主要为：

(1)正常运行情况下排除余热余湿，为乘客创造一个往返于地面街道至地铁列车内舒适的过渡性环境，隧道内温度应满足《地下铁道设计规范》(以下简称“规范”)的“区间隧道通风计算参数：正常运行工况，最热月最高日平均温度小于等于35℃”的规定；对车站各种设备和管理用房，按工艺和功能要求提供一定温度和湿度条件，及舒适性环境或通风换气次数。

(2)当列车因延误或车辆发生故障等特殊原因导致阻塞于车站或区间，这时受阻列车空调冷凝器产生的热量会连续释放到周围空气中去，而这时列车活塞风已停止，从而使列车周围气温迅速升高。当冷凝器进风温度低于46℃，系统会自动恢复到满负荷运行；当列车空调冷凝器进风温度大于46℃，导致冷凝器压力升高，从而压缩机卸载运行，使供冷量下降；当冷凝器进风温度大于56℃，压缩机就停止运转，列车空调器就会自动停机，列车内温湿度会使乘客无法忍受。由于列车空调机组安装在列车顶部，列车空调冷凝器周围空气温度比列车周围温度高出5～6℃，为使冷凝器周围空气温度低于46℃，就要求列车周围温度低于40℃。

(3)列车在区间隧道内发生火灾时，由于其空间狭小及浮力抬升作用使区间隧道上部形成一层热烟气，通风任务一方面应向乘客和消防人员提供必要的新风量，形成迎面风速，诱导乘客安全撤离火灾现场；另一个很重要的方面，就是控制热烟气的流动，使烟气与通风气流朝同一方向流动，若通风气流不足将使烟气与通风气流朝相反方面流动，形成回流。所以在通风时，通风风速必须大于形成回流的临界风速。

二、地铁环境的特点

1. 地铁工程环境类型

地铁工程内部有四个要求不同的环境：

(1)地铁车站的站厅和站台；

(2)地铁车站内的管理用房和设备用房；

(3)区间隧道；

(4)车厢内。

四个不同的环境所要控制的温度、湿度也不一样。通常站厅、站台可作为过渡区，而车厢和管理用房作为舒适区来考虑，区间隧道可由事故风机在夜间抽压风来解决排热问题。

2. 地铁环境的特点

(1)地下铁道的车站和区间隧道除出入口(地面线和高架线除外)等极少部位与外界相连通外，基本上与外界隔绝，只有用人工气候环境才能满足乘客舒适乘车的要求。

(2)由于地铁属全天候人工照明，因此，车站和车厢的照度、色调、装饰和布置都成为影响乘客心理的重要因素。

(3)列车各种设备的运行和乘客都将释放出大量的热量，若不及时排除，将使车站和区间的温度不断上升，严重影响运行环境。

(4)地下铁道是狭长型地下建筑物，列车及各种设备的运行产生的噪声，对乘客的影响较大。

(5)地铁列车在地下运行时产生“活塞效应”，若不能合理应用，就会干扰车站的气流组织，使乘客感到不舒适，并影响车站的运营条件，使乘客感到不舒服。

(6)发生事故尤其火灾时，将导致环境恶化，不易救援，应采取有效措施。

综上所述，要建立一个既能满足运营要求又能满足工作人员和乘客生理和心理要求的人工环境，是一项复杂的系统工程，要控制空气温度、湿度、空气流动速度和空气的质量及环境照度、色调、装饰、布置以及噪声控制、安全措施等诸多因素。

通风、空调的任务是采用人工的方法，创造和维持满足一定要求的空气环境，它包括空气的温度、湿度、空气流动速度和空气质量。当列车阻塞在区间隧道内时，应维持车厢内乘客短时间内必要的环境条件；而发生火灾事故时，则应提供有效的排烟手段，给乘客和消防人员输送足够的新鲜空气，并形成一定的风速，引导乘客迅速撤离现场。

3. 地铁内不同环境通风与空调设计参数

地铁内，对地铁车站的站厅和站台、地铁车站内的管理用房、设备用房、区间隧道和车厢内的环境要求是不同的。

确定站厅和站台的设计参数时，需引入“暂时舒适”的概念，所谓“暂时舒适”是指人们从一个环境进入另一个稍舒适的环境中，得到暂时舒适的感觉。当乘客进入地下站厅时，若站厅的温度比地面的温度低 2℃，乘客会稍感觉凉爽，这不过是暂时的感觉，因为站厅的环境实际上是热的，时间稍长，乘客仍会感觉不舒适。车站设置空调时，设计参数如下：

(1)站厅的设计温度比室外空气计算温度低 2～3℃，相对湿度在 45%～65%之间；站台的设计温度比站厅低 1～2℃，相对湿度在 45%～65%之间。

(2)车厢内空气设计温度为 27℃，相对湿度为 65%，风速为 0.9m/s；若风速取 0.5m/s 时，设计温度取 26℃为宜。

(3)区间隧道的设计温度小于 35℃；当车站设置通风系统时，站内夏季的空气计算温度不应超过 30℃，且与室外空气计算温度相比不宜超过 5℃。车站管理用房和设备用房的计算参数见表 9-1 所示：

表 9-1　车站用房计算温度与换气次数

房间名称	计算温度(℃)		换气次数(n)	
	冬季	夏季	进风	排风
站长、站务室、值班室、休息室	16	27	6	6
售票室	18	27	6	4
电力值班室、车站综合控制室、广播室	18	25	6	4
修理间、清扫员室	16	27	6	4
盥洗室	—	—	4	4
排水站、水泵房	5	36	—	4
厕所	>5	—	—	排风
自动扶梯机房	—	36	—	—
牵引变电所	18	40	—	—
降压变电所	18	40	—	—
碱性蓄电池室	16	30	6	6
酸性蓄电池室	16	30	12	18
继电室、配电室、机械室	16	30	—	—
电子计算机室	18	25	—	—
ATS分机或调度集中分机室、通讯设备室	18	25	—	—
折返线维修用房	12	30	—	6

三、地铁环控系统的基本组成

1.环控系统的通风空调系统

一般而言，地铁车站有两个空调机房，分别位于车站两端的站厅层和站台层，少数地铁有设备层，空调机房置于设备夹层。

1)大系统风系统

风系统主要由以几下部分组成：组合式空调机组、回/排风机、电动(组合)风阀、与空调相关的防火阀和防火排烟阀、空气温湿度传感器等。

车站大系统由四台相同的组合式空调机组成，位于两个空调机房内，每端各两台，每端的空调机组负责就近的半个站厅和站台。每台空调机组有混风段、过滤段、表冷段、中间段、风机段、消声段和送风段,由于地铁车站全年冷负荷,所以不设置加热段。

2)大系统水系统

主要组成有:冷水机组和外围水路(包括冷却塔、冷冻水泵、冷却水泵、电动水阀、分水器和集水器)。

3)小系统风系统

包括柜式空调机、回/排风机、电动风阀、与空调相关的防火阀和防火排烟阀。小系统种类较多,有全空气空调系统、纯通风系统和风机盘管等。风机盘管不在环控系统自动控制范围内,由各房间内设置的控制器单独地自行调节控制。

4)小系统水系统

主要组成有:冷水机组和外围水路(包括冷却塔、冷冻水泵、冷却水泵、电动水阀、分水器和集水器)。

5)隧道通风系统

包括隧道通风机(TVF,Tunnel Ventilation Fan)和相关电动组合风阀。设计上要求TVF风机能正反转,并且能并联后向某条隧道通风。

以上各系统中大系统是重点监控对象。通常地铁空调设计和设备选型按照远期负荷选取,所以装机冗余量比较大,加上大系统全年负荷波动幅度很大,经常出现负荷小于设计负荷的情况,因此大小系统水系统可以联合运行,即大系统冷冻机可以同时给大小系统提供冷冻水,这样将大小系统的水系统合在一起当作一个空调水系统考虑。

根据地铁工程的特点,按车站站台与区间隧道之间的联系方式,地铁通风空调系统可分为开式系统、闭式系统和屏蔽门式系统;根据使用场所不同、标准不同又可分为车站环控系统、区间隧道环控系统和车站设备管理用房环控系统。

(1)开式系统

开式系统是运用机械或“活塞效应”的方法使地铁内部与外界交换空气,利用外界空气冷却车站和隧道。这种系统多用于当地最热月平均温度低于25℃且运量较小的地铁系统。

①活塞通风

当列车的正面与隧道断面面积之比(称为阻塞比)大于0.4时,由于列车在隧道中高速行驶,如同活塞作用,使列车正面的空气受压形成正压,列车后面的空气稀薄形成负压,由此产生空气流动。利用这种通风原理进行通风,称之为活塞效应通风。

活塞风量的大小与列车在隧道内的阻塞比、列车行驶速度、列车行驶空气阻力系数,空气流经隧道的阻力等因素有关。利用活塞风来冷却隧道,需要与外界有效交换空气,因此,对于全部应用活塞风来冷却隧道的系统来说,应计算活塞风井的间距及风井断面的尺寸,使有效换气量达到设计要求。全“活塞通风系统”只有早期地铁应用,现在建设的地铁一般设置活塞通风与机械通风的联合系统。

②机械通风

当活塞式通风不能满足地铁排除余热与余湿的要求时,要设置机械通风系统。根据地铁运营系统的实际情况,可在车站与区间隧道分别设置独立的通风系统。车站通风一般为横向的送排风系统,区间隧道一般为纵向的送排风系统,这些系统应同时具备排烟功能。区间隧道较长时,宜在区间隧道中部设中间风井。对于当地气温并不高,运量不大的地铁系统,可设置车站与区间连成一体的纵向通风系统，且在区间隧道中部设中间风井。

(2)闭式系统

闭式系统使地铁内部基本上与外界大气隔断，仅通过风机和空调系统向车站内提供所需最小量的新鲜空气，利用列车的活塞效应将车站内的空气携带进入区间隧道，以保证隧道的温度处于正常状态。为了满足闭式运行活塞风的泄压，常在车站两端设置迂回风道，在车站的出入口和区间隧道的洞口采用空气幕隔离。

当车站外部的空气温度低于空调送风温度(或者在冬季)，则按开式系统运行，此时，列车的活塞效应由风井泄压，车站内的通风换气次数大于5次/h，这就是闭式系统的开式运行。

闭式系统的优点是车站和区间隧道的温度和气流速度能在不同的条件下满足设计要求，其缺点是车站的冷却量大，环控机房所需的面积和设备投入较大。上海地铁1号线和2号线都属于这种环境系统。

(3)屏蔽门系统

在车站的站台与行车隧道间安装屏蔽门，将其分隔开，车站安装空调系统，隧道用通风系统(机械通风或活塞通风，或两者兼用)。当通风系统不能将区间隧道的温度控制在允许值以内时，应采用空调或其他有效的降温方法。

安装屏蔽门后，车站成为单一的建筑，它不受区间隧道行车时活塞风的影响，车站的空调冷负荷只需计算车站本身设备、乘客、广告、照明等发热体的散热。此时，屏蔽门系统的车站空调系统冷负荷仅为闭式系统的22%～28%，且由于车站与行车隧道隔开，减少了运行噪声对车站的干扰，不仅使车站环境较安全、舒适，也使旅客更为安全。屏蔽门系统的缺点是该系统初期投资和维修保养费用较高。

地铁通风空调系统的设计，可按上述系统之一设置，但由于气候是周期性变化的，也可根据不同季节采用开式或闭式等不同的运行方式。

2.环控系统的监控(BAS)系统

BAS系统的作用是对车站、区间的通风、空调、给排水、照明及自动扶梯等设备进行自动化管理，以确保地下铁道内环境的安全与舒适。

1)BAS系统一般由三部分组成：

(1)中央控制室：主要负责监视全线的环境状态及监控设备的运行状态，必要时可向车站控制室发出控制指令。

(2)车站控制室：主要负责监视本车站及所管辖区间的设备状态，并控制设备运行。

(3)就地控制装置：设在设备机房内，可直接操纵设备运行。

2)BAS系统的主要功能是对所控设备实施有效、安全、可靠的监控。

(1)中央级功能

由设在控制中心(OCC)内的BAS系统中央控制室来实施，其功能主要包括：

①监视全线各站的通风空调、给排水、自动扶梯设备的运行状态，必要时，可直接向车站控制室发出控制指令；

②监视全线各区间通风、给排水、自动扶梯设备的运行状态，并可控制其运行；

③显示主要设备的异常状态，包括故障、警报、危险水位等；

④车站各种设备的运行记录；

⑤记录车站的环境参数(温度，湿度、二氧化碳浓度)；

⑥与车站控制室互通信息；

⑦打印各种报表；

⑧与防灾报警系统接口，接受报警信息，在发生灾害时，命令环控系统按灾害模式运行；

⑨与列车自动监控系统接口，接受列车运行信息，向车站发出相关指令；

⑩与主时钟接口，确保时钟同步。

(2)车站级功能

由设在各车站的车站控制室负责实施，其主要功能包括：

①监视车站及所辖区间的通风空调、给排水、自动扶梯的运行状态；

②按环控要求及负荷参数，使设备按既定的模式进行运转；

③确保车站设备协调工作，必要时可人为干预，进行参数修改和既定模式的调整；

④显示异常状态，包括故障、警报、危险水位；

⑤接收各测站的环境参数(温度、湿度、二氧化碳浓度)；

⑥向中央控制室传送异常信息及车站环境参数；

⑦接受 BAS 系统报警，将事故风机等设备转向灾害运行模式。

(3)就地级功能

由设在设备机房内的控制器来实施，主要功能包括：

①向车站控制室传达所控设备的工作状态；

②执行车站控制室发布的控制命令；

③在车站控制室发生故障时，独立的进行设备监控；

④在维修及更换设备时，进行现场调试。

第二节　城市轨道交通灾害防护系统

一、灾害的分类

城市轨道交通项目通常都是城市最大的基础设施之一，其投资额巨大(几十亿至数百亿元)，施工周期长，环境因素复杂，风险大。建成后的城市轨道交通是城市客运交通的大动脉，称为城市生命线。生命线工程是维系城市与区域经济功能的基础工程设施系统(如城市供水、供气系统、道路和轨道交通系统、区域电力系统等)，其灾害破坏可以导致城市和区域经济与社会功能的瘫痪。

城市轨道在施工和运营期间可能发生的灾害大致分为两类：自然灾害和人为灾害。自然灾害主要由洪涝、水淹、地震、雪灾、台风、泥石流、滑坡等；人为灾害主要有战争(炮弹、炸弹、核弹、生化武器)、交通事故、火灾、泄毒、化学爆炸、环境污染、工程事故(靠近地铁车站或隧道打(压)桩、开挖深大基坑、抽取地下水)和运营事故等。大的灾变往往同时伴随一种或几种次生灾害，如大的地震往往伴随着大范围的火灾、暴雨；核武器爆炸将引起火灾、放射性灾害。对资源的过度开采，违反客观规律的大型工程活动，也会导致自然灾害频率增加，例如泥石流、滑坡、局部地表沉陷等一系列地质灾害大都与不合理的开矿有关联。地铁大部分处在地下车站和隧道构成的半封闭区域内，四周为围岩介质包裹，地铁对来自外部的灾害防御能力好，对来自内部的灾害的抵御能力差。在地下狭小空间里，人员和设备高度密集，一旦发生火灾，疏散和抢救十分困难。从世界地铁100多年的历史教训看，地铁灾害中发生频率最高，造成损失最大的是火灾。地铁常遇灾害及防止对策如表9-2所示：

表9-2 地铁常遇灾害及防治对策

灾害分类		破坏特点	灾害原因	防护对策
自然灾害	气象灾害	暴雨，涝灾，海啸潮水倒灌淹没车站、隧道设施，冲垮高架桥墩，台风卷走高架桥、接触网、供电设备，雷电击穿通讯、信号、供电系统，雪掩埋地面高架轨道设施……	大气内部的动力和热力过程演变、湿带和热带气旋、海洋低气压热带风暴、对流强烈积雨云系	1.运用有效排洪涝泵站设备；2.采取出入口、风口汛期封堵措施；3.增加高架桥系统抗风安全度
	地震灾害	强烈的垂直、水平震动，地面突沉开裂，使高架桥墩台剪坏，梁板塌跨，隧道车站开裂、渗漏水、甚至倒塌，引起次生火灾……	地球板块挤压运动	1.按抗震规范设计、施工；2.特殊重点部位做好基础隔震减震；3.增加结构抗震安全度
	地质灾害	泥石流、滑坡毁坏掩埋地铁车站、隧道桥梁……	干旱、风化、不合理采伐	合理采伐，绿化护坡，对危险地段长期监控
人为灾害	战争灾害	炮、炸弹、核弹冲击、侵彻、爆炸、震坍地铁车站和隧道桥梁，地下设施中放毒气或其他生化武器，电子干扰通讯、指挥、管理硬软件系统……	政治、经济、民族矛盾冲突激化	按人防工程要求等级设计，做好平站功能转换，预留技术储备
	运营事故	调度指挥失误，碰撞、追尾等交通事故，设备老化引起火灾、停电，地面地下水渗漏，设备故障泄漏电……	管理、维修不合理，监控系统不完善	严格规章制度，加强管理，建立自动监测、报警系统，设置处理预案
	工程事故	打(压)桩，深大基坑开挖，大面积抽取地下水，采石、采矿，隧道平行交叉施工，已有地铁隧道车站、高架桥开裂、坍塌，轨道倾斜弯曲……	野蛮施工、缺少监督机制	制定地铁工程施工保护技术规程，加强施工监控

虽然各类灾害表现形式不同，其共同的特点是空间分布有限性、潜在性、突发性，发生灾害的时间、空间及强度的随机性。对其发展发生的规律和机理人们还缺少充分认识，因此造成灾害无法避免。随着人们认识的提高，许多自然灾害在未来将逐步得到抑制，但人为造成的灾害往往因失控而增长。各种自然灾害之间、人类活动与灾害之间、原生灾害、次生灾害、衍生灾害之间有关联性，有着必然的联系。灾害作用和破坏极其复杂，而我国抗灾减灾经验不足，特别是地铁工程防灾方面技术相对落后，相关的研究远不能适应我国迅速发展的城市轨道交通工程，因此，地铁工程的灾害防护应在今后相当长的时间内予以足够的重视。

各种灾害对人员、设备、设施破坏状况见表9-3。

表 9-3　灾害对地铁的破坏程度

分类	灾害名称	土建工程				设备安装工程					人员
		地下车站	隧道	高架桥	轨道结构	车辆	电气	环卫	通讯	信号	
自然灾害	地震	○	○	◇	□	□	○	○	○	○	◇
	洪涝	○	○	○	○	○	◇	◇	◇	◇	○
	暴风	△	△	◇	△	△	△	△	△	△	□
	雷击	○	○	○	□	□	◇	□	◇	◇	◇
	泥石流滑坡	○	◇	◇	○	△	△	△	△	△	□
	沼气瓦斯	○	◇	△	△	◇	◇	◇	◇	◇	◇
战争灾害	核武器	○	○	◇	○	□	○	○	◇	◇	◇
	常规武器	○	○	◇	□	○	○	○	○	○	○
	生化武器	◇	◇	△	△	△	△	△	△	△	◇
工程事故	火灾	△	△	△	□	◇	◇	◇	◇	◇	◇
	交通事故（碰撞追尾）	△	△	△	○	◇	□	□	□	□	◇
	环境扰动（打桩、基坑、降水）	○	○	○	○	△	△	△	△	△	△
	渗漏水	○	○	△	□	□	○	□	○	○	□
备注	◇—产生严重破坏 ○—一般性破坏 □—轻微损坏 △—基本无损坏										

二、防灾设计的原则

防灾系统是地铁运营管理的重要设施之一，经常地维修、检查、调试，使其处于良好的状态，不能有丝毫麻痹、松懈及侥幸心理。严格执行国家、地方、行业颁布的抗震、防火、防洪排涝、抗风、民防和环境保护的设计施工规范和规程，吸收国外先进经验，因地制宜做好地铁工程的防灾设计。防灾设计应贯彻国家“以预防为主，防消结合”的工作方针。地铁工程应建立良好的灾害预测、预报、评估及预警系统，定期对投入运营的工程进行诊断和抗灾可靠性评定，建立智能性修复系统。经常结合国内外地铁灾害进行案例分析，建立仿真模型和智能仿真，开发数字减灾防灾综合信息系统。

防灾设计所采用的各种防灾措施，应确保运营期间的安全，一旦发生火灾或其他事故，应尽早发现，迅速扑灭或排除，使灾害事故造成的人员伤亡及经济损失减少到最低限度。地下铁道防灾设计能力，宜按同一时间内发生一次火灾或其他灾害考虑。

当列车在区间隧道内发生火灾事故时，应尽早将列车牵引到车站使乘客安全疏散；也可以利用区间隧道的联络通道，将乘客转移到另一条未出现灾情的隧道，并快速安全疏散。车站人行道的宽度、数量及出入口的通过能力，应保证远期高峰小时客流量在发生火灾及其他事故时，能在 6min 内将一列车乘客、候车人员和车站工作人员疏散到地面或安全地点。地下铁道的车辆选型必须符合地下铁道防灾要求。

地下铁道建筑结构的防灾设计，必须采取安全可靠的防灾措施，并应设有完善可靠的消防和事故防排烟系统，还应设置先进可靠的火灾自动报警、防灾设备的监控及防灾通信系统。

地下铁道的防灾系统应与城市总体防灾系统联网，成为其中的一个组成部分，随时从城市总体防灾系统获取各类灾变信息，一旦灾害发生时，迅速向总体防灾系统报告，并得到城市防灾系统领导的指示和帮助。

三、火灾防护

与洪涝、泥石流、滑坡、台风、沙暴、冲击爆炸等灾害相比，火灾对地下工程威胁比地面建筑更大，因此有人认为，扑灭地下工程的火灾比起扑灭超高层建筑顶层火灾还要困难。除了地铁电气设备线路老化、短路引发火灾外，也还有机械碰撞、摩擦引起火花，引燃车站和车厢内易燃的装修材料或其他化学药品，吸烟、乘客携带易燃易爆的物品都可能引发火灾。地震和战争灾害的很重要的次生灾害也是火灾，特别是核袭击引发火灾造成的生命和财产损失占整个灾害损失很大比例。

目前，我国缺少专门的地下铁道防火设计及施工验收规范，缺少适合于地铁车站和隧道消防的专用设备，地铁车站及隧道电气设备复杂、通信和信号管线密集、电气设备及线路不能及时检修更新，均可能因短路引发火灾。有些地铁车站和综合开发的地下商场片面追求豪华的内装修，忽视装修材料的耐火等级，存在着不少火灾隐患。

1. 地下工程火灾发生的特征和危害

地下建筑与地面建筑相比有许多不同之处，地下工程是在地下通过挖掘的方法获得的建筑空间，外部仍有厚实的片土介质包围，它只有内部空间。地下空间与外部联系孔洞少，面积小，气热交换难，散热慢，能见度低。

(1)排烟困难，散热慢

地下建筑内失火，与地上建筑失火情况完全不同。地下建筑为厚的钢筋混凝土衬砌和岩土介质包围，出入口较少且面积有限，有时人员出入口可能就是喷烟口。由于烟的迅速聚集和扩散，工事内很快充满烟，有限的人员出入口会变成“烟筒”，热烟运动方向与人员疏散方向一致，如图 9-1。另外，地下建筑通风条件不如地面建筑，对流条件很差，因而排烟排热也不如地面建筑。

图 9-1　韩国大邱地铁火灾列车内部与车站出口情况

(2)高温高热全面燃烧

就其可燃物来说，由于使用性质不同，可燃物量也不一样。地下铁道车站及隧道内可燃物量一般低于 $50kg/m^2$，在地下建筑封闭空间内，一旦发生火灾，大量可燃物燃烧，室内温度升高很快,较早地出现“全面燃烧”现象。

(3)安全疏散困难

地下建筑内的安全疏散有以下三个方面的不利因素。

①有些地下建筑内的可燃物质,燃烧时会产生大量烟气和有毒气体(如一氧化碳、二氧化碳及其他有毒气体),不仅严重遮挡视线使能见度大大降低,还会使人中毒窒息,危害极大。

②地下建筑发生火灾时,室内由于正常的照明电源切断,变得一片漆黑,如果地下工程内不装设事故照明和紧急疏散标志指示灯,人员根本无法逃离火场。

③温度升高快,对人体危害大。地下建筑发生火灾时,热量不易散失,室内温度可达到800℃以上;另外,由于人吸入大量的热气到肺部,使血压急剧下降、毛细血管受破坏,从而导致血液循环系统破坏,人也会很快死亡。

④疏散距离长,路径复杂。从进口到出口,对一般地下建筑可达几十米,大型的工程可达100余米,交通工程可达几百米或数千米;火灾时逃生的出口和路线比地面建筑少,地下建筑人员逃生的线路只有通向出口的楼梯、阶梯、坡道、爬梯和扶梯,最终的出口很少,一般只有一到两个。

(4)扑救困难、危害大

地下建筑的火灾比地面建筑火灾扑救要困难得多,我国地下建筑发生的数起大的火灾,最长的燃烧时间达41天。与地面建筑相比,地下工程火灾扑救困难在于:

①探测火情困难。地下建筑火灾发生后,只见浓烟从出口冒出,无法确切知道火灾究竟发生在哪一个部位。自动报警、自动喷淋设施,可以在火灾事故前期,自动灭火,因造价高昂,一般地下工程还未采用。

②接近火场困难。地下铁道、公路隧道一般都比较长,短则数百米,长则一两千米,最长达万余米甚至更长,一旦在隧道中间或距进口、出口较远的地点发生火灾事故,施救几乎无法进行。

③通讯指挥困难。地下火场只能靠人传递信息,速度慢、差错多。因为指挥员无法直观火场,需要详细询问,研究工程图,分析可能发生火灾的部位和可能出现的危险情况,方能做出灭火方案,致使灭火时间长、难度大。

④缺少地下工程报警消防专门器材。目前国内自动报警及联动控制系统大部分采用“报警”自动化,在火灾被确认后,操作人员手工操作使联动系统投入运营。采用这种运营方式的原因是火灾探测器的品质尚不能百分之百的准确预报火灾,误报率较高。

2.地铁工程火灾的防护对策

严格执行地下工程防火规范,贯彻“预防为主,防消结合”的方针,进一步完善地下铁道、铁路公路隧道、地下商业街、地下库房专门的消防设计规范和施工技术规程,使地下工程防火设计和施工必须尽快做到有法可依。

(1)规划布局合理

城市的地下铁道、公路隧道、地下商业街、地下停车场等地下建筑,应与城市地下总体布局规划相结合,增强城市总体防灾、抗灾功能。

(2)选择钢筋混凝土结构

地下建筑内长时间高温燃烧,会引起钢木结构大面积倒塌,基本上无法修复。因此,地下建筑物结构材料应选择钢筋混凝土,而且钢筋的保护层应满足地下工程钢筋混凝土结构设计规范规定的厚度。

(3)合理选择装修材料

地下工程的装饰材料应选择不燃、难燃材料和阻燃处理的材料,这样可以使装饰材料燃点增高,使其不易着火,或即使着火燃烧蔓延速度较小,以便为扑灭初期火灾及组织安全疏散赢得时间。

(4)合理选择出入口位置和数量

一个车站出入口通过能力总和,应大于该车站远期超高峰的客流量。

(5)防火分区划分及要求

地下铁道车站面积多在 5 000～6 000m^2,一旦发生火灾,如无严格的防火分隔设施,势必蔓延成大面积火灾,造成不应有的损失,对此应采用防火墙、防火卷帘加水幕或复合防火卷帘等防火分割物划分防火分区。

(6)联络通道的防火作用

根据国内外地下铁道运营中事故的灾害分析,列车在区间隧道发生火灾而又不能牵引到车站时,乘客必须在区间隧道下车。为了保证乘客安全疏散,两条隧道之间应设联络通道,这样可使乘客通过另一条隧道疏散到安全出口,通道也可供消防人员扑救时使用。联络通道两端应设防火卷帘门,人员撤出着火隧道后,应及时落下防火卷帘,以免火焰向另一条隧道燃烧。

(7)钢结构的防火保护处理

钢结构在高温和火焰作用下,如不作保护处理,一般在 15min 左右就会塌落,这是因为在火焰和高温作用下,15min 内其强度降低一半以上,但如果进行了防火保护处理,可以提高其耐火能力。

(8)地铁车站和隧道的机械通风及排烟

根据火灾资料统计,地下铁道发生火灾时造成人员伤亡,绝大多数是被烟气熏倒,中毒、窒息所致。因此,有效地排烟已成为地下铁道火灾时救援的重要组成部分。

(9)地下铁道火灾自动报警系统设置

考虑原则应当是,凡是发生火灾后会影响全局的重要部位和火灾危险大的部位均应设置,以下场所宜设火灾自动报警装置。

①车站控制室、计算机房、通讯机房、信号机房、变电所、配电室、广播室、电缆间及控制中心等重要场所;

②站厅、站台厅、售票室、储藏室及管理用房;

③地下折返线和停车线;

④车辆段的检修库、列车库、停车库和可燃物库房;

⑤设有火灾自动报警的场所,应在适当部位增设手动报警按钮。

此外,地下铁道主排水泵站和排雨水泵站,在危险水位应设自动报警装置。

3. 地下铁道工程消防系统

目前,火灾是发生次数最多、影响最大、造成人员伤亡和经济损失最严重的灾害,所以应将火灾放在首要地位。一旦发生火灾,应能尽早发现、迅速灭火或排除,使灾害事故可能造成的人员伤亡及经济损失减到最低限度。

(1)水消防系统

①消防栓:地面及高架车站和区间线路,如在城市室外消防栓保护半径之内,可不另设消防栓;地面车辆段、车场及指挥中心大楼,应按国家现行建筑防火规范的规定设置消防栓。

②自动喷淋系统:在有防火设备要求的用房内、与城市轨道交通合建的地下商场、地下仓

库和 I、II、III 类地下停车库内，应按建筑防火规范设置自动喷淋系统。

(2)化学气体灭火系统

①地下变电所、通信信号机房、车站控制室等重要电器设备间，宜设气体灭火装置。

②地下车站、地面及高架车站、车辆段、车场和指挥中心大楼等建筑物，应按国家现行《建筑物灭火器配置设计规范》的规定配置灭火器。

(3)火灾通风及排烟

①车站及区间隧道必须具备事故机械通风系统。事故排烟系统宜与正常排风系统合用，当发生火灾时，应确保将正常通风系统转换为事故排烟系统。

②每个防烟分区的面积不宜超过 $750m^2$，但防烟分区不得跨越防火分区。防烟分区可采用挡烟垂壁或充顶棚下突出不小于 $500m^2$ 的梁体实现。

③车站站厅及站台的排烟量，应按 $1.0m^3/m^2 \cdot min$ 计算，排烟设备应按同时排除两个防烟分区的烟量配置。区间隧道火灾的排烟量，按单洞区间隧道断面的排烟流速不小于 2m/s，不大于 11m/s 计算。排烟风机及烟气流经的辅助设备，应保证在 150℃时能连续工作 1h。

④变电所、通信信号房、车站控制室等重要电器设备间的气体灭火废气，应设独立的排烟风机，将有害气体排到地面。当排烟管采用金属管道时，风速不大于 20m/s；采用非金属管道时，不应大于 15m/s。

(4)事故供电及照明

①变电所应选无油型设备，供电电缆应选阻燃型电缆，必要时，可采用耐火电缆或低烟低毒电缆。高压低压及交直流电缆应分开敷设。

②城市轨道交通的防灾设备，均按一级负荷供电，双电源末端切换，并应设事故照明及疏散指示照明，采用蓄电池作为备用电源，其容量应满足 30min 照明供电的需要。各类供电设备设有可靠的超负荷、漏电、欠压及过压保护电路。

③地下铁道的供电系统及高架桥线路结构距城市高低压电网输电线路及弱电线路的距离，应符合国家现行有关供电防火规范的规定。

四、地铁工程防水

地铁工程的车站及隧道大都处于地面高程以下，一方面，受到地面洪涝灾害积水回灌危害，另一方面受到岩土介质中地下水渗漏浸泡危害。地下水或地表水进入地铁车站和隧道内，可以使装修材料霉变，电气线路、通讯、信号元件受潮浸水损坏失灵，造成工程事故。地下水积存，使地铁内部潮湿度增加，使进入车站的乘客胸闷，不舒适。

1. 防洪涝积水回灌

夏季暴雨在街道沉积，如没有足够的排洪设备，由于地面水位高，当地面水位高于地铁车站入口标高或风亭、排烟、排水孔标高时，就可能大量向车站回灌。必要时设临时防水淹措施，如在地铁车站、区间隧道设置足够的泵房设备，一旦进水时能及时外排，位于水域下的区间隧道两端应设电动、手动防淹门。

2. 地铁工程防水材料

地铁工程的防水材料主要有以下四种：

(1)防水卷材

防水卷材主要用于防水、防腐层、建筑防潮、简易防水及临时性建筑防水等，目前，防水卷材主要有沥青系防水卷材、高聚物改性系防水卷材、合成高分子防水卷材三大系列，若干规格。

(2)防水涂料

防水涂料主要用于构筑物内外墙防水、装饰工程的防渗、堵漏,防水涂料一般按涂料的类型和成膜物质的主要成分进行分类,按涂料类型分为溶剂型、水乳型、反应型三类。

(3)结构自防水材料

结构自防水材料又统称刚性防水材料,是指以水泥、砂石为原材料,掺入少量外加剂、高分子聚合物等材料,通过调整配合比抑止或减少孔隙率,改变孔隙特征,增加材料界面间密实性的方法,形成一种具有一定抗渗能力的水泥砂浆、混凝土类防水材料,可达到增强混凝土结构自身防水性能的目的。

(4)嵌缝密封材料

建筑工程用密封材料,主要用于填充构筑物接缝、裂缝、镶嵌部位等,能起到水密、气密性作用。

3.明挖与暗挖结构的防水措施

明挖地下结构一般以矩形框架式结构为主,防水处理的对象为底板、侧墙和顶板;暗挖隧道结构,一般采用复合衬砌,在初期支护与二次支护之间铺设防水板。

4.盾构隧道防水措施

管片衬砌的盾构隧道的防水主要有两项内容,衬砌混凝土自防水和衬砌接缝防水。自防水效果取决于混凝土的性能和钢模的精度。

5.渗漏水的治理

通常渗漏水的形式是多种多样,为此,必须根据结构特征和渗漏水的形式进行相应的治理。一般在治理以前需进行以下调查工作:了解渗漏的状况、水源及影响范围,分析渗漏水的变化规律,探测渗漏水对结构的损坏程度,在此基础上提出治理方案。

渗漏水的治理方法有注浆、抹面、涂料、导水或排水等。根据注浆部位的不同,可以选用不同的材料,一般在结构背后注浆,可以选用特种水泥掺膨胀土、粉煤灰等掺和料的水泥浆、水泥砂浆等;在结构内部的缝隙里注浆,宜选用超细水泥、环氧树脂、聚氨酯等化学浆液。防水抹面材料宜选用掺各种外加剂、防水剂、聚合物乳液的水泥浆、水泥砂浆或特种水泥浆。防水涂料可选用水泥基渗透结晶型类、聚氨酯类、硅橡胶类、水泥基类、聚合物水泥类、改性环氧树脂类、丙烯酯类、乙烯-醋酸乙烯共聚物类(EVA)等涂料。导排水材料可选用软式透水管、塑料盲沟、塑料排水板等。

变形缝和新、旧结构接头,应先注浆堵水,再采用嵌填遇水膨胀止水条、密封材料或放置卸式止水带。

穿墙管和预埋件可先用快速堵漏材料止水后,再采用嵌填遇水膨胀密封材料、涂抹防水涂料、水泥砂浆等。

施工缝可根据渗水情况采用注浆、嵌填密封防水材料及设置排水暗槽等方法处理,表面增设水泥砂浆、涂料防水层等。

五、地下铁道地震灾害防护

1.地下铁道地震灾害及破坏形式

地下铁道的车站和隧道包围在围岩介质中,地震发生时地下构筑物随围岩一起运动,与地面结构不同,围岩介质的嵌固改变了地下构筑物动力特征(如自振频率、附加质量)。人们一般认为地震对于地下结构(明、暗挖隧道,车站等)影响很小。

1995 年 1 月 17 日凌晨，在日本阪神地区兵库县南部发生 7.2 级(JMA 单位)地震。在这次地震中，神户市一部分地铁隧道遭到不同程度的破坏，共有 5 个地铁车站和约 3km 的地铁隧道发生破坏，其中大开站最为严重，一半以上的中柱完全坍塌，导致顶板坍塌破坏和上覆土层的沉降，最大沉降量达 2.5m 之多。破坏主要发生于地震烈度 7 度区域内，不过和地上构筑物相比，地铁隧道的破坏还是轻微的，特别是盾构隧道的破坏非常轻。阪神地震的教训说明：大规模地震发生时，明挖法隧道周围的地基变形很大，导致上下楼板间的相对位移，给构筑物带来很大的影响。明挖法隧道设计，应加强楼板与边墙、中柱与板底的连接构造，避免剪切、挤压破坏。

在阪神地震中，地下铁道车站和区间隧道的破坏形式为：中柱开裂、坍塌，顶板开裂、坍塌，以及侧墙开裂等；而高架桥的破坏形式主要表现为支座锚固螺栓拔出剪断、活动支座脱离或者支座本身构造上的破坏等。其原因主要是支座设计没充分考虑地震的要求，构造连接与支挡等结构措施不足，某些支座形式和材料缺陷等因素。

2. 抗震设计方法

20 世纪 70 年代以来，人们把结构的抗震设计分为两大部分：即抗震计算设计和抗震概念设计。抗震计算设计是对地震作用效应进行定量的设计；抗震概念设计则包括正确的场地选择，合理的结构造型和布置，正确的构造措施等。这种思想方法同样适合于地下结构设计。由于地震活动的复杂性和不确定性、隧道与地震波斜交轴向变形、材料特性的时变效应、结构阻尼随变形而变化、围岩介质与结构的共同作用等因素在结构动力分析中难以确切地考虑，使目前地下结构抗震计算仍处于低水平，远未达到科学的严密的程度。因此，目前要使地下结构物具有尽可能好的抗震性能，首先应从大的方面着手，做好抗震概念设计。

3. 抗震构造措施

地面及地下结构的震害主要分为两类，一类是由振动破坏造成的，地震作用使结构物产生惯性力，附加于静荷载之上，最终导致总应力超过材料强度而达到破坏状态，大多数结构的震害属于这一类。减轻这一类震害的措施是加强结构的抗震能力，在改善结构几何形状、强度、刚度、延展性和整体性上想办法。另一类震害是由地基失效引起的，也就是说结构本身具有足够的抗震能力，振动作用下本来不致破坏，但是由于地基沉陷、失稳等原因导致结构开裂，倾斜(倾倒)、下沉，或者使结构损坏、不能正常使用。为了减轻这类震害，有效的措施是通过各种方法加固地基(或避免采用容易失效的地基)，而不是盲目采取措施加强上部结构。

(1)地铁选线及不良地质区段的处理措施

在进行地铁轻轨选线时，尽可能避开软弱易液化的土层，避开不均匀土层(古河道、断层破碎带、暗浜沟谷及半填、半挖的地基)，避开地震时可能发生滑坡、崩塌、地陷、地裂、泥石流等地震断裂带上可能发生地层错位部位，无法避开上述不良地质区段时，采用地基处理的措施，防止车站和隧道局部突沉及液化沉陷。

①在车站、高架桥、隧道下将桩基深入液化层深度以下稳定土层一定深度，对碎石土，砾、粗、中砂，坚硬黏性土和密实粉土尚不应小于 500mm，对其他非岩石土不宜小于 1.5m。

②增加或减少结构埋深，使结构底板埋入液化深度以下稳定土层深度不应小于 500mm。

③采用加密法(如振冲、振动加密、砂桩挤密、强夯等)和注浆法加固土层，应处理至液化深度的下界，且处理后土层标准贯入锤击数的实测值，应不大于相应的临界值。

④适当设置伸缩缝、施工缝、沉降缝，加强区间隧道、桥与车站的连接部位的抗震性能；

⑤对于地层性质发生变化的区段，隧道、车站地基强度和变形性能应做好过渡，使上、下部

变形协调。

(2)结构构造措施

①对于浅埋矩形框架结构的车站和隧道,宜采用整体现浇钢筋混凝土结构,避免采用装配式和部分装配式结构;特别强调侧墙板与顶板,梁板与柱节点刚度、强度及变形塑性;加强中柱与顶板、中板钢筋连接,中板 1～2m 高度范围内加密加粗受力筋,加密箍筋,防止柱受剪力而发生剪弯破坏;连续墙与顶板的连接筋进一步加强,防止连接部位松脱,楼板崩塌;可能的情况下,中柱采用劲性钢管混凝土柱代替钢筋混凝土柱;适当提高混凝土强度等级,或者使用钢纤维混凝土代替普通混凝土防止混凝土挤压破碎。

②高架桥区间和车站,必须特别注意桥墩柱剪切挤压破损,桥梁在支座处松动滑落,加强桥墩台与梁板连接,放置减震橡胶垫板等措施。

③对于盾构法施工区间隧道,尽可能采用错缝拼装,加深接头深度,增强纵向整体性;接缝间用高强钢螺栓连接,保持结构的连续性;在环向和纵向接缝处设弹性密封胶垫,以适应地震中地层施加的一定的变形;车站与隧道连接段,隧道可能产生较大的不均匀沉降和剪切力,为此应有可靠的连接,最好设抗震缝;在地震产生液化、突沉地段,隧道可能产生较大纵向弯曲,受拉一侧接缝张开,当超过密封垫膨胀率时,可能引起漏水或漏泥沙,并加速整体下沉,因此要按设计、配置较大膨胀率的橡胶垫。

④严格执行《建筑地基基础设计规范》和《建筑抗震设计规范》中有关结构构件抗震的规范和措施。

六、地铁对战争灾害的防护

地铁作为城市客运交通的动脉、重要的城市市政设施,既是战时敌人袭击的目标,也是战时我方防御的重点。地铁工程的车站和区间隧道一般都埋置在岩土介质中,加上自身用钢筋混凝土支护衬砌,本身具有对爆炸冲击破坏的防御能力。地下铁道工程具有通风、给排水、通信、讯号、自动报警和防灾的系统,如果与城市民防系统连通,经过改进,可以很好地为战争时防空袭服务。

地铁工程对城市防空袭的重要作用早已为世界各国公认。前苏联在第二次世界大战期间,德国空袭莫斯科时,成千上万的城市居民在地铁车站躲避空袭,有的地铁车站成了战时的地下医院和救护所,即使德国军队兵临莫斯科城下,地铁修建也一刻没停止。欧洲各国地铁结构构件都存在有较大的安全度,不同程度地考虑了战时空袭防护,近年修建的新加坡地铁设置了完善的防空袭系统。1964 年我国开始修建的首都北京第一期地铁,作为等级人防工事建造;天津地铁 1 号线是在城区人防干道的基础上建造的;1989 年开始修建的上海地铁 1 号线原设计未考虑战时的人防功能,但其车站主体结构经过估算也可以达到五级人防工程抗力。通过对上海地铁 1 号线工程按平战功能转换的要求修改设计,仅增加投资(不足总投资的百分之一),就使得地铁具有人防功能,使上海市的人防工程一下子增加 18 万 m^2。目前各城市正在修建的地铁,也都不同程度地考虑了人防的要求。

地铁工程平战功能转换的措施主要有:

(1)若经济条件允许,重点设防的城市地铁的设计和施工到位,使地铁工程建成后直接达到等级人防工事的要求。

(2)做好地铁工程作为民防工程使用的预留转换设计,如增设战时出口,增设的钢梁、柱承重构件,预埋防护门铰链、闭锁、门框墙连接件,并登记归档,战时或临战前做好平战功能转换施工，使其达到等级人防工程的要求。

(3)如果建造初期未做平战功能转换设计和节点预留，可对现有地铁车站、出入口通道、区间隧道进行抗爆动力载荷下的复核校验；对浅覆土大跨度顶板，当抗力不能满足要求时，可以考虑增设立柱、承重墙，以减少跨度，提高承载力。试验证明，在钢筋混凝土梁板结构的受拉区粘贴钢板，可以有效地限制钢筋混凝土梁板结构裂缝的开展，提高抗冲击爆炸的能力。

(4)地铁车站出入口一般跨度较大，有的达到4～6m，这样大的通道战时设置防护门、防闭门困难，可以采取封大放小的方法，对于大型出入门战时封堵墙，小型出入口则设置防护门、防闭门等防护设施；也可将大型出入口部分封堵，留有较小的战时出入口。

本章小结

本章首先阐述了城市轨道环控系统的主要功能、地铁环境的特点，并着重介绍了地铁环控系统的基本组成；然后，分析了影响城市轨道交通安全运行的各类灾害，提出了防灾设计的原则，在此基础上，分别讲述了各种灾害的防护，并重点讲述了火灾的防护。

通过本章的学习，应了解地铁环控系统的主要功能、地铁环境的特点以及灾害防护的原则，熟悉地铁环控系统的基本组成和城市轨道交通各类灾害的防护措施。

思考题

1. 简述地铁运行的环境类型及其特点。
2. 简述地铁环控系统的运行模式及其功能。
3. 简述地铁环控系统的组成。
4. 城市轨道交通地下工程发生火灾有什么特征和危害？怎样去防护？
5. 简述城市轨道交通地下工程明挖、暗挖以及盾构隧道的防水措施。
6. 在修建城市轨道交通地下工程时，抗震构造措施有哪些？
7. 什么是地铁工程的平战转换？其转换措施有哪些？

第十章 城市轨道交通换乘枢纽

在城市综合交通体系中，换乘衔接起着关键性的作用。实际对外交通与市内交通、市内各种交通方式间的主动衔接，建设融高新技术、建筑艺术和交通功能为一体的交通换乘枢纽，是提高城市交通系统效率、减少出行时空消耗、确定公共交通主导地位的有效途径。

第一节 城市轨道交通枢纽概述

一、城市轨道交通枢纽概念

枢纽站是具有这样一种功能的场所，即当运输对象（旅客、货物）使用某种运输工具，沿特定路线到达枢纽站换乘时，该枢纽能满足其改用其它运输工具或使用其它路线运行。一般来说，两种以上交通方式或多条公交线路交汇的场所都可以称之为枢纽站。

城市交通枢纽是指城市客货流集散、转运的地方，可以分为城市客运枢纽和城市货运枢纽。城市客运枢纽是乘客集散、转换交通方式和线路的场所。合理规划、设计城市客运枢纽，是改善城市公交系统、解决出行换乘、提高公交服务和运营效率的重要环节。

城市轨道交通枢纽作为城市客运枢纽的一种重要形式，是指集多条城市轨道交通线路、不同交通方式，具有必要服务功能和控制设备，为城市对内对外交通、私人交通与公共交通以及公共交通内部转换提供场所的综合性市政设施。因此，城市轨道交通枢纽是在各种交通方式并存下为方便乘客、平衡客流而建立的一种交通设施，它能提高整个城市的客运交通服务水平。由于城市规模的不断扩大，居民从起点到终点的一次出行往往需要使用多种交通工具、结合多种交通方式。城市轨道交通枢纽把私人交通、常规公交和城市轨道交通三个独立运输系统组合成一个有机的客运体系，为乘客提供一体化的运输服务。

城市轨道交通枢纽的交通流来自多方向、多路径、多种目的、多种交通方式，客流方面必须做好客流组织管理，将换乘客流与到发客流分开，将车流和人流分开，使之既能各行其道，又能相互贯通、相互交换，构筑一体化的城市客运交通集散中心。

二、城市轨道交通枢纽的功能

城市轨道交通枢纽是单一交通功能建筑或集交通功能和商业开发功能于一身的建筑综合体，它的交通功能主要体现为对客流的转移和疏散，而它的商业开发功能则需根据具体的项目情况而定。城市轨道交通枢纽由于其自身交通功能的完善和发展势必带来周边区域交通状况的改善，便捷的交通与大量的客流使城市轨道交通枢纽及其周边区域具有巨大的商业价值，随着城市轨道交通枢纽的设置，其周边区域内必然形成高密度的住宅区、商业区、办公区等，这也是城市发展的一个必然规律。作为城市轨道交通枢纽功能的两个方面，其交通功能和开发功能同样也是相互制约的，一个城市轨道交通枢纽的规模和形式限定了它所能承受的交通量，加大开发力度必然影响到交通功能的发挥。两种功能之间是一种动态平衡的关系。很多情况下，单纯地设计一个城市轨道交通枢纽往往达不到理想的平衡状态，所以在规划城市轨道交通枢纽的时候，一定要将它同周边区域的城市规划、交通规划联系在一起，以一种发展的眼光去看待它。作为一个运转良好、功能完备的城市轨道交通枢纽，其自身必然具备强大的适应能力和协调能力，这也是衡量一个城市轨道交通规划成功与否的关键。交通发达城市的经验告诉我们，只有同城市规划与交通规划相吻合的城市轨道交通枢纽才能充分发挥其交通功能、商业功能和社会功能。

城市轨道交通枢纽的主要功能就是对枢纽点的到、发客流按不同的目的和方向，实现"停车、换乘、集散、引导"四项基本功能，核心的功能在于换乘。

(1)停车：对于来自不同方向、路线的不同车辆，提供固定的停车位置和上下客位置，并以不同性质的车辆分区停放，配置合理的道路和场地。

(2)换乘：对于来自不同方向、路线、不同交通方式的乘客，需要转乘其他交通方式而发生的行为称为换乘。因为这些乘客属于中转客流，需要经过换乘才能到达最终目的地。

(3)集散：对于到达或出发的乘客和车辆，实现聚集汇合和疏散分流，提供客流和车流组织的相关措施，保证安全、畅通。

(4)引导：对外来车辆引导、截流、集中管理，尽量不进入市区；引导市内公交车辆与其接驳换乘，向多层次、一体化发展，吸引个体交通向公共交通转移，并提供方便。这在总体上改善了市内车辆的运营环境，提高了居民出行质量。

三、城市轨道交通枢纽的构成

城市轨道交通枢纽一般是由城市轨道交通、常规公交、换乘通道、站厅、停车场、服务设施六个子系统构成，如图 10-1 所示。各子系统作为城市轨道枢纽的有机组成部分，相互区别、相互联系、相互作用，为实现出行者换乘舒适、安全和换乘时间最短这一总体目标而服务。城市轨道交通和常规公交是城市公共交通体系中最主要的交通方式，枢纽内换乘通道如同一座桥梁将不同交通方式连接起来，出行者可以利用换乘通道从一线转入另一线，或从一种交通方式转向另一种交通方式，完成出行过程。站厅的合理布设是减少换乘时间的关键之一，而静态交通设施(停车场)是吸引出行者由私人交通方式向公共交通方式转移，实现公交优先的重要手段。服务设施不仅能提高枢纽的开发强度，实现土地的综合利用为地铁的运营增收，同时还能使出行者在候车时间内完成购物和商务等活动，达到减少出行次数的目的。六个子系统相互制约、相互协调、充分发挥各自的功能和优势，促使系统达到整体功能的优化。

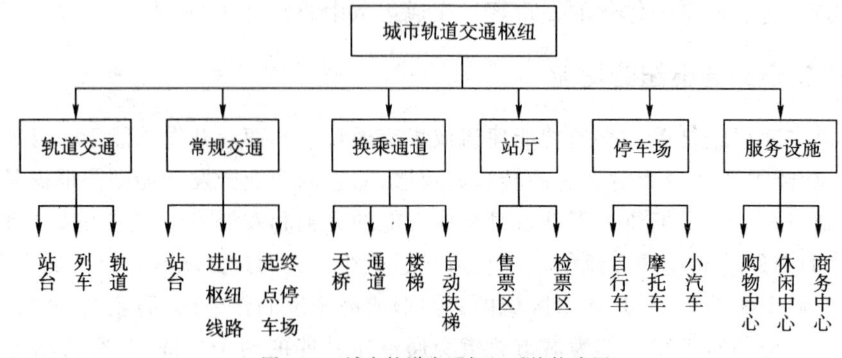

图 10-1　城市轨道交通枢纽系统构成图

四、轨道交通枢纽的作用及分类

从对外、对内交通功能的角度审视轨道交通枢纽，其在城市客运换乘体系中所处的两个层次：

(1)轨道交通作为一种接驳交通工具，与其他交通方式一同起到为大型对外交通(如航空、铁路、公路)集散客流的作用，能够提高客运换乘效率，有效地改善这些对外客运枢纽内车辆留站率高、留站时间长、站内滞留人员多、疏解能力差的问题。

(2)轨道交通作为城市公共交通的骨架，为了充分发挥其大运量、快速、准时等特点，同时为了弥补轨道交通车站站距大、无法提供门到门服务等问题，需要比轨道交通更具灵活性的交通方式来集散乘客，包括常规公交、小汽车、摩托车、自行车和步行等接驳方式。

从轨道交通枢纽在城市客运换乘体系中所处的两个层次我们可以看出轨道交通枢纽有以下主要作用：

(1)轨道交通枢纽是城市对外交通与市内交通的衔接点，是实现交通方式转换、交通性质转换的场所。外地乘客到达城市后，可以通过轨道交通枢纽换乘，到达目的地。如果枢纽布设合理、规模适度，可节省进城时间，保证出行连续。

(2)轨道交通枢纽可为便捷地连接城市各功能分区，合理地组织城市交通创造条件。

(3)恰当地布设轨道交通枢纽，有利于优化、调整公共交通线路，增加公交线路的应变能力，提高运营效率。

(4)轨道交通枢纽，对吸引客流、充分发挥各种交通方式的优点，改善城市客运结构有指导作用。

(5)轨道交通枢纽可方便乘客换乘，减少换乘次数，缩短出行时间，提高公共交通的竞争力。

(6)轨道交通枢纽可以充分利用地面和地下空间，建设多层停车场、安排商业服务等建设项目，实行土地的综合利用，为城市的可持续发展创造条件。

一般来说，考虑的角度不同，轨道交通枢纽可以按表 10-1 所示进行分类。

表 10-1　轨道交通枢纽分类

分类系统	内　容	主要特点
按交通功能分类	对外交通枢纽	一般设在城市出入口，连接着对外交通运输线路与城市轨道交通线路，其规模与城市发展形态、经济文化活动等相当。
	市内换乘枢纽	主要为城内部区域间或区域中心与对外枢纽的客流交换服务，一般设在城市内主要客流集散点，多种交通方式、多条线路交汇点，对通畅、便捷要求较高。
	特定设施服务枢纽	体育馆、剧院、会展中心等地点在某时间段内集散强度大，枢纽为满足人们文化、娱乐出行而设。
按交通方式分类	方式换乘枢纽	轨道交通与城市常规公交、铁路、水运、航空运输等线路相互衔接的客运枢纽。
	线路换乘枢纽	主要指轨道交通线路之间，包括地铁、轻轨、郊区快速铁路之间相互衔接的客运枢纽。
按交通组织分类	首末站换乘枢纽	枢纽内有多条轨道交通的首末站，并设有停车、候车、调度以及有关指示标志等措施。
	中途站换乘枢纽	位于通达性高，多条线路交汇的路网节点，站点设置、客流组织是此类枢纽设计的重点内容。
按布置形式分类	立体式换乘枢纽	枢纽站为地上或地下多层结构形式，适用于交通方式复杂、用地受到限制的地点，同时也可与综合性服务设施如商业、娱乐活动场所相协调。
	平面式换乘枢纽	枢纽站设置布置在地面，其规模视换乘需求而定。

续上表

分类系统	内　　容	主要特点
按服务区域分类	都市级换乘枢纽	吸引全市范围和对外交通客流的枢纽，如火车站、航空港、客运港等大型出入口。
	市区级换乘枢纽	连接卫星城与市内轨道交通线路及公交线路的客运枢纽，以及城区内交通重心处枢纽。
	地区级换乘枢纽	设在地区性区域中心轨道客流集散点的枢纽。

第二节　城市轨道交通枢纽的规划与设计

城市轨道交通枢纽的规划设计往往带有比较强烈的建筑工程色彩，重视建筑空间、立面、结构、工法等方面的研究，但缺乏交通功能的研究。城市轨道交通枢纽的建设区域一般都位于城市中心区，土地高密度利用，功能齐全而集中，设施千差万别而且彼此之间的关系错综复杂，这就为城市规划工作提出了很高的要求。只有在城市规划具体明确的前提下，才有可能知道具体的城建项目建设，这一规划思路在以交通功能为主的枢纽规划中显得特别突出。

在确定枢纽规模方面，传统的做法比较强调需求和供给平衡关系的分析。强调需求决定供给，但却忽视供给也能决定需求。建设多大的枢纽规模实际上就是确定交通供给的过程，交通枢纽的规模决策过程应特别强调"动态平衡"的思想。

在枢纽内部交通组织方面，过去存在的一些实际做法忽视了枢纽的交通功能。实际上，枢纽内部交通组织的原则十分简单，就是要做到"不同性质和不同方向的交通流分开"，但要做到这一点，所研究的方面是很多的，一般包括：枢纽内部各功能模块的运营要求和交通特征分析、枢纽内部各功能模块的相互关系、各种交通流流量、流向和时间分布、交通流的引导和干预、枢纽内部瓶颈分析以及应急状态下（灾害、大规模突发客流、堵塞等）交通疏解。

作为一种大型交通设施，城市轨道交通枢纽对周边道路交通将产生巨大的影响，甚至会影响整个城市某些方向的交通水平。因此，必须对区域交通组织的应对措施进行详细的研究，同时还要对这些交通组织方案进行详细的交通评价。交通组织和影响分析主要包括：

(1)枢纽建成后周边道路能力、交通量和服务水平预测；

(2)道路新建、改建措施的实施条件；

(3)道路系统交通组织(引导和限制)措施；

(4)路口渠化和交通信号控制；

(5)利用详细交通预测模型和交通仿真手段进行交通评估。

在区域交通组织研究中，一般都是采用加大交通供给水平的措施，忽视需求控制的研究。实际上，交通供给是无法无限加大的，交通供给根本无法满足不受限制增长的交通需求，因此，一个成功的区域交通组织方案，必须重视需求控制的研究。需求控制一般包括：车辆种类和性质控制、车辆行驶区域控制、车辆行驶时间限制、停车控制、费用控制、区域内土地利用布局和性质的调整。

一、轨道交通枢纽规划设计的要素

做好城市轨道交通枢纽的规划必须把握人、车、路、场四项规划要素。

(1)人：客流生成的基本要素，规划宗旨应"以人为本"，研究人在枢纽出行选择行为，为乘客提供方便、快捷、高质量、高水平的服务。

(2)车:车流生成的基本要素,包括各种车辆的载客能力、速度、舒适度等标准。

(3)路:客流和车流组织的基本要素,包括枢纽内客流和运输工具流动的路径、道路的通行能力等技术条件。

(4)场:枢纽的场地和选址,是枢纽规模和环境的控制要素,包括建筑、景观和环境影响。

二、轨道交通枢纽规划设计的原则

1. 网络化的原则

城市轨道交通枢纽不是独立存在的,它的正常运转依靠周边城市交通网络的支持,二者是相互制约的互动关系。在设计一座城市轨道交通枢纽的时候,应该对该区域的交通状况及发展有一个全面、系统的认识,并以此为基础对枢纽进行合理的功能定位。在枢纽和城市道路的接口处往往会出现"瓶颈现象",而某一点的矛盾将影响整个枢纽正常功能的发挥。由此可以看出,单独去搞好某一个建筑的单体设计其生命力是十分有限的,只有建立起一个系统的交通网络的概念才是搞好城市轨道交通枢纽设计的前提和基础。

2. 城市化的原则

城市轨道交通枢纽是解决城市交通问题的建筑,但其在发挥交通运输功能的同时,往往对城市的整体结构和城市空间的完整性及连续性产生一定的负面影响。因此,在城市轨道交通枢纽(或所有类似的交通建筑)的设计中必须引入城市设计概念。不能让城市活动终止于建筑之外,而应该渗透到建筑之中,使城市轨道交通枢纽成为城市的一个有机的组成部分。

3. 发展的原则

任何建筑都会随着实际需求的变化而改变其自身的功能定位,城市轨道交通枢纽建筑尤其如此。"交通"本身就是一个动态的概念,它是随着社会的发展而变化的,作为城市交通体系中一个有机的组成部分,一座城市的轨道交通枢纽必须具备对这种变化的适应能力。同时,随着商业文化的冲击,城市轨道交通枢纽建筑也不可能是单纯的交通建筑,它必然是适应市场需求的集诸多城市内容于一身的综合体。

4. 环保的原则

在城市轨道交通枢纽之中容纳的不仅是人,还有公交车、出租车、地铁等交通工具。这些交通工具所产生的噪声、振动、废气等对城市环境和建筑的空间质量有严重的负面影响,这些都是设计中需要重点解决的问题。同时,城市轨道交通枢纽作为一种对城市发展有着重要影响的建筑形式,其环保的意义远不局限于一座建筑的范畴。只有建立起一套环保的交通体系才可能产生环保的城市轨道交通枢纽建筑。

5. 人性化的原则

建筑的发展从始至终都贯穿着对人性的理解与思考。以上这些设计原则归根结底体现于"以人为本"的设计理念,人性化的设计原则是城市轨道交通枢纽设计的根本原则。城市轨道交通枢纽是人使用的建筑,而非交通工具的建筑,建筑的空间也必须是人性化的空间。要把"以人为本"的设计理念落实于实践之中,就需要切实地分析和掌握人在城市轨道交通枢纽中的活动规律,并把它体现在城市轨道交通枢纽设计的各环节之中。

三、轨道交通枢纽规划设计的思想

1. 依照城市总体规划,做好总体布局

城市轨道交通规划的总体布局应服从于城市总体规划和交通规划。在构筑城市轨道交通枢纽规划时，应以城市总体规划和城市交通规划为依据，并注重选点的合理性和布局的总体性，既要充分尊重历史现实，又要为新的规划发展留有余地，要因地制宜、适当分散、相对集中、灵活布局。

2.建设与管理相结合，控制合理规模

城市轨道交通枢纽的规划内容主要有动态和静态规划。动态是指人流和车流，是运营组织的主体；静态是指地面道路、场站和建筑物，是运营配套的基础设施，其中地面道路、场站是为车辆服务的设施，建筑物包括公交站、火车站、地铁站等建筑，是为乘客结集和疏导服务的设施。人流、车流、道路以及场站的流线规划，就是动态与静态的联系。只有通过科学的规划和先进的管理措施，以人为本，强化管理概念，才能发挥城市轨道交通枢纽的综合运营功能，才能控制合理规模，提高土地利用价值。

3.做好换乘的结构和功能规划，发挥枢纽的最佳效益

枢纽点应具备“停车、换乘、集散、引导”四大功能，其中最重要的功能是换乘，换乘包括内部换乘和外部换乘。位于枢纽的城市轨道交通线，一般不少于两条，且在城市轨道交通线网的交织点上构成换乘站，属于内部换乘；枢纽与地面的公交车、出租车、长途汽车、火车站或机场构成外部换乘。因此，对城市轨道交通枢纽的换乘结构进行规划时，既要注意到城市轨道交通内部和外部的换乘关系，又要兼顾到与其他交通方式之间的换乘关系。

四、轨道交通枢纽规划设计的内容

一个大型城市轨道交通枢纽的规划与设计一般包括以下内容：

1.背景研究

这部分研究是决定规划成果科学性的前提。背景研究分为现状背景研究和规划背景研究两个方面。现状背景研究着眼于对现状问题的分析和寻找造成问题的根源；规划背景研究着眼于领会高层次规划的意图，保证本项规划与设计的延续性。

2.方法研究

方法研究主要研究具体的枢纽规划与设计项目中选用的方法及工作步骤等。

3.交通需求预测

交通需求预测是交通规划与设计的基础。在城市轨道交通枢纽规划中进行交通需求预测，一定要考察在一定交通供给（以前期规划为基础）水平下的交通情况，如流量、流向、交通结构、转换关系、服务水平、交通敏感程度等。

4.方案规划

在参考交通需求预测结果之后，要进行包括设施配置、交通组织和实施计划等的方案设计。这部分研究主要采用多方案比选的方法进行，而且应当详略有别，对影响大的规划要点，其方案深度接近设计，使之相对稳定；对于影响稍次的远期项目，则只为下阶段设计提供明确的指导和灵活变化的空间。方案规划的结果还要经过方案评估检验，因此方案规划和方案评估是一个循环过程。

5.方案评估

方案评估实际上是一个定性分析和定量分析相结合的过程。由于方案规划阶段已融会大量的定性分析，因此，在方案评估阶段主要进行定量分析。方案评估最主要的手段是交通评估，其次是环境影响评价和社会经济分析。其中交通评估的基本手段是模型测试。

6.规划与设计要点

规划与设计的最终目的，就是要对与此相关的下阶段设计工作提出明确的规划与设计指导性意见，即规划与设计要点，这部分实际就是规划与设计的汇总提炼过程。上述过程可用图10-2来描述。

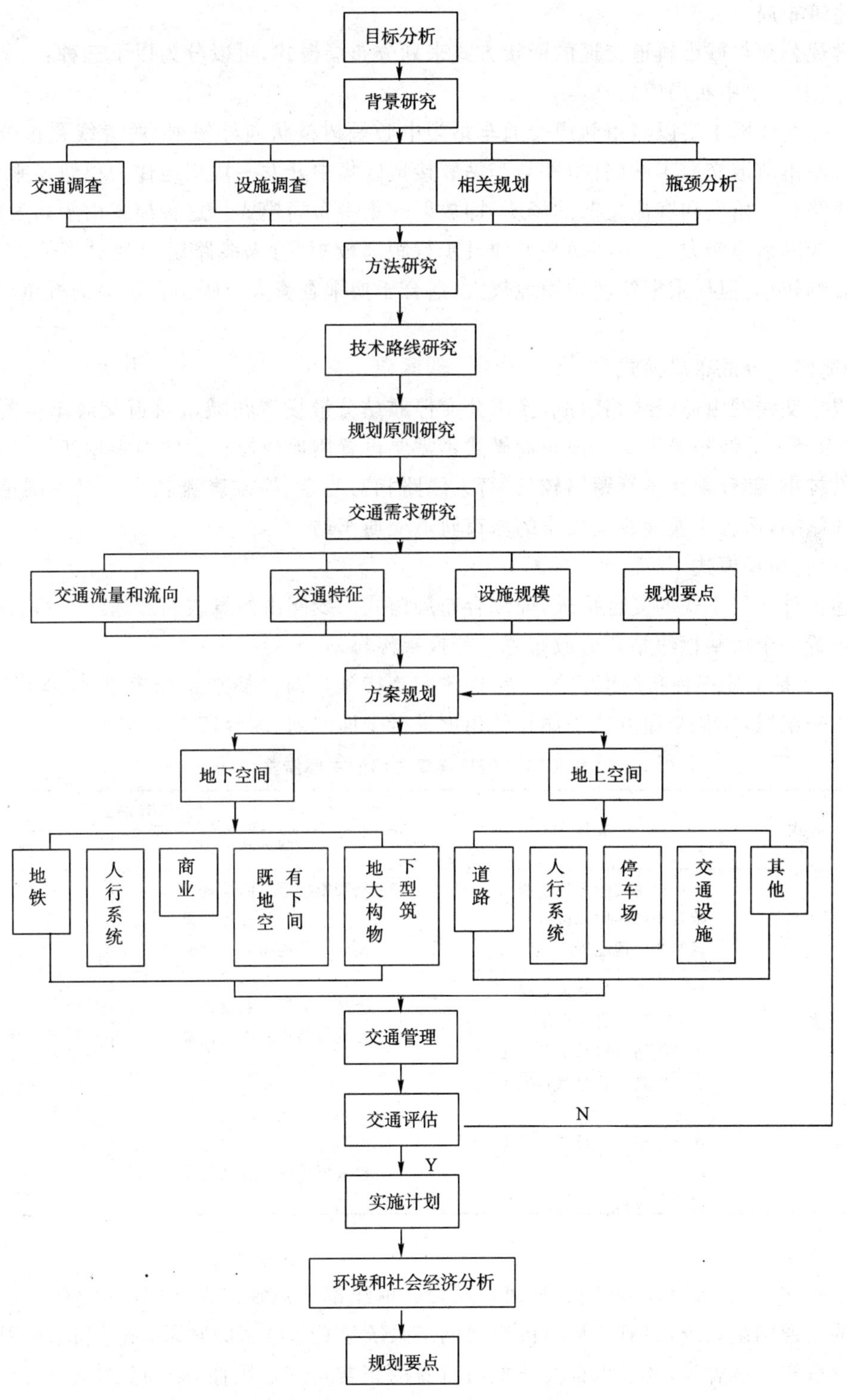

图 10-2　城市轨道交通枢纽规划与设计过程

五、轨道交通枢纽规划设计的方法

城市轨道交通枢纽建筑的规划与设计方法涉及以下方面的内容：

1)建筑布局

以常规公交与城市轨道交通的衔接方式来划分布局模式，可以分为以下三种：

(1)放射—集中布局模式

常规公交线网主要以城市轨道交通车站为中心呈树枝状向外辐射，两者线路重叠区间一般不超过城市轨道交通车站路段，并与车站邻接地区集中开发一块用地作为枢纽换乘场站，用作各条线路终到始发和客流集散的场所，即放射—集中布局模式。这种模式由于始发线路多、常规公交线网运输能力大、乘客换乘方便且步行距离较短、行人线路组织相对简单、对周围道路交通影响较小，但换乘枢纽场站用地较大，适合于换乘客流大或吸引范围大的城市轨道交通车站。

(2)途经—分散布局模式

常规公交线网由途经线路组成，换乘公交停靠站分散设置在城市轨道交通车站附近的道路上，即途经—分散布局模式。该布局模式不需要设置用地规模较大的换乘枢纽场站，但线网运输能力较小、部分乘客步行距离较长、行人线路相对复杂、换乘客流较大时对周围道路交通有一定的影响，适合于换乘客流较小的城市轨道交通车站。

(3)综合布局模式

上述两种布局模式的复合形式，即综合布局模式。线网由始发线路和途经线路共同组成，且集中布置一个换乘枢纽站和分散布置一些换乘停靠站。

表 10-2 是上述三种布局模式的一些具体实施措施。衔接换乘布局应以城市轨道交通车站为核心来组织，应从交通方式一体化的角度进行全面规划、综合实施。

表 10-2　衔接换乘布局的主要措施

<table>
<tr><th rowspan="2">布局模式</th><th rowspan="2">系统选择</th><th colspan="2">具体措施</th></tr>
<tr><th>硬件措施</th><th>软件措施</th></tr>
<tr><td>放射—集中布局</td><td>换乘枢纽站的区位选择
始发线路的优化设置
运能的合理配置</td><td>换乘衔接通道的设置
换乘枢纽站的合理规模
换乘设施的布局</td><td rowspan="3">运营管理的一体化联运措施的建立
联运票价的制定与通票的发行
联运利益合理分配方案</td></tr>
<tr><td>途经—分散布局</td><td>换乘停靠站的合理布局
行人线路的交通组织
途经线路条数及走向优化</td><td>港湾式停靠站的设置
换乘线路指示牌的设置</td></tr>
<tr><td>综合布局</td><td>始发线路与途经线路优化选择和布局
换乘枢纽站与停靠站合理配置和布局
常规公交运营的优化组织</td><td>换乘衔接通道的设置
港湾式停靠站的设置
换乘枢纽站的合理规模</td></tr>
</table>

2)换乘组织

换乘是交通枢纽的核心问题。任何一座交通枢纽都不是独立存在的，它的存在依托于整个城市的交通网络系统，只有与城市的交通网络系统建立起紧密的联系，充分利用交通网络的优势去分散和疏解客流，才能保证交通枢纽自身的正常运转。因此，必须建立起一套便捷、有效的换乘体系，以便使交通枢纽内聚集的大量客流能够迅速地转移和疏散。在有多种交通工具、功能较为复杂的交通枢纽里单靠一种换乘形式是无法解决问题的，这就需要根据具体情况灵活地使用多种换乘形式来达到方便乘客换乘的目的。

换乘距离并不单纯是一个数字的概念，确定一座交通枢纽内不同交通工具之间的换乘距离需要对交通枢纽的各构成要素进行综合分析。从乘客角度来讲，换乘距离越短越好，但是，换乘距离的确定首先是受交通工具运行需求的制约；其次，换成距离过短，会造成客流在某一点的瞬时大量堆积，反而会影响交通枢纽功能的正常运作。适当的拉长换乘距离实际上是增加了客流疏散的空间。由于人的个体差异性，使集中的客流在通过拉长的换乘距离时成为分散客流，从而在一定程度上避免了人流涌堵现象的发生；但是，过长的换乘距离会增加乘客的疲劳感。当客观条件决定换乘距离过长时，可以通过建筑手段进行弥补。

3）人流的引导方式

人流的引导是枢纽人流组织中一个非常重要的环节，合理、有效的人流引导可以合理分配人流，避免人流交叉干扰，提高枢纽空间使用效率。

（1）标志引导

标志引导是最为直接、有效的人流引导方式，也是目前最常用、最主要的人流引导方式。交通枢纽内的标志一般包括：识别标志、方向性标志、信息标志、警示标志和广告等。这些标志同建筑紧密结合，不但强化了建筑空间的可识别性，而且还起到了点缀空间的作用，是交通枢纽建筑塑造空间的一个重要手段。

（2）通过建筑空间的限定对人流进行引导

①通过连接不同功能空间的通道引导人流

这是在许多交通建筑中常用的一种人流引导方式，它具有目的性强、人流交叉干扰小等优点。一些地铁车站、飞机场航站楼在进行人流组织时常采用通道来引导换乘客流。

②通过楼梯、自动扶梯、电梯等垂直交通空间对人流进行引导

通道往往是对人流进行水平方向的引导，而楼梯、电梯则是对人流进行垂直方向上的引导，这些垂直交通空间结合导向标志具有较强的指向性。

③通过共享空间来连接不同标高上的功能空间对客流进行引导

这是一些功能较为复杂的交通建筑常采用的人流引导方式。贯穿几层的共享空间可以使每一层的功能一目了然，空间具有较强的可识别性。

（3）通过标志物（如进出站闸机、检票亭等）限定空间对人流进行引导

将这些标志物的功能同空间限定、人流引导功能结合起来是一种非常富有效率的人流引导方式，这也是一些地铁站、机场航站楼较为常用的人流引导方式。

（4）其他方式

除了上述几种人流引导方式外，还可以根据不同情况通过多种手段达到引导人流的目的，如色彩、特定的空间造型及具有标志性的装饰物、灯饰、广告等。

这些引导人流的形式最终的目的是使建筑空间的可识别性增强，使空间内的人流具有明确的方向性，以便高效率地使用建筑空间，促成建筑物交通功能的实现。

4）地下空间的利用

现代化城市交通枢纽一般采用立体布局形式，尤其是地铁方式的引入和中心区土地价值的飙升，更是加速了枢纽建筑立体化的进程，其中，地下空间开发利用是主要发展方向。一般来讲，由于地下空间建设工程难度很高，因此，往往是在以工程原则为前提下进行方案设计，这样容易

造成地下建设交通功能的欠缺。因此,一个科学的地下空间开发方案应围绕以下内容进行:

(1)针对站前地区特点,明确城市交通对地下空间开发建设的原则要求。

(2)从交通需求研究成果入手,确定科学的地下空间开发规模。

(3)规划不同层次的地下设施简略方案,使交通设施条件相对稳定,同时,明确空间使用功能,为下一步详细规划和工程设计提供具体的规划要点,并提供相对稳定的空间保证。

(4)对地下空间施工期间的交通组织进行有重点的研究。

(5)从交通需求角度合理规划地下空间的开发建设顺序。

5)城市轨道交通枢纽的商业规划

由于市场运作的需要,城市轨道交通枢纽往往是集众多功能于一身的综合性建筑,甚至开发面积可能会远远多于其客运部分所需的面积。建筑的交通功能和开发功能相结合,不但能够满足市场运作的需求,同时也方便了乘客的使用。

城市轨道交通枢纽可以同多种开发功能相结合,如大型的商业设施、办公楼、酒店、文化娱乐设施等。城市轨道交通枢纽众多的开发功能之中,商业设施的设置对枢纽的功能影响是最大的。城市轨道交通枢纽的商业价值来源于便利的交通和大量的客流,它的交通功能和商业价值是相互制约的,商业面积的扩大和商业客流的增多在一定程度上会对枢纽交通功能的正常发挥产生一定的阻碍作用。因此,城市轨道交通枢纽内的商业设施应该遵循其特定的设计原则:

(1)商业设施的设置应以不对枢纽的交通功能产生负面影响为前提,商业设施的客流量和客流组织应满足交通功能的需求。

(2)枢纽的商业功能应同交通功能相结合,充分利用其不同的人流特点,使两方面的功能都得到充分的发挥。

(3)枢纽内的商业设施应同周边的城市商业设施相结合,使枢纽内的商业客流分散到周边的城市商业设施之中,以减轻对交通枢纽的压力。

(4)根据枢纽内的商业设施的设置情况扩大交通枢纽的功能范围,使其同周边的城市交通网络产生紧密的联系,将大量的商业客流疏散到相邻的城市空间中去。

从商业设施与枢纽的相对关系角度,城市轨道交通枢纽的商业设施有集中和分散两种设置方式:

(1)集中设置的商业设施一般为大型超市、大型商店等,规模较大,对周边城市客流有很大吸引力。这些设施作为枢纽整体功能的组成,与枢纽开发相结合,服务于整个枢纽及周边城市区域,形成一定商业客流。因此,以交通为目的的客流和以商业为目的的客流必须同各种建筑手段分开,避免相互影响。

(2)分散设置的商业设施主要是针对交通枢纽自身客流的商业需求,这部分商业设施往往结合枢纽内乘客的等候、换乘空间设置,对丰富交通枢纽空间形式、调整乘客空间感受提供了有效手段,进一步促进了枢纽功能的发挥。

第三节　城市轨道交通间的换乘方式

换乘方式取决于两条轨道交通线路的走向和相互交织形式,一般有垂直交叉、斜交、平行交织等多种形式,基本可分为同站台换乘、站厅换乘、通道换乘、公共广场换乘等形式。

一、同站台换乘

这种换乘方式是乘客在同一站台可实现转线换乘，乘客只要走到站台另一边就可以换乘另一条线路的列车，对乘客来说，这是最佳的换乘方式，常见的有以下几种形式：

(1)在一个平面内平行布置的同站台换乘方式：供两条线路使用的车站站台互相并列，且平行布置在同一平面上。这种换乘方式可以用于轨道交通之间的换乘，也可以用于铁路与轨道交通之间的换乘，该换乘方式的站台可以为双岛式站台(图 10-3)，也可以为岛侧式站台(图 10-4)。

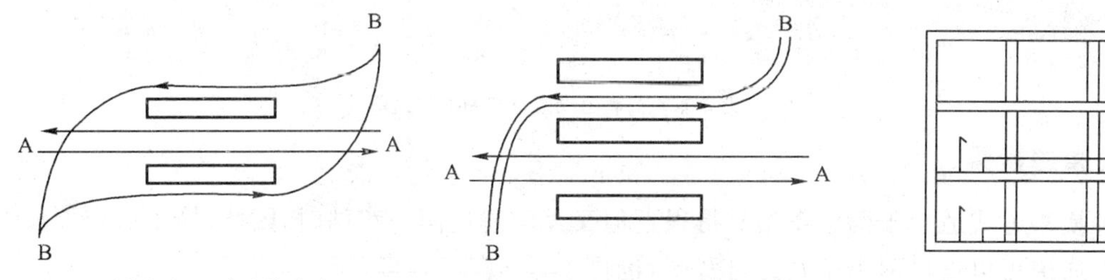

图10-3 同站平面双岛式换乘站

图10-4 同站平面岛侧式换乘站

图 10-5 同站上下平行站台换乘

(2)在两个平面内平行布置的同站台换乘方式：供两条线路使用的车站站台采用上下平行的立体布置形式，且一个站台在另一个站台的正下方，如图 10-5 所示。

(3)“十”字形立体换乘方式：即两条线路的车站呈“十”字形，一个车站直接布置在另一个车站的上部，换乘是通过配置在交叉处的短楼梯或自动扶梯进行的，如图 10-6 所示。

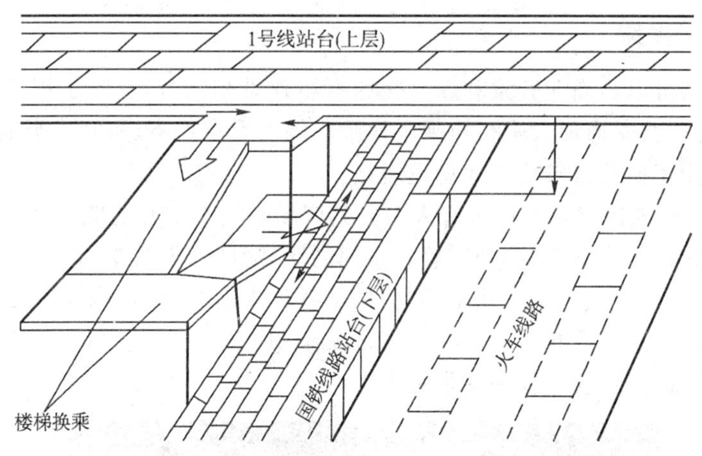

图 10-6 “十”字形立体换乘(侧式站台与侧式站台换乘)

二、站厅换乘

设置作为两条线路或多条线路的公用站厅，或相互连通形成同一换乘大厅，乘客下车后，无论是出站还是换乘，都必须经过站厅，再根据导向标志出站或进入另一个站台继续乘车。站厅换乘方式是较为普遍的一种换乘方式。图 10-7 与 10-8 分别为某轨道交通枢纽站厅的剖面图与侧面图。

图 10-7 欧洲某轨道交通枢纽的设计效果图

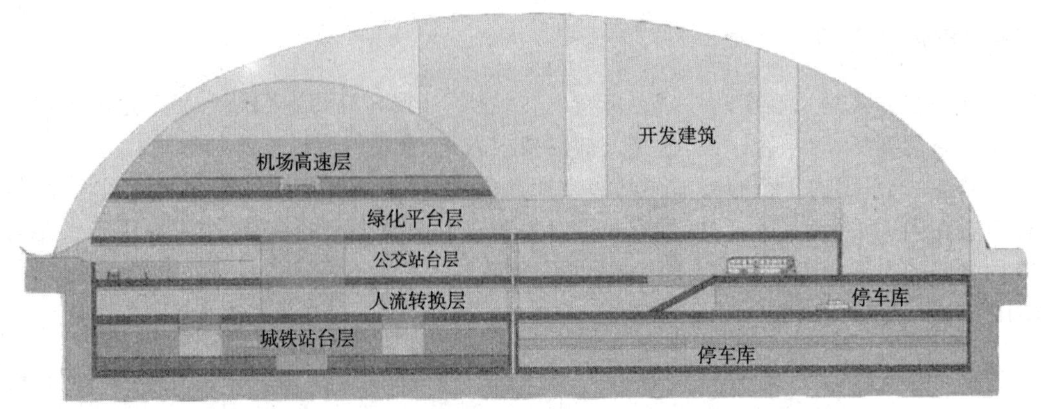

图 10-8 北京东直门轨道交通枢纽站的侧面图

三、通道换乘

这种换乘方式适用于两个车站靠得很近但又无法建造同一车站时，因此，换乘一定要设专用通道。通道可以连接两个车站的付费区，也可以连接两个车站的非付费区，它虽然没有同站换乘方便、直接，但设有专用通道能给乘客提供明显的换乘方向。上海地铁 1、2 号线在人民广场站，北京地铁 1 号线与环线在复兴门站都是采用通道换乘方式。通道换乘示意见图 10-9。

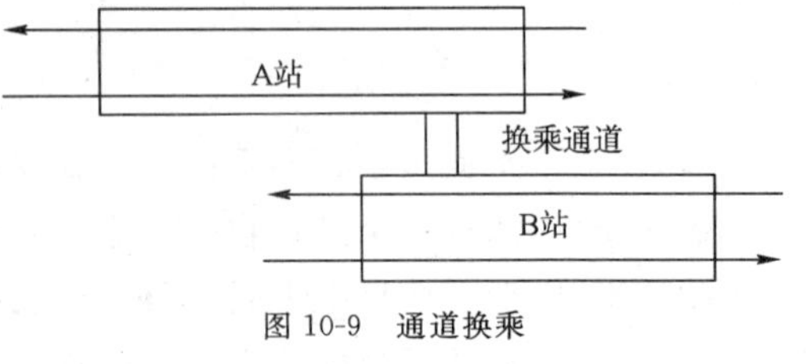

图 10-9 通道换乘

四、公共广场换乘

公共换乘广场可以与商业开发和综合交通枢纽建设相结合，它除了用于轨道交通间的换乘，还可以同其他公共交通形式进行换乘。换乘广场可设在地下、敞开式半地下、地面或高架，这种换乘方式适用于换乘量较大的大型枢纽站。

图 10-10 是苏州人民路规划的带有大型公共广场的换乘中心的效果图。这个带有公共广场的换乘中心不仅设置了商店、办公室等一系列的服务设施，更重要的是能够满足多种交通工具换乘的要求，除轨道交通之间的换乘，还提供了各种类型的停车场，包括：公交车、机动车、出租车和自行车的停车场。这种带有公共广场的换乘中心的一体化设计，使得换乘中心的功能更加完善、服务更加周到、换乘能力更加强大。

图 10-10 广场式换乘站

第四节　城市轨道交通与其他交通方式的衔接

一、多方式衔接理论

在进行城市轨道交通规划时，当确定了城市轨道交通的方式、规模及路网的布置形式后，还应当进一步考虑城市轨道交通与其他交通方式的衔接体系。各种交通方式的有效衔接是整个交通系统优化的关键，整体化是城市客运交通的发展趋势。城市轨道交通的衔接体系是大运量的城市轨道交通与铁路、机场、港口、长途客运站、常规公交、小汽车、自行车等其他各种交通方式衔接的体系。衔接换乘系统规划设计的优劣是城市轨道交通能否发挥功能作用的关键因素。

根据城市条件，大城市应逐步建立以公交为主体，城市轨道交通为骨干，各种交通方式相结合的多层次、多功能、多类型的城市综合交通体系。

城市轨道交通给城市提供了可靠、快速、舒适的高密度运输服务，是实现城市总体规划的重要基础设施之一。城市轨道交通网络对解决城市大运量交通走廊、对外交通场站的接驳、地区中心的形成、交通集散点疏散等，提供了高效的运输服务，将使城市客运交通的整体水平发生飞跃。对于网络上的节点(站点)，根据其服务范围和性质，以及周围土地可能诱发出的高强度开发，将产生大量的人流和交通方式间的换乘客流，形成交通集聚效应，而其中常规公交与城市轨道交通间的接驳，是主要的交通换乘模式之一，另外还应兼顾个体交通的接驳。

个体交通包括小汽车、摩托车、自行车，具有实用灵活方便、直达性好的优势，但因其人均占用道路面积大，大量的个体交通必将造成交通拥挤堵塞，因此，对个体交通工具必须抑制其过量发展。抑制个体交通工具过量发展的重要措施是大力发展公共交通，同时搞好公共交通与个体交通之间的接驳。

常规公交与城市轨道交通在城市客运系统中是不同层次、不同功能、不同服务水平的交通模式，是线与面之间的关系，两者有机结合、相互补充、共同发展，对提高公共交通在客运市场中的比例，确立以公共交通为城市交通主导的地位将起到重要的作用。鉴于城市轨道交通网络的实施具有投资大、周期长、对城市发展影响较大的特点，而常规公交的发展具有投资少、周期短、灵活性强等特点，两者虽不可能同步发展，但有效的衔接方式应在规划中加以体现，尤其是在站点周围土地利用规划对交通设施、站点用地应给予控制，以促进公共交通体系的逐步形成。

1.目标

(1)建立以城市轨道交通为骨干，常规交通为主体，小中巴、出租车为补充，相互配合、共同发展的城市公共交通体系，以满足城市现代化运输需求。

(2)指导城市轨道交通站点周围土地规划，促进城市对外交通场站的合理布局，支持城市空间发展和地区中心的形成，提供一个高效的公共交通运输网络。

(3)根据交通衔接点的数量规划为不同等级、不同规模的客运枢纽，发挥各种交通聚集效应，加强系统之间的有效衔接，以扩大城市轨道交通系统的服务范围，提高公交整体运输能力，使公共交通出行比例稳步增长，确立公共交通在城市交通中的主导地位。

(4)提供良好的换乘空间和设施，通过对站点进行城市规划综合设计，合理组织换乘客流和集散人流的空间转移，达到系统衔接的整体优化，主动创造就近乘车条件。

(5)不断优化城市内部公共交通线路和站点布置。

2. 一般要求

(1)城市铁路、港口、机场、长途客运站汇集了多种交通方式，具有客流集中、换乘量大、流动性强、辐射面广等特点，易形成综合交通枢纽。城市轨道交通与常规公交应成为客运枢纽的主要运输方式。在公交枢纽站，要提供足够的场站用地和先进的设施，合理组织人流和车流，以达到空间立体化的有效衔接。城市轨道交通与其他交通方式衔接的交通模式一般可分为三种等级和规模：综合枢纽站、大型接驳站和一般换乘站。

(2)长途客运站场应根据客流分布方向，结合公路干线网络和城市交通线网，原则上安排在城市发展区边缘出入口地带及城市轨道线首末站附近，并组织公交进行换乘，以实现区域与城市交通二级接驳，发挥系统各自功能。换乘中心应提供公交总站场地和设施，视客流集结规模，确定公交场站用地和线网布局及组织形式。换乘中心的设计应做到功能分区合理、转换空间紧凑、行人系统安全、交通组织流畅。

(3)城市轨道交通主要服务于城市组团、对外交通场站和大的交通吸引源之间密集的交通走廊，为城市空间活动提供了基础保障；常规公交更多地考虑网络覆盖范围，两者是一个体系中的不同层次。公交线网设计应区分组团内部与对外联系客流服务对象，区内应提供一个较高服务水平的公交系统，而区外可提供两种运输模式：常规公交、城市轨道交通或快速公交，其中以常规公交与城市轨道交通的相互衔接为主导模式，公交线路的设计应充分考虑旅客运送的空间转换需要。

3. 基本原则

城市轨道交通与其他交通方式衔接的原则应体现城市交通系统发展的整体性、协调性、便捷性、政策性和合理性，使各种交通方式能有机地结合在一起，既有分工，又有协作，充分发挥交通网络的运输能力，为城市的发展服务。因此，衔接方式必须遵守以下原则：

(1)衔接方式是将线路连接成线网的纽带，对乘客的出行有重要的影响，因此，衔接方式必须体现交通的便捷性和舒适性。

(2)应结合实际的工程地质条件、施工方法和各条线路的修建顺序，选择易于实施、经济可行的方案。

(3)应结合城市规划和城市环境，选择对城市干扰小的方案。

(4)应考虑城市交通和其他交通方式运营管理体制上的差异，选择双赢方案。

(5)应满足远期路网客流量的要求，满足远期发展规划的要求。

4. 规划方法

轨道交通衔接规划一般应在轨道交通初步设计之后、施工设计之前进行，以便对轨道交通设计、施工形成反馈。

轨道交通衔接规划以轨道交通初步设计资料为依据，收集现有的交通及用地资料，基于轨道交通站点在交通网络中的地位和服务对象，确定站点主要衔接的交通方式。就未来城市的发展，预测站点客流集散量和疏散方向。遵循安全、方便、便捷的衔接原则，采用定性与定量相结合的方式，对各种交通方式进行线路设计。对交通设施规模进行检验，提出轨道交通走廊交通组织，公交线路的布设和设置规模，以及站点交通衔接规划的概念设计方案。如图 10-11 所示。

二、城市轨道交通与其他交通方式衔接的设计

1. 与常规公交之间的衔接

常规公交的载客能力相对较小、人力成本高、准点率往往不高，但与城市轨道交通相比，具

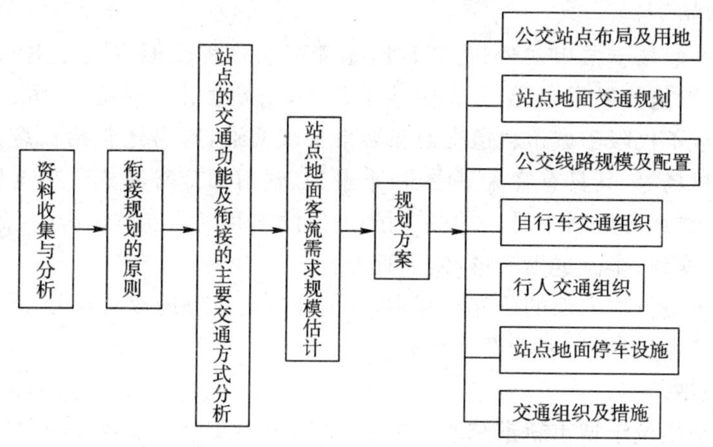

图 10-11　轨道交通衔接规划工作路线图

有较大的弹性、更改线路和站点比较容易，是为城市轨道交通提供接运的最合适的方式。

公共汽车是我国目前最主要的常规公交方式，由于其载客量比个体交通大得多，对公共汽车与城市轨道交通之间的换乘，需要在公共汽车的进入路线、停靠站台、换乘站内的行车路线以及车辆的班次等方面予以充分重视。

城市轨道交通与常规公交及其他交通方式交汇衔接时，一定要有清晰的线路信息，使换乘客流的流向明确，通道畅通，换乘便捷无误。由城市轨道交通车站换乘地面公共汽车的客流，应通过行人天桥或地道直接进入街道外的公共汽车站台，使人流与车流分别在不同的层面上流动，互不干扰。所以，大型换乘枢纽站的建筑必须与其周围的道路、广场等进行综合设计。城市轨道交通与常规公交之间的换乘常见的有以下几种方式：

(1)公共汽车在道路边直接停靠，利用地下通道与城市轨道交通车站相连。

(2)公共汽车与城市轨道交通处于同一平面，公共汽车停靠站和城市轨道交通车站的站台合用，并用地下通道联系两个侧式站台，以确保有一个方向的换乘条件，不但方位好，而且步行距离短。

(3)城市轨道交通与公共汽车车站处于不同平面，通过某一路径，使公共汽车到达站和城市轨道的出发站处于同一处侧站台，而公共汽车的出发站与城市轨道交通的到达站同处另一侧站台，使城市轨道交通系统与公共汽车公用站台，两方向都有很好的换乘条件。

(4)在繁忙的城市轨道交通车站，入站的公共汽车很多，采用沿线停靠会因停靠站空间不足而造成拥挤，为了解决以上问题，可采用路外多个站台换乘枢纽的方式。为避免人流进出站对车流的干扰，每个站台均以地下通道与城市轨道交通车站相连。

(5)在城市轨道交通沿线取消重合段长的常规公交线路，而将其设在城市轨道交通线服务半径以外的地区。

(6)将城市轨道线路两端的地面常规公交线路的终点尽可能地汇集在城市轨道交通终点，组成换乘站。

(7)改变地面常规公共交通线路，尽量做到与城市轨道交通车站交汇，以方便换乘。

(8)在局部客流大的城市轨道交通线的某一段上，保留一部分常规公交线路，起分流作用，但重叠长度一般不宜超过 4km。

(9)增设以城市轨道交通车站为起点的地面常规公交线路，以接运城市轨道交通乘客。

城市轨道交通车站与常规公交线路车站的衔接可分为三种等级和规模：

(1)综合枢纽站

综合枢纽站一般位于城市对外进出口处，是能吸引多种交通方式汇集的客运中心地段。在此，公交线路一般呈放射形布置，可以多达十几条，场站规模一般在1万m^2以上。城市中的综合枢纽站一般不仅限于城市轨道交通和城市常规交通，有时还包括长途汽车、单位班车、铁路，甚至港口、机场等，其具有客流集中、换乘量大、辐射面广等特点。在这样的综合交通枢纽站，要进行综合详细的规划布局，一般采用先进的设施和空间立体化衔接，合理组织人、车流分离，使人流换乘便捷，车流进出顺畅，便于管理。

我国正在积极进行这方面的研究和探索，目前还缺乏足够的成功经验，我们应注意吸收采纳国外的成功例子，以提高规划与设计水平。

(2)大型接驳站

大型接驳站是指位于城市轨道交通首末站、地区中心及换乘量较大的车站的换乘点，在此布置的地面常规公交线路主要为某一个扇面方向的地区提供服务。公交车站可采用总站或规模较大的中途站两种形式，总站的规模一般在3 000～5 000m^2，中途站需提供3～4个车位或线外有超车功能的港湾式停靠设施。

大型接驳站宜设于城市轨道交通车站200m范围内，有条件时，可考虑与城市轨道交通车站建筑结合。在规划设计时，除尽可能考虑减少人流、车流交叉外，还要配备必要的运营服务设施和导向标志。

(3)一般换乘站

一般换乘站为城市轨道交通的一般中间站与地面常规公交线路的中间站的换乘点，一般位于土地紧张的市区。在规划设计时，要充分考虑到城市轨道交通换乘量大的特点，将公交站设置成港湾式停车站，并尽可能靠近城市轨道交通车站出入口。

2.与对外交通港站之间的衔接

城市轨道交通和对外交通港站，包括铁路车站、港口、机场、长途汽车站等，换乘客流量大，如果组织不善，容易引起人流的交叉。对外交通到达的远途客流换乘城市轨道交通时，大量的客流需要购买城市轨道交通车票，为了适应这种情况，城市轨道交通车站应设置站厅层来解决大量客流的购票问题和人流组织问题。这时对外交通和城市轨道交通之间的基本换乘方式是站厅换乘。对外交通港站往往是一座城市的门户，一般具有历史悠久、周围各种设施齐全、客流聚集量大、进一步开发的空间有限等特点。城市轨道交通与对外交通港站衔接时，要充分考虑到这一特点并进行总体的规划设计。

城市轨道交通与对外交通港站衔接有以下几种方式：

(1)城市轨道交通采用地下形式。城市轨道交通运行在地下对城市的分割最小，但造价工程最大。对于地处城市繁荣地段的对外交通港站，如铁路车站、长途汽车站等，城市轨道交通要驶出地面和对外交通港站衔接将造成城市分割并引起巨大拆迁量，此时城市轨道交通宜采用在地下与对外交通港站衔接。

(2)城市轨道交通采用地面形式。城市轨道交通运行在地面上时，客流换乘时需要克服的高度和行走的距离都很小，换乘便捷，城市轨道交通与对外交通港站还可以在一定程度上共享设备如站房等，可以减少投资金额。但其缺点是城市轨道交通驶出地面对城市造成一定的分割，此形式需要综合评价再做出决定，一般适用于城市较边缘的换乘站，如港口码头、机场等。

(3)城市轨道交通采用高架形式。当城市轨道交通采用高架的形式时，对城市的分割比采用地面形式要小，但工程造价也相应较高。如果对外交通港站是高架站厅，则旅客出城市轨道交通车站后可以直接进入对外交通港站的站厅，换乘便捷；若对外交通港站是地面站厅，那么城市轨道交通是否采用高架，要与地下和地面形式在工程量的大小以及对城市的影响进行比较后再确定。

(4)在地面或高架修建城市轨道交通车站，进行客流的统一组织规划。城市轨道交通车站设于地面或高架时，一般会对火车站周围环境造成比较大的影响，在与既有的对外交通港站设置衔接时，不仅会带来较大的拆迁，其换乘客流也不易组织，应慎重对待。

在火车站周围单独修建城市轨道交通地面或高架车站时，必须考虑景观问题，其通常的方法是将城市轨道交通车站置于对外交通港站一侧或在广场前道路上与对外交通港站平行布置，换乘客流一般通过地面或天桥疏解后进入对外交通港站。

(5)在既有对外交通港站前广场地下单独建设城市轨道交通车站，利用出入口通道与铁路车站衔接。这是目前国内普遍采用的一种做法。根据线路走向可分为两种形式：一种是城市轨道交通车站与对外交通港站平行布置，如目前北京火车北站；一种是两车站交叉布置，即城市轨道交通车站与对外交通站正交或斜交，线路穿过对外交通港站。一般来说，前一种形式有利于与既有的对外交通港站衔接，后一种形式为线路的延伸创造了更好的条件。这两种形式的优点是利用了对外交通站前广场空间，明挖施工时不造成大规模的拆迁和改造，相对施工难度较小，但也要充分注意到施工期对港站客流的影响，在客流聚集较大、广场规模容量有限时，要考虑分流措施。两种形式的客流换乘条件一般，规划设计时要尽可能使城市轨道交通车站及进出站通道靠近对外交通港站出入口，有条件时应设独立通道进行换乘。

(6)在新建和改建的对外交通港站中，将城市轨道交通车站一同考虑，形成综合性交通建筑，方便旅客换乘。这种方法是最好的一种客流衔接换乘方法，目前在我国新建的铁路车站中已逐步被采用。如北京西客站，计划将整个地铁车站设于铁路站房下进行合建，地下一层为综合换乘大厅，地面铁路客流可直接通过换乘厅进入铁路车站，对乘客十分方便。

在进行这种建筑规划设计时，最佳方式是实现两种交通方式在站台的直接换乘，但目前我国由于体制、票制等原因，还难以做到这一点。

(7)市郊铁路和铁路之间的换乘除了上述方式之外，由于市郊铁路是利用铁路的线路运行，因此必然直接到达铁路车站，由铁路到达换乘站的旅客可能不经检票直接换乘市郊列车，因此，必须将市郊铁路使用的站台和铁路使用的站台分隔开，将市郊铁路的进出口通道引入到票务为同一制式的城市轨道交通系统中。这样，市郊铁路和铁路之间的换乘距离虽然较远，但两个系统分开后，给票务系统的管理和人流组织带来了方便。

(8)城市轨道交通之间与机场的衔接可采用航空轨道线的方式。航空轨道线指一端连接机场，一端连接城市轨道交通线网的轨道，线路直接进入机场，在设计时可在机场航站区预留城市轨道交通线的进场路线。如果多个航站楼的位置较远，可设航站区的轻轨系统，一次连接各航站楼，形成环路，并在各航站主楼与长廊之间设置停靠站。

3.与小汽车之间的衔接

经济发展导致小汽车拥有量增加是社会发展的必然，它不仅给城市交通增加了压力，也将公共交通车站的停车问题提到了议事日程。城市轨道交通的车站设计和建设要考虑这种变化。

小汽车等个体交通与城市轨道交通之间的换乘在小汽车拥有率较高的国家非常普遍，即由居住点开车前往大容量城市轨道交通车站，再利用城市轨道交通前往目的地。

停车换乘是个体交通与公共交通之间的一种换乘形式，即通过乘小汽车等个体交通至停车换乘点换乘快速公共交通进入中心区。停车换乘方式是大城市乘客出行链建立与形成的首要条件，是城市客运体系一体化的重要环节。

(1)提供小汽车存车换乘轨道交通进城(Park＋Rail-Transportation 方式)的条件，特别是对类似于西安这样的区域中心城市，应考虑在城市出入口、中心大组团边缘位置的轨道交通站点修建小汽车停车场，为进入市区的小汽车提供方便，以达到缓解市中心区交通压力的目的。

(2)停车换乘设施与城市干道应有良好的衔接，停车换乘设施应在重要道路交汇集中点及堵塞道路点前对小汽车使用者进行限制。

(3)外围区的停车换乘点应有足够的用地满足现状及未来的需求，选定地点应与周边地区的用地协调，不能对周边环境带来负面影响。

(4)可考虑将换乘站建成立体换乘中心，其间分层布设了各类交通工具的换乘设施，包括联系不同公交线路、小汽车停车场与轨道交通之间的便捷通道及电动扶梯等。

我国是一个发展中国家，受经济发展和人们出行方式的影响，是否采用这一做法还得进一步研究，但无论发展速度如何，小汽车的增长都是历史发展的必然，因此，在有条件时，在城市周围一些大的客流集散点设计或预留停车场地还是非常必要的。

4. 与自行车之间的衔接

我国是个自行车王国，自行车在城市交通中仍然起着十分重要的作用。随着城市轨道交通的建设，许多人缩短了自行车的出行距离，转而骑车至城市轨道交通车站，然后换乘城市轨道交通到达目的地。对北京地铁一、二期客流的调查结果充分证实了这一点。

根据这一特点，在我国城市轨道交通规划设计中必须对自行车之间衔接加以考虑。

(1)自行车的换乘客流来源一般在距车站 500～2 000m 的范围内，这样，在居民区和市区主要交叉口的车站均应考虑设置一定规模的停车场地。

(2)对于市中心区轨道交通站点，在用地条件允许的地方，应设置相应的自行车停车场，可采用集中或分散的布局形式。对于轨道交通线路两端的新发展区和城乡结合部，应设置一定规模的自行车专用停车场，以扩大轨道交通的服务范围和层次。

(3)自行车的停车场地应结合车站出入口周围的用地和建筑物情况进行设置。目前，北京地铁的一般做法是将出入口周围划出一片作为停车场地，但随着城市建设的发展，市中心的用地越来越难以实施，因此，在规模较大的车站可考虑利用地下空间设置停车场。表 10-3 是《高架车站建筑研究》推荐的我国城市轻轨系统车站自行车停车场的设计参考面积。

表 10-3　自行车停车场参考面积

车站规模	自行车停车场面积(m^2)	车站规模	自行车停车场面积(m^2)
小型站	60 以上	大型站	480 以上
中型站	240 以上	特大型站	2 000 以上

5. 行人衔接系统

轨道交通车站是各种交通方式的换乘点，附近土地开发的强度较高，由此产生了大量的集散人流。因此，行人交通组织、衔接是整个交通衔接规划的重要组成部分。

(1)在有条件形成交通枢纽点的轨道交通站点，应保证人车分离，提供完善的步行系统，合理组织各方式转换空间，以方便乘客换乘需要。

(2)如交通组织需要，轨道交通出入口应成为行人过街通道的组成部分，使其可与人流集散广场(或大厅)相连接。轨道交通与公交换乘的口部，应设置在道路两侧视野开阔的地方，某些口部可与建筑物相连。

(3)改善和推广行人引导系统，提高行人交通信号装置的使用率。

(4)人流高度集聚的商业中心、体育场馆和交通枢纽站应设置一定规模的人流集散广场和步行系统，以满足行人的安全性、方便性和舒适性要求。

6. 辅助换乘系统

上述的规划原则主要从“换乘距离”方面解决衔接问题，除此之外，“换乘引导”和“换乘付费”是缩短“换乘时间”的重要影响因素，应加以重视。

(1)轨道交通与其他交通方式交汇衔接时，应有清晰的线路指引信息，在轨道交通站点辐射步行区域内，应有明显的轨道交通指引标志，使换乘客流流向明确、换乘便捷。

(2)轨道交通与其他交通方式之间实行通用的付费系统，有利于节省乘客换乘时间和换乘费用，非接触性的“一卡通”是当前城市交通推崇的电子付费方式。

三、城市轨道交通与其他交通方式衔接的实例

当城市轨道交通线路在市区边缘或郊区时，由于地面交通量不大，为降低成本，可以考虑将城市轨道交通车站设置在地面，尤其是轻轨系统。地面轻轨车站有很多成功的例子，如新泽西的 Hudson-Bergen 轻轨系统、曼彻斯特的 Tramlink 等。

城市轨道交通线路同地面道路或其他交通方式有许多共享的方法，在实际设计中，要根据具体的地形条件与线路设计要求，因地制宜地设计具体的布局方案。图 10-12 是轻轨系统与多条铁路线路共建的例子。

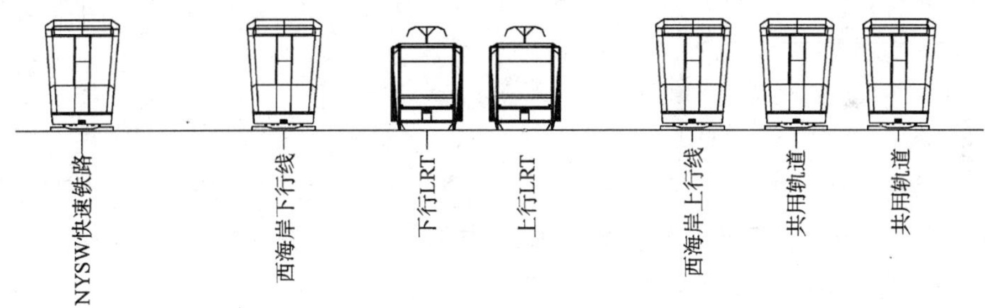

图 10-12　多条铁路线路中的轻轨线路

不过在上述方案中，城市轨道交通与铁路之间要就基础设施的投资及产权所有达成共识，以保证整个线路运营过程中的管理与维护。

图 10-13 是轻轨与单线铁路共建的例子。

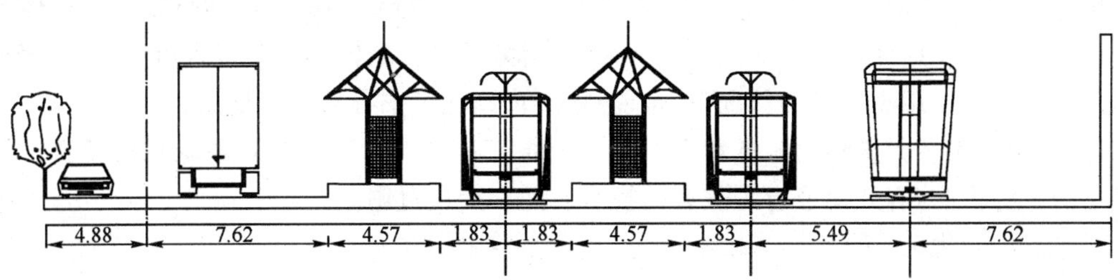

图 10-13　轻轨与单线铁路共建(尺寸单位:m)

轻轨系统也可以与市郊铁路共建线路。根据北美的经验,轻轨线路与市郊铁路之间的间距可以在 4.4m 左右。

轻轨系统与道路间的共建也有许多不同形式。例如轻轨线路设在道路中央,如图 10-14 所示。

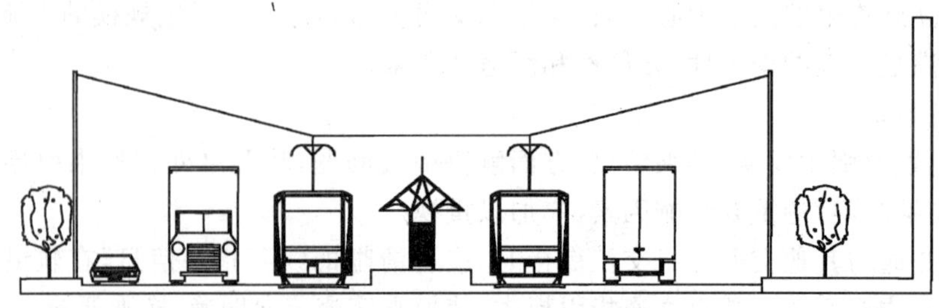

图 10-14 轻轨系统设于道路中央

轻轨系统与行人间的协调可以通过栅栏、道路标志、路面处理、信号和其他技术来实现。行人数量达到 3 600 人次/小时及以上时,需要采用一些模型来分析。轻轨系统列车速度较高(如达到 55~90km/h),需要为行人提供平行的步行道路。图 10-15 是轻轨与人行道路的结合。

图 10-16 时北美轻轨与自行车道和人行道结合的一个例子(我国自行车道一般设于人行道的左侧)。

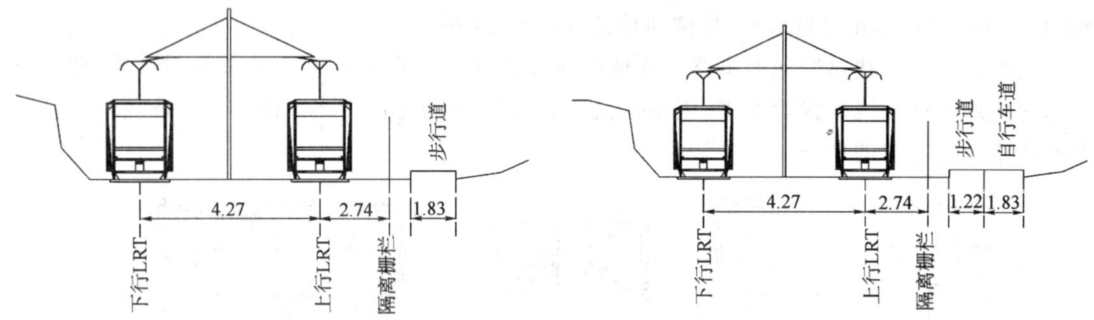

图 10-15 轻轨与人行道的结合(尺寸单位:m)　　图 10-16 轻轨与自行车和人行道的结合(尺寸单位:m)

从国外城市轨道交通运营良好的城市来看,共同特点是以城市轨道为交通基础,辅以其他交通方式,并围绕城市轨道交通枢纽疏运和馈送客流。

1. 伦敦

伦敦的一些重要铁路车站和地铁站几乎都建在一栋站舍内,而且出站就有公共汽车或小汽车停车场,有 1/3 的地铁车站和小汽车停车场结合在一起,许多地铁车站设置在人流相当集中的大商店或办公楼底部,形成十分方便的换乘体系。特别是在城市外围的地铁站,扩大公共停车场建设,鼓励私家车泊车换乘地铁进城(Park+Rial-Transportation 方式)。这种体系既在城市中心或繁华地区为公共交通提供方便,又有效限制了个体小汽车进入市中心区,保证市郊居民即使在不使用小汽车的情况下,也能在 1h 内到达市中心的办公地点。

此外,即时旅客信息指引服务和多种公共交通工具共用的智能检票系统是伦敦轨道交通衔接中的主要内容,有效地节省了旅客的换乘时间和交通费用。

2. 东京

东京地铁的换乘中心,如东京站、池袋站、新宿站等,往往是几条地铁与干线铁路、市郊铁路的换乘中心,同时还将公共汽车站、出租汽车站、地下停车场以及商店、银行、地下商业街等布置在同一建筑物内，或虽不在同一建筑物内，但用地下通道联络在一起，从而可以形成地下、地面和地上立体换乘中心。每个地铁站都有若干个进出口，少则十几个，多的达数十个之多。如新宿站是8条线路的大型换乘中心，地下一层是小田急各站停车线路，又通过站台的中央通道、北通道和高架南通道，用以联络车站东西两侧；地下二层是京王线；地下三层是丸之内地铁线；地下四层是JR新宿站；地下五层是京王新线、地铁都营新宿线；地上一层是小田急快车线、山手线、中央线；二层以上是京王百货店、小田急百货店、各种食品店、饭店、书店等等。地铁丸之内线新宿站—新宿三丁目站有36个出口；京王新宿站有7个出口；西武新宿线新宿站在东口就有22个进出口；小田急新宿站直通到小田急百货商店和地下商业街，有24个出口。新宿换乘中心周围联络39条公共汽车线路，有30多个汽车停车场。

3.莫斯科

莫斯科现有的地铁换乘站（包括地铁与地铁及铁路之间的换乘）共计35个，其中地铁与铁路之间的换乘站16个。地铁与常规公交站的结合也很普遍，全市600多条地面公交线路，能与地铁换乘的就有500多条。每个地铁站附近都集中了近20条公交线路；环线地铁有11座是换乘站；环线地铁穿越花园环路12个广场和17条主干道，吸引了大批乘客，方便了郊区乘客的换乘，充分发挥了地铁的总体效应。同时，在修建地铁车站时，与地下行人过街地道相结合，不但缓解了地面车流与行人间的矛盾，而且使行人、乘客、过街乘客都非常方便，保证了交通安全。

对于相交的两条线路，两车站处于同一平面，莫斯科采用独特的设计，使两站站台并列布置，其间用人行天桥相连。两条线路上的列车同时在站台上通过时，每个站台上的列车来自两条线路，但方向相同。对换乘客流大的两条线路，布置在站台两侧，乘客在站台上即可换乘；对换乘客流小的两条线路，布置在站台外侧，通过天桥换乘，换乘时间不超过1.5min，非常方便。

4.广州

广州市目前开通的地铁有1号线、2号线和4号大学城专线。地铁1号线全长18.5km，设有16座车站，于1999年正式通车。地铁1号线与地面交通衔接规划于1997年完成，但由于当时地铁已经进入施工尾期，以及实施工程中遇到种种困难，导致地铁1号线未能与其他交通方式较好衔接，存在问题主要有：①公交线路与地铁有一定程度的重叠。地铁1号线日均运营客运量较预计的少，与地铁1号线重叠超过3个区间的公交线路超过7条。②地铁整体客流集散交通方式以步行为主，与其他交通方式的衔接需进一步加强，以扩大地铁的吸引辐射范围。地铁1号线在与其他地铁总体交通衔接方式构成上，步行方式占66.3%，常规公交方式占16.3%，出租车方式占6.6%，长途客车方式占1.9%，小汽车方式占8.3%，自行车方式占0.6%。③部分衔接设施规模偏小，一些规划的设施未能落实，导致地铁与其他交通方式衔接不顺，未能形成综合立体换乘体系。④部分站点出入口与公交设施的换乘距离过长，增加了乘客的换乘时间。⑤行人引导设施的建设有待进一步加强。

本章小结

本章首先对城市轨道交通枢纽的概念、功能、构成等进行了概述；论述了城市轨道交通枢纽规划设计的要素、原则、内容及方法；对城市轨道交通间的各种换乘方式进行了详细分析；介绍了城市轨道交通与其他交通方式衔接的理论和设计方法，并列举实例对其进行具体说明。通过本章的学习，读者应了解城市轨道交通枢纽的概念、功能、构成等基本知识，掌握城市轨道交通枢纽规划设计的理论方法，熟悉城市轨道交通间的各种换乘方式及其特点，掌握城市轨道交通与其他交通方式衔接的理论和设计方法。

思考题

1. 简述你对城市轨道交通枢纽的理解。
2. 简述城市轨道交通枢纽规划设计的要素。
3. 画流程图表示城市轨道交通枢纽规划设计的过程。
4. 城市轨道交通枢纽内人流的引导主要有哪几种方式？
5. 举例说明地铁与公共交通衔接中存在的问题。
6. 举例说明地铁车站与铁路客运站衔接的方法。
7. 根据你的了解，分析城市不同区域在轨道交通车站衔接设计上可能存在的差异。
8. 私人交通工具与城市轨道交通如何衔接？
9. 简述轨道交通枢纽换乘站换乘方式及设计原则。

参考文献

[1] 陆化普.解析城市交通[M].北京:水利水电出版社,2001.

[2] 曹钟勇.城市交通论[M].北京:中国铁道出版社,1996.

[3] 陆化普.城市轨道交通规划的研究与实践[M].北京:水利水电出版社,2001.

[4] 赵波平,盛志前.适合我国当前城市化进程的主导交通工具分析[J].中国城市交通规划学术委员会2003年年会暨第二十次学术研讨会论文集[C].北京.2003.

[5] 全永燊,刘小明等.路在何方[M].北京:中国城市出版社,2002.

[6] 毛保华,姜帆等.城市轨道交通[M].北京:科学出版社,2001.

[7] 孙章,何宗华,徐金祥.城市轨道交通概论[M].北京:中国铁道出版社,2000.

[8] 文国玮.城市交通与道路系统规划设计[M].北京:清华大学出版社,2001.

[9] 蔡君时.城市轨道交通[M].上海:同济大学出版社,2000.

[10] 孙有望,李云清.城市轨道交通概论[M].北京:中国铁道出版社,2000.

[11] 张庆贺,朱合华等.地铁与轻轨[M].北京:人民交通出版社,2001.

[12] 叶霞飞,顾保南.城市轨道交通规划与设计[M].北京:中国铁道出版社,1999.

[13] 程文毅,郭谨一,刘剑锋.轻轨技术的发展及其在我国的应用前景[J].山西科技,2006.1.

[14] 张振淼.城市轨道车辆[M].北京:中国铁道出版社,2001.

[15] 周顺华.城市轨道交通结构工程[M].上海:同济大学出版社,2003.

[16] 何宗华,汪松滋,何其光.城市轨道交通供电系统运行与维修[M].上海:同济大学出版社,2003.

[17] 郑瞳炽,张明锐.城市轨道交通牵引供电系统[M].北京:中国铁道出版社,2000.

[18] 白鑫.城市轨道交通信号系统关键技术研究[D],西南交通大学硕士学位论文,2004.

[19] 吴汶麒.城市轨道交通信号与通信系统[M].北京:中国铁道出版社,2001.

[20] 毛保华,李夏苗,王明生.城市轨道交通系统运营管理[M].北京:人民交通出版社,2006.

[21] 季令,张国宝.城市轨道交通运营组织[M].北京:中国铁道出版社,2001.

[22] 徐瑞华.轨道交通系统行车组织[M].北京:中国铁道出版社,2005.

[23] 吴汶麒等.轨道交通运行控制与管理[M].上海:同济大学出版社,2004.

[24] 奚峰.无屏蔽门地铁的环控系统在线控制运行方法研究[D].清华大学硕士学位论文,2004.

[25] 魏巧丽.地铁环控系统变风量技术研究[D].天津大学硕士学位论文,2005.

[26] 中华人民共和国国家标准.地下铁道工程施工及验收规范(GB 50299—1999).北京:中国计划出版社,1999.

[27] 刘钊,佘才高,周振强.地铁工程设计与施工[M].北京:人民交通出版社,2004.

[28] 赵惠祥,谭复兴,叶霞飞.城市轨道交通土建工程[M].北京:中国铁道出版社,2000.

[29] 北京城建集团.建筑、路桥、市政工程施工工艺标准——城市快速轨道交通工程施工工艺标准[M].北京:中国计划出版社,2004.

[30] 毛保华.城市轨道交通规划与设计[M].北京:人民交通出版社,2005.

[31] 潘海啸,杜雷.城市交通方式和多模式间的转换[M].上海:同济大学出版社,2003.

[32] 陈立道,朱雪岩.城市地下空间规划理论与实践[M].上海:同济大学出版社,1997.
[33] 陆化普,朱军,王建伟.城市轨道交通规划[M].北京:水利水电出版社,2001.
[34] 苏丽君.浅谈在城市轨道交通设计中如何做好交通一体化规划[J].2003年大连城市轨道交通发展研讨会论文集.北京:中国铁道出版社,2003.
[35] 王祥,陆锡明.枢纽是大城市交通体系的支柱[J].2003年大连城市轨道交通发展研讨会论文集.北京:中国铁道出版社,2003.
[36] 唐力,杨洁.国外地铁车站建筑简介[J].铁道建筑,2003(9):32-33.
[37] 高振华,韩宝明,茹祥辉.城市轨道交通换乘站规划研究[D].综合运输,2003(11):50-51.
[38] 姜帆.城市大型客运交通枢纽规划理论与方法的研究[D].北方交通大学博士学位论文,2002.
[39] 郭志勇.城市轨道交通枢纽换乘协调研究[D].华中科技大学硕士学位论文,2001.
[40] 吴小萍.可持续发展战略指导下的轨道交通规划与评价[M].北京:中国铁道出版社,2004.
[41] 王炜,杨新苗,陈学武,等.城市公共交通系统规划方法与管理技术[M]。北京:科学出版社,2002.
[42] 长安大学交通研究所.西安市快速轨道线网规划[R].2004.

人民交通出版社公路类教材一览

(◆教育部普通高等教育"十一五"国家级规划教材 ▲建设部土建学科专业"十一五"规划教材)

一、交通工程教学指导分委员会规划推荐教材

1. ◆交通规划(王 炜) …… 33 元
2. ◆道路交通安全(裴玉龙) …… 36 元
3. ◆交通设计(杨晓光) …… 35 元
4. 交通系统分析(王殿海) …… 31 元
5. 交通管理与控制(徐建闻) …… 26 元
6. 交通经济学(邵春福) …… 25 元

二、21 世纪交通版高等学校教材

(一)交通工程专业

1. ◆交通工程总论(第三版)(徐吉谦) …… 36 元
2. ◆交通工程学(第二版)(任福田) …… 38 元
3. ◆交通管理与控制(第四版)(吴 兵) …… 35 元
4. ◆道路通行能力分析(陈宽民) …… 27 元
5. ◆交通工程设计理论与方法(第二版)(马荣国) …… 40 元
6. ◆公路网规划(裴玉龙) …… 27 元
7. 交通工程专业英语(裴玉龙) …… 28 元
8. ◆交通运输工程导论(第二版)(姚祖康) …… 23 元
9. 交通流理论(王殿海) …… 21 元
10. 交通系统仿真技术(刘运通) …… 26 元
11. 停车场规划设计与管理(关宏志) …… 30 元
12. 交通工程设施设计(李峻利) …… 35 元
13. ◆智能运输系统概论(第二版)(杨兆升) …… 25 元
14. 智能运输系统概论(第二版)(黄 卫) …… 24 元
15. ◆运输经济学(第二版)(严作人) …… 44 元
16. ◆道路交通工程系统分析方法(第二版)(王 炜) … 32 元
17. 交通调查与分析(第二版)(严宝杰) …… 38 元
18. ◆交通运输设施与管理(郭忠印) …… 33 元
19. 道路交通安全管理法规概论及案例分析(裴玉龙) 29 元
20. 交通地理信息系统(符锌砂) …… 31 元
21. 公路建设项目可行性研究(过秀成) …… 27 元
22. 交通工程专业生产实习指导书(朱从坤) …… 7 元
23. 土木规划学(石 京) …… 38 元

(二)城市轨道交通系列教材

1. 城市轨道交通概论(孙 章) …… 40 元
2. 城市轨道交通系统(彭 辉) …… 32 元
3. 轨道工程(练松良) …… 36 元
4. 城市轨道交通设备系统(周顺华) …… 32 元
5. 城市轨道交通结构设计与施工(周顺华) …… 36 元
6. ◆地铁与轻轨(第二版)(张庆贺) …… 40 元

(三)土木工程专业(路桥)/道路桥梁与渡河工程专业

I. 专业基础课教材

1. 土木工程概论(项海帆) …… 32 元
2. 道路概论(第二版)(孙家驷) …… 20 元
3. 土质学与土力学(第四版)(袁聚云) …… 30 元
4. 公路工程地质(第三版)(窦明健) …… 23 元
5. ▲道路工程制图(第四版)(谢步瀛) …… 36 元
6. ▲道路工程制图习题集(第四版)(袁 果) …… 26 元
7. ◆土木工程计算计绘图基础(第二版)(袁 果) …… 45 元
8. ◆道路工程材料(第五版)(李立寒) …… 45 元
9. ◆测量学(第四版)(许娅娅) …… 37 元
10. ◆基础工程(第四版)(王晓谋) …… 33 元
11. 结构设计原理(第二版)(叶见曙) …… 51 元
12. 公路经济学教程(袁剑波) …… 23 元
13. 专业英语(第二版)(李 嘉) …… 33 元

II. 专业核心课教材

14. ◆路基路面工程(第三版)(邓学钧) …… 52 元
15. ◆道路勘测设计(第三版)(杨少伟) …… 42 元
16. 道路结构力学计算(上、下)(郑传超、王秉纲) …… 50 元
17. 水力学(王亚玲) …… 19 元
18. ◆桥梁工程(第二版)(姚玲森) …… 62 元
19. 桥梁工程(第二版)(土木、交通工程)(邵旭东) …… 52 元
20. ◆桥梁工程(第二版)(上)(范立础) …… 42 元
21. ◆桥梁工程(第二版)(下)(顾安邦) …… 38 元
22. 桥梁工程(陈宝春) …… 45 元
23. ◆桥涵水文(第四版)(高冬光) …… 28 元
24. ◆预应力混凝土结构设计原理(第二版) …… 28 元(估)
25. ◆现代钢桥(上)(吴 冲) …… 34 元
26. ◆钢桥(徐君兰) …… 16 元
27. ◆公路施工组织及概预算(第三版)(王首绪) …… 32 元
28. ▲桥梁施工及组织管理(第二版)(上)(魏红一) …… 39 元
29. ▲桥梁施工及组织管理(第二版)(下)(邬晓光) …… 39 元
30. ◆隧道工程(第二版)(上)(王毅才) …… 65 元

III. 专业方向选修课教材

31. ◆道路工程(第二版)(严作人) …… 40 元
32. 道路工程(第二版)(土木工程专业)(凌天清) …… 35 元
33. ◆高速公路(第二版)(方守恩) …… 21 元
34. 高速公路设计(赵一飞) …… 38 元
35. 城市道路设计(吴瑞麟) …… 22 元
36. GPS 测量原理及其应用(胡伍生) …… 28 元
37. 公路测设新技术(维 应) …… 36 元
38. 公路施工技术与管理(第二版)(魏建明) …… 40 元
39. 土木工程造价控制(石勇民) …… 30 元
40. 公路工程定额原理与估价(石勇民) …… 36 元
41. 道路桥梁检测技术(胡昌斌) …… 31 元
42. 特殊地区基础工程(冯忠居) …… 29 元
43. 道路与桥梁工程计算机绘图(许金良) …… 31 元
44. ◆公路小桥涵勘测设计(第四版)(孙家驷) …… 31 元
45. 路基设计原理与计算(李峻利) …… 40 元
46. 路基路面工程检测技术(李宇峙) …… 46 元
47. 公路土工合成材料应用原理(黄晓明) …… 22 元
48. 水泥与水泥混凝土(申爱琴) …… 30 元
49. ◆环境经济学(第二版)(董小林) …… 40 元
50. 公路环境与景观设计(刘朝辉) …… 30 元
51. 桥梁工程概论(第二版)(罗 娜) …… 27 元
52. 桥梁检测与加固(王国鼎) …… 27 元
53. 桥梁钢—混凝土组合结构设计原理(黄 侨) …… 26 元
54. 桥梁结构试验(第二版)(章关永) …… 22 元
55. 桥梁结构电算(第二版) …… 35 元
56. 桥梁抗震(叶爱君) …… 15 元
57. ◆桥梁建筑美学(第二版)(盛洪飞) …… 30 元
58. 大跨度桥梁结构计算理论(李传习) …… 18 元
59. 隧道结构力学计算(夏永旭) …… 29 元
60. 公路隧道运营管理(吕康成) …… 22 元
61. 隧道与地下工程灾害防护(张庆贺) …… 45 元

IV. 实践环节教材及教参教辅

62.《道路勘测设计》毕业设计指导(许金良) …… 30 元
63. 桥梁计算示例丛书—桥梁地基与基础(第二版)(赵明华) …… 18 元
64. 桥梁计算示例丛书—混凝土简支梁(板)桥(第三版)(易建国) …… 27 元
65. 桥梁计算示例丛书—连续梁桥(邹毅松) …… 20 元
66. 结构设计原理计算示例(叶见曙) …… 40 元
67. 道路工程毕业设计指南(应荣华) …… 34 元
68. 桥梁工程毕业设计指南(向中富) …… 35 元

V. 研究生教学用书

道路与铁道工程

1. 现代加筋土理论与技术(雷胜友) …… 24 元

2. 道路规划与几何设计(朱照宏) …… 32元
3. 沥青与沥青混合料(郝培文) …… 35元
4. 工程机械机电液系统动态传真(王国庆) …… 18元

桥梁与隧道工程

1. 高等桥梁结构理论(项海帆) …… 35元
2. 高等钢筋混凝土结构(周志祥) …… 27元
3. 结构分析的有限元法与MATIAB程序设计(徐荣桥) …… 28元
4. 工程结构数值分析方法(夏永旭) …… 27元
5. 箱形梁设计理论(第二版)(房贞政) …… 32元

(四)公路工程管理专业

1. ◆工程项目融资(第二版)(赵　华) …… 35元
2. 管理信息系统(李友根) …… 31元
3. 公路工程定额原理与估价(石勇民) …… 36元
4. 工程风险管理(邓铁军) …… 21元
5. ◆工程质量控制与管理(邬晓光) …… 29元
6. 公路工程造价编制与管理(第二版)(沈其明) …… 43元
7. 工程项目招标与投标(周　直) …… 30元
8. 高速公路管理(王选仓) …… 35元

(五)工程机械专业

1. ◆施工机械概论(王　进) …… 35元
2. ◆公路施工机械(第二版)(李自光) …… 43元
3. 现代工程机械发动机与底盘构造(陈新轩) …… 38元
4. 工程机械维修(许　安) …… 38元
5. 工程机械状态检测与故障诊断(陈新轩) …… 29元
6. 工程机械底盘设计(郁录平) …… 36元
7. 公路工程机械化施工与管理(第二版)(郭小宏) …… 37元
8. 工程机械设计(吴永平) …… 38元
9. 工程机械技术经济学(吴永平) …… 23元
10. 工程机械专业英语(宋永刚) …… 36元
11. 工程机械机电液系统动态仿真(王国庆) …… 18元

三、普通高等学校规划教材

1. 现代土木工程(付宏渊) …… 36元
2. 理论力学(东南大学) …… 29元
3. 材料力学(东南大学) …… 25元
4. 工程力学(东南大学) …… 29元
5. 交通土建工程制图(第二版)(和丕壮) …… 38元
6. 交通土建工程制图习题集(第二版)(和丕壮) …… 20元
7. 画法几何与土建制图(第二版)(林国华) …… 39元
9. 画法几何与土建制图习题集(第二版)(林国华) …… 25元
9. 土木工程制图(丁建梅　周佳新) …… 36元
10. 土木工程制图习题集(丁建梅　周佳新) …… 18元
11. 土木工程制图(张　爽) …… 36元
12. 土木工程制图习题集(张　爽) …… 15元
13. 工程经济学(李雪淋) …… 22元
14. 工程测量(胡伍生) …… 25元
15. 交通土木工程测量(张坤宜) …… 33元
16. 结构设计原理(毛瑞祥) …… 26元
17. 路基路面工程(何兆益) …… 45元
18. 道路勘测设计(第二版)(孙家驷) …… 46元
19. 道路勘测设计(裴玉龙) …… 38元
20. 道路工程材料(申爱琴) …… 45元
21. 道路与桥梁工程概论(黄晓明) …… 32元
22. 道路经济与管理 …… 16元
23. 公路施工组织与管理(赖少武　李文华) …… 35元
24. 公路工程施工组织学(第二版)(姚玉玲) …… 38元
25. 公路施工与组织管理(廖正环) …… 22元
26. 公路养护与管理(许永明) …… 18元
27. 水力学与桥涵水文(叶镇国) …… 38元
28. 桥位勘测设计(高冬光) …… 20元
29. 道路规划与设计(李清波) …… 46元
30. 道路交通环境工程(张玉芬) …… 19元
31. 公路实用勘测设计(何景华) …… 19元
32. 公路计算机辅助设计(符锌砂) …… 30元
33. 交通计算机辅助工程(任刚) …… 25元
34. 公路工程预算与工程量清单计价(雷书华) …… 35元
35. 公路工程造价(周世生) …… 42元
36. 软土环境工程地质学(唐益群) …… 35元
37. 公路与桥梁施工技术(盛可鉴) …… 30元
38. 桥梁美学(和丕壮) …… 40元
39. 桥梁结构理论与计算方法(贺拴海) …… 58元
40. 钢管混凝土(胡曙光) …… 38元
41. 隧道施工(于书翰) …… 23元
42. 公路隧道机电工程(赵忠杰) …… 40元
43. ◆道路交通管理与控制(袁振洲) …… 40元
44. 交通工程学(第二版)(李作敏) …… 28元
45. 交通工程学(双语教材)(王斌宏) …… 38元
46. 交通管理与控制(罗　霞) …… 36元
47. 交通项目评估与管理(谢海红) …… 36元
48. 工程项目管理(周　直) …… 20元
49. 道路运输统计(张志俊) …… 28元
50. 测绘工程基础(李芹芳) …… 36元
51. 工程机械运用技术(许　安) …… 40元
52. 现代工程机械液压与液力系统(颜荣庆) …… 39元
53. 水泥混凝土路面施工与施工机械(何挺继) …… 30元
54. 现代公路施工机械(何挺继) …… 45元
55. 工程机械机电液一体化(焦生杰) …… 28元
56. 工程机械可靠度(吴永平) …… 20元
57. 工程机械地面力学与作业理论(杨士敏) …… 35元
58. 公路机械化施工与管理(任　继) …… 26元

四、高等学校应用型本科规划教材

1. 结构力学(万德臣) …… 30元
2. 结构力学学习指导(于克萍) …… 22元
3. 道路工程制图(谭海洋) …… 28元
4. 道路工程制图习题集(谭海洋) …… 24元
5. 道路建筑材料(伍必庆) …… 37元
6. 土木工程材料(张爱勤) …… 39元
7. 土质学与土力学(赵明阶) …… 30元
8. 结构设计原理(黄平明) …… 47元
9. 结构设计原理学习指导(安静波) …… 35元
10. 结构设计原理计算示例(赵志蒙) …… 40元
11. 工程测量(朱爱民) …… 30元
12. 基础工程(刘　辉) …… 26元
13. 道路勘测设计(张维全) …… 32元
14. 桥梁工程(刘龄嘉) …… 45元
15. 公路工程试验检测(乔志琴) …… 47元
16. 路桥工程专业英语(赵永平) …… 44元
17. 水力学与桥涵水文(王丽荣) …… 27元
18. 工程招标与合同管理(刘　燕) …… 33元
19. 工程项目管理(李佳升) …… 32元
20. 公路施工技术(杨渡军) …… 64元
21. 公路工程机械化施工技术(徐永杰) …… 32元
22. 公路工程经济(周福田) …… 22元
23. 公路工程监理(朱爱民) …… 33元
24. 道路工程(资建民) …… 38元
25. 道路工程CAD(许金良) …… 23元
26. 路基路面工程(陈忠达) …… 46元

各地经销商电话见人民交通出版社网站首页,网址:http://www.ccpress.com.cn。
咨询电话:010-85285965(岑瑜)